한국목간학회총서 12

木簡과 文字 연구 12

| 한국목간학회 엮음 |

주류성출판사

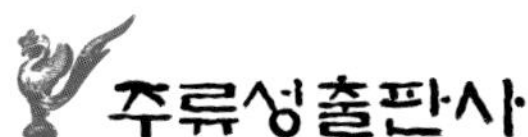

育德財團에서 발생한 『仁和寺御室御物寶錄』(尊經閣本, 1932) 일괄자료(박준형 선생님 소장)

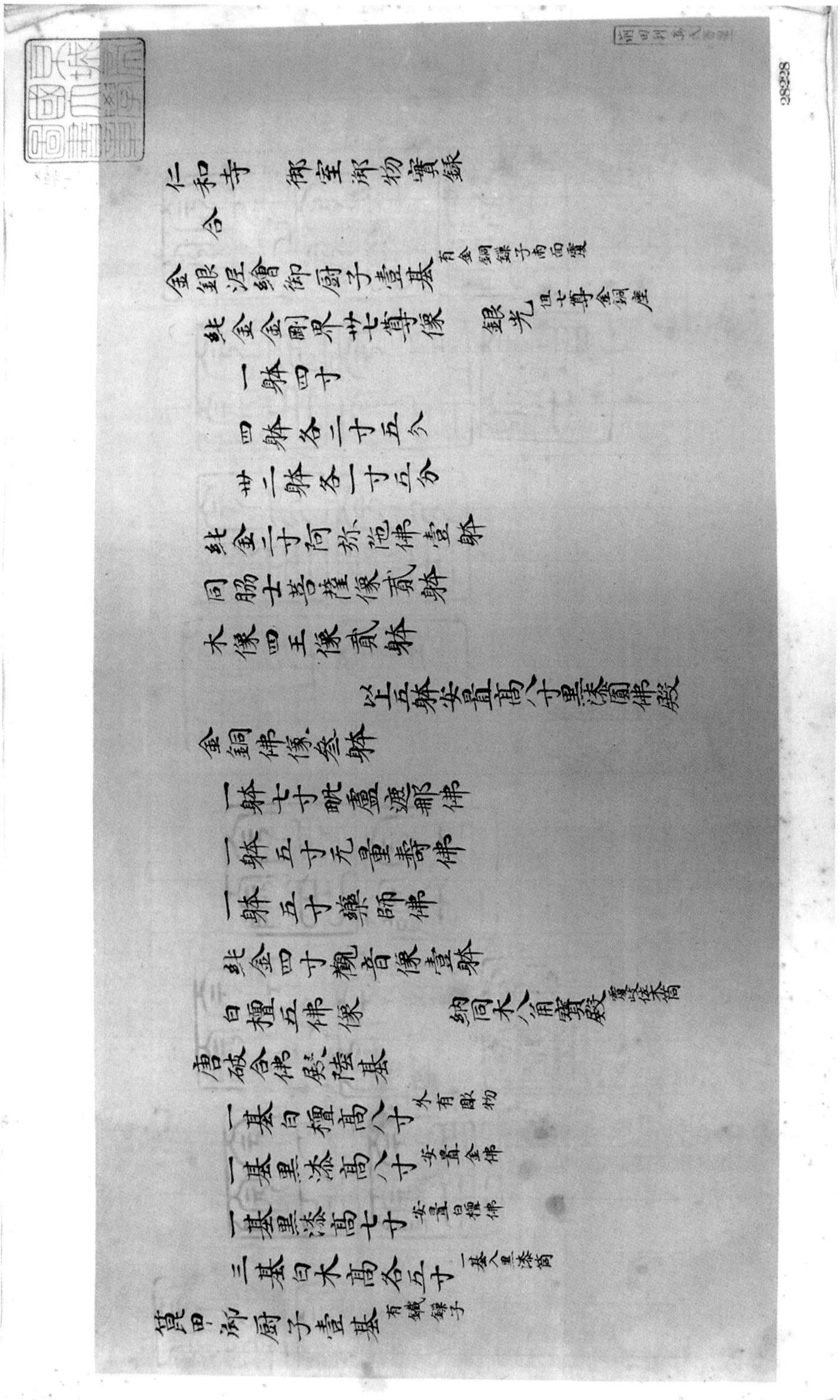

仁和寺　御室御物實錄

合

金銀泥繪御厨子壹基 有金銅鏁子南面覆

紺金金剛界卅七尊像　銀光 但七尊金銅座

一躰四寸

四躰各二寸五分

卅二躰各一寸五分

紺金二寸阿弥陁佛壹躰

同脇士菩薩像貳躰

木像四王像貳躰

以上五躰安置高八寸黒漆圓佛殿

金銅佛像叁躰

一躰七寸毗盧遮那佛

一躰五寸无量壽佛

一躰五寸藥師佛

紺金四寸觀音像壹躰

白檀五佛像　納同木八角寶殿 覆岐佐木筒

唐破合佛殿陸基

一基白檀高八寸 外有敺物

一基黒漆高八寸 安置金佛

一基黒漆高七寸 安置白檀佛

三基白木高各五寸 一基入黒漆筒

莒田御厨子壹基 有鐵鏁子

『仁和寺御室御物實錄』 渤海 관련 기록(박준형 선생님 소장)

〈사진 앞면〉

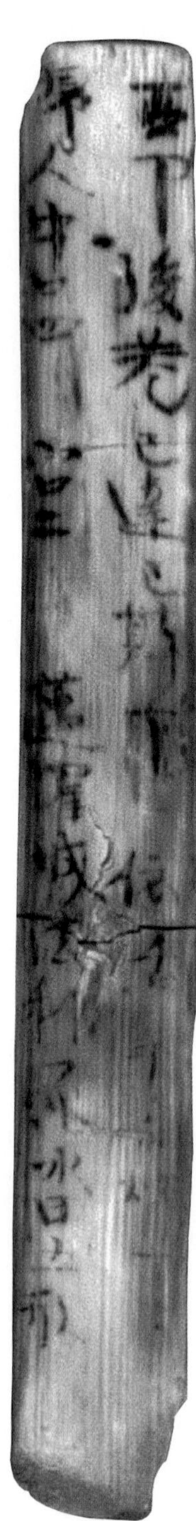

〈적외선 앞면〉

宮南池 출토 315번 木簡 앞면

〈사진 뒷면〉 〈적외선 뒷면〉

宮南池 출토 315번 木簡 뒷면

洛陽 龍門石窟 소재 '扶餘'氏 銘文資料(오택현 선생님 소장)

難元慶墓誌銘(郝本性 主編, 1991,『隋唐五代墓誌彙編: 河南卷 第1册』天津: 天津古籍出版社, p.64.)

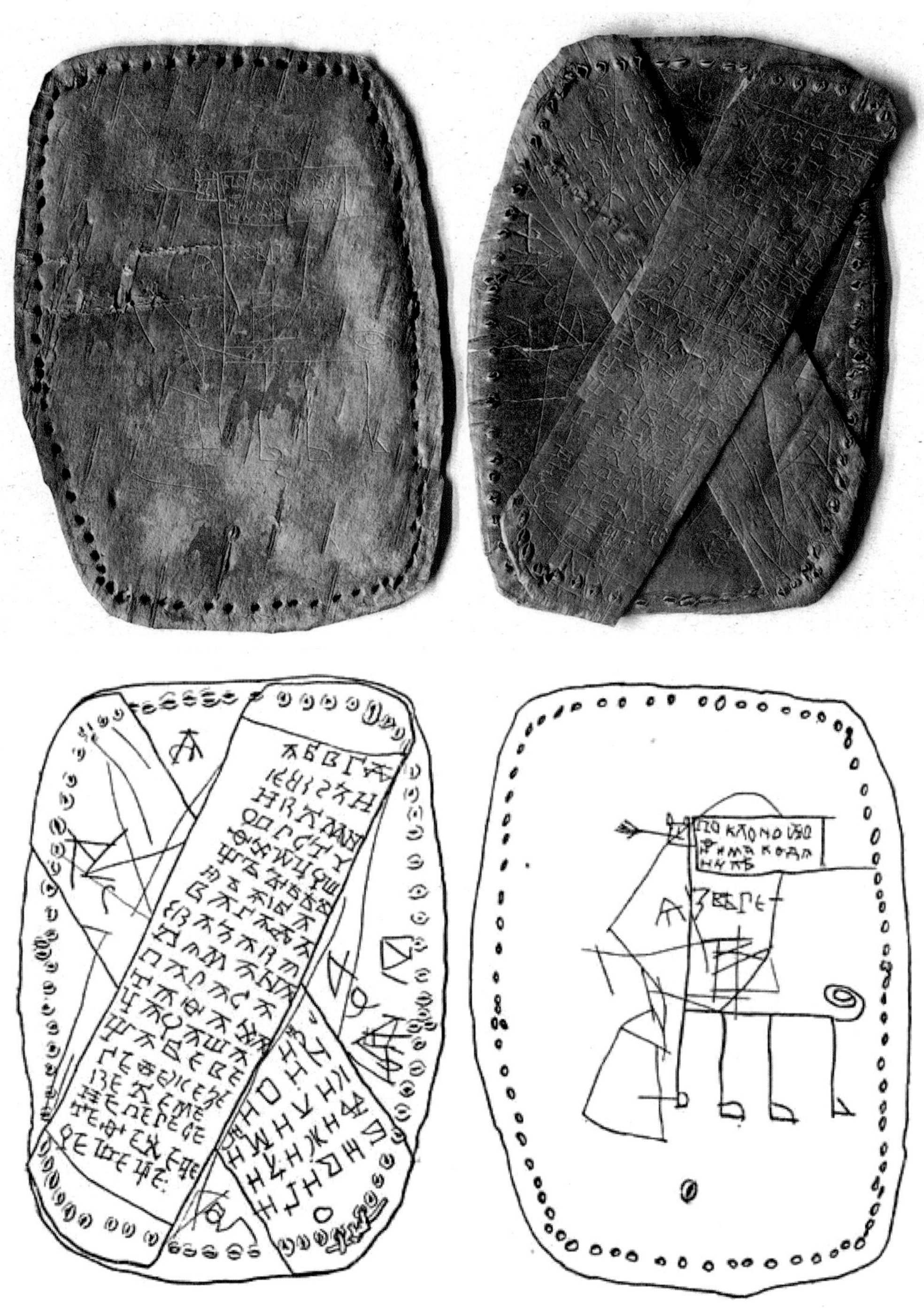

러시아 자작나무편지 N199

木簡과 文字

第13號

| 차 례 |

논/문

신/출/토 문/자/자/료

한/국/고/대/금/석/문/연구 자/료

논/문

러시아 자작나무편지 연구의 동향

『仁和寺御室御物實錄』의 書誌와 내용

논 문

러시아 자작나무편지 연구의 동향*

권경준**

〈국문초록〉

노브고로드를 중심으로 한 러시아 북서부 지역에서 발굴되는 자작나무편지는 고대러시아인들이 일상적인 내용을 일상어로 기록하였던 편지로서 장르가 제한적이던 고대교회러시아어나 중세 이후 기록되기 시작한 기록문헌이나 방언적 자료에만 한정될 수 밖에 없었던 고대러시아어 연구의 지평을 넓혔다는 점에서 학문적 연구의 의의가 있다. 자작나무편지는 모스크바나 남부 러시아와는 확연히 구별되는 북서부 방언으로 쓰여져 해당방언의 계통에 관한 유형론적 연구에도 큰 도움을 준다. 이와 같은 언어학적 의의 외에도 자작나무편지에는 남녀의 사랑, 가족 간의 불화, 계층 간의 갈등 등 일상생활의 여러 측면을 엿볼 수도 있게 되었다. 본고에서는 러시아의 자작나무편지의 작성과 전달, 그리고 발굴에 이르기까지 편지 발신인으로부터 현재 러시아 국내외의 연구자들에게 도달하게 되는 과정을 살펴본 뒤 자작나무편지의 의의와 내용을 소개한다.

▶ **핵심어 : 자작나무편지, 러시아 북서부 방언, 고대교회슬라브어, 상용어, 일상어, 구어성**

* 본 연구는 2012-2013년 본 저자가 참여한 공동연구 '자작나무편지에 나타난 고대북부러시아어의 형태, 통사, 담화, 정자법 연구: 분석과 평가' 프로젝트 (한국연구재단 지원)에서 진행한 연구토론 등의 성과를 부분적으로 활용하였으며 이에 프로젝트에 참여한 연구자들께 감사드린다. 또한 2014년 목간학회(11월 21일, 국민대)에서 발표한 논문에 제언과 지적을 해주신 선생님들과 졸고의 수록을 결정해주신 편집위원들께 진심으로 감사드린다. 본고에 소개된 러시아어 용어 및 단어는 이탤릭체로 전사하여 영어와 구별시키도록 한다.

** 성균관대학교 러시아어문학과

I. 서론

1951년부터 노브고로드를 중심으로 한 북부러시아 지역에서 발굴되기 시작한 자작나무편지(berestyanye gramoty, birch bark documents)는 당시의 언어와 문화를 엿볼수 있는 기회를 제공한다는 점에서 학문적으로 매우 의미가 있는 자료이다. 자작나무편지 연구를 통하여 역사언어학자들은 현대규범러시아어의 발달과정이 북부러시아 방언과 모스크바 방언의 종합화 과정이라는 사실을 확증할 수 있었고, 통사론자 및 사회언어학자들은 북부러시아 방언이 모스크바 및 중부 방언과는 달리 능격적(ergativity) 특성을 가진다는 사실을 토대로 인접한 발트어나 핀어와의 언어접촉 가설을 활발히 제기하였다. 방언학자들은 현대북부러시아 방언의 여러 가지 특징적인 현상들이 이미 고대노브고로드 방언에 나타난다는 사실을 확인하고 있고 민속학자나 문화사 연구자들은 편지에 나타난 고대 노브고로드인들의 생활상을 통하여 기존의 가설을 확증 또는 수정하기도 하고 때에 따라서는 기각하기도 한다.

본고에서는 자작나무편지의 작성과 발굴, 그리고 연구성과 등을 대략적으로 소개하여 향후 국내 목간과의 비교를 위한 예비적 연구토대를 제시하고자 한다. 본고의 구성은 다음과 같다. 2장의 첫절 2.1에서는 자작나무편지가 작성되어 전달되는 과정을 보여줄 것이며 2.2에서는 노브고로드 지역의 특수성에 주목하여 왜 이 지역에서 압도적으로 많은 자작나무편지가 발굴되는지에 대한 해답을 찾는다. 그리고 2.3에서는 자작나무편지 연구를 현재의 학문적 수준까지 끌어올리는 데 결정적인 기여를 했다고 사료되는 연대측정방식에 대해서 알아볼 것이다. 3장에서는 자작나무 연구가 갖는 언어학적 의의를 크게 두 가지에서 찾는다. 먼저 3.1에서는 자작나무문서가 발견되기 이전까지 현대학자들에게 '봉인'되었던거나 마찬가지이던 일상적인 고대러시아어의 구어적 특성에 대해서, 그리고 3.2에서는 자작나무편지가 북부러시아 방언의 발달과정에 대해 함의하는 바를 밝힐 것이다. 4장은 연구동향과 자작나무문서의 문화사적 의의에 대해 예를 통해 알아보기로 하며 5장은 글을 마무리한다.

II. 자작나무편지의 작성에서 발굴까지

1. 자작나무편지의 작성과 전달

자작나무 껍질(樺皮)은 고대 및 중세문명에서 종이 발명 이전에 흔히 쓰이던 대용물 중의 하나였다. 현전하는 가장 오래된 문서는 1세기경 간다라 문명의 불교텍스트로 전해지며 인도나 네팔 등지에서는 현재도 경전을 적는 데 사용하며 이는 종이의 대체물로서가 아닌 상징적 의미를 부여하기 위함일 것이다(참고. Salomon 1997). 20세기 들어서 시베리아 유형소에서는 실제로 종이를 구하기가 어려워 자작나무껍질에 펜으로 글씨를 써서 편지로 보내기도 하였다. 한편 한양의 지도를 자작나무에 새긴 김정호의 수선전도(首善全圖, 1824-1834년 추정)는 종이를 대신하여 쓰는 용도는 아니지만 단단하면서도 여문 자작나무의 형질을 잘 살린 예가 될 것이다(참고. 강판권 2007).

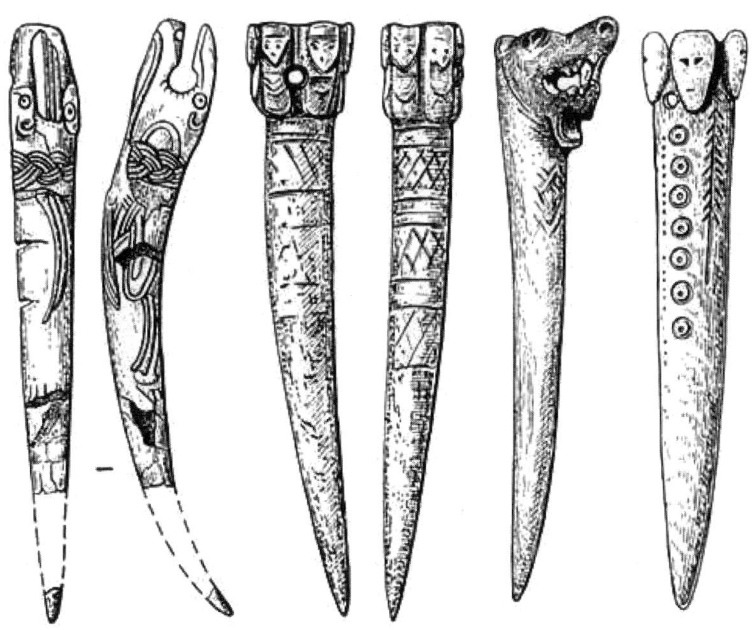

〈그림 1〉 자작나무편지 집필도구 '침'

11세기에서 15세기 사이 고대 러시아인들 역시 주위에서 쉽게 구할 수 있고 힘들이지않고 쉽게 벗길 수 있는 자작나무의 껍질(beresta)을 말린 뒤 종이를 대신하여 썼다.[1] 여타 문명과의 중요한 차이점은 붓과 잉크를 사용하지 않고 – 잉크로 쓴 편지는 N13, N496 단 두 편이다 – 금속이나 동물의 뼈, 혹은 나무로 만든 뾰족한 침(pisalo, stylus)을 사용하여 글씨를 파내어 썼다는 점이다(그림 1 참조). 이로 인하여 러시아 자작나무편지는 원래 의도한 바 '일시적' 용도와는 달리 비교적 '영구적'인 보존성을 지니게 되어 현재까지 많은 수의 문헌이 발견되기에 이른다. 또한 필체에 있어서 붓글씨가 아니기에 O, P, C와 같은 알파벳 철자의 경우 동그란 모양을 제대로 구현하기 힘들어 각진 마름모 형태를 띠게 된다.

자작나무편지의 외형적 구성을 말하자면, 대부분의 경우 가로 15~40㎝, 세로 2~8㎝ 정도의 옆으로 길쭉한 모양의 나무껍질 낱장으로 이루어져있다. 예외적이긴 하지만 두 장의 나무껍질을 연결하여 마치 접을 수 있는 책 모양으로 만들거나 (N419) 몇 개를 실로 엮는 경우(N199)도 있다(그림 2 참조).[2] 글자는 자작나무껍질의 안쪽면, 즉 기름이 많아 짙은 색을 띠는 면에 주로 새기며, 부득이한 경우 바깥면을 사용하기도 한다. 때로는 안쪽면의 보내는 편지에 대한 답장을 바깥쪽면에 바로 써서 보내기도 하였다

1) 11–15세기가 여타 서구에서는 중세로 인식되지만 10세기 후반 문자가 도입되어 기록문화가 성립되고 도시국가 형태의 국가가 완성되던 러시아의 경우 이 시기를 '고대 (drevnost', old times)'로 규정하며 언어발달사에서도 이 시기의 러시아어를 고대러시아어(drevnerusskij jazyk, Old Russian language)로 부른다. 본고에서는 이와 같은 용례를 그대로 따르기로 한다.

2) 각 문서의 일련번호 앞에 붙은 알파벳 철자 N은 스타라야 루사, 혹은 프스코프와 같은 지역에서가 아니라 노브고로드에서 발굴된 문서임을 명확히 표기하기 위한 것이다.

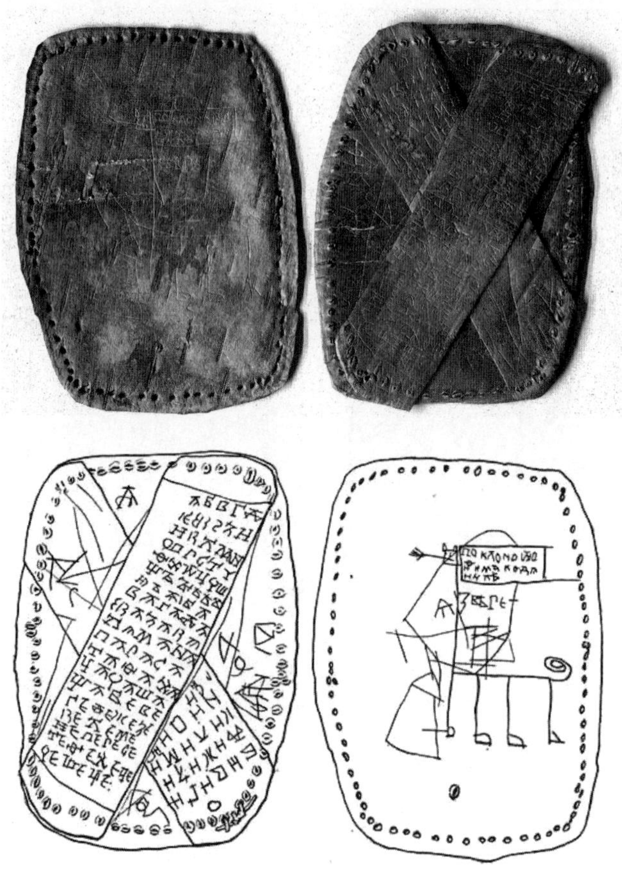

〈그림 2〉 자작나무편지 N199

(N736). 그리고 편지를 보낼 때에는 다시 원래 결대로 말아서 발신하였던 것으로 추정된다.

작성된 자작나무편지는 하인이나 배달인을 통하여 전달하였던 것으로 추정된다. 전달자는 단순히 전달만 하는 게 아니라 때에 따라 편지를 읽어주는 역할도 수행하였던 것으로 보이는데 이는 편지에 나타난 인칭을 넘나드는 화법에 잘 나타난다.

2. 노브고로드의 지질학적, 정치경제적 특수성

러시아 북서부에 위치한 노브고로드는 novŭ '새로운'(참조. 영어 new, 불어 nouveau)과 gorodŭ '도시'(참조. 영어 guard)의 합성어 구성을 가지며 고로디쉐(Gorodišče)라는 이름의 구도시와 구분되는 신도시 지역을 일컫는다. 자작나무편지는 11세기부터 15세기 사이에 쓰여진 문서로서 2014년 현재, 노브고로드에서만 1063개, 그 외 지역에서 100여개의 편지가 발견되었다. 이러한 지역적 편중현상은 무엇보다도 지질학적 특수성에 기인한다. 노브고로드는 다른 지역과 달리 진흙땅이어서 공기가 침투하지 못하여 나무가 쉽사리 썩지 않는다. 이런 이유로 천년에 가까운 세월이 지난 지금도 해독이 가능할 정도로 보존이

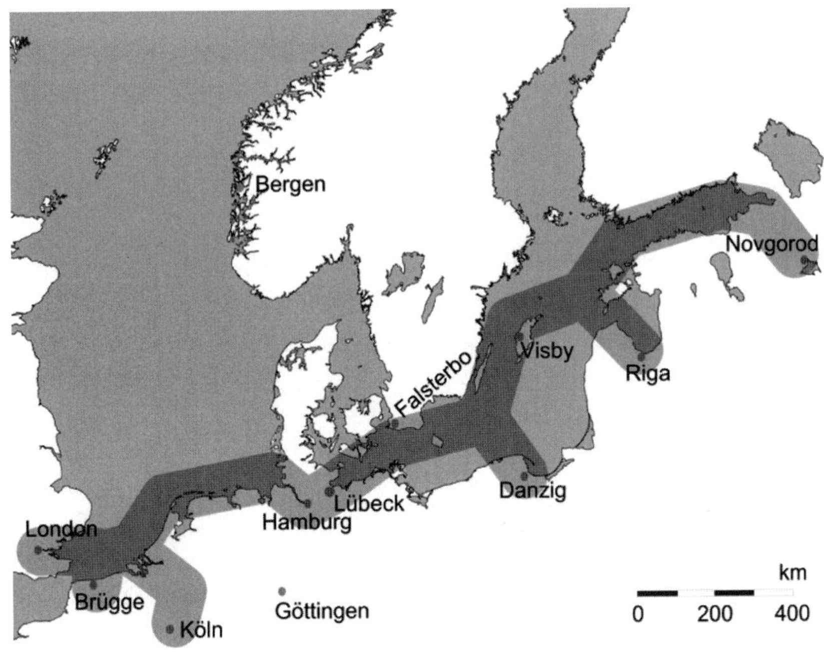

〈그림 3〉 한자동맹 주요교역로 (출처. 위키피디아)

잘 된 문서가 발견된다. 하지만 이러한 지질학적 요건 외에도 노브고로드에 다른 지역보다 훨씬 더 많은 편지의 왕래가 있었을 것이라 추정할 만한 근거가 있다.

노브고로드는 중세 유럽 한자동맹에 속한 도시공국으로서 발트해-흑해 교역로의 북쪽 중심에 위치하여 북유럽 다른 도시들과 활발하게 교역하였다(그림 3 참조). 모피제국으로서의 교역뿐 아니라 중세러시아의 경제중심지로서 핵심적인 역할을 수행하던 노브고로드의 위상을 고려한다면 도시공국 내부에서의 상업적 활동 또한 매우 활발하였을 것이라 미루어 짐작할 수 있다. 이 뿐 아니라 모든 자유시민들이 참여하여 선출한 자율적 의사결정기구인 베체(veche)의 존재에서 알 수 있듯(참조. 황성우 2012) 중세 봉건사회의 수직적 상하관계가 존재하지 않았던 것은 아니지만 이에 더불어 사회구성원 사이에 어느 정도 수평적 관계가 존재하였다는 사실은 계층 간의 보다 많은 소통이 존재할 수 있는 조건이 될 수 있을 것이다.

3. 자작나무편지의 발굴과 연대추정

1932년 본격적으로 시작된 후 지금까지도 매년 계속되고 있는 노브고로드 고고학 발굴은 세계에서 가장 오래 지속되고 있는 고고학 발굴 프로젝트이다. 여기서 발굴된 여러 유물 중 하나인 자작나무편지는 발견되는 순서에 따라 번호가 매겨진다. 자작나무편지의 전체 텍스트가 온전히 유지된 경우는 전체 발견된 문서의 약 1/4에 해당하고 나머지는 (i) 화재에 의해 혹은 수신자가 화덕에 던진 뒤 일부 타서 없어지거나, (ii) 쪼개지거나 (iii) 부스러져 부분적이고 단편적인 형태로만 존재하여 경우에 따라서는 편지의 내용은 고사하고 몇몇 철자만 확인가능하기도 하다. 무엇보다 가장 큰 소실원인은 자작나무 '편지'의 일시적

속성에 기인한다. 즉 (iv) 고대러시아인들은 편지를 읽고 난 뒤 그 자리에서 파기하였기 때문에 오늘날 찢겨진 상태로 발견되는 예가 많다. 따라서 어떤 해에 발견된 편지가 일련번호를 부여받은 뒤 나머지 다른 쪽이 몇 해 뒤에 발견되어 서로 다른 두 번호의 두 편지가 결국 하나의 편지라는 것이 밝혀지기도 한다.

자작나무편지의 연대측정은 어떻게 하는가? 대부분의 고대러시아어 문헌들은 필사본으로서 텍스트의 내용 및 언어적 특성에 근거하여 작성 연대를 추정한다. 이와는 달리, 자작나무편지는 원저자에 의한 원본 형태로 오늘날까지 전해지고 있으며 작성 연대 역시 여러 방식을 종합하여 비교적 정확하게 추정할 수 있다. 첫째, 도시의 구획 및 교통을 위하여 약 30년 주기로 거리에 통나무를 새로 깔던 노브고로드의 도시계획은 마치 지질학적인 지층처럼 연대측정에 유용하게 사용된다. 지표면 아래에 퇴적된 여러 층위 중 몇 번째 층에서 문서가 발견되었느냐에 따라 우선 지질학적인 연대측정을 한다. 한편, 발굴이 진행되는 층위에 따라 발견되는 문서의 숫자가 편차가 매우 커서 11세기에 해당하는 층위를 발굴할 때에는 자작나무문서가 아예 발견되지 않기도 하고 14세기 층위에서 작업한 올해 2014년 여름에는 13개의 문서가 발굴되었다(참고. http://scientificrussia.ru/articles/v-novgoroge-nashli-13-gramot).

이후 언어학자들이 각 문서에 나타난 형태음운적 특징 분석과 더불어 수/발신인 및 문서에 언급된 인물들과 연대기에 나타나는 주요인물, 기존 자작나무문서에 밝혀진 인물들의 관계를 연결시키는 텍스트 분석을 통해 시대를 추정한다. 즉 새로운 문서가 발견되어 베이스캠프에 도착하면 잘리즈냑(A. A. Zal-iznjak), 야닌(V. L. Janin), 기피우스(A. A. Gippius) 등의 학자들이 모여(해독이 어려운 경우도 있으므로) 철자 하나하나를 필사하고 띄어쓰기 없이 쓰인 원 텍스트에 대한 분절과 및 해독 작업을 한다. 마지막으로 이 모든 작업이 끝난 후 자작나무편지는 이스라엘의 연구소에 보내져 자작나무의 나이테 및 화학적 검사를 통한 나무연대추정(dendrochronology)을 거치게 되어 지질학 및 언어학적 측정을 확증하게

〈그림 4〉 노브고로드의 지하에서 발견되는 도로 건설 층위

된다. 그리고 전거한 세 가지 측정방식의 결과는 거의 모순없이 일치한다.

여기서 주목할 만한 것은 두번째 측정방식인 언어학적 측정방식의 정교함이다. 지금까지 발견된 문서가 1000편을 조금 넘는 정도로 방대한 양의 연구자료라고 할 수 없는데 러시아 학자들은 이 자료에 대한 철저한 분석을 통해 연대 측정의 준거가 되는 지표들을 매우 정교하게 정의하였고 이들의 조합을 관찰하여 연대를 비교적 정확히 추정하고 있다. 러시아 자작나무문서 연구를 beresta '자작나무 껍질'라는 파생모어를 통하여 berestologija(berestology, 그리고 이를 연구하는 사람은 berestologist)라고 명명한 배경에는 이러한 학문적 성과가 기반이 되었다고 볼 수 있다.

자작나무문서 연구자들은 연구성과를 꾸준히 발간하여 자작나무문서에 대한 학계의 관심을 꾸준히 끌 뿐 아니라 발굴성과를 신문 등의 매체에 알려 일반대중에게도 언어의 발달을 비롯한 고대사 연구의 중요함을 알린다. 잘리즈냑을 중심으로 한 언어학자들은 매해 새로 발견되는 자작나무문서에 대한 언어학적 주석과 해석의 역사적 배경을 담은 논문을 러시아의 가장 권위있는 언어학 학술지인 Voprosy jazykoznanija에 논문형식으로 발표한다. 그리고 일정한 분량의 문서가 축적되면 러시아 학술원에서 〈노브고로드 자작나무 편지(Novgorodskie gramoty na bereste)〉라는 이름의 총서를 발간하고 있으며 그 분량은 1953년부터 2004년까지 총 11권에 이른다. 또한 잘리즈냑의 단행본 Drevnenovgorodskij dialekt(Old Novgorodian dialect, 제1판 1995년, 수정증보판 2004년 발간)는 자작나무편지에 대한 일차적 텍스트 분석과 언어학적 주해를 제공하여 비교언어학적, 유형론적인 연구를 하는 데 있어 중요한 준거자료가 된다. 또한 지금까지 발견된 모든 편지들은 http://gramoty.ru에 누적되어 소개되고 있는데 해당사이트에는 마치 탁본처럼 자작나무껍질 모양과 글씨까지 그대로 옮긴 그림(proris', 그림 2 참조)과 띄어쓰기 이전과 이후의 텍스트, 편지 작성 추정연도, 현대러시아어 해석, 발굴지점 등에 대한 정보가 상세히 소개된다.

III. 자작나무편지 연구의 언어학적 의의

1. 자작나무편지의 구어성

언어를 문자화된 언어(pis'mennyj jazyk, written language)과 구어(ustnyj jazyk, spoken language)로 분류할 때, 본 연구의 대상이 되고 있는 11-15세기를 비롯하여 구어를 채록하기 위한 기술이 없던 전근대의 언어 연구를 위한 자료로는 오직 전자만이 전해진다. 슬라브언어권의 문자는 그리스 정교와 함께 9세기 말이나 되어서야 도입되었다. 고대러시아에서 문자화된 언어는 남슬라브어에 기원을 둔 고대 교회슬라브어(cerkovnoslavjanskij jazyk, Old Church Slavonic)와 동슬라브족의 구어에 기반을 둔 상용어(delovoj jazyk, chancery language)가 있었다. 교회슬라브어는 공식적 종교어로 성서, 예배문, 성자전 등의 언어였을 뿐만 아니라, 학문, 문학, 문화영역의 학술어이자 문화어로 기능하였다. 한편 동슬라브족의 일상생활과 관련된 영역, 예컨대 일반인들의 사회적 공동생활에 대한 규칙 및 규범을 규정하는 법률문서에는 상용어가 사용되었다. 다시 말해 고대러시아라는 하나의 언어집단에 이처럼 근간을

달리하는 두 언어가 공존하고 있었다.[3)]

문자화된 언어를 세분하는 또다른 기준, 즉 정제성과 규범성의 정도에 따르면 교회슬라브어는 문어(knižnyj jazyk)이고 상용어는 비문어(neknižnyj jazyk)에 해당한다. 비문어에는 상용어뿐 아니라 일상어(bytovoj jazyk)도 있는데 이는 개인들의 편지나 탄원서, 채무관계 보증서와 같이 당시 동슬라브인들의 사적인 일상사를 문서화하는데 사용되었다. 따라서 자작나무편지는 일상어로 쓰여진 전형적인 문서이다. 앞서의 논의를 정리하자면 자작나무편지는 문자화된 언어>비문어>일상어로 규정되는 언어, 즉 고대러시아어의 구어적 자질을 가장 많이 반영하고 있는 언어로 쓰여졌다고 할 수 있다.

자작나무연구자들이 주목하고 있는 가장 중요한 요소 중의 하나가 이 문서의 언어가 가지고 있는 구어성이다. 자작나무편지가 발굴되기 이전까지 고대러시아어 연구에 사용된 문헌(예를 들어, 연대기)은 수세기를 걸쳐 여러 필사가들에 의해 필사된 사본이었다. 문어인 교회슬라브어를 사용하였던 성직자나 전문적 필사가는 구어적 요소의 유입에 보수적이었다. 따라서 교회슬라브어 문헌이나 연대기 등에서 구어적 요소는 상당히 제한적으로 사용되었고, 그 '구어성'도 장르 및 문헌의 작성 배경에 따라 균일하지 않았다.

하지만 자작나무편지는 원저자가 직접 쓴 원본 형태로 현존하여 작성될 당시의 언어 상황이 그대로 반영되어 있다. 또한 문학적으로 구조화된 긴 텍스트가 아니라 일상적인 안부나 사업을 위한 실용적인 의사소통을 목적으로 하므로 수사적인 표현이 배제되고 비교적 간결하게 작성되었다. 따라서 이 문서의 연구를 통하여 11-15세기 고대 북부 러시아의 언어 상황과 고대북부러시아어의 발전 과정을 비교적 용이하게 직접적으로 재구해낼 수 있게 되었다. 이런 점에서 자작나무편지는 '교회 슬라브어에 의해 오염되지 않은 고대러시아어 텍스트로서 고대러시아의 언어 상황을 짐작하는데 매우 중요한 자료'라고 할 수 있다(참조. Vermeer 1995).

2. 고대 북부러시아 방언 발전 가설

고대북부러시아어는 음운체계는 물론 기본모음이 a, e, i, o, u 5개가 아니라 긴장 중모음(tense mid-vowel)인 ê와 ô가 더해져 7개로 이루어진다는 사실은 매우 잘 알려진 방언적 특징이며(참고. Vysotskij 1967) 표준적인 고대러시아어와는 구별된다. 고대 북부러시아어의 방언적 특성에 대한 연구들은 북부 방언이 중남부 러시아어와는 다른 언어권역에 속하여 발전해 왔다는 가설(Drinka 2003, Kuteva and Heine 2004)과 인도 유럽 조어로부터 내려온 언어적 특성을 바탕으로 (북부) 러시아어 내부의 특정한 언어체계적, 사회적 요인에 의해 촉발된 현상으로 보는 관점 두 방향으로 개략할 수 있다 (Maslov 1949, Danylenko 2002, Jung 2007). 자작나무문서에 나타난 고대북부러시아어의 특징을 보면, 먼저 형태론적으로 o-어간 남성 명사가 -e 주격 어미를 가지며, 동사활용면에서는 l-부재 완료분사 등이 존재하며,

3) 문법체계 및 어휘구성, 그리고 사용영역에서 구별되는 이 두 언어는 소위 양층언어(diglossia)의 관계로 보는 것이 타당할 것이며 푸쉬킨을 중심으로 18세기 러시아의 문학어, 즉 표준어 또는 규범어가 형성되기 전까지 수세기 동안 상호영향을 주며 발전하였다.

통사적으로는 주격 목적어 구문 및 소유 완료(possessive perfect)가 발달하였다. 또한 음운적인 면에서도 cokan'e(č 〉 c)가 존재할 뿐 아니라 구개음화가 존재하지 않는다는 점에서 여타지역의 고대러시아어와는 확연히 구별된다.

고대북부러시아어의 다양한 언어적 특징을 보여주고 있는 자작나무편지는 연원에 대한 해답의 중요한 단초를 제공한다(Zaliznjak 1987, 1988, 2004). 위에서 열거한 여러 방언적 특징은 (동)슬라브권에서 언어적으로 최변방에 위치하여 다른 어족과 많은 접촉이 있었다는 가설로 설명될 수 있다. 실제로 인접한 발트어나 핀어와의 언어접촉을 통하여 어휘를 차용하거나 음운적, 통사적 자질까지도 공유했던 것으로 보인다.

또 하나 주목해야 할 점은 자작나무문서에 나타난 언어가 고대북부러시아 방언을 대표할 수 있는가라는 문제이다. 자작나무 편지와 그 외의 문헌 및 역사 자료를 통해 보았을 때 고대 노브고로드 방언은 동쪽(노브고로드)의 슬로벤과 서쪽(프스코프)의 크리비치로 나뉠 수 있다. 서쪽의 방언은 동쪽 방언에 비해 표준 고대러시아어와 극명히 다르다. 예를 들어 동쪽에서 연구개음의 이차 구개음화가 위치(어근과 어미)에 따라 각각 다른 양상을 보이는 반면, 서쪽 방언에서는 위치와 관계없이 이차 구개음화가 일어나지 않은 것으로 나타난다. *tl, *dl과 같은 자음군의 경우 서쪽 방언에서는 kl, gl의 상응형을 보이는 한편 동쪽 방언에서는 선행자음이 탈락하여 l만 나타난다. 자작나무 편지에 나타난 고대 노브고로드 방언에서는 두 방언간의 활발한 접촉과 사회적 상호작용이 있었으며 서쪽 방언에 토대를 둔 도시적 코이네(koiné)가 형성되었던 것으로 보인다. Zaliznjak(1987)의 자작나무 편지 분석에 의하면 고대 노브고로드 방언에는 동쪽과 서쪽의 자질이 혼재하며 그 양상과 시대에 따른 그 변화에는 일련의 경향성과 방향성이 감지된다. 자작나무 편지 한 편에 동쪽 혹은 서쪽의 자질이 배타적으로 나타나는 것이 아니라 이들이 특정한 양상을 띠며 혼합되어 나타난다는 사실은 편지의 필자가 서쪽 혹은 동쪽 출신 방언으로 편지를 작성한 것이 아니라 두 자질들의 조합으로 이루어진 공통의 언어로 편지를 작성했음을 시사한다. 잘리즈냑이 주장한 고대 표준 러시아어와 구별되는 기능의 고대 노브고로드 방언의 초방언적 특성은 Živov(1988)가 지적한 바와 같이 교회 슬라브어와 고대러시아어의 이분적 구도로 11-14세기의 동슬라브의 언어 상황을 설명했던 기존의 연구의 방법론이 적절하지 못했으며 또한 방언들간의 상호 작용이라는 새로운 관점에서 문학어의 발달이 연구되어야 함을 시사한다.

IV. 자작나무편지 연구 동향 및 예시

1. 자작나무편지 연구동향

자작나무편지에 대한 연구는 개별적 연구뿐 아니라 러시아 내외의 여러 프로젝트를 통하여 조직적으로 이루어지고 있다. 먼저, 러시아를 비롯하여 영국, 네덜란드, 핀란드 등 총 7개의 팀이 구성되어 유럽연합의 지원까지 받은 〈Birchbark Literacy from Medieval Rus: Contents and Contexts', INTAS-

Project〉는 가장 큰 규모의 연구로 앞서 언급한 자작나무편지 홈페이지를 만드는 데 절대적인 기여를 하였다. 또한 현재 네덜란드의 스하켄(J. Schaeken) 교수가 주도하는 'Voices on birchbark: Reconstructing the pragmatics of Old Russian birchbark letters'라는 프로젝트에서는 자작나무문서를 화용적 관점에서 재구성하는 작업을 진행 중이다. 마지막으로 국내에서는 '자작나무편지에 나타난 고대북부러시아어의 형태, 통사, 담화, 정자법 연구: 분석과 평가'(한국연구재단 지원)라는 주제로 필자를 포함한 공동연구가 진행된 바 있다.

한편, Gippius(2004)는 자작나무편지의 형태, 통사, 의미 등에 관한 연구는 Zaliznjak(2004) 의 방대한 연구, 그리고 지금까지 러시아 국내외 연구진에 의해 어느 정도 완성되었다고 간주한다. 나아가 그는 편지의 수발신인이 이미 많은 정보를 공유하고 있어 짧은 문장에 많은 내용을 함축적으로 제시하고 있는 자작나무편지의 특성상 이에 대한 화용론적 연구가 필요하다고 한다. Gippius(2004)를 비롯하여 여러 언어학자들에 의해 활발하게 진행되고 있는 화용론적 연구의 예를 보자.

Gippius(2004)에 따르면 자작나무편지의 수발신에는 여러 참여자가 나타날 수 있으며 이를 선형적 도식으로 나타내면 다음과 같다.

편지 발신자 (S) → 텍스트 작성자 (C) → 필자 (Sc) → 전달자 (M) → 읽어주는 사람 (L) → 수신자 (Ad).

대부분의 경우 한 사람이 두 가지 이상의 역할을 한다. 즉, 발신자가 곧 텍스트 작성자이자 필자일 수도 있으며(S=C=Sc), 대필자가 존재하였을 경우(S=C≠Sc)도 있을 수 있다. 또한 전달자가 읽어주는 역할을 담당할 수도 있고 (M=L≠Ad), 단지 편지만 전달하는 경우(M≠L=Ad)에 그칠 수도 있다. 많은 내용이 매우 함축적으로 나타난 편지에서 이처럼 다양한 방식의 수발신 메커니즘을 찾는 것은 매우 어려운 작업임에는 분명하나 역사적 배경, 문장의 화용론적 사용 등에 대한 면밀한 이해에 기초할 때 이는 분명히 가능한 작업이 될 것이다(참고. Gippius 2004, Gippius and Schaeken 2011, Collins 2011, Schaeken 2011a,b, 2014).

물론 이와 같은 고대 및 중세문헌에 대한 이른바 통시화용론적(historical pragmatics)적, 혹은 화용서지학적(pragmaphilology) 연구는 역사언어학적 연구가 나아가야 할 새로운 정향성을 제시한다는 점에서 주목할 만하다. 하지만 필자는 Gippius(2004)의 주장처럼 자작나무 편지에 나타난 언어에 대한 형태, 통사, 의미에 관련한 기본적 연구가 완성단계에 도달했다고 보지는 않는다. 북부러시아방언의 주요한 특징으로 지목되는 형태론적, 통사론적 특성예를 들어, o-어간 남성명사의 주격어미-e(Kwon 2010, Øiestad 2009, Olander 2012, 최성호 2014), 그리고 주격목적어 구문(Lavine and Franks 2005, Franks and Lavine 2006, 정하경 2013), 그리고 완료형 형태소 -l이 없는 완료형(이른바 l-less perfect)(Zaliznjak 2004, Kwon 2009, Majer 2014) 등에 대해서는 필자를 비롯한 여러 연구자들에 의해 여전히 활발한 논쟁이 지속되고 있다.

2. 문화사적 자료로서의 자작나무편지: 예시

자작나무편지의 내용은 매우 다양하다. 채무관계, 상품 주문서 등의 상업적인 내용을 비롯하여, 세금이나 공물 납부 의무를 적시하거나 가족이나 지인들간의 분쟁 해결을 위해 법정에 보내는 편지, 기도문 등의 종교적인 내용, 소작농이 지주에게 보내는 청원문, 비싼 양피지에 적기 전의 연습, 그리고 이보다 훨씬 사적인 내용으로 연애편지나 청혼문, 수수께끼, 어린이의 알파벳 습자와 낙서 등이 나타난 문서들은 고대 러시아인들의 일상을 단편적으로나마 보여준다(참조. Franklin 2002, Zaliznjak 2004, Mühle 1994). 몇 가지 예를 들어보자.

첫째, 12세기 후반에 작성된 자작나무편지 N9는 고스탸타라는 이름의 여성이 오빠로 추정되는 바실리라는 이름의 남성에게 도움을 청하는 편지이다.

> "고스탸타가 바실리에게. 아버지랑 친지들께서 준 것들은 모두 그가 가지고 있어요. 지금 새로운 여자를 얻어서 나에게는 아무것도 주려고 하지 않아요. 결혼서약까지 해놓고 그 사람은 다른 여자를 취했어요. 자비를 베풀어서 와주세요."

버림받은 여성의 절박한 외침이 고스란히 실려있는 이 편지에는 '와주세요'라는 의미의 동사 doedi가 도보가 아닌 교통수단을 전제로 하는 동사형이라는 점에서 결혼관계가 도시 경계를 넘어서기도 하였다는 것을 유추할 수 있다. 이보다 더 중요한 문화사적 사실로는 여성 역시 글을 쓸 줄 안다는 것이다. 이런 점에서 이 문서는 교육받은 남성들만이 글을 썼다는 기존의 가설을 뒤집는 중요한 문화사적 자료가 된다. 문해율(literacy rate)에 대한 기존의 가설에 반하는 또하나의 예는 어린아이들의 편지이다. N210(그림 5 참조)을 비롯한 여러 '작품'을 남긴 12세기 말에서 13세기 초에 소년기를 보낸 온핌(Onfim)은 그림의 수준이나 알파벳 습자를 볼 때 아마 예닐곱살 정도 되었을 것으로 추정된다.

〈그림 5〉 노브고로드 자작나무편지 N210

둘째, 편지 N605은 개인적인 오해를 풀기 위해 쓴 편지인데 그 내용을 자세히 들여다보면 남녀 간의 단순한 말다툼에 의한 것이 아님을 알 수 있다.

> "예프렘으로부터 나의 형제 이수히야에게. 나에게 물어보지도 않고 그렇게 화내나요. 수도원장이 나를 놔주지 않았지만 나는 허가를 얻어냈어요. 하지만 아사프와 함께 시장님의 집에 꿀을 가지러 갔다가 교회종이 칠 때 이미 돌아왔어요. 왜 화를 내시나요? 나는 항상 당신 곁에 있는데 나에게 모진 말을 하면 어쩔 줄 모르겠어요. 내 형제여. 그래도 당신에게 이 말은 전할께요. 당신은 나의 것. 나는 당신의 것."

11세기 후반에서 12세기 초반 사이에 쓰여진 이 편지는 두말할 나위 없이 동성애 관계에 있는 수도승들의 편지로서 발견 당시 적잖은 센세이션을 일으킨 문서이다. 잘리즈냑이 지적한 대로 이 편지의 맺음말('당신은 나의 것, 나는 당신의 것')은 서유럽 서간문학 전통과 일치하는 부분으로서 연인 사이에 쓰이는 표현으로서 편지의 발신자와 수신자인 두 수도승이 서로 사랑하는 사이였음을 보여준다(Zaliznjak 1995: 247). 이때 개인의 내밀한 사생활을 담은 이와 같은 편지를 보낼 때 비밀성이 과연 보장될 수 있는가라는 의문이 생긴다. 지금까지 알려진 바로는 고대러시아에는 중국 등지에서 발견되는 봉인이 존재하지 않는다. 따라서 이와 같은 편지를 보낼 때에는 글을 전혀 읽지 못하는 종을 일부러 선택하지 않을까라는 추정을 할 뿐 비밀성 보장이나 안전장치 등에 대해서는 좀더 심도있는 연구가 필요할 것으로 보인다.

셋째, 12세기 초반에 쓰인 N424를 보자.

> "게오르기가 아버지와 어머니에게 보내는 편지. 땅을 팔고 여기 스몰렌스크나 키예프로 오세요. 여기는 빵값도 싸답니다. 만약 오시지 않는다면 두 분 건강하신지 짧은 편지나 보내주세요."

이 편지는 아들 게오르기가 땅을 소유하고 있으나 형편이 여의치 않은 부모님께 이주를 권유하는 내용이다. 고대러시아 시기 노브고로드, 키예프, 모스크바 등은 저마다 자신들의 국가적 체계를 어느 정도 갖추고 있었지만 (땅을 소유하고 있는 것으로 판단컨대) 자유민들은 비교적 자유롭게 이주할 수 있었다는 것을 알 수 있다.

넷째, 14세기 후반에 쓰여진 N370은 이동의 자유에 대해서 보다 흥미로운 사실을 보여준다.[4]

---

4) 필자는 N370에 명사를 수식하는 관형어구인 čto za '도대체 어떤'라는 표현이 최초로 등장하며 이는 상응하는 독일어 표현 was für보다 적어도 1세기는 앞선 것임을 밝혔다. 해당표현이 독일어에서 시작하여 폴란드어, 우크라이나어를 거쳐 러시아어로 유입되었다는 언어접촉 혹은 차용가설에 대해 역사적 자료를 통하여 반박하면서 필자는 독일어와 러시아어에서 모두 자생적으로 이 표현이 발생하였던 것으로 가정한다(Kwon 게재예정, 2014, 참고. Janin 1998, Zaliznjak 2004).

"모든 농민들이 막심과 유리에게 인사드리며. 도대체 어떤 중간지배인을 보내신건가요? 그는 우리를 대변해주지 않습니다. 우리를 속여 우리는 도둑맞은 기분이랍니다. 나이든 사람들조차도 떠날 수가 없으니 우리는 죽을 지경입니다. 만약 그 사람이 계속 남아있는다면 우리는 더 이상 여기 남아있을 힘도 없습니다. 맘 좋은 분을 우리에게 보내주시면 머리 숙여 감사드리겠습니다."

이 편지는 소작농들이 중간지배인(마름)의 전횡과 횡포에 못이겨 새로운 중간지배인으로 교체해달라고 지주에게 보내는 청원문이다. 이들 소작농들은 또다시 청원문(N370)을 쓰게 되는데 아마도 그들의 요구가 금새 받아들여지지 않았기 때문일 것이다. 만약 지금과 같은 상황이 지속된다면 우리는 여기 있을 수 없다는 표현에서 알 수 있듯 이 당시 소작농들은 지주에게서 자발적으로 떠날 수 있는 권리를 가지고 있었다. 이는 지주를 '협박'할 수 있는 교섭권을 보장하는 최소한의 장치인데 여타 러시아 지역에서는 발견되지 않는다. 이러한 지역적 특수성은 노브고로드만의 민주주의적 사회체계와 무관하지 않다고 본다.

V. 결론

'나무'의 뜻을 가지는 어근 dorv- (현대러시아어 drava)는 원슬라브어 *sъ-dorv-의 형태로부터 역행유성동화(sd 〉 zd)를 통해 현대러시아어의 zdorov- '건강한'이 된다. 하지만 자작나무문서에는 storove 라는 표현이 나타나는데 이는 순행무성동화(sd 〉 st)를 통해 나타나는 표현이며 노브고로드의 특수성을 보여주는 또하나의 예가 된다. 어휘 면에서 '나무'가 이렇게 다른 운명을 갖고 있듯 고대러시아의 자작나무편지 역시 노브고로드와 여타 지역에서 운명을 달리 한다. 즉 물리적으로 떨어져있는 사람과 의사소통을 하기 위한 일회적 수단으로서 응당 찢겨져 버려졌어야 할 편지가 노브고로드의 진흙땅에 묻혀있다가 오늘날 발견되어 읽힌다는 것은 무척 놀라운 일이다. 러시아 자작나무편지를 소개하는 본고와 같이 세계 다른 문명의 다른 서간 및 기록문화를 비교하고 텍스트의 문맥적 상황을 복원하고 유형화하는 것은 무척 흥미있는 작업이 될 것이며 본고는 그와 같은 연구의 가장 기초적인 작업이 될 수 있을 것이다.

투고일: 2014. 10. 27. 심사개시일: 2014. 11. 5. 심사완료일: 2014. 11. 28.

참/고/문/헌

강판권, 2007, 『나무열전나무에 숨겨진 비밀, 역사와 한자』, 글항아리.

정하경, 2013, 「술어비일치 주격에 대하여: 고대러시아어 및 북부러시아방언의 비일치 주격을 중심으로」, 『러시아연구』 23(1).

최성호, 2014, 「명사 곡용식의 변이 패턴 체계와 변화: 고대러시아어와 고대노브고로드방언을 중심으로」, 『러시아연구』 24(2)

황성우, 2012, 「제비뽑기 선출방식을 통해 나타난 중세 노브고로드인의 세계관」, 『아태연구』 19.

Collins, D. (2011) "Reconstructing the pragmatics of a medieval marriage negotiation(Novgorod 955)," Russian Linguistics 35: 33–61.

Danylenko, A. (2002) "The verb "have" in East Slavic: Revising a developmental scenario," In Proceedings of the 13th UCLA Indo-European conference, Los Angeles: University of California at Los Angeles.

Drinka, B. (2003) "Area factors in the development of the European periphrastic perfect," Word 54 (1): 1–38.

Franklin, S. (2002) Writing, Society and Culture in Early Rus, c. 950–1300, Cambridge University Press, Cambridge.

Franks, S. and J. Lavine (2006) "Case and word order in Lithuanian," Journal of linguistics 42(2): 239–88.

Gippius, A. A. (2004) "K pragmatike i kommunikativnoj organizacii berestjanyx gramot," In V. L. Janin, A. A. Zaliznjak & A. A. Gippius (Eds.), Novgorodskie gramoty na bereste (iz raskopok 1997–2000 gg.), 183–232. Moskva.

Gippius, A. and Schaeken. J. (2011) "On direct speech and referential perspective in birchbark letters no. 5 from Tver' and no. 286 from Novgorod," Russian Linguistics 35(1): 1–11.

Janin, V. L. (1998) Ja poslal tebe berestu, Third revised and expanded edition, Moscow.

Jung, H. (2007) "Internally conditioned language change: The development of the North Russian –no/–to perfect," Russian linguistics 31(2): 137–156.

Kuteva, T and B. Heine (2004) "On the possessive perfect in North Russian," Word 55 (1): 37–71.

Kwon, K. (2009) "The Subject Cycle of pronominal auxiliaries in Old North Russian," In E. van Gelderen (Ed.), Cyclical change, 157–184. Amsterdam: John Benjamins.

Kwon, K. (2013) "What for diachronically," In A. Podobryaev (Ed.), Annual Workshop on Formal Approaches to Slavic Linguistics: The Second MIT Meeting, 2011, 138–153, Ann Arbor: Michigan Slavic Publications.

Kwon, K. (게재예정) "What is for for? Reconstructing the development of what for construction in Russian," Transactions of the Philological Society.

Kwon, K. (2014) "Reanimating voices from the past: An alternative reading of Novgorod Birch Bark Letter №370," ms. Sungkyunkwan University.

Lavine, J. and S. Franks (2005) "On nominative objects," In Proceedings of Formal approaches to Slavic linguistics 13, eds. M. Tasseva-Kurktchieva, S. Franks, and F. Gladney, 195-206. Ann Arbor: Michigan Slavic Publications.

Majer, M. (2014) "The origin of the 'l-less perfect' in the Novgorod birchbark documents," Russian Lingusitics 38: 167-185.

Maslov, Ju.S. (1949) "K voprosu proisxoždenija possessivnogo perfekta," Učenye zapiski LGU No.97. Serija filologičeskix nauk 14: 76-104.

Miura, K. (2003) "Popytka sravnitel'nogo analiza russkix berestjanyx gramot i japonskix mokkanov", in Berestjanye gramoty: 50 let otkrytija i izučenija. Ed. by V.L. Janin, 235-253, Moscow.

Mühle, E. (1994) "Commerce and pragmatic literacy: The evidence of birchbark documents (from the mid-eleventh to the first quarter of the thirteenth century) on the early urban development of Novgorod," in Midieval Russian Culture, Vol. II. Ed. by Michael S. Flier and Daniel Rowland, 75-92, Berkeley and Los Angeles: University of California Press.

Olander, T. (2012) "Proto-Indo-European *-os in Slavic," Russian Lingusitics 36: 319-341.

Øiestad, A. (2009) Nominativ singularis på -e i gamle Novgorod, Master's Thesis. University of Oslo.

Salomon, R. (1997) A preliminary survey of some early Buddhist manuscripts recently acquired by the British Library. The Journal of the American Oriental Society 117(2): 353-358.

Schaeken, J. (2011a) "Don't shoot the messenger. A pragmaphilological approach to birchbark letter no.497 from Novgorod," Russian Linguistics 35: 1-11.

Schaeken, J. (2011b) "Sociolinguistic variation in Novgorod birchbark documents: The case of no.907 and other letters," Russian Linguistics 35: 351-359.

Schaeken, J. (2014) "Don't shoot the messenger: Part Two. Pragmaphilological notes on birchbark letters nos.497 and 771 from Novgorod and no.2 from Zvenyhorod," In E. Fortuin, P. Houtzagers, J. Kalsbeek & S. Dekker (Eds.), Dutch contributions to the fifteenth International Congress of Slavists. Minsk. August 20-27, 2013, Linguistics, 155-166. Amsterdam, New York: Rodopi.

Timberlake, A. (1974) The nominative object in Slavic, Baltic, and West Finnic. Munich: Verlag

Otto Sagner.
Vermeer W. (1995) "Towards a thousand birchbark letters," Russian linguistics, 19 (1): 109–123.
Vysotskij, S. S. (1967) "Opredelenie sostava glasnyx fonem v svjazi s kačestvom zvukov v severnorusskix govorax (po materialam èksperimental'no-fonetičeskogo issledovanija," In Očerki po fonetike severnorusskix govorov, 5–82, Moscow: Nauka.
Zaliznjak, A. A. (1986) "Novgorodskie berestjanye gramoty s lingvističeskoj točki zrenija," In V. L. Janin & A. A. Zaliznjak (Eds.), Novgorodskie gramoty na bereste. Iz raskopok 1977–1983 godov (pp. 89–219). Moskva.
Zaliznjak, A. A. (1987) "O jazykovoj situacii v drevnem Novgorode," Russian Linguistics 11: 115–132.
Zaliznjak, A. A. (1988) "Drevnenovgorodskoe kojne," Balto-slavjanskie issledovanija 1986, 60–78.
Zaliznjak, A. A. (1995) Drevnenovgordskij dialekt. Moskva.
Zaliznjak, A. A. (2004) Drevnenovgordskij dialect. Revised second edition, Moscow: JaRK.
Živov, V.M. (1988) Review of Janin i Zaliznjak 1986, Voprosy jazykoznanija 4, 145–156.

〈Abstract〉

An introductory account of the Old Russian birchbark documents

Kwon, Kyong-joon

Birchbark documents are excavated in the northwestern area of Russia, centering Novgorod. The excavation of the documents widened the scope of historical linguistics of the Russian language, which was restricted either to South-Slavic based written language, Old Church Slavonic, or to documented Middle Russian or contemporary dialects. The birchbark documents have also shed light to the typological research that aims to search for an origin of the idiosyncratic Northwestern Russian dialect. In addition, the documents have revealed various aspects of everyday life in Old Russia, such as love, hatred, conflicts among the people. The present paper aims to demonstrate the process of how the birchbark documents are written, delivered to designated addressees, and finally transmitted to the current readership, and to inform non-specialists in Russian linguistics of their significances-whether linguistic or not-and contents.

▶ Key words : Birchbark documents, Old Northwestern Russian dialect, Old Church Slavonic, Chancery language, Everyday language, Orality

논 문

『仁和寺御室御物實錄』의 書誌와 내용

박준형[*] · 서영교[**]

〈국문초록〉

『仁和寺御室御物實錄』은 宇多天皇(887~897)이 醍醐天皇(897~930)에게 讓位한 후 法皇으로서 仁和寺의 宇多院에 寄居하던 중 931년 7월 10일에 인화사의 御室의 임시장소에 있던 것을 寺家에 납고하면서 작성되었고, 이후 이것이 분실되어 950년 11월 10일에 다시 작성되었다. 이것이 前田家에 입수된 이후 1932년에 前田利爲(1885~1942)가 국보지정을 기념하여 영인·배포함으로써 학계에 알려지게 되었다. 『인화사어실어물실록』에 수록된 御物은 총 240건 524점이고 이것이 7개의 廚子와 1개의 韓櫃에 나누어 담겨 있다. 이 중 5번째 歧佐木乙御廚子에 7건 8점으로 이루어진 '渤海金銅香鑪壹具'가 포함되어 있다. 발해의 對日本交易品이 주로 1차 土産品이었던 점을 비추어 볼 때, 渤海金銅香鑪를 통해 발해와 일본의 교류사를 새롭게 이해할 수 있는 계기가 될 것으로 기대된다.

▶ **핵심어 : 『仁和寺御室御物實錄』, 仁和寺, 宇多天皇, 渤海, 渤海金銅香鑪**

* 연세대학교 동은의학박물관 학예연구사
** 중원대학교 한국학과 교수, 교신저자

I. 발견 경위와 연구사 검토

『仁和寺御室御物實錄』(이하 『실록』으로 함)은 필자들이 『新修本草』와 仁和寺의 관계를 조사하는 과정에서 찾게 된 자료이다. 『文館詞林』에는 의자왕의 질병을 치료하기 위해 백제에서 당태종에게 蔣元昌이란 의사를 보내줄 것을 요청한 내용이 있다.[1] 장원창은 당태종 顯慶 4년(659)에 편찬된 『신수본초』 23명의 편찬인원 중의 한 명이었다. 『新唐書』 藝文志에는 장원창이 蔣茂昌으로 되어 있고, 일본에서 731년에 필사된 『신수본초』 卷第15 獸禽部 卷尾에 수록된 편찬인원에는 蔣元昌으로 되어 있다.[2] 이 古鈔本 『신수본초』는 원래 京都 仁和寺에 소장되어 있었다가 어느 시점에 京都 福井家의 崇蘭館으로 유출되었다. 이후 1832년 狩谷棭齋(1775~1835)에 의해 필사가 이루어지면서 널리 알려지게 되었다.[3]

이후 필자들의 관심은 고초본 『신수본초』가 인화사에 입고된 시점이었다. 이를 위해 인화사 관련 자료를 검토하였다. 그러던 중 2014년 5월 14일에 일본국회도서관에 소장되어 있는 『실록』의 두 판본[1902년본, 1932년본]을 찾게 되었다. 현재 『실록』의 원본은 前田家에서 설립한 東京의 育德財團에 소장되어 있다. 두 판본 중의 전자는 1902년에 前田利爲가 石印한 『실록』(21매)이고 후자는 1932년에 국보지정을 기념하여 育德財團의 尊經閣에서 복각·발행한 『실록』(尊經閣叢刊, 卷子本)이다. 일본국회도서관에서는 전자의 전문을 이미지로 제공하고 있다. 또한 필자들은 서울대학교 중앙도서관 고문헌자료실에 소장되어 있는 위 두 자료를 실견하였다.

『실록』은 宇多天皇(867.5.5~931.7.19, 재위: 887~897)이 醍醐天皇(897~930)에게 讓位한 후 法皇으로서 인화사의 宇多院에 기거하던 중 931년 7월 10일에 인화사의 御室의 임시장소에 있던 것을 寺家에 납고하면서 작성된 實錄帳이다. 이후 이 실록장이 분실되었고 未納物을 추가하여 950년 11월 10일에 새롭게 『실록』이 작성되었다. 여기에 渤海金銅香鑪(釋文 V-29; 사진14)가 포함되어 있다.

9세기 후반 발해와 일본의 교류가 활발했던 점으로 보아 발해금동향로는 양국 사이의 교류 관계 속에서 이해할 수밖에 없다고 본다. 발해의 對日교역품으로는 사료상에 보이는 貂皮·大虫皮·豹皮과 같은 모피와 인삼·꿀과 같은 토산품이 대부분이다. 여기에 솔빈부의 말이나 渤海三彩가 교역품으로 추정되는 정도이다.[4] 발해의 대일교역품은 對唐교역품이나 「매신라물해」에 보이는 신라의 다양한 대일교역품에 비해 1차 토산품에 치중된 측면이 있다. 발해와 일본의 활발했던 교류 양상에 비해 교역품의 수준은 상대적으로 빈약하다고 볼 수 있다. 『실록』에 언급된 발해금동향로는 토산품 위주의 대일교역품과는 성격이 다른 것으로 보인다. 이 향로를 발해의 대일교역과 관련시켜서 이해한다면 발해와 일본의 교류관계를 새롭게 이해할 수 있을 것으로 기대된다.

---

1) 주보돈, 1992, 「《文館詞林》에 보이는 韓國古代史 관련 外交文書」, 『경북사학』 15.

2) 박준형·서영교, 2014, 「『文館詞林』에 보이는 蔣元昌과 蔣氏家門 醫官」, 『역사학보』 222.

3) 尙志鈞 輯校, 2004, 「『新修本草』流傳概況」, 『新修本草(輯復本 第二版)』, 安徽科學技術出版社, pp.809-810.

4) 윤재운, 2011, 「8~10세기 발해의 문물교류」, 『한국고대사연구』 63, pp.322-333.

『실록』의 존재는 일본학계에 이미 알려져 있었다. 1932년 일본의 前田利爲(1885~1942)가 育德財團을 통해서 『실록』(尊經閣叢刊)을 영인·발간하여 보급했기 때문이다.[5] 그러나 『실록』과 직접 관련된 연구는 漆器,[6] 瓷器[茶碗·靑瓷],[7] 불교의례[8] 등에서 접근한 것으로 발해의 교역과 관련된 연구는 아직까지 확인하지 못하였다. 한국학계에는 도자사를 연구하는 과정에서 『실록』의 茶碗·靑瓷를 언급하는 정도이다.[9]

한편 동북아역사재단 홈페이지 〈동북아역사넷〉의 대외관계사연표에서 931년 7월 10일조[10]에 "法皇 宇多가 王室의 각종 물품[御物]을 仁和寺에 보관하였는데, 그중에 唐·新羅·渤海의 生産物[舶載品]도 포함되어 있었음(仁和寺御室御物實錄)"이라고 소개하고 있다. 여기에서 발해가 언급되었지만 구체적으로 지적되지는 않았다.

이런 점에서 필자들은 발해금동향로가 언급된 『실록』을 소개하고자 한다. 먼저 『실록』의 서지를 분석하고 『실록』에 수록된 내용을 살펴볼 것이다. 이를 통해 발해금동향로가 『실록』 전체에서 어떠한 위치에 있는지를 검토해 볼 것이다. 마지막으로 『실록』의 이미지[11]와 釋文을 제시함으로써 향후 발해의 對日交易史 연구에 일조할 수 있기를 바란다.

II. 書誌 분석

950년 11월 10일에 작성된 『실록』의 1부가 16~17세기 前田家에 입수되었고, 이후 19후반에 그 존재가 다시 알려지게 되었다.[12] 1902년 6월에 前田利爲가 『실록』을 石印本으로 발행했으며 그중의 1부를 京城帝國大學 圖書室에 기증하였다(그림1). 이 『실록』은 낱장 21매로 표갑되어 있다. 각 장마다 '京城帝國大學圖書室'의 직인이 있으며 맨 앞 장에 '前田利爲氏寄贈'이라 기록되어 있다. 인쇄용지는 가로 60.8㎝, 세로 36.8㎝이고 그 안에 가로 57.6㎝, 세로 29.4㎝의 크기로 그림이 인쇄되어 있다.

1930년 12월에 일본의 國寶調査委員會에서 의결하여 1931년에 『실록』이 국보로 지정되었다. 이에 1932년에 育德財團에서는 국보 지정을 기념하여 『실록』을 寫眞版으로 복제하여 원본과 같은 卷子本[두루마리]으로 발행하였으며(그림2), 여기에 『仁和寺御室御物實錄解說』(이하 『해설』로 함, 그림2 오른쪽 위)을

5) 和田英松, 1932, 「仁和寺の寶藏及び經藏」, 『仁和寺御室御物實錄解說』(尊經閣叢刊), 東京: 育德財團, pp.6-16.

6) 小松大秀, 1986, 「文獻史料にみる漆藝品(一)-『仁和寺御室御物實錄』をめぐって」, 『MUSEUM』 427, 東京: 東京國立博物館.

7) 中尾萬三, 1932, 「仁和寺御室御物實錄の陶瓷」, 『大乘』 11-8; 大槻暢子, 2014, 「『仁和寺御室御物實錄』の宝物」, 『日本古代中世の佛教と東アジア』(原田正俊 編), 吹田: 關西大學東西學術硏究所.

8) 田島公, 1999, 「婆羅門僧正(菩提僊那)の劍-仁和寺圓堂院舊藏「杖劍」相傳の由來」, 『日本古代社會の史的展開』(薗田香融 編), 東京: 塙書房.

9) 金寅圭, 2003, 「中國 越州窯靑磁의 硏究史」, 『中國史硏究』 25, pp.243-246.

10) http://contents.nahf.or.kr/directory/item.do?levelId=ypgr_0931_007_010_001

11) 이미지는 필자들이 일본 고서점에서 구입한 『실록』(尊經閣本, 1932)을 스캔한 것이다.

12) 『실록』이 前田家에 유입되고 재인식되는 과정에 대해서는 별도의 논고를 준비하고 있다.

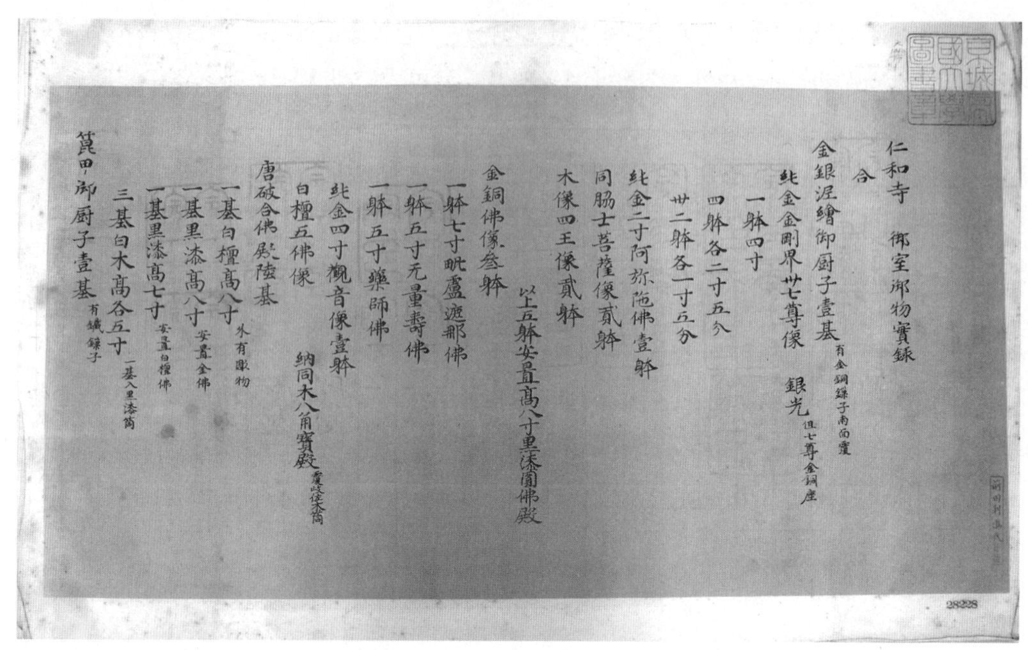
仁和寺 御室御物實錄
合
金銀泥繪御厨子壹基 有金銅鏁子南面壹
紺金金剛界卅七尊像 銀光 但七尊金銅座
一躰四寸
四躰各二寸五分
卅二躰各一寸五分
紺金二寸阿弥陀佛壹躰
同脇士菩薩像貳躰
木像四王像貳躰
以上五躰安置高八寸黒漆蘭佛殿
金銅佛像參躰
一躰七寸毗盧遮那佛
一躰五寸无量壽佛
一躰五寸藥師佛
紺金四寸觀音像壹躰
白檀五佛像 納同木八角寶殿
唐破合佛殿陸基
一基白檀高八寸
一基黒漆高八寸 安置金佛
一基黒漆高七寸 安置白檀佛
三基白木高各五寸 一基入黒漆筒
箟甲御厨子壹基 有鏁鏁子

〈그림 1〉 서울대학교 중앙도서관 고문헌자료실 소장 『실록』 1면

〈그림 2〉 育德財團에서 발행한 『仁和寺御室御物實錄』(尊經閣本, 1932) 일괄 자료

첨부하였다.[13] 이 중에 1부가 육덕재단 명의로 경성제국대학 도서실에 기증되었다.

여기에서는 필자들이 구입한 존경각본『실록』과『해설』을 기초로 하여 서지에 대해 분석해 보겠다.

『해설』에 의하면 원본『실록』의 크기는 너비[竪] 9寸 12分 半, 길이는 3丈 9尺 정도라고 한다. 이『실록』을 연구한 小松大秀에 의하면 너비가 28.2㎝, 길이는 1126㎝라고 하였다.[14] 필자들이 입수한 존경각본의 크기는 너비 28.0㎝, 길이 1171.1㎝이다. 여기에서 배접된 시작 부분 26.3㎝와 끝 부분 23.4㎝를 제외하면『실록』원본 부분의 길이는 1121.3㎝이다.『실록』은 21장의 종이가 연결된 두루마리 형식인 권자본이다. 1~20째 종이의 길이는 55.5㎝(1110㎝)이고, 마지막 21번째는 11.3㎝이다. 이를 합하면 1121.3㎝가 된다. 존경각본의 총 길이는 小松大秀가 보고한 1126㎝보다 약간 작다. 존경각본의 길이가 원본보다 2㎜가 작아지면서 매 장마다 길이도 조금씩 줄어들었을 것이며, 21장을 연결한 전체 길이에 있어서도 4.7㎝가 원본보다 작게 제작된 것이다.

褾褙[裝潢, 表具]한 겉 부분은 연보라빛 비단에 金襴으로 小菱形의 기본 문양과 외곁의 蔓牧丹紋이 시문되었다. 안쪽 부분은 金銀箔粉으로 구름·가시[野毛] 등의 모양이 있는 종이를 이용했다(그림3). 두루마리의 중심인 軸은 撥形의 牙를 사용하였다. 이 권자본이 길이 32.6㎝, 높이 7.3㎝, 너비 8.2㎝[尊經閣本 기준]의 오동나무상자에 넣어 있다.

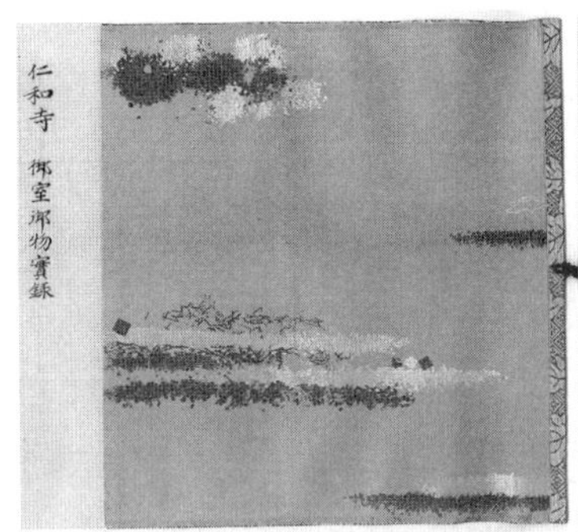

〈그림 3〉 존경각본『인화사어실어물실록』褾褙 부분

『해설』에 의하면 원본의 종이는 純楮로 만들었으며, 색깔은 淡褐色에 옅은 淡紅色을 띠고 있다. 21장의 종이에는 淡墨의 絲欄을 그어서 그 안에 글씨를 썼다. 서체는 楷書體이다. 行과 行 사이, 글자와 글자 사이에는 正方形의 宇多院印이라는 淡朱色의 篆文이 있는데, 方 1寸 9分정도이고 每紙에 15~16개의 직인이 있으며, 背面의 接縫 부분에도 직인이 1개씩 있다고 하였다(그림4). 필자들이 실측한 결과, 존경각본의 직인은 抹角方形으로 길이는 5.6㎝이었다.

〈그림4〉 接縫부분 宇多院印

필자들은 매 장마다 직인의 수를 세어 보았다. 그 결과를 정리하면 아래 표와 같다.

13) 育德財團, 1932,『仁和寺御室御物實錄解說』, p.5.

14) 小松大秀, 1986, 앞의 논문, p.4.

면수	직인 수		면수	직인 수		면수	직인 수	
	본문(접지)	소계		본문(접지)	소계		본문(접지)	소계
1	18(2)	20	9	20(2)	22	17	20(2)	20
2	22(0)	22	10	16(1)	17	18	22(2)	24
3	18(0)	18	11	20(3)	23	19	14(1)	15
4	17(0)	17	12	19(2)	21	20	19(2)	21
5	18(1)	19	13	17(3)	20	21	0(0)	0
6	22(0)	22	14	16(1)	17	뒷면	0(20)	20
7	19(3)	22	15	17(2)	19			
8	18(0)	18	16	19(0)	19	합계	369(47)	416

표에서 알 수 있듯이 직인은 모두 416개가 있다. 이 중 뒷면의 접지부분을 표시하기 위해 20개를 찍었다. 맨 마지막 21장이 크기가 작은 것을 제외하면 나머지 20장에 316개, 평균적으로 각 장에 19.8개를 찍은 셈이다. 직인은 15~24로 각 장마다 그 수에 있어서 차이가 난다. 자세히 살펴보면 직인은 글자가 있는 부분만 찍혀 있다. 각 장마다 글자의 수가 다르기 때문에 직인의 수에 있어서 차이가 나는 것이다. 결국 글자가 쓰여 있는 모든 부분에 직인을 찍음으로써 내용의 위조·변조를 막으려고 했던 것으로 추정된다.

한편, 『해설』에서는 每紙마다 직인[朱印]이 15~16개가 있다고 하였다. 그러나 표에서 살펴보았듯이 15개인 것은 19장 하나이고 16개인 것은 없다. 접지 부분에 찍힌 것을 제외하더라도 대부분 16개가 넘는다. 『해설』에서 이처럼 15~16이라고 한 것은 1881년에 『실록』을 소개한 小杉榲邨(1835~1910)가 추기에서 "文字間篆文朱印曰宇多院印 方一寸九分許 每紙十五六所 背面接縫處 亦有此印 … 明治十四年九月"라고 한 것[15)]을 그대로 인용했기 때문이라고 보인다.

존경각본의 맨 마지막 장의 褾褙부분에 "尊經閣叢刊御室御物實錄 / 原本侯爵前田家藏"라는 날인을 통해 『실록』의 원본이 前田家의 소장본임을 밝히고 있다.

III. 내용 검토

『실록』은 크게 2부분으로 이루어져 있다. 먼저 맨 앞에 "仁和寺御室御物實錄"이란 본 문서의 제목이 있

15) 日本歷史地理學會編, 1913, 「御室御物實錄」, 『阿波國徵古雜抄(續編)』. 『阿波國徵古雜抄(續編)』에 실린 『실록』의 내용이 『續續群書類從(第16 雜部)』(東京: 國書刊行會, 1909, pp.135-147)에 그대로 전재되어 있다. 본고에서는 이 『실록』의 내용을 참고하였다.

고(석문0; 사진1) 이어서 御物의 종류가 크게 8개로 나누어 자세하게 나열되어 있다(석문Ⅰ~Ⅷ). 두 번째는 跋文에 해당하는 것으로『실록』을 작성하게 된 배경, 개봉시 주의사항 등에 대한 설명과 날짜, 그리고 인화사에서 어물의 입고를 확인한 담당 승려 9명의 署名[書押]과『실록』을 작성한 實錄使 菅原文時와 文章生 和氣規行의 서명이 있다(석문Ⅸ).

인화사에 입고된 御物은 크게 7개의 廚子와 1개의 韓櫃로 구성되어 있다. 이를 순서대로 나열하면 金銀泥繪御廚子, 篋甲御廚子, 篋乙御廚子, 歧佐木甲御廚子, 歧佐木乙御廚子, 歧佐木丙御廚子, 歧佐木丁御廚子와 白木調韓櫃이다. 각각의 廚子와 韓櫃에는 여러 종류의 御物이 다양한 형태로 포장되어 있다. 이 포장단위 내에는 다시 개별 어물이 들어 있다. 이를 전체적으로 살펴보기 위해 아래와 같이 표로 정리하였다.

번호	廚子·韓櫃	御物 건수	御物 점수	御物 포장	御物 종류	비고
Ⅰ	金銀泥繪御廚子壹基	8	53	개별	佛像	
Ⅱ	篋甲御廚子壹基	69	85	6묶음+12	佛畫, 佛經, 鈴, 股, 鉀, 鐝, 菩提樹葉, 壺, 杖, 鐶, 劍, 枕, 刀, 手巾, 牛黃 등	
Ⅲ	篋乙御廚子壹基	26	27	4묶음	衣(袈裟), 硯, 瓶, 尺, 刀, 墨, 筆, 權衡, 鋺 등	
Ⅳ	歧佐木甲御廚子壹基	20	119	10묶음+1	咒珠, 香鑪, 如意	
Ⅴ	歧佐木乙御廚子壹基	33	112	12묶음	筥, 咒珠, 香鑪,	**渤海金銅香鑪壹具**
Ⅵ	歧佐木丙御廚子壹基	55	79	11묶음	壺, 小刀, 箸, 匕, 火鏡, 火舍, 筥, 香印, 茶筒, 青茶垸, 茶研, 銚子, 食盤 등	
Ⅶ	歧佐木丁御廚子壹基	10	15	10묶음	袈裟, 座具	
Ⅷ	白木調韓櫃壹合	19	34	1묶음+18	杖, 鉢, 瓶, 壺, 机	
합계		240	524	54묶음+39		

※ 일련 번호(Ⅰ~Ⅷ)는 필자들이 임의로 부여한 것이다. 이 번호는 御物의 포장단위이기도 하며 釋文의 순서와도 일치한다.

Ⅰ의 金銀泥繪御廚子에는 다른 것과 달리 佛像 한 종류만 들어 있다. 불상은 純金金剛界卅七尊像, 純金二寸阿弥陀佛壹體, 純金脇士菩薩像貳體, 木像四王像貳體, 金銅佛像參體, 純金四寸觀音像壹體, 白檀五佛像, 唐破合佛殿陸基 등 8건 53점이다. 이 부분의 원문 사진을 보면 純金四寸觀音像壹體(Ⅰ-6)와 白檀五佛像(Ⅰ-7)이 金銅佛像參體(Ⅰ-5)의 하위 항목으로 되어 있다. 그러나 金銅佛像參體(Ⅰ-5)에는 불상이 3체(參體)가 있다고 하고 이미 그 하위 항목으로 3체가 기록되어 있다. 따라서 Ⅰ-6·7은 金銅佛像參

體(Ⅰ-5)에 속하지 않는 별도의 품목이라고 볼 수 있다. 아마도 『실록』을 작성하는 과정에서 오류가 있었던 것으로 보인다.[16)]

Ⅱ의 篋甲御廚子에는 佛畵, 佛經, 鈴, 股, 鉀, 钁, 菩提樹葉, 壺, 杖, 鐶, 劍, 枕, 刀, 手巾, 牛黃 등이 들어 있으며, 이를 岐佐木筥, 金銀蒔繪牙象筥, 白鑞村濃塵木筥, 黑漆革筥 등에 담아 넣었다. 이들은 다시 錦袋, 布袋 등으로 묶었다. 이들을 크게 6개 묶음으로 포장했으며 나머지 12건은 따로 포장하지 않았다. 전체적으로 69건의 85점이 Ⅱ에 들어 있다.

Ⅲ의 篋乙御廚子에는 衣(袈裟), 硯, 瓶, 尺, 刀, 墨, 筆, 權衡, 銃 등이 들어 있으며, 岐佐木筥, 漆地螺鈿筥, 榎木筥(2개) 등 4개의 상자에 담아 넣었다. 그리고 각기 상자 안에는 다시 蒔繪筥, 葛筥, 白鑞平塵筥, 蘇芳筥 등이 紫色綾袋, 青鈍色袋, 錦覆布袋, 綾袋 등의 보자기에 쌓여 있다. 전체적으로 26건 84점이 들어 있다.

Ⅳ의 岐佐木甲御廚子에는 咒珠 13건, 香鑪 6건, 如意 1건이 들어 있다. 咒珠는 淺香筥, 椹木筥, 淺香筥, 岐佐木筥에 들어 있으며, 다시 그 안에는 각기 純金筥, 銀筥, 蒔繪筥, 金平塵筥로 咒珠를 포장하였다. 香鑪는 岐佐木牙象筥, 紫檀地螺鈿牙象筥, 淺香牙象筥, 金銀蒔繪筥, 岐佐木牙象筥 등에 들어 있다. 전체적으로 20건 119점이 10묶음으로 나뉘어 들어 있다.

Ⅴ의 岐佐木乙御廚子에는 筥, 咒珠, 香鑪 3종류가 들어 있다. 雜玉經이 있는 筥는 1건이다. 咒珠 23건은 黑漆筥, 黑漆平筥, 蒔繪平筥, 平文木筥 등으로 개별 포장되어 있고, 이들이 다시 榎木筥, 岐佐木筥 등 좀더 큰 筥에 들어 있다. 향로 9건이 金銀蒔繪牙象筥, 蘇芳筥, 岐佐木牙象筥, 黑漆地螺鈿筥, 革丸筥, 黑漆革牙象足筥, 葛筥, 蒔繪筥 등에 담겨 있다. 전체적으로 33건 112점이 12개의 상자로 나뉘어 있다.

이 중 5번째 향로가 渤海金銅香鑪(壹具)(석문Ⅴ-29)이다. 발해금동향로는 다시 "鑪一柄(沉香柯), 白銅火取一口, 銀盖一枚(小四兩), 白銅輪一基, 同箸匕各一枚, 火鏡一枚, 白銅火鏡盤一枚" 등 7건 8점으로 이루어져 있는 하나의 세트이다. 이 향로 세트는 革丸筥에 담겨 있으며 이것은 다시 비단보자기에 쌓여 있다. 『실록』 어물 중에서 향로 세트는 岐佐木甲御廚子(Ⅳ)에 6개(鍮石御香爐壹具, 純金御香鑪壹具, 銀香鑪壹具, 瑠璃御香鑪壹具, 赤銅御香鑪壹具, 紫檀香鑪壹具), 岐佐木乙御廚子(Ⅴ)에 9개(鍮石御香鑪壹具, 銀御香鑪壹具, 赤銅御香鑪壹具, 紫檀御香鑪壹具, 渤海金銅香鑪壹具, 白銅香鑪壹具, 金銅蓮花形香鑪壹枝, 白角香鑪壹具, 岐佐木香鑪壹具)가 있다. 발해금동향로가 어물 중에서 발견된 것도 중요하지만 향로가 鑪, 덮개, 火取, 輪, 수저, 젓가락, 火鏡, 화경받침 등이 하나의 세트로 이루어졌다는 사실에도 주목할 필요가 있다. 또한 발해금동향로를 포함하여 『실록』에 수록된 향로 15개가 모두 柄香爐[손잡이향로]라는 점이다.[17)] 통일신라시대의 출토품으로 창령 말흘리 출토 청동병향로, 삼성미술관 리움 소장 금동병향로, 군위 인각사 출토 금동병향로가 있으며 성덕대왕신종 공양자상, 경주 읍성 출토 나한상 모서리 기둥 부분, 연기 비암사 미륵보살반가석상 부분, 석굴암 십대제자상 부분에 병향로가 조각되어 있다.[18)]

---

16) 이와 관련해서는 釋文의 각주 1번에서 자세히 다루었다.

17) 발해금동향로에 대해서는 별도의 논고를 준비하고 있다.

반면에 아직까지 발해에서 병향로가 출토된 사례는 없다. 다만 吉林省 敦化市 紅石鄉 一心村에 있는 廟屯寺址에서 한 변이 2m인 정방향의 香爐址가 발견되었다.[19] 上京城 사지에서는 높이 9.5㎝, 입지름 12.5㎝, 배둘레 50㎝, 무게 22㎏의 철제향로가 발견되었으며, 성 내에 三足鼎모양으로 높이 50㎝, 입지름 40㎝의 현무암제 향로가 출토되었으며 이외에도 여러 개의 석제향로가 출토되었다.[20]

Ⅵ의 岐佐木丙御廚子에는 壺, 小刀, 箸, 匕, 火鏡, 火舍, 筥, 香印, 茶笥, 靑茶垸, 茶研, 銚子, 食盤 등이 들어 있다. 淺香筥, 金銀蒔繪筥, 金銀蒔繪牙象筥, 金銀蒔繪朱牙象筥, 岐佐木方筥, 兎褐袋 등 11개의 단위로 55건 79점의 어물이 포장되어 있다.

Ⅶ의 岐佐木丁御廚子에는 袈裟, 座具 2종류의 어물이 있다. 이들이 각기 平文木筥, 黑柿木筥, 銀平塵木筥, 岐佐木筥, 榎木筥, 蘇芳牙象筥 등에 나뉘어 담겨 있다. 전체적으로 10건 15점이 10개의 筥에 담겨 있다.

Ⅷ의 白木調韓櫃에는 杖, 鉢, 瓶, 壺, 机 등이 들어 있다. 여기에는 다른 廚子에 넣어서 보관하기가 곤란한 다양한 나머지 어물이 들어있다. 그래서 居錫杖 4매가 白鑞平塵細長筥에 들어있는 것을 제외하고는 세트를 이루는 어물이 없이 거의 개별 포장이 되어 있다. 전체적으로 19건 34점이다.

Ⅷ의 어물 중에서 9번째가 雜羅鷄頭瓶壺口이다. 1881년『실록』을 실견한 小杉榲邨은『阿波國徵古雜抄(續編)』에서 雜羅의 雜字가 新字가 아닌가 하는 견해를 표시하였다.[21] 大槻暢子도 '雜(新)羅鷄頭瓶'이라고 보았다.[22] 그러나 雜羅는「매신라물해」의 迊羅의 異稱이고, 迊羅는 신라말의 삽라를 지칭한다. 신라시기의 '삽라'는 고유명사로서 '歃良'을 뜻하기도 하지만, 보통명사로는 금속그릇인 鍮器를 지칭한다.[23] 따라서 雜羅鷄頭瓶은 新羅鷄頭瓶이 아니라 鍮器製 鷄頭瓶으로 볼 수 있다.

이처럼『실록』에 있는 어물은 대체로 불교의례와 관련된 것이 대부분이다. 인화사가 眞言宗 사찰인 관계로 만다라와 같은 밀교적 성격의 것이 많다. 발해금동향로도 바로 불교의례에 사용되었던 향로라고 볼 수 있다. 이 외에 우다천황이 사용하였던 문방사우와 각종 생활용품들이 있다.

『실록』의 어물은 모두 8개의 큰 상자로 나뉘어져 있다. 그리고 각 상자 안에는 개별 단위로 포장된 것이 있고, 그중에는 그 안에 다시 작은 상자로 나누어 담겨 있다. 전체적으로『실록』의 어물은 총 240건 524점이고 이들은 각기 54의 작은 단위로 포장되어 있으며 나머지 39건은 筥와 같은 포장이 되어 있지 않는 상태로 보관되어 있다.

---

18) 최응천, 2010,「군위 인각사 출토 불교 금속공예품의 성격과 의의」,『선사와 고대』32; 이용진, 2011,「한국 불교향로 연구」, 동국대학교 박사학위논문, pp.116-132; 국립김해박물관, 2011,『땅 속에 묻힌 염원』, pp.50-55.

19) 方學鳳 저, 朴相佾 역, 1998,『渤海의 佛敎遺蹟과 遺物』, 서경문화사, p.197.

20) 부경만 외 저, 방학봉 역, 1992,「발해국의 서울 상경성의 문화유산에 대하여」,『발해사연구』3, 연변대학출판사, p.241·244 ; 方學鳳 저, 朴相佾 역, 1998, 앞의 책, pp.197-198.

21) 國書刊行會 編, 1988,「仁和寺御室御物實錄」,『續續群書類從(第16 雜部)』(5刷, 東京: 續群書類從完成會), p.146.

22) 大槻暢子, 2014, 앞의 논문, p.186

23) 윤선태, 1997,「正倉院 所藏「佐波理加盤附屬文書」의 新考察」,『국사관논총』74, pp.297-301.

마지막으로 『실록』의 跋文 부분을 살펴보자. 이 부분은 『실록』 석문의 Ⅸ에 해당되는 것으로 그 부분을 인용해 보면 아래와 같다.

> 위 御物은 承平 원년(931) 7월 10일에 御室의 假所에 있었다가 寺家에 상납된 寶藏이다. 하지만 지난번에 實錄帳이 紛失되어 없어졌다. 이에 지금 未納物을 더하여 實錄帳을 만들고 동시에 假檢하여 本藏의 기록과 같이 납입한다. 또한 이 (실록)帳 하나를 각기 나누어 적어 厨子·韓櫃 등과 함께 납입하고 모두 (실록)帳 세 통을 寺家, 圓堂과 觀音院 西室 등에 分置하게 한다. 단 만일 寶藏을 열고자 하는 자는 署名한 사람이 반드시 모이게 하고 후대에 이르러서는 천황의 후손[御後] 중에 연장자를 입회시켜야 한다. 寺家에 별도로 마땅히 三綱인 圓堂 三僧 등을 인솔하여 함께 이 일을 처리하라. 물건과 장부를 서로 대조하고 御物의 數를 파악하되 만약 한 사람이라도 모이지 않으면 열어 볼 수 없게 하라.
>
> 天暦 4年(950년) 11月 10日

원래 실록장은 承平 元年(931) 7월 10일에 작성되었다. 9일 후인 931년 7월 19에 어물의 실소유주인 우다천황이 崩하였다. 이후 實錄帳이 분실되었다. 결국 약20년이 지난 뒤인 950년 11월 10일에 미납물을 더하여 실록장을 다시 작성하게 된 것이다. 이때 실록장 3통을 만들어 寺家, 圓堂과 觀音院 西室 등에 각기 보관하게 하였다. 그리고 만약 寶藏을 개봉하려고 한다면 서명한 사람이 반드시 會集해야 하고 후대에는 반드시 우다천황 후손 중의 장자의 입회하에 열 수 있도록 하였다. 이처럼 御物의 관리를 철저하게 하였던 것이다. 이것은 앞에서 살펴본 것처럼 『실록』의 글자 전체에 '宇多院印'을 날인하여 변조를 방지하였던 것과 같은 것이라고 볼 수 있다.

『실록』에는 이 내용에 이어서 실록장에 서명한 사람이 나온다. 먼저 圓堂三僧으로 權少僧都 寬空, 大法師 平遍, 大法師 寬忠과 御經藏勾當 大法師 寬穗와, 寺司 別當大法師 ○○, 權別當大法師 寬救, 上座大法師 仁寬, 寺主從儀師 禪鴻, 都維那法師 禪雄 등 9명이다. 그리고 實錄帳을 작성한 實錄使 大內記兼美濃介菅原朝臣文時, 文章生 和氣規行이 서명하였다.

宇多法皇의 住房인 圓堂院에는 寺院에 준하는 조직이 있는데 고대 사원이 일반적으로 上座, 寺主, 都維那의 三綱을 두었던 반면, 원당원에는 三僧의 직책을 두었다. 이 중 寬空(884~972)은 宇多天皇의 侍童이었다가 출가하여 神日(?~916)의 제자, 宇多法皇의 灌頂弟子, 후에 觀賢에게 受法한 灌頂弟子가 되었다. 930년에 東寺에 入寺했다가 967년에 그의 제자인 寬朝에게 圓堂院·南院·御室 3所의 別堂을 물려주었다. 971년에 寬空은 東寺 長者·法務·院堂三僧을 사임하고 이듬해에 입적했다.[24)]

大法師 平遍에 대해서는 『太政官牒案』 追加之部(32/23) 天德3年(959) 7월 17일에 "太政官 伝燈大法師位禪利, 定額僧平遍, 左大臣 右大史田口朝臣, 右中弁菅原朝臣"이라고 하여 定額僧으로 나온다. 그 외에

---

24) 奈良國立文化財研究所 編, 2013, 「御室相承記(一): 寬空僧正」, 『仁和寺史料-寺誌編(一)-』, 吉川弘文館, pp.4-7.

다른 기록에서 확인하지 못하였다.

大法師 寬忠(906~977)은 宇多天皇의 제5 皇子인 敦固親王의 제3 왕자이다. 祖父 宇多法皇을 따라 출가했다. 淳祐에 이어 寬空에게서 灌頂을 받았다. 960년에 內供奉, 968년에 律師가 되었으며, 969년에 少僧都, 東寺 長者가 되었다. 통칭하여 池上僧都라고 한다.[25)]

마지막으로 실록을 작성한 實錄使 大內記兼美濃介 菅原朝臣文時은 菅原道眞의 손자이자, 菅原淳茂(878~926)의 아들이다. 菅原道眞(845~903)과 菅原淳茂(878~926)는 발해의 裵頲(894)과 그의 아들 裵璆(908)가 일본에 각기 사신으로 왔을 때 영접했던 인물로 代를 이어 漢詩를 주고받았던 것으로 유명하다.[26)]

Ⅳ. 釋文

0. 仁和寺御室御物實錄 **

合

Ⅰ. 金銀泥繪御厨子壹基(有金銅鏁子兩而覆)

1. 純金金剛界卅七尊像　　銀光(但七尊金銅座)

　　一體四寸

　　四體各二寸五分

　　卅二體各一寸五分

2. 純金二寸阿弥陀佛壹體

3. 同脇士菩薩像貳體

4. 木像四王像貳體

　　　　以上五體安置高八寸黑漆圓佛殿

5. 金銅佛像參體

　　一體七寸毘盧遮那佛

---

25) 『大日本史』 卷93 列傳 第2 皇子8, "敦固親王 … 子宗室宗成, 並賜姓源朝臣. 宗室從四位下, 宗成從四位下侍從, 次僧寬忠(皇胤紹運錄)" ; 2009, 『日本人名大事典』, 講談社.

26) 김육불 편저, 발해사연구회 옮김, 2008, 『渤海國志長編(중)』, 신서원, pp.103-106·108-113.

* 석문의 漢字는 원문의 異體字를 최대한 옮기려고 하였다.

** 석문의 번호는 원본에는 없으나 편의상 붙인 것이다.

一體五寸无量壽佛

一體五寸藥師佛

6. 純金四寸觀音像壹體

7. 白檀五佛像　納同木八角寶殿(覆岐佐木筒[27])

8. 唐破合佛殿陸基

一基白檀高八寸(外有彫物)

一基黑漆高八寸(安置金佛)

一基黑漆高七寸(安置白檀佛)

三基白木高各五寸(一基入黑漆筒)

Ⅱ. 筺甲御厨子壹基(有鐵鏁子) (1장)

1. 兩部印佛貳枚(各入兎褐袋)
2. 胎藏界中五十三尊印佛壹枚
3. 金剛界卅七尊并十六尊五大尊 外部廿天等印佛一枚
4. 胎藏九尊印佛壹枚
5. 弥勒爭土印佛壹枚
6. 延命印佛壹枚(有錦袋)
7. 鏡印佛壹面(有黑漆筥)
8. 黑漆塔印佛壹枚
9. 唐織佛貳卷
10. 文殊像壹卷
11. 符印壹枚

以上納岐佐木筥一合(有兎褐縫立)

---

27) Ⅰ-6·7은 원문에서 Ⅰ-5(金銅佛像參躰)와 같은 줄에 씀으로써 Ⅰ-5의 하위 항목으로 포함시켰다. 그러나 Ⅰ-5에서 불상이 3체(參躰)가 있다고 한 점으로 보아 내용상 Ⅰ-6·7은 여기에 포함되지 않는다. 아마도 『인화사어실어물실록』을 작성하는 과정에서 오류가 있었던 것으로 보인다.
1881년에 小杉榲邨(1835~1910)가 필사한 『인화사어실어물실록』의 내용이 『續續群書類從(第16 雜部)』(東京: 國書刊行會, 1909, pp.135~147)에 전재되어 있다. 여기에서는 Ⅰ(金銀泥繪御厨子壹基), Ⅰ-5(金銅佛像參躰), Ⅰ-8(唐破合佛殿陸基)이 Ⅱ(筺甲御厨子壹基)와 같은 항렬에 쓰여 있다. 원문을 필사하는 과정에서 오류인지 필사본을 인쇄하는데 集字과정에서 오류인지 정확하지 않다. 또한 大槻暢子(2014, 「『仁和寺御室御物実録』の宝物」, 『日本古代中世の佛教と東アジア』(原田正俊 編), 吹田: 關西大學東西學術硏究所)가 『인화사어실어물실록』 전체의 물품을 분류하는 데에서도 같은 오류가 나타난다. 그것은 大槻暢子가 원문을 확인하지 않고 『續續群書類從』의 석문을 그대로 사용했기 때문이라고 보인다. 이런 점에서 본 석문에는 원문의 오류를 바로 잡았다.

12. 法華経壹部(複一卷)　　納黑漆管并牙管(入錦袋)

13. 最勝王経壹部(複一卷)　　納黑漆管(入布袋)

14. 仁王経壹部

15. 金剛般若経壹卷(以上三卷複一卷)　　納黑漆管(入布袋)

16. 大般若経品名壹卷　　納黑漆管(入布袋)

17. 金剛般若経壹卷

18. 理趣経壹卷

19. 雜眞言壹卷

20. 兩部小儀軌壹卷

21. 雜咒壹卷　　以上五卷入布袋

22. 孔雀王咒壹卷

23. 歧佐木香小壺貳口(各入沉香粉)

以上惣納金銀蒔繪牙象筥一合(有兎褐縫立花足等)　　(2장)

24. 金銅八寸五股鈴壹口(鑄着三股形)

25. 同五股壹枚

26. 同三股壹枚

27. 同獨股壹枚

28. 同四寸羯磨壹枚

29. 同金剛盤壹枚

30. 同輪壹枚(入錦袋)

31. 同七寸五股鈴壹口

32. 同五寸寶鈴壹口(有水精壺加金銅盤一枚)

以上納白鑞村濃塵木筥一合(有兎褐縫立)

33. 金銅三寸五分五股鈴壹口

34. 純金同寸五股壹枚

35. 銀同寸三股壹枚

36. 同獨股壹枚

37. 同輪壹枚

38. 金銅四寸錍壹枚

39. 同羯磨肆枚

40. 同金剛盤壹枚

41. 同五寸寶鈴壹口(有水精壺)

42. 同八寸鐝肆枚

43. 同九寸五分五股壹枚

44. 同三股壹枚

45. 白銅七寸五股壹枚

46. 同三股壹枚

以上納白鑞村濃塵木筥一合(有兎褐縫立) (3장)

47. 跋折羅壹枚(入黑漆平筥 副相傳記文)

48. 跋折羅錫杖壹枚(入納袋)

49. 菩提樹葉壹枚(納木筥)

50. 銀隨求鐶壹枚(納陁羅尼入黑漆笥)

51. 師子明壹枚(入繡袋)

以上納蒔繪張筥一合

52. 青茶垸提壺壹口

53. 白茶垸蓮華形壺壹口(加蓋)

54. 白茶垸小壺貳口

55. 白瑠璃壺壹口(加黑柿蓋并盤)

56. 紺瑠璃小壺壹口

57. 銀小尼瓶壹口(大六兩三分 有木毋[28])

以上納黑漆革筥一合

58. 劒肆柄(各入袋)

一柄靜觀僧正(有緒)

一柄壹演僧正

一柄有金剛鈴柄

一柄

59. 不動尊素貳條

60. 賶[29] 迦壹口

61. 麈尾壹枚

62. 金剛鈴壹口

63. 牛角経袋壹管

---

28) 『續續群書類從(第16 雜部)』(東京: 國書刊行會, 1909, p.136)에서는 원문 그대로 "有木毋"로 보았다. 그러나 '木毋'라는 용례는 없다. 이 부분은 문장구조상 "木이 있고 ○이 없다"가 되어야 자연스럽다. 『실록』을 옮기는 과정에서 ○에 해당하는 글자가 누락된 것으로 보인다.

29) 賶 : 商의 異體字.

64. 護摩杓貳枚

65. 唐白銅髮刀壹枚 (4장)

66. 水精御枕壹枚

67. 御耳鐫色取平筥一合(納銀御耳鐫一枚 木耳鐫三枚 銀鑷子一枚 綿少々)

68. 竹布御手巾貳條 納淺香押物平筥二合

69. 牛黃壹枚(入錦袋)

Ⅲ. 篚乙御厨子壹基(鏁子同上)

1. 三衣壹具(赤色 益信僧正貢) 納金銀蒔繪筥一合(有錦縫立 青鈍色袋)
2. 三衣壹具(鈍色 源典侍淸水寺諷誦物者) 納黑漆筥一合(有紫色綾袋)
3. 唐細惣衣壹條(青色 廿五條) 納黑漆筥一合(有綺袋 蒔絵[30]居筥)
4. 唐蓮布惣衣壹條(青色 副唐記文明達法師貢) 納蒔繪筥一合(有錦縫立 青鈍色綾袋)
5. 唐布惣衣壹條(赤色 加橫被) 納黑漆筥一合(有綾縫立 錦覆布袋等)
6. 荷布袈裟壹條(木蘭色 加華文綾橫被 法三親王) 納葛筥一合(有縫立)
7. 布袈裟壹條(赤色 加橫彼 勝延僧都貢) 納白鑞平塵筥一合(有綾袋 居筥等)
8. 迦葉竹布袈裟壹條(赤色 加橫被 大納言昇朝臣貢) 納葛筥一合(有布袋)
9. 五衣壹具(鈍色 中宮御衣) 納蘇芳筥一合(有銀筋 鈍色綾袋)
10. 五衣壹具(黑色 小八條家) 納銀蒔繪筥一合(有袋居筥等)
11. 青茶垸御硯壹口
12. 白鑞瓶壹口
13. 尺壹枚
14. 小刀壹柄
15. 續墨壹枚
16. 筆貳管

以上納岐佐木筥一合(有白鑞置口)

17. 銀御銚壹口(大十二兩)
18. 同水莇輪壹枚(小五兩三分)
19. 青瓷坏壹口 (5장)
20. 朱中盤壹枚
21. 高松槌子壹枚

---

30) 『續續群書類從(第16 雜部)』(東京: 國書刊行會, 1909, p.137)에서는 繪로 보았다.

22. 權衡壹具

以上納漆地螺鈿筥一合(有白鑞置口 錦縫立)

23. 銀鋺壹口(大八兩三分 加黑柿盤一口)

24. 同水葤輪壹枚(小七兩)

25. 黑水精槌子壹枚

以上納榎木筥一合(有白鑞置口)

26. 銀權衡壹具(重小四兩一分 盤小三兩一分)

以上納榎木筥一合(有白鑞置口)

Ⅳ. 歧佐木甲御厨子壹基(有金銅鏁子兎褐覆)

1. 菩提子御咒珠捌連

一連(水精辻 同珠箄)	納純金筥一合(大一斤五兩一分 有錦縫立)
一連(水精向辻 同腋珠各八 同珠箄)	納銀筥一合(大十三兩一分三朱 有錦縫立)
一連(水精辻 同腋珠廿二 同珠箄)	納銀筥一合(大十三兩 有錦縫立)
一連(水精對辻 同腋珠各八 同珠箄)	納銀筥一合(大十二兩)
一連(水精辻 腋珠八 同珠箄)	納銀筥一合(大七兩一分 有錦縫立)
一連(水精辻 同腋珠八 同珠箄)	納銀筥一合(大十三兩一分 有錦縫立)
一連(水精辻 同腋珠卌八 同珠箄)	納銀筥一合(大七兩三分)
一連(同辻紫檀腋珠十六 琥珀珠箄)	納銀筥一合(小十兩 有綾縫立)

以上惣納淺香筥一合(有白鑞置口花足)

2. 金剛子御咒珠肆連

一連(同辻珠箄)	納銀筥一合(大十三兩三分三朱 有兎褐縫立)
一連(琥珀辻 同珠箄)	納銀筥一合(大十四兩 有錦縫立)
一連(水精辻 同腋珠十 同珠箄)	納蒔繪筥一合(有綾縫立)
一連(水精辻 同腋珠六 同珠箄)	納蒔繪筥一合(有縫立) (6장)

3. 蓮子御咒珠貳連

一連(水精辻 赤木腋珠十 同珠箄)	納蒔繪筥一合(有縫立)
一連以金入目磨(琥珀對辻 同腋珠各二 同珠箄)	納銀筥一合(大七兩一分 有錦縫立)

以上六連惣納椹木筥一合(有白鑞置口 羅縫立)

4. 金青玉御咒珠參連　　納蒔繪筥一合(有縫立)

一連(琥珀辻 水精琥珀珠箄)

一連(琥珀辻 水精珠箄)

一連(水精對辻 水精并青珠咒筭)

5. 琥珀御咒珠貳連(同裝束) 納蒔繪筥一合(有縫立)

6. 黃玉御咒珠參連 納蒔繪筥一合(有縫立)

一連(水精辻 同珠筭)

一連(同珠筭 琥珀辻)

一連(同辻珠筭 水精腋珠八)

7. 紫玉御咒珠伍連 納蒔繪筥一合(有縫立)

一連(水精對辻 同珠筭)

一連(染水精辻 同腋珠十二 同珠筭)

一連(同珠筭 水精辻)

一連(水精辻 同腋珠八 同珠筭)

一連(琥珀辻 同珠筭)

8. 五寶御咒珠壹連(同珠筭 水精對辻) 納金平塵筥一合(有縫立)

9. 馬瑙御咒珠參連 納蒔繪筥一合(有縫立)

一連(同對辻 水精咒筭)

一連(同辻 水精腋珠四 同珠筭)

一連(同珠筭 水精辻 同腋珠四)

10. 桃花石御咒珠壹連(水精辻 同珠筭) (7장)

11. 師子齒御咒珠壹連(同裝束) 以上二連納平塵筥一合(有縫立)

以上十九連惣納淺香筥一合(有白鑞置口 花足)

12. 水精御咒珠拾捌連(上品)

三連(同裝束) 納蒔繪筥一合(有縫立)

三連(同裝束) 納蒔繪筥一合(有縫立)

三連(同裝束) 納蒔繪筥一合(有縫立)

四連(同裝束 對辻) 納蒔繪筥一合(有縫立)

三連(同裝束 一連對辻) 納蒔繪筥一合(有縫立)

二連(一連同對辻 雜寶咒珠卅) 納黑漆筥一合

13. 黑水精御咒珠貳連(同裝束 對辻) 納蒔繪筥一合(有錦縫立)

以上卄連惣納歧佐木筥一合(有白鑞置口 羅縫立)

14. 鍮石御香爐壹具

鑪一柄

金銅火取一口(有銀師子形)

銀盖壹枚(小二兩三分)

鍮石輪壹基

銀香壺貳口(各小八兩三分三朱)

同箸匕各壹枚(并一兩一分)

火鏡壹枚(加石)

歧佐木火鏡筥壹合

以上納歧佐木牙象筥一合

15. 純金御香鑪壹具

鑪一柄(大一斤二兩)

銀火取壹口(小八兩二分三朱)

同盖壹枚(小六兩三分) (8장)

純金輪壹基(大十兩一分)

銀香壺貳口(一口大六兩五分 一口大六兩二分)

同箸匕各壹枚(并小二分)

同火鏡壹枚(加石)

同火鏡筥壹合(大五兩三分二朱)

小刀壹柄

以上納紫檀地螺鈿牙象一合(有純金置口 錦縫立 花足等)

16. 銀香鑪壹具

同鑪壹柄(大十一兩二分)

同火取壹口(大二兩三分)

同盖壹枚(小四兩)

同輪壹基(大七兩三分)

同香壺貳口(一口小十二兩 一口小十兩三分)

同箸匕各壹枚(并小一兩)

同火鏡壹枚(加𪗱具)

同火鏡筥壹合(大五兩一分三朱)

小刀壹柄

白猪毛帚壹枚(染蘇芳)

以上納淺香牙象筥一合(有銀置口)

17. 瑠璃御香鑪壹具

鑪壹柄(以銀裝束 中有人形四人 水精珠等)

銀火取壹口(小三兩一分)

同盖壹枚(小二兩一分 銘有舍利之由)

同香壺貳口(一口大八兩二分二朱 一口大八兩)
同箸匕并臺各壹枚(并小一兩) (9장)
同火鏡壹枚(加雜具)
同火鏡筥貳合(一合大六兩三分二朱 一合大六兩二分二朱)
小刀壹柄
以上納金銀蒔繪筥一合(有白鑞置口 錦縫立 花足)

18. 赤銅御香鑪壹具
鑪壹柄
金銅火取壹口(有銀師子形)
銀蓋壹枚(小三兩三分)
赤銅輪壹基
銀香壺貳口(各小十兩)
同箸匕各壹枚(并小一兩一分)
同火鏡壹枚(加雜具)
同火鏡筥壹合(大四兩三分)
以上納歧佐木牙象筥一合

19. 紫檀香鑪壹具
鑪壹柄
金銅火取壹口
同蓋壹枚
紫檀輪壹基(以銀裝束)
銀香筥貳合(各小四兩三分 一合入香粉)
火鏡壹枚(加石)
金銅箸匕各壹枚
同花盤壹脚
以上納金銀蒔繪筥一合(有白鑞置口 綺縫立)

20. 御如意陸枝
貳枝白角 (10장)
壹枝白角(有泥繪 納縫)
壹枝黑角
壹枝千牛角
壹枝龜甲

Ⅴ. 歧佐木乙御厨子壹基(鏁子覆寺同前)

1. 雜玉経筥壹合(有純金骨 奉入阿弥陀経二卷)　加臺

2. 木槵子御咒珠貳

　一連(同珠筭 物形辻)　納黑漆筥一合

　一連(同珠筭 水精辻 同腋珠)　納黑漆筥一合(有錦縫立)

3. 水精御咒珠捌連(同裝束)

　四連　納黑漆筥一合

　二連　納黑漆筥一合(有縫立)

　二連　納黑漆筥一合

　以上十連惣納榎木筥一合(有白鑞置口 羅経立)

4. 水精御咒珠参連(同珠筭 物形辻)　納黑漆筥一合

5. 同平咒珠肆連　納黑漆筥一合(有縫立)

　三連(同裝束)

　一連(琥珀裝束)

6. 水精御咒珠壹連(同裝束)

7. 黃玉御咒珠壹連(同裝束)　已上二連納黑漆筥一合(有縫立)

8. 五香御咒珠壹連(同裝束)　納蒔繪平筥一合(有縫立)

9. 棗核御咒珠壹連(同裝束)　納黑漆筥一合

10. 牙御咒珠壹連(同裝束)　納平文木筥一合

11. 雜寶小咒珠柒[31]連(二連各貫千八百)　納泥繪筥一合　(11장)

12. 㠶[32] 見御咒珠三連　納黑漆筥一合

　一連(同裝束)

　二連(水精裝束)

13. 杏核御咒珠壹連(同珠筭 金剛子辻)　納黑漆筥一合(有縫立)

　以上卄三連惣納歧佐木筥一合(有白鑞置口 羅経立)

14. 沉香御咒珠参連(同裝束)　納黑漆筥一合

15. 同平咒珠壹連(同裝束)　納黑漆筥一合

16. 淺香平咒珠壹連(同裝束)　納黑漆平筥一合(有縫立)

17. 五香平咒珠壹連(同裝束)　納黑漆平筥一合(有縫立)

18. 紫檀平咒珠壹連(同裝束)　納黑漆筥一合

---

31) 『續續群書類從(第16 雜部)』(東京: 國書刊行會, 1909, p.141)에서는 漆로 읽었으나 '柒'이 맞다.

32) 㠶 : 雌의 異體字.

19. 蘇芳平咒珠壹連(同裝束)　　　　納黑漆筥一合(有縫立)

20. 杏核御咒珠壹連(同裝束)

21. 梅沉御咒珠壹連(同裝束)　　　　以上二連納黑漆筥一合

22. 黑柿平咒珠壹連(同裝束)　　　　納黑漆筥一合

23. 人骨平咒珠壹連(同裝束)　　　　納黑漆筥一合(有縫立)

24. 貝御咒珠壹連(同裝束)　　　　納蛤貝一合

以上十三連惣納榎筥一合(有白鑞置口 羅経立)

25. 鍮石御香鑪壹具

鑪一柄

金銅火取一口

銀盖一枚(小三兩三分)

純金輪一基(大五兩一分三朱)

銀香壺二口(各小十兩二分 各入名香)

同箸匕各一枚(并小三分)

火鏡一枚　　　　(12장)

銀火鏡筥一合(小十兩二分)

小刀一柄

以上納金銀蒔繪牙象筥一合(有白鑞置口 錦経立)

26. 銀御香鑪壹具

鑪一柄(大十一兩三朱)

金銅火取一口

銀盖一枚(小三兩一分)

同輪一基(大六兩二分)

同香壺二口(一口小五兩三分 一口小五兩二分)

同箸匕各一枚(并小二分)

火鏡一枚

銀火鏡筥一合(小九兩二分)

以上納蘇芳筥一合(有錦縫立)

27. 赤銅御香鑪壹具

鑪一柄

金銅火取一口

銀盖一枚(小四兩二分)

赤銅輪一基

沉香壺二口

銀箸匕各一枚(幷小一兩一分)

火鏡一枚

平文火鏡筥一合

小刀一柄

以上納歧佐木牙象筥一合

28. 紫檀御香鑪壹具 (13장)

鑪一柄

銀火取一口(小七兩二分)

同盖一枚(小二兩一分)

牙輪一基

銀匕一枚(小三分)

金銅箸并臺各一枚

以上納黑漆地螺鈿筥一合(有錦縫立 同覆)

29. 渤海金銅香鑪壹具

鑪一柄(沉香柯)

白銅火取一口

銀盖一枚(小四兩)

白銅輪一基

同箸匕各一枚

火鏡一枚

白銅火鏡盤一枚

以上納革丸筥一合(有錦縫立)

30. 白銅香鑪壹具

鑪一柄

金銅火取[33]

銀盖一枚(小二兩二分)

白銅輪一基

金銅箸匕各一枚

火鏡一枚

蘇芳火鏡筥一合(有銀置口)

---

33) 金銅火取 : 여기에는 火取의 단위가 없다. 다른 향로의 사례로 보아 '一口'가 기록하는 과정에서 빠진 듯하다.

以上納黑漆革牙象足筥一合 (14장)

31. 金銅蓮花形香鑪壹枝(入納袋)

以上納葛筥一合

32. 白角香鑪壹具

鑪一柄

同火取一口

同盖一枚

同輪一基

33. 歧佐木香鑪壹具

鑪一柄

金銅火取一口

銀盖一枚(小二兩三分)

歧佐木輪一基

以上二具納蒔繪筥一合

Ⅵ. 歧佐木丙御厨子壹基(鏁子覆同上)

1. 銀壺肆口(各大七兩三分)

二口各入沉香粉

二口各入白檀粉

2. 同筥貳合(一合大八兩一分 一合大七兩二分)
3. 同箸匕并臺各壹枚(并小三兩三分)
4. 同火鏡壹枚(有雜具)
5. 小刀壹柄

以上納淺香筥一合(有白鑞置口 花足等)

6. 銀化舍壹口(加盖 大七兩)
7. 同壺貳口(一口大七兩二分 一口大六兩三分)
8. 同筥壹合(大七兩) (15장)
9. 同箸匕各壹枚(并小二分)
10. 同火鏡壹枚(加雜具)
11. 小刀壹柄

以上納金銀蒔繪筥一合(有白鑞置口 綺縫立)

12. 銀火舍壹口(加盖 大四兩)

13. 同壺貳口(各小十一兩三分)

14. 同筥壹合(大四兩一分)

15. 同箸匕各壹枚(并小三分)

16. 火鏡壹枚(加雜具)

17. 小刀壹柄

以上納金銀蒔繪牙象筥一合(有白鑞置口 錦縫立)

18. 銀火舍壹口(加蓋 大六兩三分)

19. 同打出足壺貳口(各大四兩二分 入沉香粉)

20. 同筥壹合(大六兩二分)

21. 同馬頭盤壹枚(大五兩一分)

22. 同箸匕并臺各壹枚(并小二兩二分)

23. 火鏡壹枚(加雜具)

以上納金銀蒔繪朱牙象筥一合(有白鑞置口 牙象損)

24. 銀火舍壹口(加蓋 大九兩)

25. 同壺貳口(一口大三兩三分 一口大三兩一分)

26. 同筥貳合(一合大六兩一分 一合大三兩三分)

27. 同箸匕并臺各壹枚(并小三兩三分)

28. 同火鏡壹枚(加雜具)

29. 小刀壹柄

以上納金銀蒔繪筥一合(有白鑞置口 錦縫立) (16장)

30. 金銅火舍壹口(有盖)

31. 同花瓶貳口(各三寸)

32. 歧佐木二重筥壹合

一重入沉香粉

一重入火鏡并雜具

33. 香印壹枚

以上納歧佐木方筥一合(有兎褐縫立)

34. 銀藥壺肆口(二口各小卄四兩 一口小卄二兩二分三朱 一口小卄二兩一分)

二口入紫雪

二口入紅雪

以上納淺香筥一合(有白鑞置口 綺縫立)

35. 椹木茶研壹具

36. 銀銚子壹口(小卄五兩許)

37. 同茶筍壹口(有懸子 并小十八兩三朱)

38. 同茶散壹枚(小四兩二分)

39. 同水蒒輪壹枚(小五兩三分)

40. 青茶垸壹口(加蒲毛子)

以上納淺香筥一合(有白鑞置口)

41. 銀銚子壹口(大九兩)

42. 同盖壹枚(大六兩三分)

43. 青茶垸壹口(加黑漆毛子)

以上納歧佐木筥一合(有羅縫立)

44. 高松茶研壹具

45. 鐵銚子壹口

46. 蒔繪茶筍壹口 (17장)

47. 金銅茶散壹枚

48. 鐵匕壹枚

49. 青茶垸壹口(加朱漆毛子)

以上納歧佐木筥一合(有白鑞置口)

50. 銀御鉢壹口(大七兩二分)

51. 同輪壹口(小九兩四朱)

52. 同別盤壹口(小十兩二分 加黑漆盤)

53. 同佛供施食盤貳口(一口小五兩一分 一口小五兩)

54. 同小鋺伍口(一口小十一兩一分 一口小十兩三分 一口小九兩三分三朱 一口小九兩三分 一口小九兩二分)

55. 同箸匕各壹枚(并小五兩三分)

以上納兎褐袋壹口

Ⅶ. 歧佐木丁御厨子壹基(鏁子覆等同上)

1. 唐納袈裟貳條

一條(節紬甲 紺綾裏 加青白橡横被) 納平文木筥一合(有白鑞置口 絞結縫立)

一條(深紫綾甲 赤紫裏 加赤白橡横被) 納平文木筥一合(有白鑞置口 交結縫立)

2. 倭納袈裟貳條

一條(黑紫綾甲 紺裏 加青白橡横被) 納黑柿木筥一合(有白鑞置口 兎褐縫立)

一條(深紫綾甲 紺裏 加青白橡横被) 納黑柿木筥一合(有白鑞置口 兎褐縫立)

3. 唐綿納袈裟壹條(節紬甲 紺裏) 納銀平塵木筥一合(有兎褐縫立)

4. 唐荷糸袈裟壹條(青鈍色 加横被)

5. 唐[34]布袈裟壹條(鈍色)

6. 唐布惣衣壹條(赤色 十三條)　　以上三條納歧佐木筥一合(有白鑞置口)

7. 黃丹綾甲袈裟壹條(加同横被)　　納榎木筥一合(有白鑞置口 羅縫立)

8. 行基菩薩布納袈裟壹條(加横被)　　納色取筥一合(有縫立)

9. 荷糸袈裟壹條(加同横被)　　納蘇芳牙象筥一合　　(18장)

10. 御座具肆條　　納歧佐木筥一合(有白鑞置口 羅縫立)

Ⅷ. 白木調韓櫃壹合(二枚各入)

1. 居錫杖肆枚(二枚各入納袋)　　納白鑞平塵細長筥一合(有縫立)

2. 立錫杖壹枚(入納袋)

3. 鐵倭鉢肆口(各有輪)

4. 迦葉黑漆石鉢壹口(有輪)

5. 唐白木鉢壹口(有輪)

6. 青瓷鉢壹口(有輪)

7. 赤銅尼瓶壹口(有輪)

8. 白銅人形水瓶壹口

9. 雜[35]羅鷄頭瓶壹口

10. 青茶垸水瓶貳口

11. 同汲瓶壹口

12. 青瓷尼瓶壹口

13. 黑漆木瓶壹口

14. 同木節▩壹口

15. 同尼瓶壹口

16. 白茶垸唾壺壹口

17. 杖參枚

---

34) 虎의 異體字이다. 虎布라는 용례는 없다. 아마도 唐字의 誤記로 보인다(『續續群書類從(第16 雜部)』, 1909, 145쪽).

35) 『續續群書類從(第16 雜部)』(1909, p.146)에서 小杉榲邨는 雜羅鷄頭瓶의 雜자 옆에 '新カ'라고 하여 新자가 아닐까 하는 견해를 표시했던 것이다. 大槻暢子도 '雜(新)羅鷄頭瓶'이라고 보았다(大槻暢子, 2014, 앞의 논문, p.186). 雜羅는 「매신라물해」의 迊羅의 異稱이고, 迊羅는 신라말인 삽라를 지칭한다. 신라 당시의 '삽라'는 고유명사로서 '歃良'을 뜻하기도 하지만, 보통명사로는 금속그릇인 鍮器를 지칭한다(윤선태, 1997, 「正倉院 所藏 「佐波理加盤附屬文書」의 新考察」, 『국사관논총』 74, pp.297~301). 따라서 雜羅鷄頭瓶은 新羅鷄頭瓶이 아니라 鍮器製 鷄頭瓶으로 볼 수 있다.

一枚波羅門僧正杖(納劒實)

一枚迦葉蘇芳杖

一枚(納大刀)

卷其

18. 足別机壹前

19. 御丈拾柒杖[36]　(19장)

Ⅸ.

右 御物 以去承平元年七月十日 自御室假所被 上納寺家寶藏也 而彼時實錄帳紛失無實 仍今相加未納物造實錄帳 同假檢納本藏如件 抑此帳一通各々分書 加納厨子韓櫃等 又以惣帳三通 分置寺家圓堂并觀音院西室等 但若可開闔寶藏者 加署之人必令會集 至于後代者御後爲長之人 舉寺家別當三綱圓堂三僧等同共可勤此事 相對件等帳 勘知御物數 若有一人不會 不得輙開見之

天曆四年十一月十日

圓堂三僧

權少僧都 寛空

大法師 平遍

大法師 寛忠

御経藏勾當

大法師 寛穂

寺司

別當大法師 ○○[37]

權別當大法師 寛救

上座大法師 仁寛

寺主從儀師 禪鴻

都維那法師 禪雄

實錄使

大內記兼美濃介菅原朝臣 文時　(20장)

文章生和氣 規行　(21장)

36) 원문에는 御丈拾柒杖(Ⅷ-19)이 한 칸 올려 쓰여 있어서 白木調韓櫃壹合(Ⅷ)에 포함되지 않은 것처럼 보이나 改頭를 위해 '御'字를 올려 쓴 것이다.

37) ○○는 판독을 못하였다.

V. 사진

仁和寺 御室御物實錄
合
金銀泥繪御厨子壹基 有金銅鏁子両面䨱
純金金剛界卅七尊像 銀光 但七尊金銅座
一軀四寸
四軀各二寸五分
卅二軀各一寸五分
純金二寸阿弥陁佛壹軀
同脇士菩薩像貳軀
木像四王像貳軀
以上五軀安置高八寸黒漆圓佛殿
金銅佛像叄軀
一軀七寸毗盧遮那佛
一軀五寸无量壽佛
一軀五寸藥師佛
純金四寸觀音像壹軀
白檀五佛像
納同木八角寶殿 䨱岐佐木筒
唐破合佛龕陸基
一基白檀高八寸 外有雕物
一基黒漆高八寸 安置金佛
一基黒漆高七寸 安置白檀佛
三基白木高各五寸 一基入黒漆筒
筥御厨子壹基 有鏁鑰子

両部印佛貳枚 各入兎褐袋
胎藏界中五十三尊印佛壹枚
金剛界卅七尊并十六尊五大尊外部廿天等印佛一枚
胎藏九尊印佛壹枚
弥勒淨土印佛壹枚
延命印佛壹枚 有錦袋
鏡印佛壹面 有黒漆筥
黒漆塔印佛壹枚
唐織佛貳巻
文殊像壹巻
荷印壹枚
以上納岐佐木筥一合 有兎褐緂立
法華經壹部 複一巻 納黒漆筥并平筥 入錦袋
最勝王經壹部 複一巻 納黒漆筥 入布袋
仁王經壹部
金剛般若經壹巻 以上三巻複一巻 納黒漆筥 入布袋
大般若經品名壹巻 納黒漆筥 入布袋
金剛般若經壹巻
理趣經壹巻
雜真言壹巻
両部小儀軌壹巻
雜咒壹巻 以上五巻入布袋
孔雀王咒壹巻
岐佐木香小壷貳口 各入沉香粉
以上物總納金銀蒔繪平象筥一合 有兎褐緂立 花足等

金銅八寸五股鈴壹口 鑄着三股形
同五股壹枚
同三股壹枚
同獨股壹枚
同四寸羯磨壹枚
同金剛盤壹枚
同輪壹枚 入錦袋
同七寸五股鈴壹口
同五寸寶鈴壹口 有水精玉
以上納白鑞村濃塵木筥一合 加金銅盤一枚 有兎褐緂立
金銅三寸五分五股鈴壹口
純金同寸五股壹枚
銀同寸三股壹枚
同獨股壹枚
同輪壹枚
金銅四寸錍壹枚
同羯磨肆枚
同金剛盤壹枚
同五寸寶鈴壹口 有水精玉
同八寸鐝肆枚
同九寸五分五股壹枚
同三股壹枚
白銅七寸五股壹枚
同三股壹枚
以上納白鑞村濃塵木筥一合 有兎褐緂立

跋折羅壹枚 入黑漆平筥
跋折羅錫杖壹枚 副相傳記文 入納袋
菩提樹葉壹枚 納木筥
銀隨求鏍壹枚 納陁羅尼 入黑漆筒
師子明壹枚 入錦袋
以上納蒔繪張筥一合
青茶埦提壷壹口
白茶埦蓮華形壷壹口 加蓋
白茶埦小壷貳口
白瑠璃壷壹口 加黑柿蓋并盤
紺瑠璃小壷壹口
銀小尼瓶壹口 大六兩三分 有木册
以上納黑漆草筥一合
錫肆柄 各入袋
一柄靜觀僧正 有緒
一柄壹演僧正
一柄有金剛鈴柄
一柄
不動尊索貳條
軀迦壹口
麈尾壹枚
金剛鈴壹口
牛角蛙袋壹管
護摩杓貳枚
唐白銅鈹刀壹枚

水精御枕壹枚
御耳鍋色取平筥壹合 納銀御耳鍋一枚 木耳鍋三枚 銀鑷子一枚 綿少々
竹布御手巾貳條 納淺香押物平筥二合
牛黄壹枚 入錦袋
筥ㇾ御厨子壹基 鏁子同上
三衣壹具 赤色 益信僧正貢 納金銀蒔繪筥一合 有錦緌立 青鈍色袋
三衣壹具 鈍色 深惠侍清水寺諷誦物者 納黑漆筥一合 有紫色綾袋
唐紬惣衣壹條 青色 廿五条 納黑漆筥一合 有綺袋 蒔綺居筥
唐蓮布惣衣壹條 青色 副唐記文 明達法師貢 納蒔繪筥一合 有錦緌立 青鈍色綾袋
唐布惣衣壹條 赤色 加横被 納黑漆筥一合 有綾緌立 錦覆布袋等
荷布袈裟壹條 木蘭色 四帯文錦横被 法三親王 納葛筥一合 有緌立
布袈裟壹條 赤色 加横被 藤近信都貢 納白鑞平塵筥一合 有綾袋 居筥等
迦葉竹布袈裟壹條 赤色加横被大綺 言昇納言貢 納葛筥一合 有布袋
五衣壹具 鈍色 中宮御衣 納蘋芳筥一合 有銀筋 鈍色綾袋
五衣壹具 黑色 小八條家 納銀蒔繪筥一合 有恭居筥等
青茶埦御硯壹口
白鑞瓶壹口
尺壹枚
小刀壹柄
續墨壹枚
筆貳管
以上納岐佐木筥一合 有白鑞壹口
銀御鋺壹口 大十二兩
同水謫輪壹枚 小五兩三分
青瓷坏壹口

朱中盤壹枚
高松梴子壹枚
權衡壹具
以上納漆地螺鈿筥一合 有白鑞壹口 錦緌立
銀鋺壹口 大八兩三分 加黑柿盤一口
同水謫輪壹枚 小七兩
黑水精梴子壹枚
銀權衡壹具 重小四兩一分 盤小三兩一分
以上納榎木筥一合 有白鑞壹口
岐佐木甲御厨子壹基 有金銅鏁子兔褐覆
菩提子御咒珠捌連
一連 水精辻 同珠革 納紕金筥一合 大一斤五兩一分 有錦緌立
一連 水精何辻 同腕珠各八 同珠革 納銀筥一合 大十三兩一分三朱 有錦緌立
一連 水精辻 同腕珠廿三 同珠革 納銀筥一合 大十三兩 有錦緌立
一連 水精尉辻 同腕珠各八 同珠革 納銀筥一合 大十二兩
一連 水精辻 腕珠八 同珠廿 納銀筥一合 大七兩一分 有錦緌立
一連 水精辻 同腕珠八 同珠革 納銀筥一合 大十三兩一分 有錦緌立
一連 水精辻 同腕珠卅八 同珠革 納銀筥一合 大七兩三分
一連 同辻 紫檀腕珠十六 琥珀珠革 納銀筥一合 小十兩 有綾緌立
以上惣納淺香筥一合 有白鑞壹口花足
金剛子御咒珠肆連
一連 同汁珠革 納銀筥一合 大十三兩三分三朱 有兔褐緌立
一連 琥珀辻 同珠革 納銀筥一合 大十四兩 有錦緌立
一連 水精辻 同腕珠十 同珠革 納蒔繪筥一合 有綾緌立
一連 水精辻 同腕珠六 同珠革 納蒔繪筥一合 有緌立

蓮子御呪珠貳連
一連 水精辻 赤木瓶珠十 同珠廿 納蒔繪筥一合 有緂立
一連 以金入目磨 琥珀對辻 同瓶珠 各二 同珠䓁 納銀筥一合 大七兩一分 有錦緂立
以上六連惣納榲木筥一合 有白鑞蓋口 羅緂立
金青玉御呪珠參連 納蒔繪筥一合 有緂立
一連 琥珀辻 水精琥珀珠䓁
一連 琥珀辻 水精珠䓁
一連 水精別辻 水精并青玉呪䓁
琥珀御呪珠貳連 同裝束 納蒔繪筥一合 有緂立
黃玉御呪珠參連 納蒔繪筥一合 有緂立
一連 水精辻 同珠䓁
一連 同珠䓁
一連 琥珀辻
一連 同辻珠䓁 水精瓶珠八
紫玉御呪珠伍連 納蒔繪筥一合 有緂立
一連 水精對十 同珠䓁
一連 滐水精辻 同瓶珠十二 同珠䓁
一連 同珠䓁
一連 水精辻
一連 水精辻 同瓶珠八 同珠䓁
一連 琥珀辻 同珠䓁
五寶御呪珠壹連 同珠䓁 水精對辻 納金平塵筥一合 有緂立
馬脳御呪珠參連 納蒔繪筥一合 有緂立
一連 同對辻 水精呪䓁
一連 同辻 水精瓶珠四 同珠䓁
一連 同珠䓁 水精辻 同瓶珠四
桃花石御呪珠壹連 水精辻 同珠䓁

師子齒御呪珠壹連 同裝束 以上二連納平塵筥一合 有緂立
以上十九連惣納淺香筥一合 有白鑞蓋口 花氈
水精御呪珠拾捌連 上品
三連 同裝束 納蒔繪筥一合 有緂立
三連 同裝束 納蒔繪筥一合 有緂立
三連 同裝束 納蒔繪筥一合 有緂立
四連 同裝束 對辻 納蒔繪筥一合 有緂立
三連 同裝束 一連對辻 納蒔繪筥一合 有緂立
二連 一連同對辻 雜寶呪珠卅 納黑漆筥一合
黑水精御呪珠貳連 同裝束 對辻 納蒔繪筥一合 有錦緂立
以上廿連惣納歧佐木筥一合 有白鑞蓋口 羅緂立
鍮石御香爐壹具
鑪一柄
金銅火取一口 有銀師子鈕
銀蓋壹枚 小二兩三分
鍮石輪壹基
銀香壘貳口 各小八兩三分三朱
同箸匕各壹枚 并一兩一分
火鏡壹枚 加石
歧佐木火鏡筥壹合
以上納歧佐木平褁筥一合
純金御香爐壹具
鑪一柄 大一斤二兩
銀火取壹口 小八兩二分三朱
同蓋壹枚 小六兩三分

純金輪壹基 大十兩一分
銀香壘貳口 一口大六兩五朱 一口大六兩二分
同箸匕各壹枚 并小二分
同火鏡壹枚 加石
同火鏡筥壹合 大五兩三分二朱
小刀壹柄
以上納紫檀地螺鈿平褁一合 有純金蓋口 錦緂立花氈
銀香鑪壹具
同鑪壹柄 大十一兩二分
同火取壹口 大二兩三分
同蓋壹枚 小四兩
同輪壹基 大七兩三分
同香壘貳口 一口小十二兩 一口小十兩三分
同箸匕各壹枚 并小一兩
同火鏡壹枚 加雜具
同火鏡筥壹合 大五兩一分三朱
小刀壹柄
白猪毛帚壹枚 添蘇芳
以上納淺香平褁筥一合 有銀蓋口
瑠璃御香鑪壹具
鑪壹柄 以銀裝束 中有人形四人水精珠等
銀火取壹口 小三兩一分
同蓋壹枚 小二兩一分 銘有舍利之函
同香壘貳口 一口大八兩二分二朱 一口大八兩
同箸匕并臺各壹枚 并小一兩

同火鏡壹枚 加雜具
同火鏡筥貳合 一合大六両三分二朱 一合大六両二分二朱
小刀壹柄
以上納金銀蒔繪筥一合 有白鑞置口 錦緂立花足
赤銅御香鑪壹具
鑪壹柄
金銅火取壹口 有銀師子鈕
銀蓋壹枚 小三両三分
赤銅輪壹基
銀香壷貳口 各小十両
同箸匕各壹枚 并小一両一分
同火鏡壹枚 加雜具
同火鏡筥壹合 大四両三分
以上納岐佐木平棗筥一合
紫檀香鑪壹具
鑪壹柄
金銅火取壹口
同蓋壹枚
紫檀輪壹基 以銀裝束
銀香筥貳合 各小四両三分 一合入香粉
火鏡壹枚 加石
金銅箸匕各壹枚
同花盤壹脚
以上納金銀蒔繪筥一合 有白鑞置口 綺緂立
御如意陸枝

貳枚白角
壹枚白角 有泥繪 納袋
壹枚黒角
壹枚天牛角
壹枚龜甲
岐佐木御厨子壹基 鏁子鑰等同前
雜玉經筥壹合 有純金脚 奉入阿弥陁經二卷 加基臺
木槵子御咒珠貳
一連 同珠筭 物散辻 納黒漆筥一合
一連 同珠筭 同緂珠 水精辻 納黒漆筥一合 有錦緂立
水精御咒珠捌連 同裝束
四連 納黒漆筥一合
二連 納黒漆筥一合 有緂立
二連 納黒漆筥一合
以上十連惣納榎木筥一合 有白鑞置口 羅緂立
水精御咒珠叁連 同珠筭 物散辻 納黒漆筥一合
同平咒珠肆連 納黒漆筥一合 有緂立
三連 同裝束
一連 琥珀裝束
水精御咒珠壹連 同裝束
黄玉御咒珠壹連 同裝束 已上二連納黒漆筥一合 有緂立
五香御咒珠壹連 同裝束 納蒔繪平筥一合 有緂立
栗核御咒珠壹連 同裝束 納黒漆筥一合
牙御咒珠壹連 同裝束 納平文木筥一合
雜寶小咒珠漆連 二連各貫千八百 納泥繪筥一合 有緂立

嶋皃御咒珠叁連 納黒漆筥一合
一連 同裝束
二連 水精裝束
杏核御咒珠壹連 同珠筭 金剛子辻 納黒漆筥一合 有緂立
以上廿三連惣納岐佐木筥一合 有白鑞置口 羅緂立
沉香御咒珠叁連 同裝束 納黒漆筥一合
同平咒珠壹連 同裝束 納黒漆筥一合
淺香平咒珠壹連 同裝束 納黒漆平筥一合 有緂立
五香平咒珠壹連 同裝束 納黒漆平筥一合 有緂立
紫檀平咒珠壹連 同裝束 納黒漆筥一合
薫芳平咒珠壹連 同裝束 納黒漆筥一合 有緂立
杏核御咒珠壹連 同裝束
梅沉御咒珠壹連 同裝束 以上二連納黒漆筥一合
黒柿平咒珠壹連 同裝束 納黒漆筥一合
人骨平咒珠壹連 同裝束 納黒漆筥一合 有緂立
貝御咒珠壹連 同裝束 納蛤貝一合
以上十三連惣納榎筥一合 有白鑞置口 羅緂立
鍮石御香鑪壹具
鑪一柄
金銅火取一口
銀蓋一枚 小三両三分
純金輪一基 大五両一分三朱
銀香壷二口 各小十両二分 各入名香
同箸匕各一枚 并小三分
火鏡一枚

銀火鏡筥一合 小十両二分
小刀一柄
以上納金銀蒔繪平𣫍筥一合 有白錫置口 錦緋立
銀御香鑪壹具
鑪一柄 大十一両三朱
金銅火取一口
銀蓋一枚 小三両一分
同輪一基 大六両二分
同香壺二口 一口小五両三分 一口小五両二分
同箸匕各一枚 并小二分
火鏡一枚
銀火鏡筥一合 小九両二分
以上納蘇芳筥一合 有錦緋立
赤銅御香鑪壹具
鑪一柄
金銅火取一口
銀蓋一枚 小四両二分
赤銅輪一基
沉香壺二口
銀箸匕各一枚 并小一両一分
火鏡一枚
平文火鏡筥一合
小刀一柄
以上納岐佐木平𣫍筥一合
紫檀御香鑪壹具

鑪一柄
銀火取一口 小七両二分
同蓋一枚 小二両一分
平輪一基
銀匕一枚 小三分
金銅箸并臺各一枚
以上納黒漆地螺鈿筥一合 有錦緋立 同度
渤海金銅香鑪壹具
鑪一柄 沉香柄
白銅火取一口
銀蓋一枚 小四両
白銅輪一基
同箸匕各一枚
火鏡一枚
白銅火鏡盤一枚
以上納草九筥一合 有錦緋立
白銅香爐壹具
鑪一柄
金銅火取
銀蓋一枚 小二両二分
白銅輪一基
金銅箸匕各一枚
火鏡一枚
蘇芳火鏡筥一合 有銀置
以上納黒漆草平𣫍之筥一合

金銅蓮花形香鑪壹枚 入納袋
以上納葛筥一合
白角香鑪壹具
鑪一柄
同火取一口
同蓋一枚
同輪一基
岐佐木香鑪壹具
鑪一柄
金銅火取一口
銀蓋一枚 小二両三分
岐佐木輪一基
以上二具納蒔繪筥一合
岐佐木丙御厨子壹基 鏁子度同上
銀壺肆口 各大七両三分
三口各入沉香粉
二口各入白檀粉
同筥貳合 一合大八両一分 一合大七両二分
同箸匕并臺各壹枚 并小三両三分
同火鏡壹枚 有鞘具
小刀壹柄
以上納浅香筥一合 有白錫置口 花足等
銀火舍壹口 加蓋 大七両
同壺貳口 一口大七両二分 一口大六両三分
同筥壹合 大七両

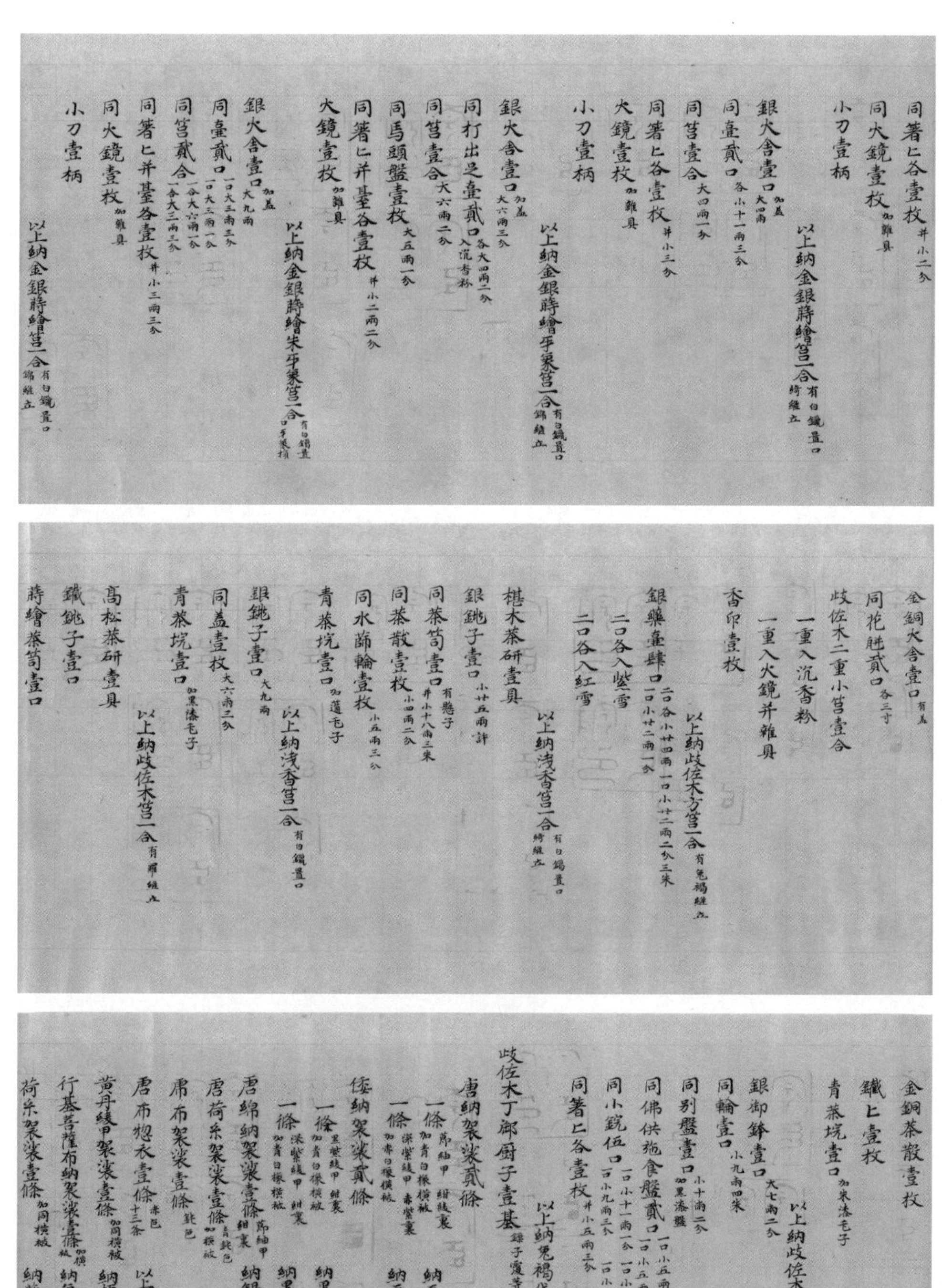

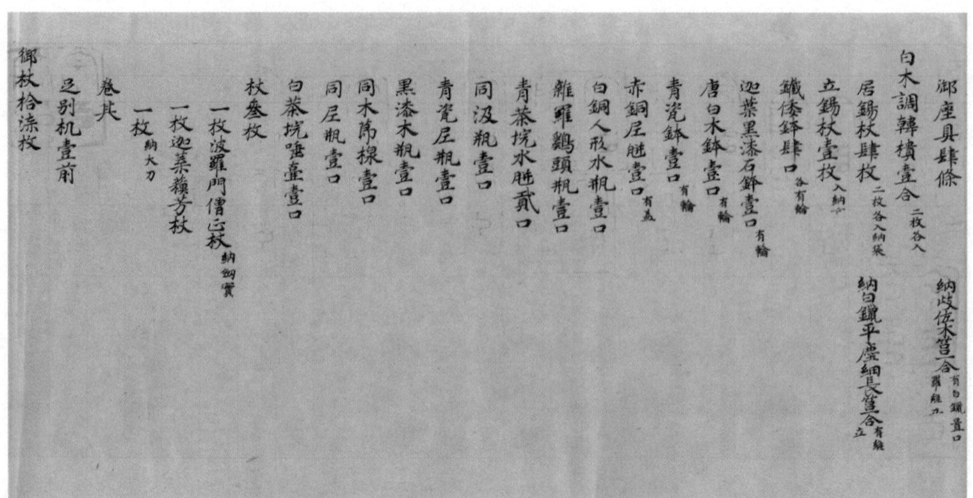

御座具肆條
白木調韓櫃壹合 二枚各入
居錫杖肆枚 二枚各入納袋
立錫杖壹枚 入納
鐵倭鉢肆口 各有輪
迦葉黑漆石鉢壹口 有輪
唐白木鉢壹口 有輪
青瓷鉢壹口 有輪
赤銅犀䑾壹口 有蓋
白銅人形水瓶壹口
雜羅鷄頭瓶壹口
青茶垸水䑾貳口
同汲瓶壹口
青瓷犀瓶壹口
黑漆木瓶壹口
同木筩椂壹口
同犀瓶壹口
白茶垸唾壺壹口
杖叁枚
一枚波羅門僧正杖 納鋼實
一枚迦葉藾芳杖
一枚 納大刀
卷共
足别机壹前
御杖拾滌枚

右 御物以去彖平元年七月十日自
御室假所被上納寺家寶藏也而彼時實錄
帳紛失無實仍今相加未納物造實錄帳同
假檢納本藏如件抑此帳一通各々分書加納
厨子韓櫃等又以惣帳三通分置寺家園堂
并觀音院西室等但若可開闔寶藏者加署
之人必令會集至于後代者 御後爲長之
人雖寺家別當三綱園堂三僧等同共可勘
此事相對件等帳勘知 御物數若有一人
不會不得輙開見之

天曆四年十一月十日

園堂三僧
權少僧都
大法師
大法師

御經藏勾當
大法師

寺司
別當大法師
權別當大法師
上座大法師
寺主從儀師
都維那法師

實錄使

文章生和氣

尊經閣叢刊御室御物實錄
原本侯爵前田家藏

투고일: 2014. 8. 26. 심사개시일: 2014. 8. 29. 심사완료일: 2014. 9. 22.

참/고/문/헌

국립김해박물관, 2011, 『땅 속에 묻힌 염원』.

김육불 편저, 발해사연구회 옮김, 2008, 『渤海國志長編(중)』, 신서원.

김인규, 2003, 「中國 越州窯靑磁의 研究史」, 『中國史研究』 25.

박준형·서영교, 2014, 「『文館詞林』에 보이는 蔣元昌과 蔣氏家門 醫官」, 『역사학보』 222.

부경만 외 저, 방학봉 역, 1992, 「발해국의 서울 상경성의 문화유산에 대하여」, 『발해사연구』 3, 연변대학 출판사.

윤선태, 1997, 「正倉院 所藏「佐波理加盤附屬文書」의 新考察」, 『국사관논총』 74.

윤재운, 2011, 「8~10세기 발해의 문물교류」, 『한국고대사연구』 63.

이용진, 2011, 「한국 불교향로 연구」, 동국대학교 박사학위논문.

주보돈, 1992, 「《文館詞林》에 보이는 韓國古代史 관련 外交文書」, 『경북사학』 15.

최응천, 2010, 「군위 인각사 출토 불교 금속공예품의 성격과 의의」, 『선사와 고대』 32.

國書刊行會 編, 1988, 「仁和寺御室御物實錄」, 『續續群書類從(第16 雜部)』(5刷, 東京: 續群書類從完成會).

奈良國立文化財研究所 編, 2013, 「御室相承記(一): 寬空僧正」, 『仁和寺史料-寺誌編(一)-』, 吉川弘文館.

大槻暢子, 2014, 「『仁和寺御室御物実録』の宝物」, 『日本古代中世の佛教と東アジア』(原田正俊 編), 吹田: 關西大學東西學術研究所.

小松大秀, 1986, 「文獻史料にみる漆藝品(一)-『仁和寺御室御物實錄』をめぐって」, 『MUSEUM』 427, 東京: 東京國立博物館.

育德財團, 1932, 『仁和寺御室御物實錄解說』.

日本歷史地理學會編, 1913, 「御室御物實錄」, 『阿波國徵古雜抄(續編)』.

田島公, 1999, 「婆羅門僧正(菩提僊那)の劍-仁和寺圓堂院舊藏「杖劍」相傳の由來」, 『日本古代社會の史的展開』(薗田香融 編), 東京: 塙書房.

中尾萬三, 1932, 「仁和寺御室御物實錄の陶瓷」, 『大乘』 11-8.

和田英松, 1932, 「仁和寺の寶藏及び經藏」, 『仁和寺御室御物實錄解說』(尊經閣叢刊), 東京: 育德財團.

〈日文要約〉

『仁和寺御室御物實錄』の書誌とその内容

朴峻亨·徐榮教

『仁和寺御室御物實錄』は宇多天皇(887~897)が醍醐天皇(897~930)に譲位した後、法皇として仁和寺の宇多院に寄居する間、931年7月10日に仁和寺の御室の臨時場所にあったものを寺家に納庫したが、その時に作成された實錄帳である. 前田家がそれを入手した後、1932年に前田利爲(1885~1942)が實錄帳の國寶指定を記念してそれを影印·配布したことから学会に知られるようになった。『仁和寺御室御物實錄』に収録されている御物は総240件、524点であり、7基の廚子と1基の韓櫃に（分けられて）入れられている。その中で5番目の歧佐木乙御廚子に7件、8点となる「渤海金銅香鑪壹具」が含まれている。渤海の對日本交易品が主に土産品だったことから考えると, 渤海金銅香鑪は渤海と日本の交流史を理解する上で新たな視座を提示してくれるものと思われる。

▶ キーワード:『仁和寺御室御物實錄』, 仁和寺, 宇多天皇, 渤海, 渤海金銅香鑪

신/출/토 문/자/자/료

2012秦漢魏晉簡牘研究槪述

2012年秦漢魏晉簡牘研究概述*

魯家亮**

〈국문초록〉

본고의 주요내용은 2012年秦漢魏晉簡牘研究 概況에 대한 간략한 소개이다. 글의 체계·분류표준은 대체로 작년에 작성된 概述과 같고, 몇몇 곳은 구체적인 정황에 의거하여 증감·조정하였다. 특별히 이야기해 둘 점은, 일부 연구 성과는 일찍이 인터넷에 발표되어 작년의 개술에 이미 수록되어 있다는 것이다. 후에 비록 정식으로 지면에 간행되었지만, 결론에 실질적인 변화가 없는 것은 중복 소개하지 않는다. 졸고가 秦漢魏晉簡牘研究에 관심 있는 학자들에게 약간의 편의를 제공할 수 있기를 희망하며, 누락되고 부족한 부분은 또한 독자들의 양해를 부탁드린다.

▶ 핵심어 : 진, 한, 위, 진, 간독

* 본고는 教育部哲學社會科學研究重大課題攻關項目 "秦簡牘의 종합정리와 연구" (항목비준번호,08JZD0036)와 國家社科基金青年項目 "漢初律令體系研究"(항목번호:12CZ014)의 자금 지원으로 작성되었다.

** 武汉大学簡帛研究中心

Ⅰ. 秦簡牘의 研究

陳抗生은 30여 년 전 雲夢睡虎地秦簡의 출토·정리 및 보호 과정을 회고하여, 적지 않은 귀한 정보를 제공했다.[1)]

1. 雲夢睡虎地 4號秦墓木簡과 11號秦墓竹簡

中國政法大學 中國法制史基礎史料研讀會는《語書》에 대해 簡文·釋文·集釋과 譯文 네 개 부분에 대해 전면적인 集釋을 진행하였다.[2)] 支强은《語書》중에 "別書"는 응당 그 뒷 문구와 구분하고, 그 의미는 縣道로 하여금 별도로 抄寫를 행하게 한다는 것으로 보았다.[3)]

彭浩는 睡虎地秦簡에 보이는 "將陽"이라는 단어는 정해진 시간·장소에 집합하지 않고 도망간 지 1년이 되지 않은 위법행위로 이해해야 하며, 일반적인 유랑이나 逍遙로 이해할 수 없다고 보았다. "將陽亡"은 "將陽"과 "亡"의 연용으로, "將陽亡"의 구조로 보아 "將陽"은 "亡"을 한정하는 것으로 쓰였고,《法律答問》중의 "將陽"과 비교하면, "將陽亡"의 時限 역시 응당 "不盈卒歲", 즉 도망한 시간이 1년이 되지 않는다는 것이다.[4)] 遊順釗는《法律答問》중 "泰毋"·"夏子"와 연관된 "眞"자는 "眞實"로 이해할 수 없고, 응당 "鬒"의 前身으로 보아 戎狄의 두발이 조밀함을 형용하는 것으로 쓰였다고 보았다. 이에 맞게, 이 律은 "泰毋夏子律"이라고 부를 수 있고, 논문에서는 다시 이 律의 배경에 대해서 분석을 진행했다.[5)] 戴世君은《睡虎地秦墓竹簡》의 注譯에 대해 여섯 가지 검토 의견을 냈는데,《語書》"獨治"·"公心"·"辨治";《秦律十八種·工律》第100號簡;《秦律十八種·置吏律》第159에서 160號簡;《秦律雜抄·傅律》第32에서 33號簡의 "不用請";《封診式》"柀(破)入內中";《爲吏之道》"毋窮窮, 毋岑岑, 毋衰衰"가 포함된다.[6)]

于洪濤는 睡虎地秦簡의 "稟衣"범위문제에 대해 다시 분석하였고, 논문에서는 국가가 배급하는 의복은 돈을 받는 것과 받지 않는 것 두 가지 상황으로 나뉘며, 돈을 받는 자는 주로 "隸臣有妻者"·"居貲贖債者"·"人奴妾繫城旦舂者"가 포함되고, 받지 않는 자는 주로 繫城旦舂, 隸臣·府隸之無妻者, 城旦舂·隸臣妾之老及小不能自衣者, 亡·不仁其主及官者가 있다고 지적했다.[7)]

---

1) 陳抗生, 2012,「永遠的紅樓」,『出土文獻』第3輯, 中西書局.
2) 中國政法大學 中國法制史基礎史料研讀會, 2012,「睡虎地秦簡法律文書集釋(一):〈語書〉(上)」,『中國古代法律文獻研究』第6輯, 社會科學文獻出版社.
3) 支强, 2012年9月10日,「秦簡中所見的"別書"—讀里耶秦簡札記」, 簡帛網(http://www.bsm.org.cn).
4) 彭浩, 2012年9月23日,「"將陽"與"將陽亡"」, 簡帛網.
5) 遊順釗, 2012,「秦律"泰毋夏子"辨析」,『古文字研究』第29輯, 中華書局.
6) 戴世君, 2012,「〈睡虎地秦墓竹簡〉注譯商榷六則」,『江漢考古』第4期.
7) 于洪濤, 2012,「睡虎地秦簡中的"稟衣"範圍再考析」,『魯東大學學報(哲學社會科學版)』第4期.

2. 甘肅天水放馬灘秦簡牘

姜守誠은 放馬灘秦簡《日書》甲·乙種의 "行不得擇日"편에 대해 해석을 진행했고, "禹須臾"·"行不得擇日"·"出邑門"·"禹步三"·"鄉北斗"·"質, 畫地"·"禹有直五横"·"今利行行毋咎" 등의 문구가 포함되며, 논문에서는 또한 본편을《禹須臾·行不得擇日》로 명명하는 것이 더 적합한 것 같다고 지적했다.[8] 方勇은《日書》乙種234號簡의 "雞"를 "鶾"로 改釋하고, 아울러 그것과 放馬灘秦簡의 "鷄"·"赤烏"는 같은 부류에 소속되어 있고, 문헌자료의 "雉"·"鷄"·"烏" 등의 부류와 부합한다고 보았으며 이와 함께《日書》乙種272號簡의 "冥"으로 釋讀된 글자의 字形에 대해서도 분석을 진행했다.[9]

孫占宇는 적외선 사진과 결합하여 放馬灘秦簡《丹》편에 대해 集釋性의 校注와 注解를 진행했고, 아울러 부가적인 설명을 덧붙였다.[10] 陳侃理는 이러한 기초 위에서 "邸丞赤敢謁御史"의 "邸"·"論其舍人管命者"의 "管"·"因令日穴屈(掘)出丹"의 "日"·"之北地柏丘之上"의 "柏丘" 및 "毋以淘酒祠所"의 "淘"에 대하여 한 걸음 더 나아가 분석했다.[11]

海老根量介는 放馬灘秦簡의 "罪"와 "辠"·"黔首"·"毆"와 "也" 등의 글자 사용 정황에 대한 분석을 통해, 해당 묘 竹簡의 抄寫 년대를 추측했다. 논문은 "罪"자의 사용 정황에 의거하여, 放馬灘秦簡을 秦 통일 이후 초사된 것으로 확정할 수 있었다. 그러나《日書》乙種에서는 여전히 "辠"자를 사용하고 있고, 이는 그것이 秦代 통치자가 "辠"를 "罪"로 바꾼 후 얼마 되지 않아 抄寫한 것임을 암시한다. "黔首"와 "毆" 또한 秦國 특유의 어휘이고, 이러한 어휘들은 西漢 이후에는 잘 쓰이지 않게 된다. 放馬灘秦簡이 이러한 어휘를 사용하는 이상, 그 抄寫년대는 漢代까지 내려가기 어렵다. 이로 인해 放馬灘秦簡은 확실히 "秦簡"이지만, 戰國秦의 抄寫本이 아니고, 秦代의 抄寫本이다.[12]

3. 湖北江陵王家臺秦簡

王寧은《歸藏》의 散(家人)·勞(坎)·陵(謙)·亦(頤)·頤(既濟) 등 다섯 개의 卦名에 대해 補釋을 진행했다.[13]

4. 湖北江陵周家臺秦簡

方勇은 周家臺秦簡253號의 "有造, 惡"의 "造"는 "請見"의 뜻을 표현하고, 이 "請見"은 어떤 건의를 하는 행위를 수반하는 것이지, 일반적인 의미의 "알려주는" 행위가 아니고, 第320號簡의 "酒"는 마땅히

8) 姜守誠, 2012,「放馬灘秦簡〈日書〉"行不得擇日"篇考釋」,『魯東大學學報(哲學社會科學版)』第4期.

9) 方勇, 2012,「讀天水放馬灘秦簡〈日書〉乙種小札」, 簡帛網 11月26日.

10) 孫占宇, 2012,「放馬灘秦簡〈丹〉篇校注」, 簡帛網 7月31日.

11) 陳侃理, 2012,「放馬灘秦簡〈丹〉篇札記」, 簡帛網 9月25日.

12) 海老根量介, 2012,「放馬灘秦簡鈔寫年代蠡測」,『簡帛』第7輯, 上海古籍出版社.

13) 王寧, 2012年7月25日,「秦簡〈歸藏〉幾個卦名補釋」, 復旦大學出土文獻與古文字研究中心網站(http://www.gwz.fudan.edu.cn, 이하 復旦網으로 간칭함).

"淄"으로 改釋해야 하고 혹 "酒"를 누락해서 썼을 정황도 존재하며, 345號簡의 "某馬心天"의 "天"은 "瘨"으로 읽어야 하고, "心天"은 즉 "心癲"이며, 馬心癲狂의 병을 가리킨다고 지적했으며, 이외에도 340號簡의 "牽"자의 字形에 대해서도 분석을 진행했다.[14)]

5. 湖南龍山里耶古城秦簡牘

1) 資料公布

2012年 1月《里耶秦簡(壹)》이 출판되고, 里耶古井 第5·6·8층 간독의 도상과 석문이 모두 공포되었다.[15)] 陳偉·何有祖·魯家亮·凡國棟은 이를 기초로 상술한 3층에서 보이는 간독에 대해서 綴合·編聯·釋文校訂·斷句·注釋작업을 진행했다. 이외에도, 張春龍은 4매의 遷陵縣 刑徒와 연관된 간독자료를 공포했고, 그 안에는 釋文과 도판이 포함되어 있고, 아울러 초보적인 해독이 들어 있으며, 8-664(4매의 간 編號는 모두 출토등기번호이다)·8-1637은 이미 《里耶秦簡(壹)》에 들어 있지만, 9-18·10-1170은 처음 공포된 것이다.

2) 編聯과 綴合

何有祖는 里耶秦簡牘의 綴合에 진력하여, 총 58개의 綴合을 완성했다.[16)] 楊小亮은 8-1260은 8-1457 + 8-1458과 진일보한 綴合을 할 수 있음을 지적했다.[17)]

3) 文本考釋과 研究

劉瑞는 형상구조와 내용을 결합하여, 里耶古城北城壕出土 戶籍簡牘은 마땅히 "遷陵縣南陽里戶籍牒"으로 定名해야 한다고 지적했고, 아울러 發掘報告에서 언급한 考古學 정보부터 地層學지식까지를 결합하여, 신중하게 이 간독들을 西漢시기 유물로 보았다.[18)]

賀靚豔·宋超·蔡萬進은 5-6 정면 第2행 釋文의 "令" 아래 한 글자는, "丞"으로 補釋할 수 있다고 지적했다.[19)] 胡平生은 里耶秦簡 第1冊에서 공포된 내용에 대해 校讀, 혹은 소감·보충교정을 진행하거나, 혹

---

14) 方勇, 2012,「讀關沮秦簡札記四則」,『中國國家博物館館刊』第12期.

15) 湖南省文物考古研究所編著, 2012,「里耶秦簡(壹)」, 文物出版社.

16) 何有祖, 2012年5月1日,「里耶秦簡牘綴合(七則)》, 簡帛網; 2012年5月14日,「里耶秦簡牘綴合(二)」, 簡帛網; 2012年5月17日,「里耶秦簡牘綴合(三)」, 簡帛網; 2012年5月21日,「里耶秦簡牘綴合(四)」, 簡帛網; 2012年5月26日,「里耶秦簡牘綴合(五)」, 簡帛網; 2012年6月4日,「里耶秦簡牘綴合(六)」, 簡帛網; 2012年6月25日,「里耶秦簡牘綴合(七)」, 簡帛網; 2012年7月30日,「里耶秦簡牘綴合(二則)」, 簡帛網;「里耶秦簡牘綴合(六則)」, 2012年12月24日, 簡帛網, 또한 2012,『楚學論叢』第2輯, 湖北人民出版社에도 수록되어있다.

17) 楊小亮, 2012年8月24日,「里耶"翰羽"簡綴合一則」, 簡帛網;「里耶簡中有關"捕羽成鍭"的記錄」,『出土文獻研究』第11輯.

18) 劉瑞, 2012,「里耶古城北城壕出土戶籍簡牘的時代與性質」,『考古』第9期.

19) 賀靚豔·宋超·蔡萬進, 2012年5月3日「〈里耶秦簡(壹)〉釋文校補一則」, 簡帛網.

은 진전시켰는데, 8-455등의 簡에 기재된 "枝枸"의 함의; 8-660간의 "垂"자 補釋, "日垂入"의 함의 考釋; 8-483의 "黔首𤸫課"; 8-490 + 8-501의 "不請"은 "不情"으로 읽어야 함; 8-224의 "乾井"·"繕官"釋義; 里耶秦簡에서 지적한 日食囗糧 문제; 應·應令과 令書; 8-780의 "取城囗柱爲甄廡" 등이 있다.[20] 朱紅林은 里耶秦簡에서 지적한 문제에 대해 다시 집중 보충하였는데, 8-550등의 간에서 나타난 인구등기제도; 8-145 등의 간에 반영된 隷妾居貲 문제; 8-75와 8-1023에서 보이는 "金錢計" 정보; 8-1073의 "恒署書" 해석; 6-4·8-173에 반영된 "讎律"제도; 8-1554에 포함된 재산 양도문제가 그것이다.[21] 方勇은 里耶秦簡의 釋文 중 해결이 어려운 글자에 대해 補釋을 진행하였으니, 총 24개로 8-683의 "積"[22]·8-752의 "魚"는 마땅히 "且"로 改釋하고 "沮"로 읽어야 한다는 것[23]·8-998 중의 "㟝"는 마땅히 原整理者의 의견을 좇아 "幏"으로 釋讀해야 하는 것[24] 등이 그것이다. 伊强은 8-95 + 8-361의 "輂"는 즉 《說文》에서 말하는 "車軸束"이고, 또한 수레의 끌채를 단단히 동여매는 가죽끈이고; 8-1449 + 8-1484의 "道里"는 "道路里程"으로 이해할 수 있고, "蠻更"은 "變更"으로 읽을 수 있으며; 8-2186의 "有殿"는 윗 문장의 "裏"의 보충설명일 수 있고, 아래 문장의 "人"과는 끊어 읽는 것이 마땅하다고 지적했다.[25] 李均明은 里耶秦簡의 "眞見兵"가 언급된 8-151·8-458·8-653의 3매 簡牘에 대해 考釋을 진행했고, 아울러 문서에서 "眞見"를 강조한 원인을 분석했다.[26]

楊小亮은 里耶秦簡에서 "捕羽成鍭"에 관련된 기록에 대해 종합분석을 진행했고, 捕羽의 용도, 즉 鍭矢를 제작하는 상황을 중점적으로 토론했다.[27] 于洪濤는 里耶秦簡의 "御史問直絡裙程書"를 분석했는데, 8-153·8-159·8-155·8-152의 네 개의 簡이 그것이고, 간의 순서배열과 釋文, 釋讀의 기초 위에서 文書 전달의 노선에 대해 추측했으며, 아울러 金布의 직책에 대해서 다시 설명했다.[28] 游逸飛는 8-455號(출토 등기번호, 정식編號는 8-461) 木方의 釋文에 대해 補釋을 진행했고, "縣官"·"𩞁"·"大父"·"邦門" 등으로, 총 4類로 합쳐서 6개이다.[29] 滏義田은 8-461號 木方 중 "日䎉日荊"의 "䎉"는 "牾" 혹은 "䎉"로 읽을 수 있고, 그 뜻은 "逆"으로 일종의 楚에 대한 惡言으로 보았다. 논문에서는 또 "感手"의 署名과 결부하여, 里耶秦簡에서 보이는"手"·"半"에 대해서 설명을 이어나갔다.[30] 魯家亮은 8-985簡 중 두 개의 人名 "惡租"·"攀"에 대해 다른 이해를 보였으며, 아울러 "探"자의 함의 및 本簡의 성질 등의 문제에 대하여 토론했

20) 胡平生, 「讀〈里耶秦簡(壹)〉筆記」, 『出土文獻研究』 第11輯.
21) 朱紅林, 2012, 「讀里耶秦簡札記」, 『出土文獻研究』 第11輯, 中西書局.
22) 方勇, 2012年4月28日, 「讀〈里耶秦簡(壹)〉札記(一)」, 簡帛網.
23) 方勇, 2012年5月11日, 「讀〈里耶秦簡(壹)〉札記(二)」, 簡帛網.
24) 方勇, 2012年5月21日, 「讀〈里耶秦簡(壹)〉札記(三)」, 簡帛網.
25) 伊强, 2012年9月26日, 「〈里耶秦簡〉(壹)字詞考釋三則」, 簡帛網.
26) 李均明, 2012, 「里耶秦簡"眞見兵"解」, 『出土文獻研究』 第11輯, 中西書局.
27) 楊小亮, 2012, 「里耶簡中有關"捕羽成鍭"的記錄」, 『出土文獻研究』 第11輯, 中西書局.
28) 于洪濤, 2012年5月30日, 「試析里耶簡"御史問直絡裙程書"」, 簡帛網.
29) 游逸飛, 2012年2月15日, 「里耶秦簡8-455號木方補釋—〈岳麓書院藏秦簡(壹)〉讀後」, 簡帛網.
30) 邢義田, 2012年5月7日, 「"手,半","日䎉日荊"與"遷陵公"-里耶秦簡初讀之一」, 簡帛網.

다.[31] 何有祖는 8-2226과 8-2227이 綴合의 가능성이 있다고 보고, 아울러 그중 "今"·"旦" 등의 글자에 대해 補釋을 진행했으며, 또한 일부 문구의 함의에 대해 해석을 진행했는데, 8-135의 "辟"의 다음 글자는 "益"일 수 있다고 보았다.[32]

單育辰은 里耶秦簡 公文書의 流轉과정의 규율을 종합하였고, 아울러 8-63·8-60 + 8-656 + 8-665 + 8-748 두 簡牘을 예로 증명했다.[33] 張朝陽은 8-1443 + 8-1455·1-1554와 8-1799 세 簡에 기재된 내용이 遺囑과 관련 있고, 앞의 두 簡은 내용이 完整하며 성질은 民間遺囑으로 볼 수 있다고 생각했으며, 더불어 초보적인 解讀을 했는데, 第3則은 殘損이 심하여 여전히 구체적인 내용을 확정하기 힘들었다.[34] 支强은 秦代 公文 전달과정 중 "別書"는 하나의 독립된 과정으로, 응당 文書가 縣으로 내려간 후 縣의 영역 내에서 전달되는 일종의 방식이라고 보았다. 8-657이 대표적인데, 그 釋文 중의 "別書"는 응당 뒷 문장과 끊어야 하며, 그 뜻은 縣道에게 따로 抄寫를 행하도록 함을 가리킨다.[35] 趙岩은 里耶秦簡 第1책에서 공포된 紀日簡에 대해 정리를 진행했으며, 아울러 그 안의 釋文 문제를 분류하여 교정과 補釋을 진행했다.[36]

中日學者들은 里耶秦簡의 刻齒에 대해 합동으로 조사·연구하여, 刻齒의 형태가 "[illegible]"는 萬을, "[illegible]"는 千을, "[illegible]"는 百을, "[illegible]"는 十을, "[illegible]"는 一을 표현하며, 기울어진 刻痕은 少半·泰半 등을 표현한다고 지적했다. 아울러 嶽麓簡《數》의 기재를 통해서, "百中一"이 어떻게 "一萬"을 대표하는지, 나아가 이를 통해 여러 가지를 유추하여, "十萬"·"一百萬"·"一千萬"·"一萬萬"이 刻齒에서 표시되는 방법을 추측해 냈다.[37]

肖燦은 한걸음 더 나아가 세밀히 분석하여 刻齒는 숫자를 표현할 수 있을 뿐만 아니라, 그 미세한 차이가 서로 다른 도량형 단위등급을 표현하는 데 사용될 수 있음을 말했다.[38]

6. 湖南嶽麓書院藏秦簡

1) 資料公布

陳松長은 嶽麓書院藏秦簡의 두 개의 傜律 律文 도판을 공포했고, 아울러 초보적인 釋文을 달았으며, 총 4매의 簡이다. 이러한 기초 위에, 논문에서는 상관 文句의 이해 및 睡虎地·張家山 등 秦漢簡牘의 상관

31) 魯家亮, 2012, 「小議里耶秦簡8-985中的兩個人名」, 『出土文獻研究』 第11輯, 中西書局.
32) 何有祖, 2012, 「新出里耶秦簡札記二則」, 『出土文獻研究』 第11輯, 中西書局.
33) 單育辰, 2012年5月25日, 「談談里耶秦公文書的流轉」, 簡帛網.
34) 張朝陽, 2012年6月1日, 「里耶秦簡所見中國最早民間遺囑考略」, 簡帛網.
35) 支强, 2012年9月10日, 「秦簡中所見的"別書"-讀里耶秦簡札記」, 簡帛網.
36) 趙岩, 2012年10月31日, 「里耶秦紀日簡牘札記」, 簡帛網.
37) 興聞, 2012年10月12日, 「中日學者合作調研里耶秦簡刻齒獲突破性成果」, 簡帛網.
38) 肖燦, 2012年10月13日, 「對里耶秦簡刻齒調研簡報的理解和補充」, 簡帛網.

내용의 비교에서 드러난 특이점에 대해 설명을 진행했다.[39]

2) 編聯과 綴合

許道勝은 《數》書에 대해 13개의 綴合·編聯의견을 제시했는데, 0973과 0941의 編聯; 0978과 0950의 編聯; 衾(衾)稻組簡의 연결 등이다.[40] 魯家亮은 殘片C410115는 마땅히 簡129의 일부분이고, 殘片C410204는 簡114과 綴合될 수 있다고 보았으며,[41] 아울러 84에서 102號簡의 배열에 대해서도 새로운 방안을 제시했다.[42]

3) 文本考釋과 硏究

陳偉는 "質日" 三篇 文本의 복원과 내용에 대한 토론의 기초 위에, 더 나아가 "質日"의 主人과 嶽麓簡의 年代 및 秦漢"質日"의 성질과 名義 등 문제에 대하여 토론을 진행하였고, 논문에서 "質日"의 主人은 응당 "爽"의 부친이고, 嶽麓秦簡은 모두 그의 소장품과 무덤 부장품에서 나온 것임을 밝혔다. 그가 죽은 해, 곧 秦始皇 35年(前212)이 바로 嶽麓秦簡 年代의 下限이다. "質日"의 名義에 대해서는 두 가지 추측이 있을 수 있는데, 첫 번째, "質"을 "約"으로 해석하면 質日은 약정된 曆日을 가리키는 것, 두 번째, "質"을 "實"로 해석하면 疾日은 믿을 수 있는 실용적인 曆日을 가리키는 것이다. 質日의 성질은 혹 다음과 같이 이해할 수 있는데, 즉 質日記事는 起居注類의 文獻이 민간에서 유통되는 형식이며, 혹자는 起居注가 質日記事의 기초 위에서 발전되어 형성되었다고 말한다.[43] 李忠林은 기타 秦漢出土文獻 중 曆朔資料를 이용하여, 嶽麓書院藏秦簡 《質日》 三組의 曆朔 문제에 대하여 자세한 판별분석을 진행했고, 논문에서는 《二十七年質日》에 기록된 "某月干支"는 當月朔日干支로 인정되며 여전히 진일보한 논증이 필요하다고 보았다. 《二十七年質日》의 "八月癸酉"는 8月의 朔干支가 아니라 7月 晦日干支이고, 마찬가지로 "六月甲戌"도 5月晦日干支로 이해해야 한다. 이러한 정황의 출현은, 응당 그 記事簿册의 성질과 상관이 있으며, 그 임의성이 비교적 명확하기 때문에, 그 各月의 뒤에 이어지는 干支를 간단히 當月朔干支로 확정할 수 없다. 그 근본을 조사해보면, 그것들은 曆譜가 아니기 때문이다.[44]

曲安京·肖燦은 27年, 35年의 曆日干支가 抄寫될 때 부분적으로 줄을 착각했거나 위치가 착란되었고, 40年은 착오가 없다고 보았으며, 아울러 이에 근거하여 상술한 3年의 曆表를 추산해냈다. 논문에서는 또한 만약 嶽麓·里耶·關沮秦簡에 포함된 연도의 曆法이 통일된 것이고, 이 한 시기의 曆譜를 확정할 수 있음을 밝혔다.[45] 李都都는 《質日》에 보이는 10개의 地名에 대하여 考釋을 진행했는데, 沮陽·介·盧谿·下

---

39) 許道勝, 2012年2月5日, 「岳麓秦簡〈數〉書諸疑難簡的綴合與編連」, 簡帛網.

40) 許道勝, 2012年2月5日, 「岳麓秦簡〈數〉書諸疑難簡的綴合與編連」, 簡帛網.

41) 魯家亮, 2012年2月25日, 「讀岳麓秦簡〈數〉筆記(一)」, 簡帛網.

42) 魯家亮, 2012年3月23日, 「讀岳麓秦簡〈數〉筆記(二)」, 簡帛網.

43) 陳偉, 2012年11月17日, 「岳麓書院秦簡"質日"初步硏究」, 簡帛網.

44) 李忠林, 2012, 「岳麓書院藏秦簡〈質日〉曆朔檢討-兼論竹簡日志類記事簿册與曆譜之區別」, 『歷史硏究』 第1期.

雋·津·楊口·康口郵·高平鄕·商街郵과 波留이다.[46)]

方勇은 《爲吏治官及黔首》 簡51正面 第2欄 "廉而勿㑌"의 "㑌"자의 字形에 대해 분석을 진행하였고, 아울러 그것이 "戕"자와 통가자일 수 있고, "傷"이나 "害"의 의미가 있으며, "割"로 해석할 수 있다고 추측했다.[47)] 簡57正面 第3欄 "漏表不審"의 "表"는 응당 "衧"로 隸定해야 하고, "壺"와 통한다.[48)]

許道勝은 《數》書 중에 해결이 어려운 말들에 대한 集釋을 진행하였는데, 총 52개이고,[49)] 文字釋讀이 총 10개이다.[50)] 또한 《嶽麓書院藏秦簡(貳)》 한 책의 釋文 및 注釋에 대해서도 보충을 진행했다.[51)] 魯家亮은 《數》篇 63號簡의 "啓"·64號簡에 기재된 산수문제의 이해 및 82·83號簡의 내용에 대해 분석을 진행했다.[52)] 肖燦은 《數》書 注釋 중 누락된 부분에 대하여 진일보한 보충을 했으니, "箕田" 문제의 注釋·"少廣" 문제의 의의 및 三類 "除法表達方式" 등의 방면이 그것이다.[53)] 許道勝은 《數》書 0829號簡에 기재된 산수 문제에 注釋을 진행하였고, 아울러 그 術文의 계산과정에 대해서 연산을 진행했다.[54)] 許道勝은 또한 60·159·173 세 簡에 기재된 산수 문제에 대해 다른 이해를 제시했다.[55)] 陳松長·肖燦은 《數》書 안에 반영된 중국 초기의 衰分문제에 대해 토론했다.[56)] 謝坤은 "租稅"類 산수 문제에 대하여 校讀을 진행했는데, "術文"租枲 산술의 공식·"輿田(圓田)" 면적계산 및 第0899簡 산술의 세 가지이다.[57)]

7. 北京大學藏秦簡牘

1) 資料公布

北京大學出土文獻硏究所는 北京大學이 소장하고 있는 秦簡牘의 실내 발굴정황 및 그 주요 내용에 대하여 정식 소개를 진행했고, 글과 더불어 20여 매의 簡牘 사진을 실었다.[58)] 整理小組의 구성원은 또한 각

45) 曲安京, 肖燦, 2012年2月25日, 「岳麓書院藏秦簡〈質日〉曆譜考訂」, 復旦網.

46) 李都都, 2012, 「岳麓秦簡〈質日〉釋地九則」, 『楚學論叢』 第二輯, 湖北人民出版社.

47) 方勇, 2012年12月5日, 「讀岳麓秦簡札記一則」, 簡帛網.

48) 方勇, 2012, 「讀岳麓秦簡札記六則」, 『古文字硏究』 第29輯, 中華書局.

49) 許道勝, 2012年2月2日, 「岳麓書院藏秦簡〈數〉書疑難詞語集釋」, 簡帛網.

50) 許道勝, 2012年2月13日, 「岳麓秦簡〈數〉書文字釋讀擧隅」, 簡帛網.

51) 許道勝, 2012年2月20日, 「〈岳麓書院藏秦簡(貳)〉初讀(上)」, 簡帛網; 2012年2月21日, 「〈岳麓書院藏秦簡(貳)〉初讀(下)」, 簡帛網; 2012年2月25日, 2012年2月26日, 「〈《岳麓書院藏秦簡(貳)》初讀〉補(一)」, 簡帛網; 「〈《岳麓書院藏秦簡(貳)》初讀〉補(二)」, 簡帛網.

52) 魯家亮, 2012年2月25日, 「讀岳麓秦簡〈數〉筆記(一)」, 簡帛網.

53) 肖燦, 2012, 「〈岳麓書院藏秦簡(貳)〉釋讀札記」, 『出土文獻硏究』 第11輯, 中西書局.

54) 許道勝, 2012年2月5日, 「岳麓秦簡〈數〉書0829號簡術文討論」, 簡帛網.

55) 許道勝, 2012, 「岳麓秦簡〈數〉算題新解(三則)」, 『楚學論叢』 第2輯, 湖北人民出版社.

56) 陳松長, 肖燦, 2012年2月26日, 「從岳麓書院藏秦簡〈數〉看中國早期的衰分問題」, 簡帛網.

57) 謝坤, 2012年10月31日, 「岳麓(貳)"租稅"類算題札記」, 簡帛網.

58) 北京大學出土文獻硏究所, 2012, 「北京大學藏秦簡牘室內發掘淸理簡報」, 『文物』 第6期; 2012, 「北京大學藏秦簡牘槪述」, 『文物』 第6期.

각 글을 써서 《從政之經》[59]·《太原有死者》[60]·數學類文獻[61]·方術書[62]를 소개했다. 이외에도, 胡東波·常懷穎은 北京大學藏秦簡讀의 실내발굴을 예로 들어, 簡牘의 실내 발굴 정리과정·방법에 대해 상세한 검토를 진행했다.[63]

2) 文本考釋과 硏究

陳偉는 《泰原有死者》 중의 "泰原"·"少內"·"黃圈"·"復嫁" 네 단어에 대하여 다른 解釋을 제시했고,[64] 黃傑은 해당 篇에서 한 곳의 斷句·두 곳의 "鬼"자의 함의 및 "後有死者" 등 文句의 이해에 대하여 판별 분석을 진행했다.[65] 蔡偉는 《公子從軍》의 "孔子從不愛牽之身, 獨不謉(愧)虖(乎)?" 한 구절의 "從"은 "縱"으로 읽을 수 있고, "雖"와 의미가 가깝다고 지적했다.[66]

II. 漢簡讀의 硏究

1. 敦煌漢簡帛

梁靜은 《英國國家圖書館藏斯坦因所獲未刊漢文簡牘》 한 책에서 공포된 《蒼頡篇》과 관련된 資料에 대하여 輯錄과 고증을 진행했는데, 총 11개이다.[67]

2. 居延漢簡

滏義田은 居延506.7號簡을 다시 釋讀하고, 그 언어격식과 抄寫형식이 《爲吏之道》 一類작품과 다르며, 교재가 아니고, 비교적 《說苑·臣術》의 이러한 吏道格言集과 유사하다고 보았다. 또 《爲吏之道》 一類 文獻의 주요부분은 여전히 道德설교를 위해 편집된 것으로, 응당 정신교육의 교재이지 識字교재가 아니다.

이외에도, 논문에서는 居延과 敦煌 出土의 儒經과 兵書 殘簡을 수집하여, 西漢 중·말기 이후 漢代 하부 관원들의 정신적 측면에 대해 묘사를 시도했다.[68] 黃浩波는 居延漢簡에서 보이는 士卒家屬廩名籍의

---

59) 朱鳳瀚, 2012, 「北大藏秦簡〈從政之經〉述要」, 『文物』 第6期.

60) 李零, 2012, 「北大秦牘〈泰原有死者〉簡介」, 『文物』 第6期.

61) 韓巍, 2012, 「北大秦簡中的數學文獻」, 『文物』 第6期.

62) 陳侃理, 2012, 「北大秦簡中的方術書」, 『文物』 第6期.

63) 胡東波,常懷穎, 2012, 「簡牘發掘方法淺說-以北京大學藏秦簡牘室內發掘爲例」, 『文物』 第6期.

64) 陳偉, 2012年7月14日, 「北大藏秦簡〈泰原有死者〉識小」, 簡帛網.

65) 黃傑, 2012年7月17日, 「北大秦牘〈泰原有死者〉管見」, 簡帛網.

66) 蔡偉, 2012年12月24日, 「讀新見的出土文獻資料札記二則」, 復旦網.

67) 梁靜, 2012, 「英藏〈蒼頡篇〉輯錄」, 『楚學論叢』 第2輯, 湖北人民出版社.

68) 邢義田, 2012, 「秦漢基層員吏的精神素養與教育-從居延牘506.7(〈吏〉篇)說起」, 『古文字與古代史』 第3輯, 中央研究院歷史語言研究所.

상관 기록을 정리했고, 士卒家屬의 양식배급의 月 표준이; 大男三石, 大女二石九升少, 使男一石九斗九升少, 未使男·使女一石六斗一升, 未使女一石一斗一升; 年齡一歲의 아이는 七斗六升라고 수정, 세분화 했다.[69] 李洪財는《居延漢簡甲乙編》의 釋文을 저본으로 居延漢簡 중 草書의 釋讀에 校正을 진행하였고 총 30개이다.[70]

3. 山東臨沂銀雀山1號漢墓簡牘

李天虹은《晏子春秋·內篇諫上》第22章 "進師以近過, 非嬰所知也"와 簡本《晏子春秋》의 "進師以戰, 禍非嬰所知也"를 대조해 읽었다. 상관있는 글자들의 字形 분석을 통해, 傳本의 "近"자는, "戰"자의 잘못일 수 있고, 아울러 "近"자는 본래 다음 簡牘에 속했던 "過(禍)"와 연독해야 한다고 추측했다.[71]

湯淺邦弘은 銀雀山漢簡《起師》篇 釋讀의 기초 위에서, 당시 "興軍"이론에 대해 분석을 진행했는데, 논문에서는 "春"은 "客"측에게는 興軍에 유리한 계절이고, 이는《起師》篇의 큰 특색이며, 또한 "時"의 중요성을 논하는《孫子》사상의 구체화된 체현이라고 단정했다. 그러나 이렇게 봄을 유리한 계절로 특정하는 관점은, 구체성을 가졌다는 점에서 평가하는 것 외에, 사상적인 보편성 방면에서는 여전히 결함이 있고, 實戰과 실제 조작 측면에서도 어긋나는 점을 발생시킬 수 있다. 이는 또한《起師》의 관점이 다른 兵書에서 보이지 않고 전승도 되지 못한 원인이다. 이외에도《將義》篇에서는, 將軍의 자질을 "義"·"仁"·"德"·"信"·"知(勝)"·"決"이라고 나열하는데, 이는《孫子》의 將軍論과 또 다른 부분이 있으므로, 銀雀山漢墓竹簡의 "論政論兵之類"에는,《孫子》·《孫子兵法》에서 보존된 유사한 기조가 있으면서도, 또한 독립 발전한 저작이 실현된 것이다.[72] 이외에 湯淺邦弘는 또 "論政論兵之類" 내의 12篇의 제계성과 시대성·《將義》篇의 釋讀 및 將軍자질에 대하여 탐구와 토론을 진행했다.[73] 蕭旭은《銀雀山漢墓竹簡(壹)》에 기재된《六韜》의 釋文을 저본으로, 전해지는 宋《武經七書》本·敦煌唐寫本殘卷과 비교하였고, 아울러 名物의 訓詁에 진력하여, 총 30개의 校補의견을 제시했다.[74] 馬克冬은 隸定·釋讀이 통일되지 않은 것 등의 방면에서《銀雀山漢墓竹簡(貳)》에 대해 校勘을 진행했다.[75]

楊安은《天地八風圖》에 대해 재복원을 진행했고, 아울러 出土文獻 중 "八風"이름의 출현을 지적하여, 우리가 문헌자료 중 八方風名의 전승 근거를 알 수 있게 했고, 그것과 文獻 중의 명칭·위치의 상이함은 또한 우리에게 새로운 문제를 안겨주었다.[76] 楊安은 또한 釋文 및 注釋 방면에서《銀雀山漢墓竹簡(貳)》

---

69) 黃浩波, 2012年5月29日,「居延漢簡所見士卒家屬廩名籍再考察」, 簡帛網.

70) 李洪財, 2012年9月23日,「居延漢簡草書是正」, 簡帛網.

71) 李天虹, 2012,「以簡〈晏子春秋〉校讀傳本一則」,『簡帛研究2010』, 廣西師範大學出版社.

72) 湯淺邦弘, 2012,「興軍之時-關於銀雀山漢墓竹簡〈起師〉」,『簡帛』第7輯, 上海古籍出版社.

73) 湯淺邦弘, 2012,「中國出土文獻研究-上博楚簡與銀雀山漢簡」, 花木蘭文化出版社.

74) 蕭旭, 2012年1月22日,「銀雀山漢簡〈六韜〉校補」, 復旦網.

75) 馬克冬, 2012年9月22日,「〈銀雀山漢墓竹簡(貳)〉校勘記」, 復旦網.

76) 楊安, 2012年4月19日,「銀雀山漢簡"天地八風圖"的再復原及相關說明」, 簡帛網.

釋文 내의 문제에 대해 예를 들어 분석을 진행했고, 별도로 簡1111과 1112·簡1880·簡1970 및 簡2105의 編聯에 대해서도 다른 의견을 제시했다.[77)]

4. 湖北雲夢大墳頭1號漢墓木牘

劉國勝은 湖北雲夢大墳頭1號漢墓出土遣冊 중 "一斗鈄一"의 "鈄"의 左旁은 "廷"일 수 있고, 응당 "鋌"자일 것이라고 보았다. "一斗鈄一"은 1건의 용량이 1斗인 鋌를 가리킨다.[78)] 田河는 1號漢墓木牘의 "金鬲甗各一"의 "鬲"은 마땅히 "鬵"으로 改釋해야 하고, "一斗鈄一"의 "鈄"는 마땅히 "鈲"로 해석하고, "壺"로 읽고, 대응하는 기물은 蒜頭壺라고 보았고, "漆脯"의 "脯"를 改釋; "劍帶"의 "帶"를 補釋했다.[79)]

5. 湖南長沙馬王堆3號漢墓木牘·帛書

『文史』 2012 第2輯에는 馬王堆帛書整理研究에서 새롭게 진전된 일련의 글들이 간행되었는데, 《五行》[80)]·《戰國縱橫家書》[81)]·"物則有形"圖[82)]·《五十二病方》[83)]·《養生方》과 《雜禁方》[84)]·《五星占》[85)]은 《長沙馬王堆漢墓簡帛集成》 항목의 중요한 단계적 성과가 그것이다. 이들 논문들은 帛書연결·글자釋讀·文義이해·구조해명·帛書折疊방식 등의 방면에서 상세히 예를 들어 설명을 진행했다. 周波는 馬王堆帛書《老子乙本卷前古佚書·稱》 중 "隆₌以爲馬"의 "隆₌"은 "夆(夆)"·"隆" 두 글자의 合文으로, "豐隆"으로 읽고, 응당 "雲"의 代稱이라고 보았다.[86)] 黃人二는 馬王堆帛書 《經法》篇 《君正》章에 대해 疏解를 진행하고, 이 기초위에서 해당 篇은 응당 儒家解經文獻에 속하며, 그 성질은 黃老書·黃帝書·黃帝四經·道家文獻 혹은 法家文獻이 아님을 지적했다.[87)] 李若暉는 馬王堆帛書 《要》篇 및 《周易·說卦傳》의 "幽贊" 한 단어에 대해, 荀爽은 "幽"는 "隱"으로 해석하고, "贊"은 "見"으로 해석하였는데, 이 의견은 정확한 것이며, 아울러 보충 논증을 진행했다.[88)] 田河는 遣冊18號簡의 "𦘒"은 "八聿"로 나누어야 하며, "篳篥"로 읽을 수 있고, 이는 일종의 악기로, "八聿(篳篥)·室各二"는 "篳篥·篳篥盒 각 두 개"로 이해할 수 있다고 보았으며, 222號簡에서 소위 "麋"·"脂" 合文은, 마땅히 하나의 단일한 글자이고, "麐"로 읽을 수 있으며, 麋鹿의 일종인 동물일 것으로 보았다.[89)] 周祖亮은 隸定·漏釋·衍文·順序·體例·標點·符號 등의 방면에서 《馬王堆漢墓帛

---

77) 楊安, 2012年10月19日, 「〈銀雀山漢墓竹簡·貳〉讀書記之一-釋文校訂和一些問題的說明」, 簡帛網.

78) 劉國勝, 2012, 「說"金鋌"」, 『文物』 第1期.

79) 田河, 2012, 「漢簡遣冊文字叢考」, 『古文字研究』 第29輯, 中華書局.

80) 鄔可晶, 2012, 「以〈五行〉爲例談談馬王堆帛書〈老子〉甲本卷後古佚書重新整理的情況」, 『文史』 第2輯.

81) 郭永秉, 2012, 「馬王堆帛書〈戰國縱橫家書〉整理瑣記(三題)」, 『文史』 第2輯.

82) 董珊, 2012, 「馬王堆帛書"物則有形"圖與道家"應物"學說」, 『文史』 第2輯.

83) 廣瀨薰雄, 2012, 「〈五十二病方〉的重新整理與研究」, 『文史』 第2輯.

84) 周波, 2012, 「馬王堆帛書〈養生方〉、〈雜禁方〉校讀」, 『文史』 第2輯.

85) 劉建民, 2012, 「馬王堆漢墓帛書〈五星占〉整理札記」, 『文史』 第2輯.

86) 周波, 2012, 「漢初簡帛文字資料研究二題」, 『文史』 第4輯.

87) 黃人二, 2012, 「馬王堆帛書經法君正章試解-兼論老子乙卷前古佚書之性質與先秦漢初論語之傳」, 『考古』 第5期.

88) 李若暉, 2012, 「馬王堆帛書〈要〉篇"幽贊"解詁」, 『簡帛語言文字研究』 第6輯, 巴蜀書社.

書(肆)》의 釋文에 대해 校勘을 진행했다.[90)]

6. 湖北江陵鳳凰山漢墓竹簡

2012年 11月, 《江陵鳳凰山西漢簡牘》이 출판되었고, 1973年부터 1976年까지 湖北荊州鳳凰山의 第8·9·10·167·168·169 총 6기의 墓葬에서 출토된 간독자료가 공포되었고, 사진·摹本·釋文·注釋 및 考證이 포함되었다.[91)] 田河는 8號墓遣冊 49號簡의 "案"·119號의 "昔"을 改釋했다.[92)]

7. 江蘇連雲港海州西漢侍其繇墓木牘

田河는 江蘇連雲港海州西漢侍其繇墓木牘遣冊 "間綺復衣"의 "間"을 補釋하고, 아울러 "流黃丸緣"의 "流"에 대해서도 보충 설명을 진행했다.[93)]

8. 居延新簡

1) 資料公布

2012年 12月《肩水金關漢簡(貳)》가 출판되어, 20세기 70년대 발굴된 肩水金關에서 획득한 簡牘의 일부분이 공포되었고, 총 7개 探方·2334매 簡牘의 채색도판·적외선 사진과 釋文이 포함되어있다.[94)]

2) 編聯과 綴合

魯家亮은《肩水金關漢簡(壹)》에 수록된 簡牘에 대해서 두 가지 綴合의견을 제시했는데, 73EJT10:93과 73EJT10:167 綴合·73EJT10:160과 73EJT10:175 綴合이다.[95)]

3) 文本考釋과 研究

路方鴿은 居延新簡 ESC·18의 "鞲"는 응당 "韝"로 釋讀해야 하고, "射韝"는 화살을 쏘는 등의 장소에서 사용하는 토시를 지칭하며; EPT52·141 중의 "勝"은 응당 "幐"으로 釋讀해야 하고, "行幐"은 綁腿布를 가리킨다고 보았다.[96)] 李洪財는 居延新簡 중 草書의 釋讀에 대해 총 7개의 校正을 진행했다.[97)]

---

89) 田河, 2012, 「漢簡遣冊文字叢考」, 『古文字研究』 第29輯, 中華書局.

90) 周祖亮, 2012, 「〈馬王堆漢墓帛書(肆)〉釋文校勘札記」, 『簡帛語言文字研究』 第6輯, 巴蜀書社.

91) 湖北省文物考古研究所編, 2012, 『江陵鳳凰山西漢簡牘』, 中華書局.

92) 田河, 2012, 「漢簡遣冊文字叢考」, 『古文字研究』 第29輯, 中華書局.

93) 田河, 2012, 「漢簡遣冊文字叢考」, 『古文字研究』 第29輯, 中華書局.

94) 甘肅簡牘保護研究中心·甘肅省文物考古研究所·甘肅省博物館·中國文化遺產研究院古文獻研究室·中國社會科學院簡帛研究中心編, 2012, 『肩水金關漢簡(貳)』, 中西書局.

95) 魯家亮, 2012, 「肩水金關漢簡釋文校讀六則」, 『古文字研究』 第29輯, 中華書局.

96) 路方鴿, 2012, 「〈居延新簡〉校釋二則」, 『簡帛語言文字研究』 第6輯, 巴蜀書社.

滏義田은《肩水金關漢簡(壹)》의 釋文에 대해 5가지 보충의견을 제시했고, 아울러 해당 책에서 보이는 어휘들에 대해 解讀을 진행하였는데, 총 22가지로 "張中"·"訾家"·"胡騎秦騎"·"驪軒"·"八月案比"·"居延守左部游檄"·"九月上計"·"書式"·"大云郡中都縣"·"材官"·"助府令史"·"掾譚令史賞"·"葆智"·"魏郡魏右尉"·"刻齒'〉'혹은'〈'이 숫자'十'을 표현"·"罷戌卒"·"官大奴杜司"·"同"·"左居官右移金關"·"以晝夜行"·"居令延印"·"三輔太常郡?"이다.[98] 李洪財는《肩水金關漢簡(壹)》의 釋文에 대해 11개의 보충 의견을 제시했는데, 73EJT1:14A "校" 앞의 한 글자를 "武"로 補釋했고, 73EJT1:90B의 "謁", 73EJT1:258의 "不更", 73EJT4:213의 "伏", 73EJT5:6B의 "元", 73EJT10:407의 人名 "王鼓" 등이다.[99] 張俊民은 또한 24개의 補釋의견이 있는데, 73EJT4:80의 "輿"·"減", 73EJT5:31의 "給法", 73EJT5:56의 "乙亥", 73EJT7:111의 "中", 73EJT10:303의 "留" 등이다.[100] 魯家亮은《肩水金關漢簡(壹)》에 보이는 簡牘에 대해 校讀을 진행하였는데, 73EJT1:58의 "食"·73EJT10:89의 "升"·73EJT10:113의 "麥"·"粟" 등이다.[101] 馬智全은 주로《肩水金關漢簡(壹)》의 釋文에서 해석되지 못한 殘字에 대해 補釋을 진행하고, 약간의 殘斷·모호한 簡文을 釋讀했는데 총 25개로 73EJT1:40의 "河", 73EJT3:24의 "者", 73EJT5:95A의 "凡" 등이다.[102] 黃浩波는《肩水金關漢簡(壹)》에 보이는 "卒閣錢簿"를 정리했고, 논문에서는 "卒閣錢簿"를 이전에 보였던 "卒閣(錢)名籍"과 서로 대응되는 것으로 보았으며, 士卒閣錢 의거할 만한 관련 율령이 있고, 閣錢時 모름지기 법에 의거하여 엄격한 수속을 이행해야 하고, 閣方은 즉 月에 따라 일정한 "僦錢"-租金을 수취한다고 보았다.[103]

滕田勝久는《肩水金關漢簡(壹)》의 傳과 관련된 기록에 의거하여, 한걸음 더 나아가 傳의 형태와 기능을 분석했고, 논문에서는 漢代 교통에서 사용된 傳의 실물형태는 두 종류가 있다고 보았으며, 이러한 기초 위에서 또한 關所와 通行證의 작용에 대하여 토론을 진행했다. 이상의 분석을 통해, 논문에서는 金關漢簡 중 私用 旅行傳이 많고, 公用 출장증은 적다는 점을 지적했으며, 公用 출장傳과 私用 旅行傳 중에는 모두 背面에 印章을 찍은 형식이 있었고, 이것들은 모두 頒發者와 같은 印章이었으며, 傳의 실물은 연속으로 通行地에 통고하는 형식으로 존재했을 것이며, 양면에 적는 검사의 형태가 존재했을 것이고, 또한 꼭대기 혹은 가운데 부분에 封泥匣의 觚가 있었을 것으로 추측할 수 있으며, 懸泉置와의 비교를 통해, 肩水金關의 성질과 기능으로 교통을 통제하고 검사하는 일면이 강하게 드러났다.[104]

---

97) 李洪財, 2012年9月23日,「居延漢簡草書是正」, 簡帛網.

98) 邢義田, 2012,「〈肩水金關漢簡(壹)〉初讀札記之一」,『簡帛』第7輯, 上海古籍出版社.

99) 李洪財, 2012年9月17日,「〈肩水金關漢簡〉(壹)校讀札記」, 復旦網.

100) 張俊民, 2012年5月8日,「〈肩水金關漢簡(壹)〉釋文補例續」, 簡帛網.

101) 魯家亮, 2012,「肩水金關漢簡釋文校讀六則」,『古文字研究』第29輯, 中華書局.

102) 馬智全, 2012,「〈肩水金關漢簡(壹)〉校讀記」,『考古與文物』第6期.

103) 黃浩波, 2012年3月13日,「〈肩水金關漢簡(壹)〉所見卒閣錢簿」, 簡帛網.

104) 藤田勝久著,肖芸曉譯,曉田校, 2012,「金關漢簡的傳與漢代交通」,『簡帛』第7輯, 上海古籍出版社.

9. 廣西貴縣羅泊灣1號漢墓簡牘

劉洪濤는 廣西貴縣羅泊灣1號漢墓《從器志》에 보이는 "[illegible]機一"의 "[illegible]"는 응당 "杺"로 釋讀해야 하며, 해당 글자는 木·攴의 소리를 따르고, "杺機"는 "馮機", 즉 "凭機"로 읽을 수 있다고 보았다.[105)]

10. 甘肅敦煌馬圈灣漢代烽燧遺址簡牘

梁靜은 馬圈灣漢簡《蒼頡篇》第M639號簡의 내용에 대해 補釋을 진행하였고, "魏"·"進"·"夏"·"更" 등의 글자가 그것이다.[106)]

11. 江蘇邗江胡場5號漢墓簡牘

田天은 江蘇邗江胡場5號漢墓에서 출토된 木牘 釋文과 내용에 대해 다시 정리를 진행했고, 논문에서는 "神靈名位牘"은 죽은 자의 영혼을 인도하고, 그 지하 생활을 祈福하기 위하여 사용되었음을 지적했으며, "日記牘"은 墓主 王奉世 생전의 업무 필기이고, "牒書"類 문헌에 속하고, "喪祭物品牘"는 어쩌면 부장품의 木簽·木觚 등과 연관이 깊을 수 있고, "文告牘"은 인간이 冥土로 보내는 문서에 속하고, 넓은 의미에서 지하로 보내는 문건으로 분류될 수 있으나, "告地策"과는 응당 구별되는 바가 있다.[107)]

12. 湖北江陵張家山247號漢墓竹簡

陳偉는 張家山漢簡《二年律令·金布律》429號簡 끝부분과 430號簡에 기재된 내용이 별도의 한 律文에 속하고,《二年律令·金布律》429號簡의 上段·中段에 기재된 "入錢缿中"律과는 마땅히 분리해야 한다고 보았다. 이 律文에서 언급하는 縣道官이 받은 돈 중의 "租·質·戶賦·園池入錢"은 皇室로 보내져 사용되었을 가능성이 가장 높다.[108)] 支强은《二年律令》중 "刑盡"은 응당 "肉刑執行完畢"을 가리킨다고 보았다.[109)] 游逸飛는 "棄市"와 "死罪"의 異文현상에 대한 고찰을 통해,《二年律令》의 抄寫 정황에 대해 분석을 진행했다.[110)] 黎明釗는《津關令》에 보이는 五關의 지리분포에 대한 분석을 통해, 五關 설립의 목표는 關中지역을 수비하고, 關外諸侯들의 일탈행동을 방비하기 위함이고, 그 구체적 법률조치는 지방 諸侯王의 실력을 약화시키는데 도움이 되었음을 지적했다. 七國의 난을 평정한 뒤 제국내부의 津關의 기능은, 諸侯를 방어하는 것에서 帝國 내부의 치안·재화왕래를 감시하고 통제하는 것에 치중하고, 盜賊·群盜·亡人 혹은 사회의 不法分子들을 체포하는데 협조하는 것으로 변하였다. 논문에서는 또한 그와 관련된 "江湖盜賊"의 함의에 대해서도 상세히 분석을 진행했다.[111)]

---

105) 劉洪濤, 2012,「釋羅泊灣一號墓〈從器志〉的"凭几"」,『考古與文物』第4期.

106) 梁靜, 2012年4月17日,「敦煌馬圈灣漢簡〈蒼頡篇〉補釋」, 簡帛網.

107) 田天, 2012,「江蘇邗江胡場五號漢墓木牘的再認識」,『出土文獻』第3輯, 中西書局.

108) 陳偉, 2012,「關於秦與漢初"入錢缿中"律的幾個問題」,『考古』第8期.

109) 支强, 2012年1月6日,「〈二年律令〉所見"刑盡"再識」, 簡帛網.

110) 游逸飛, 2012年7月9日,「從"棄市"與"死罪"的異文現象看張家山漢簡〈二年律令〉的抄寫》, 簡帛網.

劉玉環은《奏讞書》88號簡 "信有侯子居洛陽楊里"의 "有"는 "諸"로, 170號簡 "肉前"의 "肉"은 "於"로, 212號簡 "衣故有帶"의 "有"는 "布"로 고쳐 해석해야 한다고 여겼다.《引書》36號簡 "病瘳瘧"의 "瘳瘧"은 "痿痺"으로, 제37號簡 "足不痿" 아래의 한 字도 "痺"으로, 제62와 75號簡 "去臥"는 "合臥"로, 제72號簡 "去伏"은 "合伏"으로, 제111號簡 "逢九竅"의 "逢"은 "達"로 읽어야 한다고 여겼다.[112]

張新俊은《蓋廬》1-2號簡의 "毀"와 "擧"는 한 쌍의 반의어로, "擧"를 "譽"로 읽어 "毀"와 "譽"의 뜻이 상반된다고 여겼다.[113] 馬克冬은《蓋廬》의 釋文과 주석에 대해 交讀하였는데, 표점이 부적합하거나 주석의 격식이 통일되지 않는 것 등을 언급한 것이 모두 10조였다.[114]

吳朝陽은《算數書》"傳馬" 산수문제에서 "傳馬日二匹"은 "傳馬日三匹"로 고쳐 해석할 필요 없이 통한다고 보았다. "繒幅" 산수문제에서 "從利廣三寸"은 "幅寬益廣三寸"으로 해석해야 한다고 보았는데, 산수문제에서 "廣"과 "袤"는 對稱이고 "從"은 幅廣을 의미하여 두 가지 개념과 세 가지 용어의 국면을 형성하였다. 따라서 撰題者는 아마 이와 관련하여 後文에서 "袤"를 "從"으로 잘못 쓴 것 같다고 하였다.[115]

劉洪濤는 張家山漢簡 247號墓 遣策 제36號簡에서 "伏機"의 "伏"은 "凭"과 의미가 가까워 "凭機"의 별칭으로 봐야 한다고 여겼다.[116]

13. 江蘇揚州儀徵縣胥浦101號漢墓簡牘

李明曉는 胥浦 101號 漢墓에서 발견된《先令券書》에 대해 集釋하고, 朱凌의 신분과 先令券書의 성질 및 유산분배의 원칙 등 학계의 논쟁적인 문제에 대해 토론하였다.[117]

14. 甘肅敦煌懸泉置遺址簡牘

初世賓은《敦煌懸泉漢簡釋粹》에서 공개된 제77節 103號册의 釋文과 주석에 대하여 보충 설명하고, 이들 簡牘과 관련된 置傳過客의 廩食의 기준·簿册의 배열순서·車馬와 복식 등의 문제에 대해 고증하고 보충하였다.[118] 張俊民은 懸泉漢簡 Ⅱ90DXT0114②:73號에 기록된 내용은 詔書라고 보고, 이에 근거하여《史記》·《漢書》의 異文에 대해 校補하였다.[119]

張俊民은 懸泉置 출토 簡牘의 刻齒에 대해 전면적인 소개와 분류를 진행하고 예를 들어 설명하였는데, 刻齒의 상황과 剖符 형식, 분명한 刻齒가 없는 簡牘, 물품 출입 수량을 표시한 刻齒, 田畝와 관련된 刻齒,

111) 黎明釗, 2012,「〈津關令〉與江湖盜賊」,『漢帝國的制度與社會秩序』, 牛津大學出版社.
112) 劉玉環, 2012,「張家山漢簡〈奏讞書〉·〈引書〉釋文訂補」,『中國文字』新38期, 藝文印書館.
113) 張新俊, 2012年11月2日,「讀張家山漢簡〈蓋廬〉短札一則」, 簡帛網.
114) 馬克冬, 2012年4月13日,「張家山漢簡〈蓋廬〉標點校釋商榷」, 簡帛網.
115) 吳朝陽, 2012年11月2日,「張家山漢簡〈算數書〉校證二題」, 簡帛網.
116) 劉洪濤, 2012,「釋羅泊灣一號堪〈從器志〉的"貨幾"」,『考古與文物』第4期.
117) 李明曉, 2012年10月31日,「〈先令券書〉集釋及相關問題研究」, 簡帛網.
118) 初世賓, 2012,「懸泉漢簡拾遺(四)」,『出土文獻研究』第11輯.
119) 張俊民, 2012年2月6日,「懸泉漢簡詔書殘文證補〈史〉·〈漢〉二書異文一例」, 簡帛網.

馬匹 수량을 표시한 刻齒, 郵書傳遞 시간을 표시한 刻齒인 "過書刺", 계약류 문서의 刻齒, 參辨券·懸泉漢簡의 색다른 "符"를 언급하였다. 논문은 이러한 다양한 刻齒 문서가 漢代 일상생활에서 검사제도의 토대 위에서 출현한 것이고, 漢代 더 높은 범위의 관리제도의 구현 형식이라고 말할 수 있음을 지적하였다.[120)]

張德芳은 懸泉漢簡 관련 자료를 이용하여 西漢 武帝·昭帝 시기와 宣帝·元帝 시기 서역을 경영하는 다른 전략을 고찰하였다. 논문은 武帝·昭帝 시기가 군사·외교를 주요수단으로 하는 무력개척시기이고, 宣帝·元帝 시기가 정치적 예속과 경제 개발을 특징으로 하는 경영시기라고 지적하였다.[121)] 張俊民은 26例 懸泉漢簡에 대해 분석했는데, 이들 簡의 내용은 문서전달제도, 傳舍 규격 및 置 내 물품 배치규정, 傳馬 관리제도, 수레 관리제도, 국유 기물의 사용과 관리 등에 관련된 것으로 모두 漢代 郵驛 기구의 일상적 운용과 밀접히 관계된 것이다. 기존 법률문서의 명칭 면에서 이들은 아마도 이미 알려진 漢代《傳食律》·《廄律》·《行書律》·《金布律》 등에 속한 것으로, 이러한 내용은 "郵驛制度"를 함께 구성하는 것이다.[122)]

15. 湖北沙市蕭家草場26號漢墓竹簡

劉國勝은 蕭家草場 26號 漢墓 遣册 제22號簡에서 "金鋌"은 墓葬 출토 기물인 蒜頭壺와 대응하는 것으로, "金鋌"은 곧 銅蒜如壺이고, "鋌"은 아마도 당시 蒜頭壺에 대한 專稱인 것 같다고 보았다.[123)]

16. 江蘇連雲港東海縣尹灣漢墓簡牘

劉國勝은 連雲港 尹灣 6號墓에서 출토된《武庫永始四年兵車器集簿》 중 "鋌夷"는 銅蒜頭壺을 가리킨다고 여겼다.[124)]

范常喜는 6號墓 출토 "君兄繒方緹中物疏" 중 "管及衣各一"의 "管"이 가리키는 것은 필낭, "衣"는 즉 필낭을 담는 주머니라고 보았다. "板旁橐一具"의 "板"은 墓에서 나온 木牘을 가리키는 것으로, 이들 木牘의 절대 다수는 墓主가 생전에 사용한 문서이고, "旁橐"는 곧 "旁囊"으로 물건을 담기 위한 주머니이고, "一具"는 한 세트를 가리킨다고 보았다.[125)]

西南大學 漢語言文獻研究所에서《尹灣漢簡》 색인 3종을 정리했는데, 각각 兵器名物索引[126)], 人名索引[127)], 遣策名物索引[128)]이다.

120) 張俊民, 2012,「懸泉置出土刻齒簡牘概說」,『簡帛』第7輯.
121) 張德芳, 2012,「從懸泉漢簡看西漢武昭時期和宣元時期經營西域的不同戰略」,『漢帝國的制度與社會秩序』.
122) 張俊民, 2012,「懸泉漢簡所見郵驛制度初探 - 以律令·制度簡爲中心的考察」,『漢帝國的制度與社會秩序』.
123) 劉國勝, 2012,「說"金鋌"」,『文物』第1期.
124) 劉國勝, 2012,「說"金鋌"」,『文物』第1期.
125) 范常喜, 2012,「尹灣六號漢墓遣册木牘考釋二則」,『簡帛』第7輯.
126) 李燁·張顯成, 2012,「〈尹灣漢簡〉兵器名物索引」,『簡帛語言文字研究』第6輯.
127) 田佳鷺·張顯成, 2012,「〈尹灣漢簡〉人名索引」,『簡帛語言文字研究』第6輯.
128) 王玉蛟·張顯成, 2012,「〈尹灣漢簡〉遣册名物索引」,『簡帛語言文字研究』第6輯.

17. 內蒙古額濟納漢簡

黃浩波는 額濟納漢簡에서 보이는 甲渠候와 관련된 인물과 居延漢簡에서 보이는 동명인에 대한 기재를 대조하여 읽어, "甲渠候誼", "甲渠候獲", "甲渠候放與掾譚" 세 조를 언급하였다.[129] 李少愚는 額濟納漢簡의 釋文에 대해 校注를 진행하였는데, 총 12조이다. 예를 들어 99ES16ST1:14A의 "新土"는 "斬正"으로 고쳐 해석한 것, 99ES16SF1:5의 "完", 2000ESF2:1B의 "報"·"願", 2000ES7SF2: 18과 2000ES7S:1을 綴合하여 하나의 簡이 된 것 등이다.[130] 雷長巍는 額濟納漢簡 99ES16T1:1-8 8개 簡에 기재된《專部士吏典趣輒》의 文意를 분석했는데, 논문은 簡 각각의 내용과 역할에 대해 설명하였다.[131] 李洪財는 額濟納漢簡에서 草書의 釋讀에 대해 교정했는데, 99ES16ST1:14A, 99ES16SF1:5, 2000ESF2:1B, 2000ES7SF2:2A 4개 簡을 언급하였다.[132]

18. 湖北隨州孔家坡8號漢墓簡牘

何有祖는 孔家坡漢簡《日書》에서 나온 "攝提格"·"單閼"·"貴絆" 세 가지 歲名에 대해 문자학적 시각에서 진일보한 논증을 진행하였다. 이외에《日書》雜篇의 釋文에 대해 고쳐 해석하거나 보충 해석했는데, 예를 들어 "此"를 "雌"로 읽은 것, "旬"을 "佘"으로 고쳐 해석한 것, "毋"·"被" 등 字를 보충 해석한 것이다. 분석을 통해, 논문은 전술한 기재가 아마도 닭의 선택기준과 관련된 것이라고 지적하였다.[133] 韓織陽은《歲》篇에 대해 5條의 校讀 의견을 제기했는데, "紀"·"吾"·"子"·"徼"·"解"·"執" 등 字 및 475-476의 斷句 문제를 언급하였다.[134]

19. 江蘇連雲港海州雙龍村1號漢墓木牘

1) 資料公布

2002년 7월, 連雲港市博物館은 連雲港市 海州區 雙龍村 花園路의 두 西漢墓葬에 대한 긴급발굴을 진행했는데, 그중 1號墓에서 출토된 木牘 13건에 구체적으로 포함된 것은 다음과 같다. ① 2號棺 11건, 이 중 8건에 글자가 씌어 있는데, 7건은 名謁이고, 1건은 衣物疏이다. ② 3號棺 1건, 앞뒤 양면에 글자가 씌어 있는데, 내용은 衣物疏이다. ③ 4號棺 1건, 글자가 없다. 整理者는 名謁 7건 및 3號棺 衣物疏의 도판과 釋文을 공개하였다.[135]

---

129) 黃浩波, 2012年1月8日, 「〈額濟納漢簡〉甲渠人物三題」, 簡帛網.
130) 李少愚, 2012年7月1日, 「〈額濟納漢簡〉釋文校注」, 簡帛網.
131) 雷長巍, 2012年7月24日, 「〈專部士吏典趣輒〉校注」, 簡帛網.
132) 李洪財, 2012年9月23日, 「居延漢簡草書是正」, 簡帛網.
133) 何有祖, 2012, 「孔家坡漢簡叢考」, 『中國國家博物館館刊』 第12期.
134) 韓織陽, 2012年9月12日, 「孔家坡漢簡〈歲〉篇札記五則」, 簡帛網.
135) 連雲港市博物館, 2012年, 「江蘇連雲港海州西漢墓發掘簡報」, 『文物』 第3期.

2) 文本考釋과 硏究

竇磊는 整理者의 墓主 성명에 대한 판단에 의거하여 3號棺 출토 衣物疏의 명칭을 "凌惠平衣物疏"로 확정하고, 도판과 결부하여 釋文 중 "縹"·"閒中單"·"毋尊單衣"·"霜袷甲襦"·"衣檢" 등 다섯 군데 釋文에 대해 보충 해석하였다. 또한 그것을 西漢 기타 衣物疏와 비교하여, "凌惠平衣物疏"가 衣物疏의 비교적 원시적인 면모를 반영한다고 할 수 있음을 지적하였다.[136] 高一致는 名謁 7건 중 "卿勞道"·"弘農太守匡"·"幸臨賜謁"·"罷軍"에 대해 보충 해석하였다.[137]

20. 湖南長沙走馬樓8號井西漢簡牘

胡平生·宋少華는 《簡牘名蹟選 2》에서 공개된 "走馬樓前漢簡" 제2簡에 기재된 "牒書傳舍屋壖垣壞敗" 문서의 釋文에 대해 考釋을 진행하고, 이 문서가 漢代 傳舍제도를 연구하고 기층관리 책임의 사법절차를 규명하는 데 중요한 가치를 지닌다고 지적하였다.[138] 胡平生은 또한 《簡牘名蹟選 2》에서 공개된 "走馬樓前漢簡" 제1·3·5·6 등 4개 簡의 釋文에 대해 교정을 진행하고, 斷句·文句에 대한 이해를 통하게 했으며, 부수적으로 총 6개 簡의 흑백 도판을 발간하였다.[139]

21. 湖南長沙東牌樓東漢簡牘

侯旭東은 長沙 東牌樓 東漢簡牘 《光和六年諍田自相和從書》의 釋文 고찰과 斷句를 토대로, 문서에 반영된 督郵제도, 소송과 재산승계, 문서구조 및 "石"·"畝"에서 보이는 지방관습과 국가제도 등의 문제에 대해 분석하였다. 논문은 東漢末 長沙郡에 諸部 督郵를 수장으로 하는 사법감찰체계가 존재하여 縣을 뛰어넘는 소송 안건을 담당했다는 점, 기혼 여성이 혼전에 소유한 田産은 여전히 남편과 분리되어 등기되었다는 점, 田畝를 "石"으로 계산한 것이 東漢부터 줄곧 널리 퍼져 20세기 초까지 이른 것은 官府의 지방관습에 대한 존중을 보여준다는 점을 지적하였다.[140]

22. 安徽天長安樂紀莊19號西漢墓木牘

王曉光은 10號 木牘을 중심으로 역사와 墨迹 스타일의 측면에서 天長 紀莊 木牘이 쓰인 시간 및 M19의 시간에 대해 새로운 견해를 제기하였다. 논문은 10號 木牘이 쓰인 시간을 宣帝 五鳳 3년 12월 말에서 10년 정월 초 사이로 보고, M19 기타 木牘이 쓰인 시간은 이 시간과 근접하며, M19 墓葬 시간은 이후 머지않은 시간이었을 것이라고 보았다.[141]

136) 竇磊, 2012年4月20日, 「凌惠平衣物疏補說」, 簡帛網.
137) 高一致, 2012年11月14日, 「連雲港海州西漢墓名謁管窺」, 簡帛網.
138) 胡平生·宋少華, 2012, 「走馬樓漢簡"牒書傳舍屋壖垣壞敗"考釋」, 『漢帝國的制度與社會秩序』.
139) 胡平生, 2012, 「〈簡牘名蹟選2〉所刊"走馬樓前漢簡"釋文校訂」, 『簡帛』 第7輯.
140) 侯旭東, 2012, 「長沙東牌樓東漢簡〈光和六年諍田自相和從書〉考釋」, 『漢帝國的制度與社會秩序』.
141) 王曉光, 2012, 「天長紀莊木牘墨迹研究及書寫時間新探」, 『簡帛研究二○一○』.

蔡萬進은 天長 紀莊 漢墓 木牘《戸口簿》에 대해 논증을 진행하여, 이를 토대로《戸口簿》문서의 성질과 형성과정을 토론하고, 나아가 문서에 반영된 秦漢 置縣제도 등의 문제를 분석하였다. 논문은《戸口簿》에서 戸口 수는 西漢 臨淮郡 東陽縣의 통계수치이며, 구체적인 숫자는 東陽縣 某年 각 鄉 "八月案比"의 인구조사통계에서 내원한 것이라 지적하였다. 고고학적으로 발견된 기타 "戸口簿"라는 題名을 지닌 문서와 비교하면, 漢代 각 郡縣은 上計하는 데 직접 올린 것을 종합하는 부류의 "集簿" 문서와 동시에, 다른 종류의 전문항목통계인 "集簿"문서를 제출해야 하였다.[142)]

宋豔萍은 安徽 天長 紀莊 漢慕의 JM19D12A 木牘에서 출현한 "外廚"를 이해하는 데, 보낸 물건을 모두 謝孟家 주방 바깥에서 들였다고 한 것은 확실하지 않다고 보았다. 논문은 기타 漢墓에서 "中廚"·"外廚"와 관련된 기재를 결합하여, "中廚"·"外廚"는 두 가지 유형의 주방임을 지적하였다. 中廚는 아마 內廚를 의미하는 것으로 당시 집안 형편이 부유한 가정에서 주인을 위한 음식 제공을 전문적으로 담당하는 곳이고, 外廚는 손님 접대와 가정 제사 등의 일을 전문적으로 담당하는 곳이다. 비교해서 말하면, 中廚 혹은 內廚는 外廚에 비해 중요하였다. 이리하여 JM19D12A 木牘에서 당시 식품 등의 예물을 증정하는 것을 기재할 때 아마도 "進外廚"라고 겸손하게 일컬었던 것인 듯하다.[143)]

戴衛紅은 天長 漢墓 TJM19D17A·B號 木牘에 기재된 예단을 상세히 고증하고 분석하였다. 예단을 보낸 자의 성명을 분석하는 것을 통해, "犊"이 그 지역의 大姓이고, 인명은 대부분 "姓+字"의 형식으로 구성되었으며, 翁·君·公은 모두 漢代에 사람을 부를 때 사용한 존칭임을 지적하였다. 예물의 내용이 풍부한 것으로 보아 그 지역의 토산물이며, 예단의 성질에 대해 세 가지 추측을 했는데, 그 중 가능성이 가장 큰 것은 墓主가 병이 난 후 친한 친구가 보낸 예물의 명세서라는 것이다.[144)]

23. 湖北雲夢睡虎地77號西漢墓簡牘

許道勝은 雲夢 睡虎地漢簡《算術》의 이미 공개된 도판 10개 簡에 대해 釋文과 주석을 진행하였다.[145)]

24. 甘肅永昌水泉子5號漢墓木簡

張海榮은 水泉子漢簡《倉頡篇》1·2·5·10 네 簡 중 해결하기 어려운 字에 대해 다른 견해를 제시하고, 모든 簡의 함의에 대해 해석하였다.[146)]

142) 蔡萬進, 2012,「天長紀莊木牘〈戸口簿〉及相關問題」,『中國史研究』第1期.

143) 宋豔萍, 2012,「天長紀莊漢墓木牘所見"外廚"考析」,『中國史研究』第4期.

144) 戴衛紅, 2012,「天長紀莊漢墓木牘所見禮單考析」,『簡帛研究二〇一〇』.

145) 李薇·許道勝, 2012,「雲夢睡虎地漢簡〈算術〉釋文與注釋」,『楚學論叢』第2輯.

146) 張海榮, 2012年8月14日,「水泉子漢簡〈蒼頡篇〉四支校釋－兼與張存良·胡平生諸先生商榷」, 簡帛網.

25. 北京大學藏西漢竹簡

1) 資料公布

2012년 12월, 《北京大學藏西漢竹書[貳]》(《老子》卷)이 정식으로 출판되어 총 221개 簡의 사진 및 석문이 공개되었다.[147] 閻步克은 《周馴》篇 6개 簡(구체적으로 2138 · 2260 · 2127 · 2333 · 2390 · 3862 6개 編號를 포함)의 釋文을 공개했는데, 그 내용은 晉文公이 曹에 입성한 후 "夷其宗廟"과 관련 있다. 논문은 晉文公이 획득한 金匱에 쓰인 "非駿勿駕, 非爵勿羈"의 함의를 중점적으로 토론하여, 그것을 《易 · 中孚》 중 "我有好爵, 吾與爾靡之"와 결부시키고, 나아가 "羈縻" 이념과 초기 군신관계를 분석하였다.[148] 이 밖에 《北京大學藏西漢代竹書墨跡選粹》에서 일부 簡牘 사진과 이전에 보지 못했던 소량의 발표자료가 공개되었다.[149]

2) 文本考釋과 硏究

陳劍은 우선 《北京大學藏西漢代竹書墨跡選粹》 마지막 페이지에 수록된 《妄稽》 1개 簡에 대해 釋文을 제시했는데,[150] 蔡偉는 이 簡 중 "牛[illegible]"은 "牛抚"로 해석할 수 있고, "抚"는 "要"로 읽을 수 있으며 차단 · 저지라는 의미가 있다고 지적하였다. 그리고 《妄稽》 1936號簡 중 "臂肰八寸"의 "肰"는 "跃"로 읽어야 하고 의미는 "長也"였다.[151]

董珊은 《荊決》 서문의 "吉筮"는 "告筮"로 고쳐야 함을 지적하고, 簡文으로부터 《荊決》의 占法은 모두 16종의 卦象을 추산해낼 수 있었다.[152] 方勇은 《雨書》 2022號簡 "菁肅"의 "肅"는 "寒"의 의미가 있고, 《反淫》 1875號簡 "踈"는 "疏"로 고쳐 해석해야 하며, "欋疏"는 "扶疏"와 뜻이 같았다는 것을 지적하였다. 《妄稽》 1936號簡 "蔑殄"의 "蔑"은 "[illegible]"로 隸定해야 하는데, "殄"은 아마 멋대로 眼角에 상처를 내버려두어, 눈곱이 끼고 흐릿해져서 병에 이른 것을 가리키는 것 같다.[153]

林志鵬은 《周馴》 "非駿勿駕, 非爵勿羈"의 "爵"은 "雀"으로 읽어야 하고, "羈"字는 網과 維을 따른, 즉 "羅"字임을 지적하고, 《說文》을 인용하여 그물을 만들어 새를 잡는다는 뜻으로 이해하였다.[154] 陳劍도 《周馴》 "非駿勿駕, 非爵勿羈"의 "爵"은 "雀"으로 읽어야 하지만, 이른바 "羈"는 마땅히 "[illegible]"로 隸定해야 하고, "駘"로 읽어야 하고, 簡文에서 동사로 쓰여 "取其駘", 즉 "取其卵"를 가리킨다고 보았다.[155] 그 후, 林志鵬은 더 나아가 자신의 관점을 수정했는데, 그는 《周訓》의 "羈"는 확실히 "羈"字이지만, 앞뒤 문맥

147) 北京大學出土文獻硏究所 編, 2012, 『北京大學藏西漢竹書[貳]』, 上海古籍出版社.

148) 閻步克, 2012, 「試釋"非駿勿駕, 非爵勿羈"兼論"我有好爵, 吾與爾靡之"－北大竹書〈周訓〉札記之三」, 『中華文史論叢』 第1期.

149) 北大出土文獻所, 2012, 『北京大學藏西漢竹書墨迹選粹』, 人民美術出版社.

150) 蔡偉, 2012年12月22日, 「試說北大漢簡〈妄稽〉之"臂八寸"」, 復旦網, 注4 참조.

151) 蔡偉, 2012年12月22日, 「試說北大漢簡〈妄稽〉之"臂八寸"」, 復旦網.

152) 董珊, 2012年12月21日, 「讀北大漢簡〈荊決〉」, 復旦網.

153) 方勇, 2012年12月20日, 「讀北大漢簡札記(一)」, 簡帛網.

154) 林志鵬, 2012年4月28日, 「北京大學藏竹書〈周訓〉"非雀勿羅"試解」, 簡帛網.

155) 陳劍, 2012年4月29日, 「北大竹書〈周訓〉"非爵毋駘"小考」, 復旦網.

및 용어 습관을 고려할 때 "羈"는 "羅"로 읽어야 한다고 보았다.[156] 范常喜는 "羈"로 해석한 閻步克의 의견에 동의하지만, 破讀할 필요는 없고, 그 古書 중에 자주 보이는 義項에 따라 이해하면 "羈束"으로 해석할 수 있으며, 閻步克이 "羈縻"로 해석한 것도 기본적으로 따를 만하다고 보았다. 또한《說文》을 인용하여 "羈"의 본뜻은 馬絡頭인데, 파생되어 "羈束"·"拘束"·"拘禁"·"被牽制" 등의 뜻을 지닌다고 하였다.[157]

26. 敦煌一棵樹漢晉烽燧新獲簡牘

石明秀는 敦煌 一棵樹 漢晉烽燧에서 획득한 漢代 輯令 1개 木牘의 釋文 및 채색 도판을 공개하고, 초보적인 고증과 해석을 진행하였다. 이를 토대로 漢代 지명수배라는 사법제도 연구 방면에서의 이 牘이 지닌 학술적 가치에 대해 탐구하였다.[158]

III. 魏晉簡牘의 硏究

1. 長沙走馬樓三國吳簡

1) 編聯과 綴合

凌文超는《長沙走馬樓三國吳簡·竹簡[參]》중 출현한 波塘田畝 정보를 기록한 簿籍에서 그중 "秉"을 "蕪"로, "股"을 "敗"로 마땅히 고쳐 해석해야 한다고 지적하고 또한 그 이름을 "隱核波田簿"로 정하였다. 논문은 揭剝位置示意圖·문서격식·필적·문서내용 등의 정보를 이용하여 簡冊에 대한 복원정리를 진행하였다. "隱核波田簿"는 상행문서와 諸鄕으로부터 나온 것인 대응하는 두 부분의 陂田簿로 구성되어 있고, 내용은 다음의 것들을 포함한다. 郡令·縣敕의 규정에 따라, 隱核陂田 후에 서사된 상행문서, 그리고 陂塘田畝의 파괴·경작·제초 및 수리에 필요한 인력 등의 상황을 기록한 陂田簿籍 등이다. 그 목적은 縣·鄕에 水利나 농사를 편리하게 하기 위한 陂塘田畝 상황의 조사와 장악이다.[159]

凌文超은 일찍이 吳簡의 고고학 정리 자료(盆號와 정리號)와 簡牘에 남아 있는 자료(簡牘形制·編痕·필적·簡文 격식과 내용 등)를 종합적으로 이용하길 시도하여, 吳簡 문서학의 관점에서 吳簡에 대해 庫布帳簿를 채집하여 전면 정리하고, 簿書의 원시 상태와 내부 연계를 중점적으로 분석하였다. 예를 들면, "品市布入受簿"를 "品布"와 "市布"의 두 개의 넓은 부류로 나누었고, 다시 品市布의 연한·盆號에 의거하여 券莂을 두 부류의 簿書로 分屬하였다. 簿書의 내부에서 앞선 列은 "品布", 뒤의 列은 "市布"라고 하였

156) 林志鵬, 2012年5月1日, 「關於〈非雀勿羅〉文的一則補正」, 簡帛網.
157) 范常喜, 2012年5月1日, 「北大藏漢簡〈周訓〉"非爵勿羈"補釋」, 簡帛網.
158) 石明秀, 2012, 「敦煌一棵樹烽燧新獲簡牘釋考」, 『中國國家博物館館刊』 第6期.
159) 凌文超, 2012, 「走馬樓吳簡"隱核波田簿"復原整理與研究」, 『中華文史論叢』 第1期.

다. 각 鄕은 都·東·西·南·中鄕 및 독음 순으로 배열하여 각 鄕 내에 庫布는 莂을 입수한 순서와 시간으로 정렬하고, 기일이 殘缺된 각 券書는 뒤로 돌려 出版號에 따라 배열하며, 統計簡은 각 鄕의 마지막에 배치하였다. 이러한 것을 바탕으로 또한 "品市布入受簿"에 반영된 孫吳戶調에 대하여 연구를 진행하였다. 논문은 孫吳가 嘉禾 연간 戶品調布함이 결코 보편화·고정화 되지 않았던 것을 따라 또한 "戶調制"가 형성되지 않았고, 品布의 징수는 여전히 우연성을 가진다고 여겼다. 孫吳의 징수가 의거한 바와 수단이 漢代의 상황과 거의 같으나 새로운 발전이 하나 있다. 예를 들면 "調布"는 이미 孫吳의 吏와 民이 주지하고 있는 징수 명목이 되었다는 것이다.[160] 이후에 凌文超는 또한 발굴된 것 등의 吳簡에 의거하여 "品市布入受簿Ⅰ"과 庫布"承餘新入簿"에 대한 보충정리를 진행하였고, 아울러 관련 簡 등에 대한 해석을 진행하였다.[161]

2) 文本考釋과 硏究

宋少華은《長沙走馬樓三國吳簡·竹簡肆》중 두 폭의 "揭剝示意圖"를 수정하였다.[162] 楊振紅은 長沙吳簡《壹》·《貳》·《參》冊 중에 보이는 臨湘侯國의 35개 鄕名에 대해 고증과 정정을 진행하였는데 그 중 11개 鄕의 출현이 빈번하고 그 외 24개 鄕은 이 책에서는 비교적 적다고 여겼다. 이 24개 鄕은 鄕名은 서사자의 誤寫이거나 혹은 정리자의 誤釋으로 만들어진 것이다. 최후에는 대체적으로 臨湘侯國에 속한 鄕을 12개로 확정할 수 있는데, 각각은 都鄕·東鄕·西鄕·南鄕·北鄕·中鄕·廣成鄕·樂鄕·模鄕·平鄕·桑鄕·小武陵鄕으로, 그중 北鄕은 아직 한층 더 나아간 실증을 기다려야 한다.[163]

于振波는 吳簡 중 注를 달아 밝힌 "口若干事若干"·"算若干事若干"의 竹簡 중 순서대로 출현한 "口"·"事"·"算"·"事" 네 개 항의 수치에 대한 統計를 진행하고, 나아가 이 네 개 항의 수치 사이의 비례 관계와 走馬樓吳簡의 在籍 인구의 성별·연령구성 방면의 통계 수치를 비교하는 것을 진행하였다. 이를 통해 알 수 있는 것은 "口若干事若干"의 "事"는 노동능력이 있는 인구를 가리킬 뿐 아니라 성년 남녀 및 일정한 노동 능력이 있는 미성년 남녀(혹은 次丁)를 포괄하고, 또한 일정한 노동 능력이 있는 노년 남녀가 이 "事"의 범위에 들어간다는 것을 표명한다는 것이다. 그리고 "算若干事若干"의 "事"는 응당 복역해야 하는 인구를 가리킬 뿐 아니라, 또한 孫權 통치 시기의 孫吳가 이미 漢代의 "傅籍"제도를 채용하지 않고, 그 어떠한 연령 끝의 성년 남녀를 모두 "事" 열거하고 관부 요역 징발의 근거로 삼았으며, 아울러 役에 응해야 할 인구를 확인할 때에 아마도 여전히 "傅籍"제도의 연령 규정을 참고했음을 의미한다.[164]

楊芬將은《長沙走馬樓三國吳簡·竹簡[肆]》중의 "懸連"를 "懸逋"로 고쳐 釋讀하였고, 빚을 진다는 것과 같은 함의를 가리킨다고 지적하였다. 또한 吳簡 중의 "文入"의 米(錢)는 실제로는 결코 倉에 있지 않는데

160) 凌文超, 2012, 「走馬樓吳簡采集庫布帳簿體系整理與研究——兼論孫吳的戶調」, 『文史』 第1輯.
161) 凌文超, 2012, 「走馬樓吳簡發掘庫布帳簿體系整理與研究」, 『出土文獻研究』 第11輯.
162) 宋少華, 2012年5月14日, 「〈長沙走馬樓三國吳簡 竹簡肆〉中兩幅揭剝示意圖更正說明」, 簡帛網.
163) 楊振紅, 2012, 「長沙吳簡所見臨湘侯國屬鄕的數量與名稱」, 『簡帛研究二〇一〇』.
164) 于振波, 2012, 「從"傅籍"到"丁中"——對吳簡中"口,事,算,事"比例關係的考察」, 『簡帛研究二〇一〇』.

더 나아가 “文人”의 이해에 대하여 두 가지의 가능성에 대한 의견을 제시하였다. “種領簿”의 “種”은 종류·부류를 가리키고 “領”은 등록·기록을 가리키는데, “種領簿”는 종류에 따라 분류하여 기록을 종합한 帳簿의 일종이라는 것이다.[165] 熊曲은《長沙走馬樓三國吳簡·竹簡[肆]》에 보이는 官牛簿의 정리복원을 토대로 官牛簿에 기록된 牛의 特徵·내용에 대한 분석을 진행하고 더불어 그 역할에 대한 토론을 진행하였다.[166]

卜永堅은《嘉禾吏民田家莂》에 보이는 錢稅折米 수치의 分析을 통해 孫權 15년의 화폐개혁 즉, “大泉五百”에서 “大泉五千”까지의 長沙郡 지역 물가의 영향에 대해 토론하였다. 논문은 嘉禾4년에 孫吳 정권이 嘉禾5년에 주조한 “大泉五百” 화폐가 그해 연말에 이르러, 이러한 가치가 하락한 화폐가 이미 長沙郡 지역에 소량 유입되기 시작하였다고 여겼다.《嘉禾吏民田家莂》에 보이는 錢稅折米率은 물가를 지표로 삼아 嘉禾5년10월에서 嘉禾6년 3월까지의 시기에 비하여 嘉禾4년 10월에서 嘉禾5년 3월이 현저하게 長沙郡 지역에서 발생한 것은 인플레이션이 아닌 디플레이션이라고 한다. 논문은 이러한 디플레이션 현상에 대해 세 가지 추측을 제시하였다.[167] 黃敏·李明龍은 언어학 외 역사학의 각도로부터 三國吳簡 중 “行錢”·“具錢” 및 관련 어구의 뜻을 토론하였다. 논문은 “具錢”은 표준중량의 예비화폐이고 “行錢”은 일정한 오차가 있는 실제 사용 화폐라고 여겼다. 具錢은 일단 유통하면 行錢이 되었다. 이 외에, “賈具錢”·“租具錢”·“酒租具錢”·“市具錢”·“銖租具錢” 등은 모두 “具錢”의 토대 위에 기타 형태가 합성된 것이다.[168]

2. 安徽南陵麻橋公社東風大隊2號·3號墓東吳木牘

田河는 1978년 安徽省 南陵縣 麻橋公社 東風大隊 2·3호 묘에서 발견한 東吳遣册木牘의 釋文에 대해 모사본을 근거로 새로운 釋讀을 진행하였고, 아울러 그중에서 출현한 30여 조의 名物詞는 고증을 진행하였다.[169]

3. 甘肅玉門花海畢家灘木牘及棺板“晉律注”[170]

曹旅寧·張俊民은 玉門花海畢家灘 제24號인 16국시기 墓葬에서 출토된《晉律注》에 대해 초보적인 연구를 진행하면서, 寫本의 연대의 판정·작자와 편목을 언급하였다. 논문은《晉律注》의 抄寫 연대가 西晉 말기이고, 작자는 아마도 杜預이며 편목은 20일 것이라고 초보적인 판단을 내렸다. 이 외에도 논문은 그중에서《捕律》·《諸侯律》 등을 考辨을 진행하였고 아울러 그것과 河西律學의 관계에 대해 분석을 진행하

165) 楊芬, 2012,「長沙走馬樓吳簡考釋三則」,『出土文獻研究』第10輯.

166) 熊曲, 2012,「走馬樓吳簡中的官牛簿」,『出土文獻研究』第11輯.

167) 卜永堅, 2012,「貨幣貶値時期的通縮?-以〈嘉禾吏民田家莂〉爲中心」,『漢帝國的制度與社會秩序』.

168) 黃敏·李明龍, 2012,「三國吳簡行錢,具錢的解讀及相關探討」,『古漢語研究』第3期.

169) 田河, 2012,「安徽南陵縣麻橋東吳墓遣册考釋」,『簡帛研究二〇一〇』.

170) 棺板文獻은 비교적 특수한데, 그 형태는 棺材板 위의 종이 문서에 붙어 있는 것으로, 簡牘類의 文獻에 속하지 않는다. 그러나 그 내용이 특수하여 참고할 만한 가치가 있으므로 여기에 적어 두었다.

였다.[171)]

4. 敦煌一棵樹漢晉烽燧新獲簡牘

石明秀는 敦煌一棵樹漢晉烽燧에서 획득한 西晉封檢에 대해 새롭게 考釋을 진행하였는데, 元康年號·領扳·煎都·南曲·且禽·五亭·塞曹 등을 언급하였다. 이러한 기초위에서 여전히 封檢의 학술 가치는 탐구를 진행할 만하다.[172)]

5. 甘肅張掖臨澤黃家灣灘西晉木簡

2010년 6월에서 8월까지 蘭新鐵路 第2雙線(甘肅段)이 線路를 새로 고치는 건설 과정에 협력하여 南京師範大學 文博系가 甘肅省文物考古研究所의 위탁을 받아 甘肅省 張掖市 臨澤縣城 서남으로 약 4.5㎞에 위치한 黃家灣灘墓群에서 고고발굴을 진행하였다. 모두 漢에서 西晉에 이르는 시기의 戈壁洞室墓 90座를 발굴하였고, 그 가운데 編號 M23의 西晉 후기 墓葬 중에서 27매의 목제 簡牘이 출토되었는데 모두 900여 字이다. 楊國譽는 이 木簡의 釋文을 공포하였고 더불어 초보적인 考釋을 하였지만 도판은 배치하지 않았다. 논문은 또한 문서의 연대·성질·내용 및 그 게시된 역사 정보에 대한 토론을 진행하였다.[173)] 賈小軍은 簡文에 대해 이어서 釋讀한 것이 있고, 아울러 案情述要·河西민중의 法律의식 및 정부의 통제력·兄弟分異와 小家庭生産 등 여섯 개 방면의 문제에 대해 진일보한 토론을 진행하였다.[174)]

Ⅳ. 秦漢魏晉簡牘綜合研究

1. 法律

1) 律令체계

張忠煒는 秦·漢 律令의 법체계에 대한 분석을 진행하였는데, 《二年律令》 관련 연구·秦漢律의 편찬·법률관계·율령학·漢科연구 등의 각도로부터 각각 논증을 진행하였다.[175)] 張忠煒는 漢科 연구의 현상 및 문제로부터 출발하여, 科·科條의 함의를 분석하고 "購賞科別" 册書의 복원과의 결합을 통하여 科와 律令의 관계·科의 입법 순서 및 효력을 토론하고, 아울러 漢·魏 시기의 科의 발전 등의 문제에 대해 토론을 진행하였다. 논문은 漢代의 科는 律令의 해석·세분화인데 律令 규정에서 완비되지 못한 부분을 보충하

---

171) 曹旅寧·張俊民, 2012, 「玉門花海所出〈晉律注〉初步研究」, 『出土文獻與法律史研究』 第1輯.
172) 石明秀, 2012, 「敦煌一棵樹烽燧新獲簡牘釋考」, 『中國國家博物館館刊』 第6期.
173) 楊國譽, 2012, 「"田産爭訟爰書"所展示的漢晉經濟研究新視角－甘肅臨澤縣新出西晉簡册釋讀與初探」, 『中國經濟史研究』 第1期.
174) 賈小軍, 2012, 「臨澤出土〈田産爭訟爰書〉釋讀及相關問題」, 『魯東大學學報』(哲學社會科學版) 第5期.
175) 張忠煒, 『秦漢律令法系研究初編』, 社會科學文獻出版社.

려는 의도가 있다고 지적한다. 科는 통상 官吏의 奏請·황제의 비준이 행해지면 官府에서 차례차례로 하달하는 과정을 거쳐 기층의 민중에게 배포되는데, 전제적인 한쪽의 통치자가 科를 제정·반포할 수도 있다는 것, 그리고 법률 체제로서 科는 융통성·핵심을 찌르는 성질·증식성을 가지고 있어, 이로 인해 漢 말엽 三國 시기의 특수한 정치 상황 아래에서 각 방면으로 이용되어 법규의 집대성이나 편찬에의 별칭이 되었고 律令에서 科令으로의 역사 전환을 실현하였다는 것을 지적하였다.[176] 南玉泉은 "式"字의 본래 뜻으로부터 출발하여 秦漢의 "式"의 종류와 성질 및 후세의 영향에 대해 토론을 진행하였다. 논문에서는 "式"은 品物之式·文書樣式·程序之式 세 종류로 나눌 수 있고, 戰國시대 이래로 "式"은 정식으로 국가의 법률이 되었는데, 비로소 法式·程式·品式 등 각기 다른 법률 형식의 조합이 있게 되었고, 만들어진 명칭으로써 국가 법령을 대신 가리키게 되었다고 지적한다.[177] 徐世虹은 1920~1970년대 중반의 秦漢法律연구에 대해 회고와 평가를 진행하면서 이 시기에 문헌 연구가 심화되고 출처가 확장되었으며, 율령체계의 연구가 추진되고 형법이론과 제도 연구가 점차 전개되고 있다고 여겼다.[178] 徐世虹·支强은 1970년대에서 오늘날의 秦漢 법률연구에 대한 상세한 회고와 평가를 진행하였다. 논문은 출토문헌의 풍부함과 기초연구의 출발로부터 율령연구의 큰 발전, 형법연구의 전면적인 심화, 가족과 신분의 연구, 민사·경제와 사회 법제연구, 사법제도연구 등 방면의 상황에 대한 논술과 미래 연구에 대한 전망을 진행하였다.[179]

2) 專門法

陳偉는 睡虎地《秦律十八種·關市》97號簡·張家山漢簡《二年律令·金布律》429號簡의 상단·가운데 단 및 岳麓書院藏秦簡《金布律》1411·1399·1403號簡에 기재된 율문을 "入錢缿中"律이라고 칭했다. 이러한 秦漢 시기 출현한 율문의 끊어 읽기와 이해에 대해 동일하지 않은 견해를 제시했는데, 예를 들면 "爲作務"는 고정구로, "官" 혹은 "官府"와 유사한 개념이라고 하며 "市"는 교역으로, 세 條의 율문의 첫 번째 마디는 새롭게 끊어 읽을 수 있다는 것이다. 율문 중의 "齎錢"는 공공물을 파손시킨 후 값에 따라 돈을 배상하는 것을 가리키는 것이고, "質錢"는 官府가 대형 교역을 위해 質劑를 제공하고 수취한 세금이라는 것, "它稍入錢"의 표현은 그 전에 약간의 項 역시 "稍入錢"에 속한다는 것을 표시한다는 것 등등이다. "入錢缿中"律에서 언급한 금전은 오직 지방관부 수입의 일부분으로, 이러한 금전은 하부 관서에서 收受한 후에 縣의 少內로 옮겨져 모아 보관한다. 秦律 중에서 "入錢缿中"律은 동시에 《關市》·《金布》의 두 律 사이에도 존재하는데 각각 편중되어 있다. 이것은 아마도 秦 통일 전후에 율문에 대한 1차 수정을 했다는 의미인 것 같다.[180]

---

176) 張忠煒, 2012, 「漢科硏究, 以購賞科爲中心」, 『南都學壇』 第3期.

177) 南玉泉, 2012, 「秦漢式的種類與性質」, 『中國古代法律文獻硏究』 第6輯, 社會科學文獻出版社.

178) 徐世虹, 2012, 「秦漢法律硏究百年(二)－1920~1970年代中期, 律令體系硏究的發展時期」, 『中國古代法律文獻硏究』 第6輯.

179) 徐世虹·支强, 2012, 「秦漢法律硏究百年(三)－1970年代中期至今, 硏究的繁榮期」, 『中國古代法律文獻硏究』 第6輯.

180) 陳偉, 2012, 「關於秦與漢初"入錢缿中"律的幾個問題」, 『考古』 第8期.

3) 刑罰·刑名與刑徒·刑期

任仲爀은 秦漢律 중의 贖刑에 대한 종합적 고찰을 진행하면서 贖刑의 원칙·그것이 갖는 秦漢律 중의 지위·유형·금액·贖刑에 대한 晉律에서의 수정 등의 문제를 언급하였는데, 논문은 秦律 중의 贖刑은 특권신분인 자·유작자·종실자손의 감형 수단으로 적용하지만, 고의범죄에도 적용하는데 이것은 당시 贖刑의 원칙이 아직 定型이 아니었기 때문이라고 여겼다. 《二年律令》에 보이는 贖刑의 지위는 아직 확립되지 않았으나 그 지위는 이미 변화가 발생하기 시작했다. 秦漢 시기의 贖刑은 正刑과 代替刑 두 종류를 모두 포함하는데, 전자는 최초 판결의 형벌을 재물을 납부하는 방식으로 전환하여 2차 刑 혹은 완전 免刑으로 하는 것이고(A류), 후자는 1차에 바로 正刑에 속하는 贖黥·贖城旦舂·贖耐 등의 형벌로 판결하는 것이다(B류). 秦律·《二年律令》 중에는 A류의 贖刑이 존재하지 않는데, 그것은 황제가 임시로 반포하여 집행한 형벌이기 때문이다. 漢 왕조의 사람들에게 허가된 진정한 贖刑은 사실 규정된 A류가 없는 율령이다. B류의 속형과 벌금형은 모두 경미한 형벌에 대한 것으로 성질이 서로 같다. B류 贖刑의 금액은 크게 변하는 것이 없지만 A류 贖刑은 고정적인 액수가 없다. 晉律 중의 대규모 수정은 주로 B류 贖刑에 대한 것이다.[181)]

丁義娟은 《二年律令》의 관련 기재로부터 출발하여, 漢初 형벌체계 중의 지위에서 "鬼薪白粲"에 대해 정리하였는데, 논문은 鬼薪白粲이 결코 司寇·隸臣妾·城旦舂과 동일 계열인 보통형벌 종류에 처해 있지 않으며, 특수 신분 조건을 갖추지 않은 사람이라면 적용되는 형벌 중에 鬼薪白粲이 포함되지 않는다고 여겼다. 바꿔 말하면, 鬼薪白粲은 일종의 專門 우대형으로 오직 법정규정에 부합하는 특수한 사람들에게만 적용된다. 秦으로부터 漢에 이르기까지 鬼薪白粲과 完城旦舂의 차별은 점차 축소되었다. 漢初에 兩者의 대우는 실질적으로 차이가 크지 않았다. 이것은 文帝 개혁 시기에 鬼薪白粲이 특별 刑에서 보통 刑으로 바뀌는 토대였다.[182)] 陶安은 법학의 시각에서 관련된 사료에 대해 토론과 분석을 진행하여, 현재 秦漢律 중에 보이는 "庶人"에 대한 개념 정리를 진행하였다. 논문은 庶人에 관한 새로운 학설이 비록 庶人의 요역부담 유무, 庶人이 士伍로 전환되는 체계의 유무에 대해 갈리지만, 기본적인 맥락은 대동소이하며, 모두 "庶人"은 오로지 형도·노비 신분을 면제시킨 특수 신분을 가리킨다고 주장하는데, 이것을 요약하면 "專稱說"이라고 할 수 있다. 그러나 이러한 專稱說과 적지 않은 진한 법률 조문에는 모순되는 부분이 존재하는데, 하나하나의 분석을 통해 논문은 더 나아가 "庶人"은 하나의 범칭으로, 예전에 "백성"·"평민" 등으로 번역한 것을 따를 수 있고, 언어 환경이 변화함에 따라 그 표시하는 구체적인 신분도 같지 않을 수 있다고 지적하였다. 즉 "公卒"·"士伍" 등 특정신분 "傅籍"이 없다고 할 수 있는데, "妻"·"子"·"免妻" 등과 같이 타인의 호적에 종속되어 있는 것은, 또한 "工"·"樂人"등 특수 신분인 자를 포함할 수 있으며 심지어 "公士" 이상의 유작자 신분도 배제할 수 없다고 하였다.[183)]

---

181) 任仲爀, 2010, 「秦漢律中的贖刑」, 『簡帛研究2010』.

182) 丁義娟, 2012, 「"鬼薪白粲"地位再認識」, 『中國古代法律文獻研究』 第6輯.

183) 陶安, 2010, 「秦漢律"庶人"概念辯正」, 『簡帛』 第7輯.

4) 사법절차

陳力强은 秦代의 형법절차가 의식적 특징을 지니고 있었는데, 그 의도는 두 가지가 있다고 보았다. 우선 그것은 이전보다 더욱 더 진실하도록 참여자들을 유도하고 그들의 진실이 심판관 앞에서 더욱더 명확해지도록 하였다. 그러나 더 중요한 것은 이러한 의식이 어떻게 내부 상태에 관한 진실을 공개적으로 확립하는 것을 통해 대중의 秦代 법률절차에 대한 견해를 통제하는 데 도움이 되는가이다. 심문을 당하는 사람의 진술이 믿을 만한지 여부를 막론하고, 심문의식은 회의를 소거하고, 그것을 이해하는 각각의 사람이 믿는 결과가 바로 진실임을 납득시키는 것이다. 주관적 상태의 가능성이지만 심판관의 가능성은 아닌 것으로 중립화되고 관련 세부사항은 "유효"한 진실로 바뀌는 것이다.[184]

水間大輔는 秦漢 시대 覆獄을 담당한 기관과 관리 분류에 대해 분석하였다. 乞鞫으로 인해 진행된 覆獄, 劾으로 인해 진행된 覆獄, 詔命으로 진행된 覆獄, 冤獄使者가 가서 진행된 覆獄, 御史府의 명령으로 인해 진행된 覆獄, 필요성 覆審, 錄囚 등 일곱 가지 정황을 언급하였다. 논문은 覆獄이 사실인지 아닌지를 조사하여 법규에 따라 治獄을 진행하기 위해 설정한 제도이고, 감찰의 일환으로서 법률을 운용하는 측면에서 중앙·지방기관·관리를 통솔하고 관할하는 수단이며, 治獄을 확립하는 중앙집권체제를 위해 설정된 것이라 지적하였다.[185]

廣瀨薰雄은 출토문헌 중 廷尉決事 자료에 대해 수집과 분석을 진행하였다. 현재 睡虎地秦簡·嶽麓秦簡·張家山漢簡《奏讞書》와 王杖簡은 廷尉決事의 내용을 포함하고 있다. 그중《法律答問》과《奏讞書》의 서식은《廷尉決事》와 기본적으로 같은데, 王杖簡은 律令을 廷尉決事와 한데 쓴 문헌이다. 이러한 律令이 廷尉決事와 함께 출토된 사례는 睡虎地秦簡·岳麓秦簡·張家山漢簡에서도 보인다. 이는 아마 당시 斷獄 실무의 반영인 듯한데, 즉 斷獄에서는 律令을 숙지해야 할 뿐만 아니라 廷尉 故事도 숙지해야 했던 것이다.[186]

5) 형벌원칙

鄔勖은 출토문헌과 결부하여 "故失"의 함의에 대해 考辨를 진행하고, 나아가 그에 대한 秦에서 漢까지, 심지어 晉·唐에서의 변천과 연혁을 탐구하였다. 논문은 秦漢 시대 두 가지 범죄획분체계가 존재하여, 일반적인 범죄는 "端/故"와 "不端/失"로 나누어 일반적 행위에 적용하고 특수한 범죄는 주로 살상류의 행위인 "賊·斗·過失·戲" 등에 적용했는데, 이는 관리 가 문서 작업할 때 특별한 "誤"라는 문구를 사용하는 데서 구현됨을 지적하였다. 이러한 세밀한 구분은 秦漢律에서 중요한 지위를 점하여 晉代에까지 계속되었지만, 唐律에서는 오히려 약간의 흔적만이 남아있을 뿐이다.[187] 劉欣寧은 秦漢律令 중 同居 연좌

184) 陳力强 著, 鄔文玲 黃東洋 譯, 2012, 「淺談秦代的刑法儀式與主觀眞實」, 『簡帛研究二○一○』.

185) 水間大輔, 2012, 「秦漢時期承擔覆獄的機關與官吏」, 『簡帛』 第7輯.

186) 廣瀨薰雄, 2012, 「出土文獻中的廷尉決事」, 『漢帝國的制度與社會秩序』.

187) 鄔勖, 2012, 「"故失"辨微: 結合出土文獻的研究」, 『出土文獻與法律史研究』 第1輯.

에 대해 분석을 진행했는데, 논문은 同居 연좌제는 결과적으로 말하면 연좌제와 문제없이 비슷한 것으로 보이지만, 그 연좌 원리에서 보면 양자는 확연히 구별되고 도리어 伍人 연좌와 서로 통하는 지점이 있다고 보아, 5개 방면에서 논증하였다. 따라서 법률은 친속 간의 권리의무에 대해 개인을 중심으로 한 상대적인 관계에 의거하여 규범을 가하고 호적 류의 틀로서 경계를 획정한 적이 없음을 알 수 있다. 同居는 곧 戶가 伍 아래 기층의 지연단위·행정단위로서, 戶를 단순히 家와 동일시해서는 안 된다.[188] 韓樹峰은 秦 및 西漢 전기 "親親相隱" 자료, 宣帝 地節 4년 詔書와 "親親得相首匿"律, 兩晉南朝 친속 相告와 증명 등의 분석을 통해 漢魏에서는 "親親相隱"의 제도가 없음을 지적하였다.[189]

2. 경제

1) 토지·호적·세수와 요역제도

尹在碩은 秦漢 시대에 보이는 호구와 戶口簿 자료에 대한 정리를 통해 秦代의 호구통계형식을 토론하였다. 또한 漢代 郡·縣·鄕 3급 戶口簿 실물을 비교하여, 漢代 戶口簿의 구조와 行文 서식을 토론하였다. 이상의 연구를 통해, 논문은 이하 내용을 지적하였다. 秦代 호구통계 정리를 담당한 부서는 縣의 戶曹이고, 秦漢의 호적은 매년 8월에 만들거나 정리한 것이며, 구체적인 업무는 鄕嗇夫와 縣에서 파견된 吏 및 戶曹의 令史가 공동으로 완성한 것이었다. 鄕에서 호적을 저본으로 삼아 鄕民의 戶數·口數 통계와 동시에 두 수치의 증감을 기록한 戶口簿를 만들게 되면, 그 후 縣·郡에서 각 급마다 상응하는 戶口簿를 만들 수 있었다. 그 목적은 국가가 국민 자원을 장악하기 위한 데 있는데, 算賦·요역 등의 형식을 통해 이러한 자원을 획득하고, 戶口簿에서 각 항 수치의 증감은 관리의 업무능력을 평가하는 심사자료로 이용되었다. 漢代 鄕·縣·郡 각 급 戶口簿는 구조·내용·문서서식 면에서 많은 공통점을 지녔는데, 이는 이 시대에 이미 비교적 완비된 제도가 구비되었음을 말하는 것이다.[190] 金慶浩는 秦漢代에 보이는 호구문서의 내용과 기재양식에 대해 분석하여, 비록 변경지역의 호적은 漢人과 이민족에 대해 차별대우를 시행했으나, 郡縣 지배의 관철은 오히려 일원화되어 명확한 차이는 없었음을 지적하였다.[191]

王彦輝는 전래문헌과 출토문헌을 이용하여 兩漢代 재산세 문제에 대해 계통적 분석을 진행하여, 논문은 "訾算"은 재산세가 아니라 計貲 단위이고 任官 자격에 대한 제한인데, 西漢 초에는 아마 재산세가 존재하지 않았을 것이라 지적하였다. 西漢 시대 計貲와 戶等의 획분은 주로 국가가 관련정책을 제정하는 데 근거를 제공하기 위한 것이고, 그 효과가 주로 구현되는 것은 관리 선임을 위한 전제, 遷豪를 위한 근거, 임시성의 요역을 할당하기 위한 기준, 국가가 救荒 조치를 널리 시행하기 위한 정책기준선 등을 제공

188) 劉欣寧, 2012, 「秦漢律令中的同居連坐」, 『出土文獻與法律史研究』 第1輯.

189) 韓樹峰, 2012, 「漢魏無"親親相隱"之制論」, 『中國古代法律文獻研究』 第6輯.

190) 尹在碩, 2012, 「秦漢戶口統計制度與戶口簿」, 『漢帝國的制度與社會秩序』.

191) 金慶浩, 2012, 「秦漢時期戶口簿的記載樣式和郡縣支配」, 『漢帝國的制度與社會秩序』.

하는 데 있었다. 計貲의 주요내용은 田宅·노비·가축·기타 재물을 포괄하였다. 西漢에서는 임시성의 재산세가 존재했는데, 예를 들어 武帝 시기 상인을 대상으로 한 子錢 등을 시행한 "算緡令"과 일반 吏民을 대상으로 시행한 "以訾徵賦" 및 成帝 시기의 稅民貲이다. 재산세의 징수대상은 정상 세목 이외의 동산과 부동산이고, 전반적인 추세는 과세범위의 끊임없는 확대이다. 東漢 이후 그 징수는 점점 정상화되어 "平貲"를 토대로 정액 징수되었으나, 구체적인 내용과 세액은 자세하지 않다.[192]

2) 재산상속과 遺囑

閆曉軍은 張家山漢簡《二年律令》,《奏讞書》에 관련된 기록 내용에 의거하여 漢代 상속 문제에 대해 고찰하였다. 秦漢시기 상속의 人選은 唐宋 이후에 비해 매우 광범위하였으며 법정상속인 "後"는 子, 同產, 同產子부터 심지어 부모까지 될 수 있었다. 이들은 신분을 상속할 뿐 아니라 재산 분할에서도 큰 몫을 점할 수 있었다. 이 외 漢初 제도는 "諸子均分"이 아니라 적장자상속에서 "諸子均分"상속으로 변하는 일종의 과도기 상태였다.[193] 乜小紅은 秦漢魏晉출토문헌에 遺令, 遺書자료를 이용하여 秦漢에서 唐宋시기까지의 遺囑제도의 발전 및 변화 문제에 대해 연구하였다. 秦漢의 "遺令"은 유산 처리에 대해서만 한정하지 않고 가장의 임종 시에 그 소원이나 희망 내용에 대해서도 광범위하게 표시하였는데, 예컨대 安葬의 교대, 家事의 안배, 재산 분배 및 자제의 교육 등의 내용이 포함되어 있었다. 이러한 것들은 순수하게 가정의 일에 속하는 것으로 국가율령은 결코 간섭하지 않았다. 그 후 隋唐 이후로 "遺令"은 점차 발전하여 "遺囑"이 되었으며 아울러 법률에 의해 범위가 확정되었다.[194]

3) 식량관리와 방출

彭浩는 관련된 簡文에 대한 이해와 釋讀을 기초로 秦과 西漢 초기의 식량계량체계를 복원하는 연구를 진행하였다. 논문에서 秦代 식량계량체계의 대체적인 구조에 대해 다음과 같이 추론하였다. 표준도량형기 "石"을 기점으로, 먼저 禾黍(粟), 稻禾 무게 1石을 斗, 升으로 환산하여 계량한 原量(粟, 稻)의 수를 확정하였다. 容量에 따라 계량하여 粟의 原量-糲米-糳米-毇米와 稻米-毇粲米의 비율을 확정하였다. 粟, 稻 등 주요 식량품종과 기타 종류의 식량을 용량에 따라 계산하여 호환비율(約數值)을 확정하였다. 각종 식량이 무게 石에 등치하는 용량(精確值), 粟, 稻, 麥 등의 무게 石과 앞서 언급한 것의 환산. 이는 국가도량형기표준인 "石"이 용량으로 이어졌으며 도량형의 통일에 대한 정부의 효과적인 관리가 모두 실제적으로 작용하였다는 것을 보증한다.[195]

---

192) 王彥輝, 2012,「論漢代的"訾算"與"以訾徵賦"」,『中國史研究』第1期.

193) 閆曉軍,「從張家山漢簡看漢代繼承問題」,『出土文獻與法律史研究』第1輯.

194) 乜小紅, 2012,「秦漢至唐宋時期遺囑制度的演化」,『歷史研究』第5期.

195) 彭浩, 2012,「秦和西漢早期簡牘中的糧食計量」,『出土文獻研究』第11輯, 中西書局.

3. 문화, 예의와 사회

1) 신앙, 장례습속과 探病문화

陸錫興은 고고학 자료에 나타나는 桃梗과 桃人의 실물을 통계 수집, 분석하여 양자의 차이와 연결에 대해 분석하였으며, 아울러 桃梗의 작용, 형상과 구조, 기능 및 그 바탕에 체현된 문화적 함의 등의 문제를 논하였다.[196)]

賈麗英은 오늘날 볼 수 있는 告地書가 저승으로 戶를 옮기는 문서라고 보았다. 즉, 死者의 호적을 지상에서 지하로 옮기는 이러한 문서는 주로 喪事를 처리하는 巫者가 쓴 것으로 일정한 규칙을 따를 것이 요구되었다. 따라서 告地書 속 남성 묘주인 "五大夫", 여성 묘주인 "關內侯寡" 또는 "五大夫母" 등의 신분은 마땅히 묘주의 현실생활과 무관한 것으로 그들의 진짜 신분이 아니었다. 그러나 孔家坡告地書 속의 "庫嗇夫"라는 신분은 진짜인지 허구인지 아직 판단하기 어렵다.[197)] 田天은 毛家園告地策을 範本으로 삼아 현존하는 告地策을 종합, 분석하였다. 그는 논문에서 "告地策"류의 문서가 遣冊의 일부분으로서, 허구의 陽間官吏가 簽署하고 冥土로 발송하여 묘주 및 그 노비와 재산을 옮겨 지하에 이르게 하는데 쓰였음을 밝혔다. 그 내용에는 묘주의 신분, 수행인의 목록, 부장품의 대략적 상황 및 요역 면제 신고가 포함되어 있다. 소위 "告地策"은 결코 완전히 독립적이거나 특수한 문서가 아니라 遣冊과 함께 살펴보아야 하는 것으로 遣冊이 끊임없이 발전하는 과정에서 생겨난 유도체로 이해할 수 있다.[198)]

曲柄睿와 李陽은 秦漢시기 探病은 관료체계 내의 서로 다른 계층이 정치적 동맹을 맺거나 정치적 연출을 하는 데 중요한 수단이었다고 주장하였다. 秦漢시기 일반적인 探病의 계통을 복원함으로써, 探病과정에서 "病人"과 "探病者"의 신분 구조를 고찰하여 개인의 공간과 공공의 공간이 探病 행위에 미친 영향을 밝혀내고 그로써 그 배경에 숨겨진 정치, 문화적 함의를 탐색하였다.[199)]

2) 연호

辛德勇은 출토된 간독문헌과 相家巷西漢五銖錢範 등의 자료를 이용하여 기존의 연구 성과와 傳世문헌을 종합하여 漢 宣帝 地節 연호의 改元 시점과 "地節" 연호의 함의 및 관련된 역사적 배경에 대해 상세히 논술하였다. 논문에서는 "地節"이라는 연호는 응당 本始6년 정월 하순부터 같은 해 5월 14일까지 3개월여 사이에 사용되기 시작하였는데 이는 연호를 이전시기까지 소급하여 적용하는 것(追改)에 속한다고 보았다. 이러한 연호의 追改는 극히 드물게 나타나는데 그 배경에는 모종의 특수한 까닭을 숨기고 있었다. 논문에서는 地節 연호 사용의 시작이 漢 宣帝의 친정과 직접적인 관계가 있음을 밝히고 있다. 이전에는

196) 陸錫興, 2012,「考古發現的桃梗與桃人」,『考古』第12期.

197) 賈麗英, 2012,「告地書中"關內侯寡""五大夫"身份論考」,『魯東大學學報』(哲學社會科學版) 第2期.

198) 田天, 2012,「江蘇邗江胡場五號漢墓木牘的再認識」,『出土文獻』第3輯, 中西書局.

199) 曲柄睿, 李陽, 2012,「秦漢探病的政治文化內涵」,『史學月刊』第7期.

霍光이 漢 昭帝를 조종하여 매 6년마다 한번 씩 연호를 바꾸었는데 宣帝가 제위를 계승한 뒤로도 本始라는 연호는 여전히 연장, 사용되어 6년째가 되었으며 이는 霍光이 昭帝로부터 宣帝까지 운수가 일관되며 아무 변화 없이 여전히 霍씨의 천하임을 표명하고자 한 것을 의미한다. 또한 바로 이러한 이유로 宣帝가 운수를 바꾸어 비로소 친정하게 되자 즉시 연호를 本始에서 地節로 바꾸었고 아울러 과거까지 追改하였는데, 王國維가 "4년마다 갈아들이는 제도를 다시 사용한 것(更用四年遞改之制)"이라고 말했듯, 이것이 바로 宣帝 地節 改元의 실제 과정과 내재된 취지였다. 宣帝는 地節 개원을 통해 朝野의 대중에게 명확하고 틀림없는 소식을 알렸다. 즉 宣帝가 독자적으로 천명을 받들고 천운을 계승하게 되었으며 더 이상 昭帝(실질적으로는 곧 霍씨)를 연장한 것이 아니다. 4년 후(즉 地節4년 7월) 霍씨 세력은 일거에 제거되었다. 이듬해 宣帝는 다시 "元康"으로 개원하여 예의에 삼가지 못한 권력자가 이미 제거되어 천하가 小康세계로 다시 돌아간 것을 선포하였으니, 이것이 곧 元康이라는 연호에 함축된 의미였다.[200]

肖從禮는 새로 발표된 金關漢簡 가운데 始元7년, 本始5년, 本始6년, 建平5년, 元始6년 등 5개 연호에 걸쳐 나타난 新舊연호 병용 현상을 분석하였으며, 이러한 新舊연호 병용 및 기간을 초과한 연호의 출현 원인은 改元의 통지가 아직 제때 하달되지 않았기 때문이라는 주장에 동의하였다.[201]

3) 인명과 피부색

魏斌는 戰國秦漢, 魏晉시기의 출토문헌 가운데 인명과 관련된 내용을 이용하여 傳世문헌과 결합하여 漢晉남방인명의 변천에 대해 논의하였다. 그는 논문에서 東漢인명에서 상층의 인명은 單名, 하층의 인명은 單名, 雙名 병존하는 분층 현상이 현저히 나타나며, 이는 남방의 巴蜀, 吳越 지역에서도 나타난다고 지적하였다. 다만 走馬樓吳簡에는 單名 현상이 고르게 나타나는데 이는 東漢시기 長沙 등 郡의 대규모 編戶化 과정 가운데 새로 편입된 인구의 호적 등록 정연화의 결과이다. 東晉 이후 單名의 관습은 깨지고 雙名에는 "字化" 추세가 나타났다. 이러한 변화 과정은 華夏문화가 남방사회에 지속적인 영향을 주었던 결과였다.[202]

曾磊는 西北漢簡을 근거로, 사람을 나누어 "黑色", "黃色", "黃黑色", "靑白色", "靑黑色" 등의 색으로 표기하였으며 그중 "黑色"이 다수를 차지하였음을 지적하였다. 이러한 색의 표기는 응당 피부색을 가리키는 것이지만 이를 근거로 異色人이 서방에서 온 것이라고 보기는 어렵다. 흑색피부의 형성은 유전자와 생활습관 등의 요소와 관계가 있다. 게다가 漢代의 白色을 아름답다고 여기는 피부색에 대한 관념 역시 피부색이 어두운 사람을 黑色人으로 쉽게 판정하게 만들었다.[203]

---

200) 辛德勇, 2012, 「漢宣帝地節改元發微」, 『文史』 第3輯.

201) 肖從禮, 2012, 「金關漢簡所見新舊年號并用現象擧隅」, 『魯東大學學報』(哲學社會科學版) 第5期.

202) 魏斌, 2012, 「單名與雙名, 漢晉南方人名的變遷及其意義」, 『歷史研究』 第1期.

203) 曾磊, 2012, 「西北漢簡所見人種膚色再探討」, 『簡帛研究2010』, 廣西師範大學出版社.

4) 屯戍생활과 환경

趙寵亮은 傳世문헌과 출토문헌자료를 가지고 河西漢塞戍卒의 屯戍생활상을 吏卒의 출신과 퇴역, 업무와 휴식, 功過와 賞與, 물질생활, 의료위생상황과 사망구휼, 정신문화생활, 河西漢塞의 사회생태 등 다방면에 걸쳐 보다 전면적으로 드러내었다.[204] 그는 西北漢簡을 근거로 邊塞戍所 吏卒의 사망원인에 대해 논하였는데 "戍卒行道物故" 외에 주요 사망원인은 병사, 전사와 사고사였으며, 그 가운데 병사는 가장 주요한 원인이었다. 논문은 또한 吏卒의 사망에 대한 조사보고제도, 사후처리작업 등의 문제에 대해서도 분석하였다.[205] 王子今은 西北漢簡에 중원 출신의 군인이 내지와는 매우 다른 기후조건을 체험하고서 "寒苦"를 탄식한 것과 관련 있는 梳理를 통해, 漢代邊塞基層軍官과 士兵의 생활과 심리 상태 및 이 자료에 드러난 당시 현지의 생존환경에 대해 논하였다.[206] 그는 居延漢簡에 나타난 야생마, 야생낙타, 야생양, 사슴, 물고기 등에 걸친 야생동물에 대한 서술을 살펴보고, 아울러 당시 동물들의 생존조건, 수렵활동의 배경 등의 문제에 대해서 토론하였다.[207]

5) 표준화와 기층사회통제

李均明은 출토문헌자료를 이용하여 秦漢제국의 표준화 조치에 대해 주로 기초표준과 응용표준이라는 2개의 대분류를 포괄하여 서술하였다. 기초표준으로는 중요개념의 표준화, 문자부호의 표준화, 도량형의 표준화가 있고, 응용표준으로는 생산 및 공예의 표준화, 공급표준화, 고핵표준화가 있다. 아울러 이러한 표준화 조치의 작용에 대해 간략히 요점을 설명하였다.[208] 韓華와 狄曉霞는 居延漢簡에 기재된 내용에서 출발하여 고핵, 상여와 징벌, 감찰 3가지 방면으로 나누어 兩漢시기 基層官吏에 대한 중앙정부의 管理와 통제에 대해 분석하였다.[209]

6) 秦漢시기의 여성

賈麗英은 傳世문헌과 출토문헌자료를 종합하여 倫理 親情 法理, 일상실태 그리고 承産 承爵 등 3가지 방면으로부터 秦漢시대 출가한 딸과 부모 및 본가와의 관계에 대해 연구하여 이 시기 여성생활에 대한 인식지평을 넓혀 주었다. 다만 출가한 딸과 본가의 관계는 현실생활에서 훨씬 복잡하였을 것이라는 점은 지적할 필요가 있다.[210] 林炳德은 秦漢律에서의 여성에 대해 형벌과 여성, 호적과 여성의 노역, 가

---

204) 趙寵亮, 2012, 「行役戍備-河西漢塞吏卒的屯戍生活」, 科學出版社.

205) 趙寵亮, 2012, 「漢簡所見邊塞戍所吏卒死亡探析」, 『簡帛研究2010』, 廣西師範大學出版社.

206) 王子今, 2012, 「漢代西北邊塞吏卒的"寒苦"體驗」, 『簡帛研究2010』, 廣西師範大學出版社.

207) 王子今, 2012, 「簡牘資料所見漢代居延野生動物分布」, 『魯東大學學報』(哲學社會科學版) 第4期.

208) 李均明, 2012, 「秦漢帝國標準化措施述略」, 『漢帝國的制度與社會秩序』, 牛津大學出版社.

209) 韓華, 狄曉霞, 2012, 「由居延漢簡看兩漢基層官吏的激勵和監督」, 『魯東大學學報』(哲學社會科學版) 第6期; 韓華, 2012, 「由西北漢簡看漢代基層官吏的激勵和監督」, 『出土文獻研究』 第11輯, 中西書局.

210) 賈麗英, 2012, 「秦漢出嫁女與父母本家關係探析」, 『中國史研究』 第3期.

족과 여성이라는 3가지 방면에서 분석하여 다른 시대와의 비교를 통해 秦漢시대 여성의 지위는 상대적으로 높았음을 지적하였다.[211)]

7) 術語

劉釗은 漢簡의 從土從惡의 土+惡은 곧 "堊"字의 初文이며, "土"가 義符이고 "惡"이 聲符라고 보았다. 梳理漢簡 중 "土+惡"와 관련된 기록 및 기존의 해석을 기초로 하여 "堊"은 漢代邊塞에서 일상적으로 사용하는 물품의 일종, 즉 石灰라고 주장하였으며, 아울러 그 용도에 대해서도 논의하였다.[212)] 孫欣은 江蘇漢墓遣策記에 "襜褕"와 "襜褕"가 있고, 西北漢簡에도 "襜褕"와 관련된 기록이 있는데 "襜褕"은 곧 "襜褕"으로 폭이 넓고 아래로 드리워진 直裾류의 의복임을 밝혔다. 西漢 초기 여성이 많이 입었는데 西漢 중후기부터 시작하여 점차 남성의 일상복이 되었으며 官庶 모두 입을 수 있었다. 그 재질은 다양하고 복잡한데 출토문헌에 기록된 것을 통해 傳世문헌상 이 방면의 부족한 기록을 보충할 수 있다.[213)]

王子今은 출토문헌을 중심으로 "黔首"라는 명칭의 유래, 名義, "民"과의 관계에 대해 종합적으로 고찰하였다. 또 출토문헌상의 실증, 초기 사용 상황 및 "新黔首" 漢代문헌상 "黔首"의 잔존문제에 대해 분석하였다. 논문에서 그는 "黔首"라는 명칭은 秦제국 건립 단계에서 "皇帝"라는 칭호와 동시에 확정된 것으로 秦나라 정치구조의 양극을 이루고 있었다고 보았다. 이러한 명칭은 秦 통일 이전에 이미 사용되기 시작하여 秦왕조의 정치문화시스템 가운데 다시금 확정된 法定명칭이었다. 그 후 머지않아 비록 "民", "百姓" 등에 의해 대체되었지만 漢代문헌에 여전히 문화적 관성에 의해 사회적 일상용어로서 잔존하였고 이는 秦문화의 역사 영향을 보여준다.[214)]

劉欣寧은 居延漢簡에 나오는 "田舍"라는 단어를 고찰하여, "田舍"는 성읍 바깥의 민가를 말하는 것으로 "邑中舍"와 대칭된다고 밝혔다. 하지만 성 밖의 田舍는 일반적으로 塢辟을 屏障으로 삼았으며 이는 확실히 변경지대의 특색으로 漢簡의 성읍 바깥의 공간에 대한 표시 방식이 다양하여 某辟田舍 이외에 또 地標 혹은 亭部를 가지고 田舍의 소재 위치를 설명하는 방식이 있었음을 보여준다. 이를 근거로 "里"制에 대해 새롭게 검토할 수 있었는데 성읍 내의 里는 행정적, 공간적 의의를 모두 갖춘 반면, 성읍 바깥의 里는 오로지 행정적 의의만을 지니면서 또 다른 공간 표시 체계와 상호 보완이 필요했다. 성읍 안팎의 거주형태 차이는 성읍 안팎의 주거에 대한 이해를 돕는데 경우에 따라 서로 다른 통치 규정이 시행될 수 있었음을 말해준다.[215)]

---

211) 林炳德, 2012, 「秦漢律的女性」, 『漢帝國的制度與社會秩序』, 牛津大學出版社.

212) 劉釗, 2012, 「漢簡"堊"字小考」, 『文史』 第4輯.

213) 孫欣, 2012, 「漢服"褕", "襜褕"論」, 『江漢考古』 第4期.

214) 王子今, 2012, 「說"黔首"稱謂-以出土文獻爲中心的考察」, 『出土文獻研究』 第11輯, 中西書局.

215) 劉欣寧, 2012, 「居延漢簡所見住居與里制-以"田舍"爲線索」, 『古文字與古代史』 第3輯, 中央研究院歷史語言研究所.

4. 字形과 書風

1) 字形연구

張新雲은《銀雀山漢墓竹簡(貳)》의 異位字를 8가지 경우로 나누어 예를 들어 분석하였다.[216)]

2) 書風연구

風儀誠은 秦簡에 나타난 "正, 政, 端", "楚, 荊"이라는 2가지 경우의 피휘와, "辠, 罪", "黔首, 民, 百姓", "也, 殹", "其, 亓" 등의 글자 사용에 대한 비교를 통해 秦簡에 반영된 글자 및 단어 사용의 습관은 주로 2가지의 서로 다른 연원에서 비롯되었는데 첫째로 秦나라 본래의 서사 습관에 의한 것과 두 번째로 중앙정부가 실행한 관방단어의 표준화에 의한 것이 있음을 밝혔다. 이 외, 시간과 지역이라는 두 가지 요소를 고려할 필요가 있으며, 더 나아가 서사자 본인의 문화적 배경도 고려할 필요가 있다.[217)]

王曉光은 출토 書法 遺迹 연구에 있어서 3가지 방면을 제시하였다. 1. 이 遺迹의 예술 풍격, 기법, 생성배경, 사회문화적 환경, 학술 의의 등, 곧 새로 출토된 자료 자체의 書學연구. 2. 새로운 書法자료에 의해 생겨난 書法史, 書論史, 書史상 여러 전제, 과제 내지 書法 자체의 새로운 인식, 새로운 사고, 새로운 보정 및 이로 인한 서사의 중첩 구조 문제에 대한 사고. 3. 새로 출토된 書法자료는 유입되어 곧바로 새로운 요소·새로운 활력이 되는 선구적인 분석을 만들어낼 수 있고, 곧바로 새로운 자료에 대해 취할 수 있는 참고하기에 적합한 각도·방식을 창조할 수 있다는 것 등이다.[218)] 張存良은 水泉子漢簡《蒼頡篇》의 문자 구조와 형태에 古體구조가 남아있지만 여전히 隸變 이후의 隸書가 위주라고 보았는데 이는 隸變연구에 대해 중요한 의의를 가진다.[219)] 張嘯東은 漢代昭示에 사용된 "扁書"와 秦代 "八體" 가운데 題署에 사용된 "署書"에는 일정한 시간연속적 관련성이 나타난다고 보았다. 秦代 "署書"와 漢代간독에 기재된 "扁書"는 주로 書字의 크기로 구별하고, 字體와 書體의 차이는 적었다. 이는 秦書八體가 "기능"으로 대부분 분류되었음을 증명한다. 이리하여 東漢 이후 "扁書"와 "榜書"의 상호 명칭이 만들어질 수 있었다. 이러한 과정 중 秦漢간독의 주요한 서사자, 즉 秦代의 "史" 혹은 漢 이후의 "書佐"는 소홀이 다루어서는 안될 중요한 연결고리이다.[220)]

5. 역사지리

張莉는 출토문헌과 傳世사료를 종합하여 秦의 置郡에 대해 보다 발전된 고찰을 하여, 秦이 천하를 통일한 이후 일찍이 始皇28년과 始皇33년 두 차례에 걸쳐 郡級 행정구역을 새로 증설하였다고 보았다. 26

216) 張新雲, 2012, 「〈銀雀山漢墓竹簡(貳)〉異位字研究」, 『簡帛語言文字研究』 第6輯, 巴蜀書社.

217) 風儀誠, 2012, 「秦代諱字,官方詞語以及秦代用字習慣－從里耶秦簡說起」, 『簡帛』 第7輯, 上海古籍出版社.

218) 王曉光, 2012, 「天長紀莊木牘墨迹研究及書寫時間新探」, 『簡帛研究2010』, 廣西師範大學出版社.

219) 張存良, 2012, 「水泉子漢簡〈蒼頡篇〉的文字及書法特點」, 『簡帛語言文字研究』 第6輯, 巴蜀書社.

220) 張嘯東, 2012, 「秦系簡牘署書暨其出土所見秦,漢簡牘書體關係的研究」, 『出土文獻研究』 第11輯, 中西書局.

년 36군, 隴西, 北地, 上郡, 漢中, 巴郡, 蜀郡, 河東, 上黨, 太原, 九原, 雲中, 雁門, 代郡, 邯鄲, 鉅鹿, 上谷, 漁陽, 右北平, 遼東, 遼西, 三川, 東郡, 穎川, 淮陽, 南陽, 南郡, 碭郡, 四川, 九江, 會稽, 洞庭, 蒼梧, 衡山, 齊郡, 琅琊, 薛郡 ; 28년 恒山, 淸河, 河間, 河內, 閬中, 濟北, 卽墨을 새로 설치하고 鉅鹿를 삭감하여 42군이 되었다 ; 33년 秦이 南海, 桂林, 象郡을 얻어 이 해에 廬江, 武陵, 東海를 별도로 分置하여 최종적으로 48군이 되었다. 즉, 隴西, 北地, 上郡, 漢中, 巴郡, 蜀郡, 河東, 上黨, 太原, 九原, 雲中, 雁門, 代郡, 上谷, 漁陽, 右北平, 遼東, 遼西, 恒山, 淸河, 河間, 河內, 南陽, 南郡, 三川, 東郡, 穎川, 碭郡, 淮陽, 四川, 九江, 廬江, 武陵, 會稽, 洞庭, 蒼梧, 衡山, 臨淄, 琅琊, 泰山, 濟北, 卽墨, 薛郡, 東海, 閬中, 南海, 桂林, 象郡.[221] 周波는 張家山漢簡《二年律令·秩律》447에서 450號簡에 기재된 내용에서 출발하여 郪, 資中, 閬中, 江陽 등의 縣이 漢初 巴郡이 치하에 속했음을 지적하였다. 그 밖에 陽陵縣도 포함된다. 漢初 巴郡의 관할로는《漢書·地理志》巴郡, 廣漢郡 동남부 郪縣 일대 및 犍爲郡 長江以北지구가 있었다.[222] 高成林은 松柏漢簡에 기재된 내용에 근거하여 傳世문헌과 기타 출토자료를 합쳐 西漢의 便侯國 및 그 遷徙 정황에 대해 고찰하였으며, 아울러 西漢시기 遷徙의 원인에 대해 분석하였다.[223] 富谷至는 玉門關 소재지를 둘러싸고 漢代 邊境關所에 대해 종합적으로 고찰하였다. 그는 논문에서 額濟納河유역 關所는 단지 金關과 縣索關 2개뿐이었다고 주장했다. 居延지구의 각 都尉府는 모두 산하에 하나의 關所를 설치하였고 肩水都尉府의 關은 肩水金關이었으며 A32遺址에 있었다. 각 關所의 직책은 통행자가 지닌 傳을 검사하고 아울러 副本을 회수하였다. 통행자의 통행기록(關出入籍)을 제작, 정리하였으며 아울러 都尉府에 송부하였다; 항상 符의 반쪽을 두고 그 통행자가 가진 나머지 반쪽과 대조하여 검증하였다. 이러한 邊境關所의 직능은 응당 주로 국내 吏民의 이동을 감시하는 것이었고 아울러 일일이 빠짐없이 기록하여 비교적 강력한 內政성질을 갖추었다. 玉門關을 대표로 하는 당시 변경의 關은 결코 변경에 설치된 것이 아니었다. 玉門關以西에 漢왕조가 설치한 봉수점이 있었으며 군사행정지구로 말하자면 玉門關以西는 敦煌郡 玉門都尉 大煎都候官의 관할구로 절대 국경의 關所가 아니었다.[224] 王子今은 漢簡에 나타난 長安의 사료에 대해 종합적으로 분석하여 漢簡 長安행정사료, 漢簡長安치안사료, 漢簡長安교통사료, 漢代河西의 長安人, 漢簡을 자료로 삼아 西漢長安鄕里研究,《肩水金關漢簡(壹)》의 새로운 정보, "長安諸陵"과 관련 있는 간독자료 등 7가지 방면에 걸쳐 논의를 전개하였다.[225]

6. 교통과 문서 傳遞

王子今은 睡虎地秦簡《日書》에 기재된 "反枳"과 관련된 내용으로부터, 당시사회의 교통"俗禁"을 연구하였다. 그는 논문에서 "反枳"의 원시적 뜻이 아마도 즉 팔다리가 "先出母體"한 난산현상을 말하는 것이

221) 張莉, 2012年5月4日,「秦始皇置郡考」, 簡帛網.

222) 周波, 2012,「漢初簡帛文字資料研究二題」,『文史』第4輯.

223) 高成林, 2012年12月14日,「松柏漢簡中的"便侯國"與西漢的侯國遷徙」, 簡帛網.

224) 富谷至著, 童嶺譯, 石潭審校, 2012,「漢代邊境關所考－圍繞玉門關所在地」,『簡帛研究2010』, 廣西師範大學出版社.

225) 王子今, 2012,「漢簡長安史料研究」,『出土文獻』第3輯, 中西書局.

라고 보고, 난산의 반의어가 順産이라고 생각했다. "反支不行"의 "俗禁"이 교통행위에 영향을 주는 이유는 이러한 "逆", "牾", "必難"의 상황으로 인해 교통생활 원활의 기대 추구와 완전히 상반되는 것이기 때문이다. 이상의 분석을 통해 논문에서는 한층 나아가 睡虎地《日書》甲種"艮山"에 등장하는 "焆與枳刺艮山之謂離日"이라는 구절의 함의에 대해 논의하고 아울러 "禹之離日"에 대해 분석하였다.[226]

胡平生은 "傳置與行書無關"설에 대해 반대의견을 제시하며, "置", "傳". "傳車", "傳馬", "乘傳", "乘置" 등 간독문자의 釋解를 판별, 분석하였다. 아울러 傳世 및 출토자료를 이용하여 春秋戰國 이후 이미 완정한 官方交通傳輸郵驛체계가 존재하였고 秦에서 漢初에 이르기까지 이 제도가 계속해서 쓰였으며 漢代 중기 이후 한층 발전하였다고 주장하였다.[227] 高榮은 秦漢시기의 置가 당시 郵驛기구 중 하나로, 공문서 傳遞와 오가는 使者와 관원들을 접대하는 兩大기능을 지녔다고 보았다. 내부에는 또한 置, 傳舍, 廚, 廄 등을 포함하고 있었다.[228] 置의 담당관은 置嗇夫이고 置佐가 그 보좌역이었다. 이 외 嗇夫 위에 丞, 尉를 설치하였고, 郡府는 置吏를 파견하여 置 내의 사무를 감독하였으나 직접 간섭하지는 않았다. 부속한 廚, 廄에도 嗇夫, 佐가 설치되어 각각 그 직무를 맡았다. 置의 설치 간격은 획일적이지 않았으며 지리위치, 경제발전과 인구밀도 등의 상황에 따라 차이가 있었다.[229] 安忠義는 秦漢간독의 "致書"와 "致籍"를 분석하여, 通關문서의 致書 혹은 致籍은 관련 부서에서 關을 출입하는 인원에 대한 정보를 출입하는 關에 통보한 것, 혹은 사전에 關을 출입하는 인원과 시기를 登記한 것이라고 보았다. 致와 符, 傳, 過는 동일한 계통 내의 서로 다른 양측에서 지니고 있었던 것으로, 符, 傳, 過가 津關을 출입하는 인원 측에서 사용하는, 그들의 津關 출입 증빙이라면, 致와 致籍은 津關 측에서 사용하는 검사, 통행 허가의 증빙이었다. 致, 傳은 서로 보완하여 병용되었고 대조, 검증하여 차이가 없으면 비로소 출입을 허락하였다. 양자는 불가분의 밀접한 관련이 있었으나 소수 특수한 상황에서만 단독적으로 사용될 수 있었다.[230]

藤田勝久는 里耶秦簡과 기타 漢簡에서 보이는 "發"의 쓰임을 실마리로 삼아, 文書 복원을 통해 簽收에서부터 처리와 傳遞에 이르기까지 回信 과정에 대해 종합적인 고찰을 더하였다. "發"에는 통상적인 관점 이외에 傳送, 傳達의 함의가 있었다고 지적하였다.[231] 邢義田은 漢에서 三國까지의 공문서 가운데 簽署문제에 대해 지속적인 토론을 진행하였다. 走馬樓三國吳簡의 田家莂 및 竹簡別卷上의 필적과 簽署 상황을 중점적으로 분석한 결과, 소위 簽署는 친필과 유사한 것으로 사실상 과거학자들이 말했던 여러 명의 관계자가 제각기 簽한 것과는 다르며, 한두 사람이 세 사람을 대신하여 簽하였고 절대다수는 오히려 그 중 한 사람이 혹은 다른 사람이 대신 이름을 簽署한 것임을 밝혔다. 나아가 담당관이 發出하는 문서에 친필로 簽名했는지 여부는 별로 중요하지 않았으며 掾, 令史, 屬, 佐 등 屬吏의 대필이 평상적이었다고 지적

226) 王子今, 2012, 「說"反枳", 睡虎地秦簡〈日書〉交通"俗禁"硏究」, 『簡帛』 第7輯, 上海古籍出版社.
227) 胡平生, 2012, 「評"傳置與行書無關"說」, 『簡帛硏究2010』, 廣西師範大學出版社.
228) 高榮, 2012, 「論秦漢的置(上)」, 『魯東大學學報』(哲學社會科學版) 第5期.
229) 高榮, 2012, 「論秦漢的置(下)」, 『魯東大學學報』(哲學社會科學版) 第6期.
230) 安忠義, 2012, 「秦漢簡牘中的"致書"與"致籍"考辨」, 『江漢考古』 第1期.
231) 藤田勝久, 2012, 「漢代簡牘的文書處理與"發"」, 『漢帝國的制度與社會秩序』, 牛津大學出版社.

하였다. 이러한 屬吏에 의한 대필 簽署는 결코 오늘날의 문건에서 "簽署" 혹은 "簽名"의 책임과 법률적 의의를 지닌 것이 아니었다.[232)]

7. 職官과 爵制

陸德富는 戰國秦漢출토문헌자료를 결합하여 寺工, 寺互의 관계에 대해 논의하였다. 그는 寺互를 寺工의 잘못이라고 보는 견해는 여전히 정론으로 삼기 어렵고 양자가 서로 다른 기구일 가능성을 결코 배제할 수 없다고 주장하였다. 寺工의 寺는 마련하다는 의미로 황실에서 필요한 기물을 마련하는 수공업기구였다.[233)] 南玉泉은 御史가 본래 미관말직이었으나 秦代에 御史大夫를 설치하고 나중에 三公의 지위에 배열되어 승상의 보좌를 맡게 되었다고 보고 이러한 관직 등급의 변화에 하나의 발전과정이 있었다고 주장하였다. 漢初, 御史大夫는 단지 2천석 秩級으로 뭇 卿과 동일하였으니 그 管家가 御史長史로 秩 천 석이었다. 御史中丞의 설립은 呂后2년에서 景帝中元3년 사이에 이루어졌을 가능성이 있다. 西漢末, 御史大夫는 大司空이 되었고 御史中丞은 그 보좌가 되어 漢 중앙의 최고감찰기구가 되었다. 비록 秩級은 천 석에 불과했지만 內官으로 간주되어 오히려 높은 예의대우를 누렸다.[234)] 孫聞博은 里耶秦簡 등의 자료에 기재된 내용에서 출발하여, 秦代 정식 縣令은 "守"라는 칭호가 없었을 것이라고 추측하였다. 縣令, 官嗇夫, 鄕嗇夫에 "守"라는 글자가 더해진 것은 대리라는 의미였다. 秦에서 漢初에 이르기까지 "守丞"은 縣丞이 재직 중에 사정이 있어 署에 있지 않을 때 임시적으로 설치한 것으로 丞이 돌아오면 곧 해임되었으며 정식 임명 전에 직무를 시험 삼아 대리하는 성격이 있었던 것은 아니다.[235)] 萬堯緖는 傳世문헌과 출토문헌을 종합하여 漢初 中大夫令은 戰國秦에서 처음으로 설치되어 景帝後元원년에 폐지되었을 가능성이 있다고 지적하였다. 그 秩奉은 2천석으로 佐官인 中大夫丞, 屬官인 太重大夫와 中大夫가 있었다. 이 관직은 주로 武官이 임명되었으며 使臣이 되어 병사를 통솔하는 임시적인 임무도 있었다.[236)] 臧知非는 출토문헌자료를 결합하여 閭本이 기층 居民조직이며 훗날 里門을, 閭左는 里門의 좌측을 가리킨다고 보았다. 里門는 떠돌아다니는 낭인들의 거주구역으로 그 유래는 복잡하지만 천민은 아니었으며 파산한 유망민도 아니었다. 그들을 閭左에 거주하게 한 것은 秦통일 이후 기층사회질서화의 체현이었다.[237)] 曹驥는 兩漢시기 都吏와 督郵는 모두 郡守의 屬吏이며 양자는 비록 어떤 부분에 있어서는 매우 유사하였지만 두 개의 서로 다른 관직이었다고 주장하였다. 양자는 주로 西漢中期에서 東漢初에 이르기까지 병존하였는데 東漢시기에 들어선 이후 都吏는 점점 督郵에 의해 대체되었다.[238)] 水間大輔는 秦漢시기 縣의 獄史는 偵查, 추포,

---

232) 邢義田, 2012, 「漢至三國公文書中的簽署」, 『文史』 第3輯.

233) 陸德富, 2012, 「寺工續考」, 『考古』 第9期.

234) 南玉泉, 2012, 「從〈二年律令〉看御史大夫秩級與屬官的變化」, 『出土文獻與法律史研究』 第1輯, 上海人民出版社.

235) 孫聞博, 2012, 「里耶秦簡"守", "守丞"新考-兼談秦漢的守官制度」, 『簡帛研究2010』, 廣西師範大學出版社.

236) 萬堯緖, 2012, 「漢初中大夫令考辨」, 『魯東大學學報』(哲學社會科學版) 第1期.

237) 臧知非, 2012, 「"閭左"新證——以秦漢基層社會結構爲中心」, 『史學集刊』 第2期.

238) 曹驥, 2012, 「兩漢"都吏""都郵"考」, 『魯東大學學報』(哲學社會科學版) 第2期.

체포, 訊問, 詢問, 査封 등 사법실무의 일환 가운데 중요한 작용을 하였으며 심지어 판결원안의 초안 작성이라는 형식을 통해 최종판결에 참여할 수 있었다고 주장하였다. 그 직무가 포괄하는 광범위함은 縣令, 丞등의 長吏를 능가하는 것이었다. 바꿔 말해 縣급에서 이루어진 治獄은 바로 "獄吏주도형" 治獄이었다. 그 원인은 관리 직무 분업의 필연적인 결과로, 獄史들이 비교적 전문적인 법률지식을 갖추고 있었고 또 獄史들은 많은 경우 本地 출신으로 令, 丞처럼 外縣에서 부임한 것이 아니었다는 것 등의 요소와 관련이 있다.[239] 仝衛敏는 睡虎地秦簡간독자료를 이용하여 《商君書·境內篇》의 "校, 徒, 操"가 높은 지위에서 낮은 지위 순으로 배열된 軍 내의 小吏임을 밝혔다. 비록 軍에서의 지위는 비교적 낮았으나 그들은 결코 군의 잡역, 苦役 혹은 工程兵이 아니었으며 商鞅의 爵制등급 안에 있지도 않았다.[240]

二十等爵制는 公乘과 五大夫에서 "官爵"과 "民爵"의 경계가 나누어진다는 것은 이미 학계의 통설이다. 凌文超는 張家山漢簡《二年律令》의 漢初 爵, 秩제도와 관련 있는 내용을 둘러싸고 漢初 爵制 구조의 변동과 官, 民爵 형성의 원인 및 과정을 논의하였다. 논문에서 그는 漢初 二十等爵의 분층이 대체로 秦의 軍功爵制 분층의 연장이었다고 지적하였다. 秦漢시기에 功에 의한 拜爵 및 보편적인 賜爵이 빈번하게 이루어지면서 大夫爵位와 卿, 士爵層 간의 경계를 점차 모호하게 만드는 결과를 초래했고 더 나아가 高爵, 低爵의 새로운 분층으로 발전하였다. "爵-秩체제"의 발전에 따라 변동하는 高, 低爵과 6백석을 경계 지점으로 삼는 상대적으로 안정적인 上, 下秩級이 서로 결합하여 官, 民爵의 형성을 촉진하였다.[241]

8. 군사

黃今言은 漢代 西北邊塞"塢"의 흥기, 발전과정, 건축형태와 구조 및 시설, 기능 등의 문제에 대해 논의하였다. 그는 논문에서 漢代 西北邊塞의 塢는 漢 武帝 시기에 흥기하여 昭帝, 宣帝 이후로는 답습하며 바뀌지 않았다가 東漢에 이르러 비로소 새로운 발전단계에 접어들었다고 지적하였다. 塢의 건축형태와 구조는 시기와 지역에 따라 차이가 있었는데 塢牆 및 그 주위에 이미 사격, 관찰 장치가 설치되어 있었고 안전 및 수위 시설도 있었다. 塢는 邊塞의 기층단위였으며 그 설치는 보루와 밀접한 관련을 맺고 있었고, 주로 적의 정황 감시, 정보 傳遞, 吏卒 주둔, 변경의 외적 방비, 도적 방비, 불법행위 근절 등의 기능을 하였다.[242] 沈剛은 새로 발표된 《肩水金關漢簡(壹)》의 자료를 모아 西北漢簡에 나타난 騎士簡의 編聯에 대해 논의하고 이를 기초로 騎士簡의 두 가지 격식 및 騎士의 직책과 지위 등의 문제에 관해 분석하였다.[243] 郝樹聲은 敦煌, 居延 및 서역 출토 漢簡과 韓半島에서 출토된 漢簡인 《論語》 등 儒家문헌에 대한 비교 분석을 통해, 西漢왕조가 변경지대를 무력으로 개척하는 동시에 당시의 대표적인 주류 의식 형태였던 유가문화와 사상이념을 河西, 서역 및 韓半島로 전파하여 정치, 軍事와의 삼위일체를 동시에 추진한 것임을

239) 水間大輔, 2012, 「秦漢時期縣獄史的職責」, 『出土文獻與法律史硏究』 第1輯, 上海人民出版社.

240) 仝衛敏, 2012, 「從睡虎地秦簡看"校,徒,操"的身份」, 『中國國家博物館館刊』 第12期.

241) 凌文超, 2012, 「漢初爵制結構的演變與官,民爵的形成」, 『中國史硏究』 第1期.

242) 黃今言, 2012, 「漢代西北邊塞的"塢"」, 『江西師範大學學報』(哲學社會科學版) 第2期.

243) 沈剛, 2012, 「西北漢簡所見騎士簡二題」, 『出土文獻硏究』 第11輯, 中西書局.

지적하였다.[244] 劉軍은 西北고고잘를 중심으로 傳世사료와 결합하여 兵器의 생산, 저장 및 일상 유지라는 세 가지 방면에서 漢代 무기 업무의 작업 내용과 체제 특징에 대해 논의하였다.[245] 劉太祥은 변방군사역량 건설 및 군사시설 건설, 변방경제 건설, 방어능력 건설, 변방사회 건설 등 다섯 가지 방면에서 秦漢북부의 변방정황에 대해 논술하고 아울러 나아가 이 시기 변방건설의 특징을 논의하였다.[246]

9. 과학기술

1) 역법

李忠林은 傳世문헌과 출토문헌을 근거로 秦에서 漢初에 이르기까지(기원전 246-기원전 104)의 역법을 복원하고 朔干支305항목, 日干支40항목, 氣干支7항목을 고증하였으며 이러한 자료의 수정과 보충을 통해 당대인들이 실제 사용한 역표를 도출하였다. 논문에서는 나아가 세 그룹의 歷簡에 대해 상세히 분석하여 秦에서 漢初에 이르기까지 3개의 역법(A, B, C로 나누어 지칭)이 출현하였고 역법A의 사용 시기는 하한선은 漢 高祖5년 12월까지이고 그 상한선은 확실하지는 않지만 현존하는 자료를 통해 볼 때 적어도 秦王政2년 10월이 맞을 것이라고 주장하였다. 역법B의 사용 시기 상한선은 漢 高祖5년 정월이고 하한은 文帝前元16년 9월이다. 역법C의 사용 시기 상한선은 文帝後元원년 10월이고 하한은 太初원년 5월이다. 이에 근거하여 논문에서는 秦에서 漢初까지(기원전 246-기원전 104)의 朔閏表를 제시하였다.[247]

2) 時制

李天虹은 秦漢출토문헌을 이용하여 秦漢시기 時制의 분배에 대해 체계적인 분석을 진행하였다. 주로 "12時制", "18時制", "16時制"에 대해 상세히 논의하면서 "10時說", "周家臺28時", "懸泉置32時" 등의 문제에 대해 평론하였다. 秦漢시기 시간 분배 時制는 확실히 2종류가 있었는데 곧 12時制와 16時制였다. 전자가 현실생활에서 통용된 것은 비교적 늦은 시기였던 반면, 후자는 西漢(적어도 西漢 중후기)에 통용되었던 時制였다. 그러나 16時制의 時段과 時序에 관해서는 현존하는 자료의 체계성이 아직 부족하기 때문에 완전히 납득할 만한 결론은 내지 못하였다.[248]

3) 數術

宋華强은 戰國秦漢간독에 나오는 "龍"이 금기를 나타내는 뜻임은 의심할 여지가 없다고 주장하였다. 그러나 "龍"이 어떻게 금기를 의미하는가에 대한 기존의 2가지 해석은 여전히 검토할 만한 부분이 있다.

---

244) 郝樹聲, 2012, 「從西北漢簡和朝鮮半島出土〈論語〉簡看漢代儒家文化的流布」, 『敦煌研究』 第3期.

245) 劉軍, 2012, 「漢代軍械勤務考述-以西北考古資料爲中心」, 『中國國家博物館館刊』 第7期.

246) 劉太祥, 2012, 「秦漢北部邊防建設」, 『南都學壇』 第5期.

247) 李忠林, 2012, 「秦至漢初(前246至前104)曆法研究-以出土曆簡爲中心」, 『中國史研究』 第2期.

248) 李天虹, 2012, 「秦漢時分紀時制綜論」, 『考古學報』 第3期.

금기를 뜻하는 "龍"은 "禁"으로 읽어야 마땅하며 戰國秦簡 日書의 "龍日"은 곧 "禁日"로, 의미는 "忌日"과 같다. 그 밖에도 논문에서는 이러한 해석에 존재하는 2개의 문제에 대해서도 한 걸음 더 나아가 설명을 진행하였다.[249]

10. 어법

李建平은 先秦兩漢吳晉 간백문헌에 나타나는 稱數法 체계에 대해 통시적, 공시적으로 종합적인 고찰을 진행하였다. 논문에서 그는 先秦시대 물량표시법 가운데 數詞가 名詞와 직접 결합하는 비율이 절대적으로 높았으나, "수량+名"의 구조는 楚簡에 이미 비교적 많이 나타난다고 주장하였다. 兩漢시대에 이르면 量詞의 사용이 稱數法 내에서 점차 규범이 되었는데 傳世문헌에는 이러한 현상이 보이지 않는 바, 楚秦 간백의 稱數法에서 비교적 분명하게 지역 특색이 드러난 것이다.[250] 時兵은 새로 나온 里耶秦簡과 南越國宮署遺址의 西漢墓簡에 기재된 내용을 결합하여 秦漢시기 "木"이 量詞로 쓰인 정황에 대해 보충 설명을 가하였다.[251] 馬克東은 詞目의 증보, 의미 항목의 증보, 釋義의 정정, 補闕의 書證, 提前의 書證 등 방면에서 居延漢簡에 기재된 재료를 예로 들어 詞書學의 가치에 대해 설명하였다.[252] 大西克也는 馬王堆帛書의 "與", "予"기록에서 출발하여 馬王堆帛書에는 "與"가 주다는 의미로 사용된 경우는 없고 주다는 뜻을 나타낼 때에는 통상 "予"字를 사용하였음을 밝혔다. 아울러 張家山漢簡, 銀雀山漢簡 및 秦簡, 楚簡의 용례를 모아 "與"가 주다는 의미를 나타내는 것은 주로 東漢 이후의 글자 사용 습관이며 西漢 초기에 원래 소리에 변화가 발생하여 "與"와 "予"의 독음이 비슷해 진 것이 그 음운 상의 배경이었음을 밝혔다.[253] 楊豔輝는 《敦煌漢簡》에 기재된 자료를 소재로 하여 그것이 반영하고 있는 語音通假의 문제를 논하였다.[254]

張國豔은 居延漢簡에 보이는 虛詞에 대해 상세한 분류 및 정리를 진행하였고 아울러 虛詞의 정의, 표준구분 등의 문제를 논의하였다.[255] 朱湘蓉는 秦簡의 單音詞와 複音詞에 대해 비교적 전면적인 연구를 진행하였다.[256] 田佳鷺는 睡虎地秦墓죽간 《日書甲種》을 주요 複音詞를 연구하였고,[257] 熊昌華는 전체 秦簡에 나타나는 介詞에 대해 분석하였다.[258] 房相楠는 周家臺秦簡 《病方及其它》에 보이는 句를 논의하였다.[259] 范紅麗는 《銀雀山漢墓竹簡(貳)》의 介詞, 連詞, 助詞, 語氣詞를 조사하였고,[260] 謝小麗는 《馬王堆漢

249) 宋華强, 2012, 「釋戰國秦漢簡中表示禁忌義的"龍"」, 『簡帛』 第7輯, 上海古籍出版社.

250) 李建平, 2012, 「先秦兩漢吳晉簡帛文獻稱數法研究」, 『簡帛研究2010』, 廣西師範大學出版社.

251) 時兵, 2012年12月30日, 「秦漢簡中量詞"木"示例」, 簡帛網.

252) 馬克東, 2012, 「居延漢簡的辭書學價值」, 『簡帛語言文字研究』 第6輯, 巴蜀書社.

253) 大西克也, 2012, 「說"與"和"予"」, 『古文字研究』 第29輯, 中華書局.

254) 楊豔輝, 2012, 「通假的語音關係初探-以〈敦煌漢簡〉爲主要研究材料」, 『簡帛語言文字研究』 第6輯, 巴蜀書社.

255) 張國豔, 2012, 「居延漢簡虛詞通釋」, 中華書局.

256) 朱湘蓉, 2012, 「秦簡詞彙初探」, 中國社會科學出版社.

257) 田佳鷺, 2012, 「睡虎地秦墓竹簡〈日書甲種〉複音詞考察」, 『簡帛語言文字研究』 第6輯, 巴蜀書社.

258) 熊昌華, 2012, 「秦簡介詞初探」, 『簡帛語言文字研究』 第6輯, 巴蜀書社.

墓帛書[肆]》에 나타난 副詞, 介詞, 連詞, 助詞, 語氣詞 등 副詞의 분류에 대해 분석하였다.[261] 潘克鋒은 《馬王堆漢墓帛書[肆]》의 副詞, 介詞, 助詞, 語氣詞, 連詞 등 虛詞를 연구하였다.[262]

陳榮傑은 《嘉禾吏民田家莂》의 田地 관련 어휘의 계층성을 분석하여 佃田은 상위어이고 기타 각종 田地 관련 어휘는 모두 佃田의 하위어라고 보았다. 다른 각도에서도 또한 서로 다른 계층으로 나눌 수 있는데 田地의 성질이라는 각도에서 보면 佃田의 하위어는 二年常限田, 餘力田, 餘力火種田과 火種田으로 나눌 수 있고, 각종 田地명칭은 또한 土質과 地力에 근거한 行政規定에 따라 旱田, 熟田으로 나눌 수 있다. 또 熟田은 上納米의 定額에 따라 稅田과 租田으로 나뉜다.[263]

11. 기타

1) 종합 서술과 연구목록

魯家亮은 2011년 秦漢魏晉간독연구의 주요성과에 대해 개술하였다.[264] 王偉는 건국이래 2010년 말까지 秦簡의 발견과 연구 상황을 단계별로 종합 서술하고 아울러 향후 연구 흐름을 전망하였다.[265] 馬芳은 《岳麓書院藏秦簡(壹)》에 실린 3편의 簡文에 대한 연구 상황을 종합 서술하였다.[266] 郝建平은 20세기 80年代 이후의 居延漢簡 연구를 크게 3가지로 나눠 회고하면서 남아있는 문제와 부족한 부분을 분석하였다.[267] 名和敏光는 馬王堆帛書의 연구 근황에 대해 논평하며 《陰陽五行》 乙篇을 중심으로 주요 연구 논저와 圖版 발표 상황에 대해 상세히 소개하였다.[268] 周雯은 銀雀山漢簡 《天地八風五行客主五音之居》편의 연구 상황을 상세히 논평하고 아울러 2가지 주요 석문의 차이와 각 연구자들의 해석 및 傳世문헌의 "八風名"에 대해 표를 만들어 비교하였다.[269] 石岡浩는 《二年律令》 연구를 소개하면서 이를 기초로 秦의 노역형 형기와 西漢 文帝의 刑制 개혁, 二十等爵制度 연구 등 3가지 과제에 대해 종합적으로 논평하였다.[270]

金慶浩, 李瑾華는 1975년 이후 2010년 10월까지 韓國의 戰國秦漢간백연구논저목록을 編著하였다.[271]

---

259) 房相楠, 2012, 「〈周家臺秦簡·病方及其它〉短語研究」, 『簡帛語言文字研究』 第6輯, 巴蜀書社.
260) 范紅麗, 2012, 「〈銀雀山漢墓竹簡[貳]〉介詞,連詞,助詞,語氣詞調査」, 『簡帛語言文字研究』 第6輯, 巴蜀書社.
261) 謝小麗, 2012年4月25日, 「〈馬王堆漢墓帛書[叁]〉虛詞整理」, 簡帛網.
262) 潘克鋒, 2012年5月22日, 「〈馬王堆漢墓帛書[肆]〉虛詞整理研究」, 復旦網.
263) 陳榮傑, 2012, 「〈嘉禾吏民田家莂〉田地詞語的層級性」, 『簡帛語言文字研究』 第6輯, 巴蜀書社.
264) 魯家亮, 2012, 「2011年秦漢魏晉簡牘研究概述」, 『簡帛』 第7輯, 上海古籍出版社.
265) 王偉, 2012, 「建國以來秦簡的發現與研究」, 『簡帛語言文字研究』 第6輯, 巴蜀書社.
266) 馬芳, 2012, 「〈岳麓書院藏秦簡(壹)〉研究綜述」, 『中國文字研究』 第16輯, 上海人民出版社.
267) 郝建平, 2012, 「近30年來居延漢簡研究綜述」, 『魯東大學學報』(哲學社會科學版) 第3期.
268) 名和敏光著, 曹峰譯, 2012, 「日本的馬王堆漢墓帛書研究近況－以〈陰陽五行〉乙篇爲重點」, 『出土文獻』 第3輯, 中西書局.
269) 周雯, 2012, 「銀雀山漢簡〈天地八風五行客主五音之居〉研究綜述」, 『簡帛』 第7輯, 上海古籍出版社.
270) 石岡浩著, 莊小霞譯, 楊振紅審校, 2012, 「出土法律文書與秦漢法制史研究」, 『簡帛研究2010』, 廣西師範大學出版社.
271) 金慶浩, 李瑾華, 2012, 「韓國的戰國秦漢簡帛研究論著目錄(1975－2010.10)」, 『簡帛研究2010』, 廣西師範大學出版社.

金鵬程, 徐誠彬은 서양의 간백연구 논저 목록을 編著하였다.[272] 李薇은 岳麓書院秦簡《數》書 연구목록을 編著하였다.[273] 于洪濤는 張家山漢簡《奏讞書》 연구 목록을 編著하였다.[274]

2) 서평과 전문 저서 교정

胡平生은《里耶秦簡(壹)》과《里耶秦簡牘校釋(第一卷)》 두 책이 2012년 고문헌학계의 兩大 성과라고 말하면서 두 책의 주요 내용과 특징 및 성과에 대해 예를 들어 논평하였다.[275]

聶丹은 錯釋, 漏釋, 衍釋이라는 3가지 방면에서《河西簡牘》의 釋文 문제를 교감하였다.[276] 肖慶峰, 張麗娜는《居延漢簡釋文合校》 부록의《居延漢簡簡號, 出土地點, 圖版頁碼對照一覽表》의 잘못을 교감하고 빠진 내용을 보충하였다.[277] 李洪財는《敦煌漢簡》에 대해 綴合, 改釋, 補釋 등을 포함하여 모두 20여 개의 校注를 달았다.[278]

于振波는 본인의 秦漢간독 및 秦漢史 연구 논문을 모아 출판하면서 "田制와 賦稅", "職業, 身份과 階層", "基層行政制度", "法律과 社會", "簡牘雜考" 등의 방면에서 일부 수정을 가하였다.[279] 胡平生은 그의 간독문물 연구논문을 모아 출판하면서 1981년에서 2011년 사이에 발표한 다량의 秦漢魏晉간독 및 관련 문물제도를 포함한 논문 50편을 수록하였다.[280]

3) 간독의 디지털화

蘇衛國, 王文濤는 현존하는 간독의 디지털화 규범 문제를 전면적으로 분석, 검토하였다. 그들은 논문에서 간독의 디지털화는 응당 古籍 디지털화의 得失을 참고, 귀감으로 삼아야 한다고 하였고, 아울러 메타데이터의 표준 제정을 핵심적인 디지털화 규범으로 삼아야 한다고 지적하였다.[281]

[번역 : 김보람(서울대학교 동양사학과), 방윤미(서울대학교 동양사학과), 장호영(서울대학교 동양사학과)]

투고일: 2014. 10. 27.　　심사개시일: 2014. 10. 30.　　심사완료일: 2014. 11. 24.

272) 金鵬程, 徐誠彬著, 戴衛紅, 鄔文玲審校, 2012, 「簡帛研究西文論著目錄」, 『簡帛研究2010』, 廣西師範大學出版社.

273) 李薇, 2012年2月14日, 「岳麓秦簡〈數〉書研究論著目錄」, 簡帛網.

274) 于洪濤, 2012年4月24日, 「張家山漢簡〈奏讞書〉研究目錄」, 簡帛網.

275) 胡平生, 2012, 「里耶擁戈泛吳楚, 吊古感懷漫悲歌-讀〈里耶秦簡(壹)〉與〈里耶秦簡牘校釋(第一卷)〉」, 『出土文獻研究』 第11輯, 中西書局.

276) 聶丹, 2012, 「〈河西簡牘〉校勘記」, 『簡帛語言文字研究』 第6輯, 巴蜀書社.

277) 肖慶峰, 張麗娜, 2012年10月31日, 「〈居延漢簡簡號,出土地點,圖版頁碼對照一覽表〉勘誤與補遺」, 簡帛網.

278) 李洪財, 2012年9月11日, 「〈敦煌漢簡〉校注」, 復旦網.

279) 于振波, 2012, 「簡牘與秦漢社會」, 湖南大學出版社.

280) 胡平生, 2012, 「胡平生簡牘文物論稿」, 中西書局.

281) 蘇衛國, 王文濤, 2012, 「試論簡牘數字化的規範問題」, 『魯東大學學報』(哲學社會科學版) 第3期.

참/고/문/헌

陳抗生, 2012, 「永遠的紅樓」, 『出土文獻』 第3輯, 中西書局.

遊順釗, 2012, 「秦律"泰母夏子"辨析」, 『古文字研究』 第29輯, 中華書局.

戴世君, 2012, 「〈睡虎地秦墓竹簡〉注譯商榷六則」, 『江漢考古』 第4期.

于洪濤, 2012, 「睡虎地秦簡中的"稟衣"範圍再考析」, 『魯東大學學報(哲學社會科學版)』 第4期.

海老根量介, 2012, 「放馬灘秦簡鈔寫年代蠡測」, 『簡帛』 第7輯, 上海古籍出版社.

湖南省文物考古研究所編著, 2012, 「里耶秦簡(壹)」, 文物出版社.

朱紅林, 2012, 「讀里耶秦簡札記」, 『出土文獻研究』 第11輯, 中西書局.

何有祖, 2012, 「新出里耶秦簡札記二則」, 『出土文獻研究』 第11輯, 中西書局.

李都都, 2012, 「岳麓秦簡〈質日〉釋地九則」, 『楚學論叢』 第二輯, 湖北人民出版社.

朱鳳瀚, 2012, 「北大藏秦簡〈從政之經〉述要」, 『文物』 第6期.

韓巍, 2012, 「北大秦簡中的數學文獻」, 『文物』 第6期.

陳侃理, 2012, 「北大秦簡中的方術書」, 『文物』 第6期.

田河, 2012, 「漢簡遣册文字叢考」, 『古文字研究』 第29輯, 中華書局.

甘肅簡牘保護研究中心·甘肅省文物考古研究所·甘肅省博物館·中國文化遺産研究院古文獻研究室·中國社會科學院簡帛研究中心編, 2012, 『肩水金關漢簡(貳)』, 中西書局.

魯家亮, 2012, 「肩水金關漢簡釋文校讀六則」, 『古文字研究』 第29輯, 中華書局.

藤田勝久著, 肖芸曉譯, 曉田校, 2012, 「金關漢簡的傳與漢代交通」, 『簡帛』 第7輯, 上海古籍出版社.

田天, 2012, 「江蘇邗江胡場五號漢墓木牘的再認識」, 『出土文獻』 第3輯, 中西書局.

何有祖, 2012, 「孔家坡漢簡叢考」, 『中國國家博物館館刊』 第12期.

曹旅寧·張俊民, 2012, 「玉門花海所出〈晉律注〉初步研究」, 『出土文獻與法律史研究』 第1輯.

張忠煒, 『秦漢律令法系研究初編』, 社會科學文獻出版社.

南玉泉, 2012, 「秦漢式的種類與性質」, 『中國古代法律文獻研究』 第6輯, 社會科學文獻出版社.

彭浩, 2012, 「秦和西漢早期簡牘中的糧食計量」, 『出土文獻研究』 第11輯, 中西書局.

李均明, 2012, 「秦漢帝國標準化措施述略」, 『漢帝國的制度與社會秩序』, 牛津大學出版社.

李天虹, 2012, 「秦漢時分紀時制綜論」, 『考古學報』 第3期.

張國豔, 2012, 「居延漢簡虛詞通釋」, 中華書局.

熊昌華, 2012, 「秦簡介詞初探」, 『簡帛語言文字研究』 第6輯, 巴蜀書社.

于振波, 2012, 「簡牘與秦漢社會」, 湖南大學出版社.

胡平生, 2012, 「胡平生簡牘文物論稿」, 中西書局.

〈中文摘要〉

2012年秦漢魏晉簡牘研究概述

魯家亮

本文主要是對2012年秦漢魏晉簡牘研究概況的簡介。行文體例、分類標準大體與往年所作概述保持一致, 少數地方依據具體情況有所增減,調整。需要特別說明的是, 部分研究成果早先在網絡發表, 往年的概述已有收錄。後雖正式在紙質媒介刊出, 但結論無實質變化者, 不再重復介紹。希望小文能給對秦漢魏晉簡牘研究感興趣的學者提供些許便利, 其疏漏和不足亦請各位讀者見諒。

▶ 關鍵詞 : 秦, 漢, 魏, 晉, 簡牘

한/국/고/대/금/석/문/연/구 자/료

扶餘 宮南池 출토 목간의 새로운 판독과 이해

彌勒寺址 출토 백제 문자자료

錦山 栢嶺山城 遺蹟 出土 文字 資料와 懸案

백제 砂宅智積碑의 재검토

낙양 용문석굴 소재 백제 관련 명문자료

難元慶墓誌銘

「陳法子 墓誌銘」 역주

扶餘 宮南池 출토 목간의 새로운 판독과 이해

기경량[*]

〈국문초록〉

궁남지 유적은 634년 백제 무왕이 만들었다고 전해지는 연못이다. 1960년대 후반 부여군 남쪽 지역의 저습지를 현재의 모습으로 복원하고, 1990년부터 2006년까지 국립부여박물관과 국립부여문화재연구소에서 순차적으로 발굴 조사를 하였다. 조사 과정에서 백제의 목간이 3점 출토되었는데, 1점은 1995년 조사에서, 2점은 2001년 조사에서 발견되었다.

궁남지 1호 목간은 일찍부터 주목을 받았던 문서 목간이다. 이 목간은 '西卩後巷'이라는 문구를 통해 백제 도성의 행정구역에 대한 문헌 기록이 사실임을 증명하였고, '卩夷'와 '帰人'과 같은 용어를 통해 백제 경내의 外來人의 존재를 확인시켜 주었다. 그밖에도 '中口'와 '小口' 등의 용어를 통해 백제가 民을 나이에 따라 관리하였음을 드러냈다.

그러나 궁남지 1호 목간은 그간 많은 학자들의 검토 대상이 되었음에도 여전히 판독상 미비함이 있다. 1999년 간행된 발굴 보고서에 실린 가장 이른 시기의 적외선 사진을 참고한 결과 뒷면에서 '干'자와 '畑'자를 추가적으로 판독해냈다. 이에 따라 '畑丁'이라는 용어의 사용 가능성을 염두에 둘 필요가 생겼다. 나주 복암리 목간의 판독과 연관하여 한때 논란이 되기도 하였던 '帰人'을 '婦人'으로 고쳐서 판독하는 문제는 발굴 초기에 찍은 실물 사진과 적외선 사진을 참고했을 때 역시 '帰人'으로 판독하는 것이 타당하다.

궁남지 2차 보고서 1호는 전형적인 글자 연습용 목간이다. 4개면에 동일한 글자들을 반복해 적고 있으며, 특별한 내용을 담고 있지는 않지만 그간 판독자별로 엇갈렸던 판독문을 이번에 정리하였다. 궁남지 2차 보고서 2호는 그동안 해석이 가능할 정도로 판독이 이루어지지 않았던 목간이다. 글자 연습용 목간이

* 서울대학교 국사학과 강사

거나 편지 목간일 가능성이 제시된 바 있을 뿐이다. 이번 판독을 통해 몇 개의 글자를 더 읽어낼 수 있었는데, 그 내용은 특정 인물의 戰功에 대해 서술하고 있는 것으로 여겨진다. 이 목간은 백제의 군사 행정을 담은 문서목간으로 볼 수 있으며, 작성 주체는 『周書』에서 확인되는 백제 外官 중 하나인 司軍部로 추정된다.

▶ **핵심어 : 궁남지, 목간, 전정(畑丁), 귀인(帰人), 군사 행정**

I. 개관

궁남지는 충청남도 부여군 부여읍 동남리에 속해 있는 유적이다. 부여읍 남쪽에 넓게 형성된 개활지에 위치한다. 이 일대는 본래 상습적으로 침수가 일어나는 저습지였는데, 1965~1967년에 복원하여 현재와 같은 모습을 갖추었다.

『삼국사기』에는 634년(무왕 35) 대궐 남쪽에 못을 팠는데 20여 리 밖에서 물을 끌어 들이고 못 가운데 方丈仙山을 모방하여 섬을 쌓았다고 기록되어 있으며, 『삼국유사』에는 武王의 어머니가 京師의 남쪽 못가에 살았는데 용과 관계하여 무왕을 낳았다는 전승이 실려 있다. 이러한 문헌 기록을 참조하여 1960년대 후반에 진행된 복원 작업 이후 이 일대를 궁의 남쪽에 있는 못이라는 의미로 '궁남지'라 부르게 되었다. 현재 사적 제135호로 지정되어 있다.

궁남지 유적은 1990~1993년 국립부여박물관에 의해 3차에 걸쳐 조사가 이루어졌다. 1990년에는 궁남지 서편, 1991~1992년에는 궁남지 동북편을 조사하였으며, 1993년에는 궁남지 동남편을 조사하였다. 이들 조사에서 백제시대 수로와 수전 경작층 등을 확인하였고, 각종 토기와 벽돌, 목제품 등이 출토되었다.

1995~2006년에는 국립부여문화재연구소에 의해 8차에 걸친 조사가 이루어졌다. 1995년에는 궁남지 내부를 조사하였는데, 저수조와 짚신, 사람 발자국 흔적을 비롯하여 '西卩後巷'명 목간이 출토되었다. 1997년에는 궁남지 서북편 일대를 조사하였고, 1998~2001년에는 궁남지 북편에 대한 조사가 이루어졌다. 특히 2001년 조사에서는 재차 목간이 출토되었고, 각종 목제품과 철도자·토기 등이 수습되었다. 2003~2006년에는 궁남지 남편 일대를 조사하였다.

현재까지 확인된 궁남지 출토 목간은 3점이다. 각 목간의 출토 상황과 제원은 해당 부분에서 구체적으로 기술하도록 하겠다.[1)]

---

1) 본문 중에서는 편의상 몇 가지 목간 자료집에 대해 약어를 사용하고자 한다. 국립부여박물관, 2008, 『백제목간』, 학연문화사는 '백제', 국립부여박물관·국립가야문화재연구소, 2009, 『나무 속 암호 목간』, 예맥은 '나무', 국립창원문화재연구소, 2004, 『한국의 고대목간』, 예맥출판사는 '창원', 國立加倻文化財研究所, 2011, 『韓國木簡字典』, 예맥은 '자전'이다.

II. 궁남지 1호(창원-315, 백제-297, 나무-295, 자전-궁1)

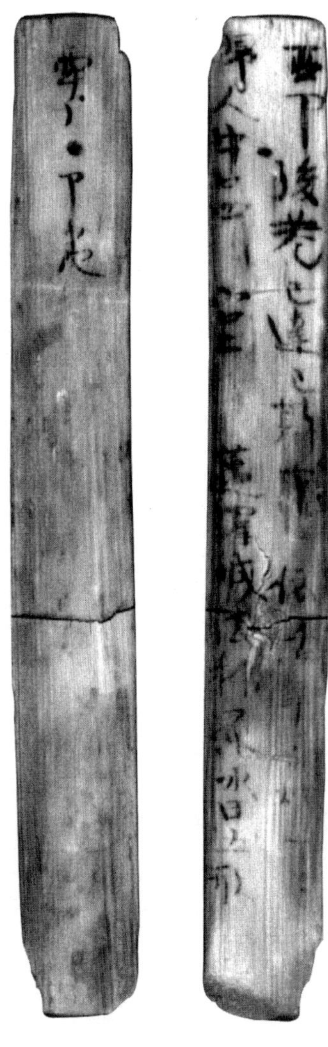

앞면　　　　　　뒷면

출처: 나무, p.67.

1995년 연못 중심부에 대한 조사 과정에서 나무로 만든 貯水槽 시설 남동쪽 모퉁이에서 40㎝ 가량 떨어진 수로 안의 서편 護岸에서 다른 백제시대 유물들과 함께 출토되었다. 목간이 출토된 층은 연두색계와 회색계 뻘층과 유사한 진흙층이었고, 150㎝ 반경 내에서 백제시대 돗자리, 토기편, 베틀 비경이로 보이는 목제품 등이 출토되었다. 북쪽으로 250㎝ 떨어진 수로의 동일 층위에서는 철제 화살촉 1점이 출토되었다.

목간은 길이 35㎝, 폭 4.5㎝, 두께 1.0㎝의 장방형이며, 목재는 소나무이다. 칼을 이용해 잘 다듬은 형태이고 모서리도 둥글게 처리하였다. 상단에 비해 하단 모서리의 각이 더 둥글게 처리되어 있다. 상단 4.4~4.9㎝ 지점 가운데는 지름 0.5㎝ 정도의 구멍이 뚫려 있다. 구멍은 전면에서 후면 쪽으로 관통시킨 것으로 확인된다. 전면 상단에 1행의 짧은 묵서가 있고, 후면에는 2행의 묵서가 남아 있다.

1. 판독 및 교감

앞면: 西十[2][丁][3]卩夷

뒷면 1: 西卩後巷巳達巳斯[4]丁[5] 依活[6]干[7]▨[8]畑[9]丁[10]

2: 帰[11]人中口四 小[12]口二 邁羅城法利源水田[13]五形

앞면 1-②: 十

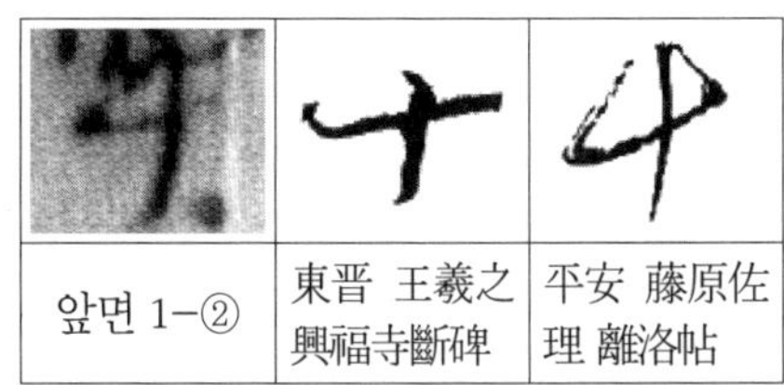

앞면 1-②	東晋 王羲之 興福寺斷碑	平安 藤原佐理 離洛帖

∴ '卩'로 판독하는 경우도 있으나 자획의 형태상 그렇게 보기는 어렵다. 획의 형태로 보았을 때 첫 번째 글자인 '西'에 연이어 '十'을 쓴 것으로 보는 것이 타당하다.

앞면 1-③: [丁]

앞면 1-③	궁남지 발굴 보고서 1999, 도판 157	北魏 張玄墓誌	隋 智永 眞草千字文	唐 柳公權 馮宿碑

∴ 제대로 보이는 것은 세로획뿐이다. 단, 가로획으로 볼 수도 있을 법한 선이 희미하게 확인된다. 남아 있는 자획상 '中'으로 보기는 어려우며, 丁으로 보는 것이 타당하다. 바로 앞 글자인 十의 마지막 세로획이 왼쪽으로 휘어 있으므로 그 방향의 끝에서 丁의 첫 번째 획이 시작되는 것으로 볼 수 있을 것이다.

---

2) 卩(최맹식·김용민, 박현숙, 국립청주박물관, 노중국), [卩](이용현), 十(윤선태, 손환일, 자전), [十](이경섭), ▨(백제, 나무).

3) 中(최맹식·김용민, 박현숙, 국립청주박물관, 노중국), 丁(이용현, 윤선태), -(손환일, 자전), ▨(백제, 나무).

4) 斯(최맹식·김용민, 박현숙, 이용현, 국립청주박물관, 윤선태, 백제, 나무, 노중국, 이경섭, 平川 南, 손환일), 新(자전).

5) 卩(최맹식·김용민, 박현숙), 丁(이용현, 국립청주박물관, 윤선태, 백제, 나무, 노중국, 이경섭, 平川 南), [卩](손환일).

6) 活(최맹식·김용민, 박현숙, 국립청주박물관, 윤선태, 노중국, 손환일, 자전), [舌](이용현), 舌(백제, 나무), [活](이경섭), ▨(平川 南).

7) [率](최맹식·김용민), 耳(손환일), ▨(박현숙, 이용현, 국립청주박물관, 윤선태, 백제, 나무, 노중국, 이경섭, 자전).

8) [前](최맹식·김용민), 利(손환일), ▨(박현숙, 이용현, 국립청주박물관, 윤선태, 백제, 나무, 노중국, 이경섭, 자전).

9) [後](최맹식·김용민), 知(손환일), 後[자전], ▨(박현숙, 이용현, 국립청주박물관, 윤선태, 백제, 나무, 노중국, 이경섭).

10) [卩](최맹식·김용민), ▨(박현숙, 손환일), 丁(이용현, 국립청주박물관, 윤선태, 백제, 나무, 노중국, 이경섭), [丁](平川 南), 卩(자전)

11) 帰(최맹식·김용민, 박현숙, 이용현, 국립청주박물관, 윤선태, 백제, 나무, 노중국, 이경섭, 손환일, 자전), 婦(平川 南).

12) 下(최맹식·김용민, 박현숙), 小(이용현, 국립청주박물관, 윤선태, 백제, 나무, 노중국, 이경섭, 平川 南, 손환일, 자전).

13) 水田(최맹식·김용민, 박현숙, 이용현, 국립청주박물관, 윤선태, 백제, 나무, 노중국, 이경섭, 平川 南, 손환일, 자전), 畓(이용현).

뒷면 1-⑨: 丁

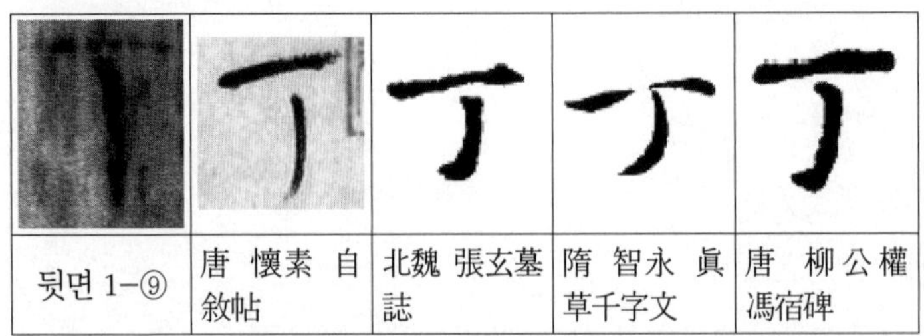

뒷면 1-⑨	唐 懷素 自敘帖	北魏 張玄墓誌	隋 智永 眞草千字文	唐 柳公權 馮宿碑

∴ 글자의 우측 상단에서 돌아 내려오는 필획이 보이지 않으므로 '卩'가 아니라 '丁'으로 읽는 것이 합당하다.

뒷면 1-⑪: 活

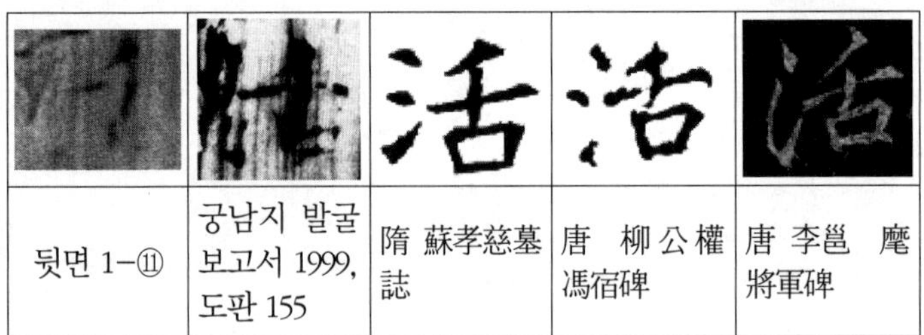

뒷면 1-⑪	궁남지 발굴 보고서 1999, 도판 155	隋 蘇孝慈墓誌	唐 柳公權 馮宿碑	唐 李邕 麾將軍碑

∴ 우변의 '舌'은 분명하나, 좌변은 분명하지 않다. 다만 발굴보고서에 실린 적외선 사진을 보면 왼쪽에 삼수변의 일부로 보이는 묵흔이 확인된다. 따라서 '活'로 판독한다.

뒷면 1-⑫: 干

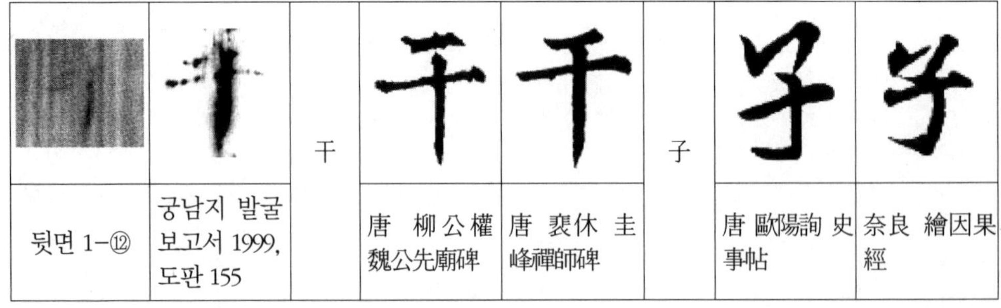

뒷면 1-⑫	궁남지 발굴 보고서 1999, 도판 155	干	唐 柳公權 魏公先廟碑	唐 裵休 圭峰禪師碑	子	唐 歐陽詢 史事帖	奈良 繪因果經

∴ 자획이 희미하여 판독이 어렵다. '千'이나 '子'일 가능성도 있으나 '千'으로 보기에는 바로 윗 글자인 '活'의 자획을 참고했을 때 첫 가로획이 수평하게 그어지고 있다는 점에서 성립하기 어렵다. 또한 '子'로 보기에는 세로획이 왼쪽으로 휘는 기운이 없이 곧바로 내려오고 있는 점이 문제가 된다. 따라서 '干'으로 판독하는 것이 타당해 보인다.

뒷면 1-⑬: ▨

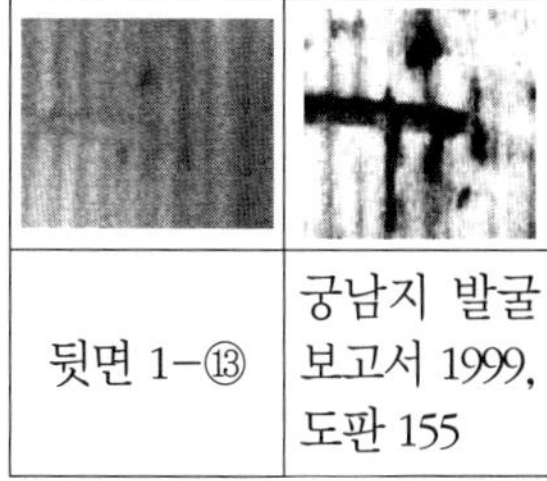	
뒷면 1-⑬	궁남지 발굴 보고서 1999, 도판 155

∴ 자흔이 매우 희미하게 남아 있는 데다, 글자 가운데를 가로지르며 길게 흠집이 나 있어 판독이 어렵다.

뒷면 1-⑭: 畑

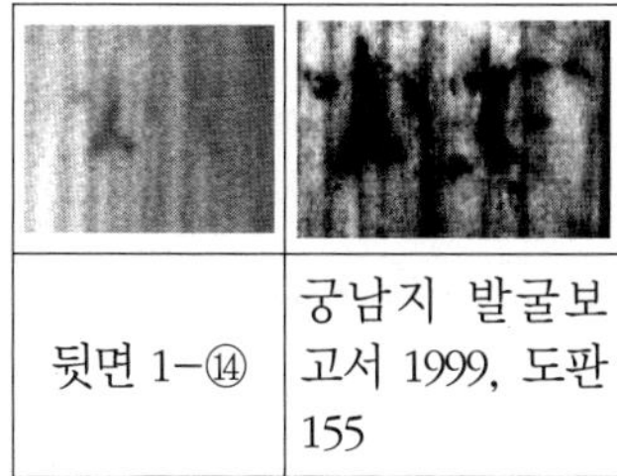	
뒷면 1-⑭	궁남지 발굴보고서 1999, 도판 155

∴ 기존에는 '後'나 '知'로 판독한 경우가 일부 있었고, 그 외에 대다수 판독자들은 미상자로 처리하였다. 실제로 각종 자료집에 실린 사진들에서는 좌변의 '火'만 간신히 판독할 수 있을 정도로 글자가 희미하다. 하지만 1999년 간행된 발굴보고서에 실린 사진을 보면 우변의 '田'이 뚜렷하게 확인된다. 따라서 '畑'으로 판독한다. 한 가지 짚고 넘어갈 점은 궁남지 1호 목간의 경우 발굴보고서 도판에 실린 사진이 그간 출간된 목간 자료집들의 사진보다 선본이라는 점이다. 판독에 있어서 이 점을 염두에 두어야 한다.

뒷면 1-⑮: 丁

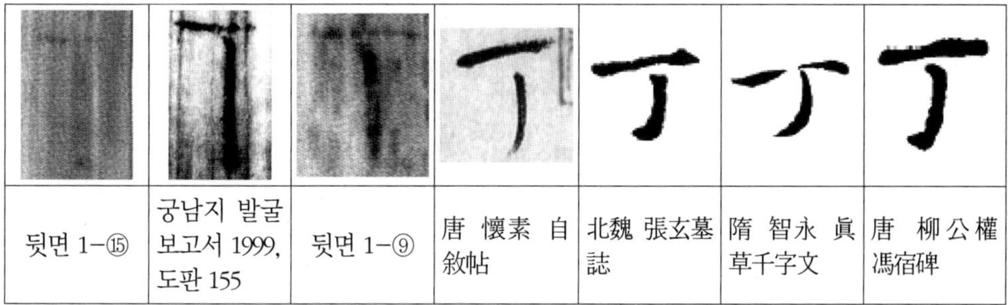						
뒷면 1-⑮	궁남지 발굴 보고서 1999, 도판 155	뒷면 1-⑨	唐 懷素 自敍帖	北魏 張玄墓誌	隋 智永 眞草千字文	唐 柳公權 馮宿碑

∴ 발굴 초기에 찍은 보고서의 사진에 선명하게 '丁'임이 드러나며, 뒷면 1-⑨ 글자와 동일자라는 것도 확인할 수 있다.

뒷면 2-①: 帰

뒷면 2-①	출토 당시 사진	궁남지 발굴 보고서1999, 도판155	唐 李邕 李思訓碑	平城京 5131	平安 伝橘逸勢伊都内親王願文

∴ 목간의 좌변 상단이 약간 깨져 나가 결실되어 있다. 기존 판독자 대부분이 '帰'로 판독해 왔으나 李成市(2010)와 平川 南(2010)은 '婦'로 판독하였다. 궁남지 목간과 유사한 문장 구조를 가진 나주 복암리 목간의 글자를 판독하는 과정에서 양자가 동일자라는 판단 하에 궁남지 목간에 대해서도 수정된 판독안을 제시한 것이다. 이에 대해 김창석(2011)은 복암리 목간에 대해서는 '婦'로 보면서도 궁남지 목간은 앞면의 '卩夷'에 조응하는 측면에서 기존 방식대로 '帰'로 판독하는 것이 합리적이라고 하였고, 홍승우(2013)는 문장 구조상 궁남지 목간과 복암리 목간의 해당 글자는 동일 글자로 보아야 할 것이라고 지적하며 두 글자 모두 '帰'라고 재확인하였다.

각종 자료집에 실린 적외선 사진을 보면 궁남지 1호 목간의 해당 글자 좌변 위쪽이 결실되어 판독에 어려움을 준다. 하지만 목간 발굴 직후 현장에서 찍은 사진과 발굴보고서에 실린 초기 적외선 사진을 보면, 해당 글자 좌변에 선명하게 세로 획 두 개가 확인될 뿐 '女'가 되기 위해 필요한 가로획은 보이지 않는다. 목간의 글씨는 발굴 직후가 가장 선명하다고 알려져 있는데, 가장 이른 시기의 사진에서 확인되는 모습이 이러하므로 해당 글자가 복암리 목간에 나오는 글자와 동일자인가에 대한 논의와 별개로 이 목간에서의 판독은 '帰'로 보는 것이 타당하다.

뒷면 2-⑥: 小

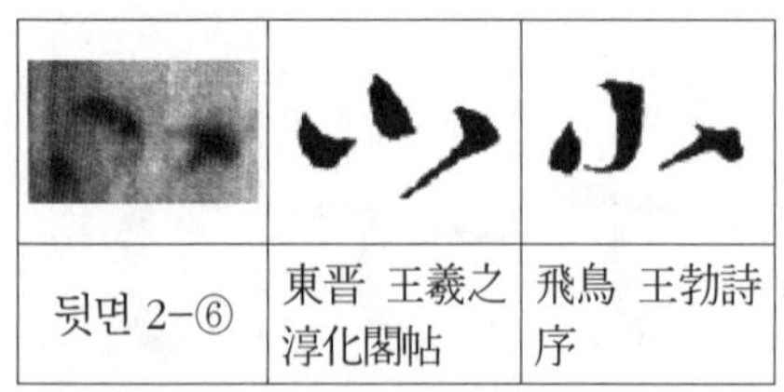

뒷면 2-⑥	東晋 王羲之 淳化閣帖	飛鳥 王勃詩序

∴ 초기에는 '下'로 판독하기도 하였으나 자형상 '小'가 분명하다.

뒷면 2-⑭: 源

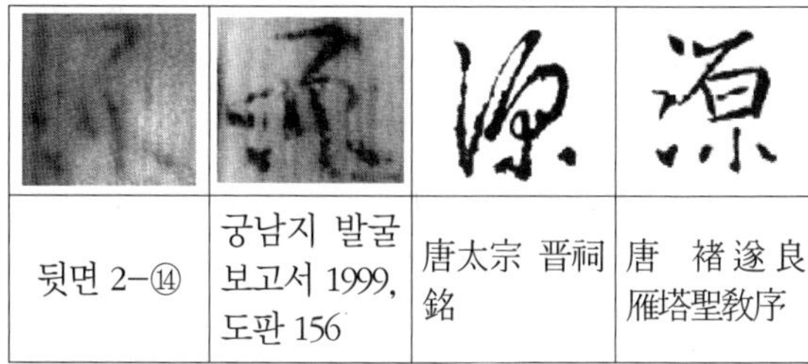

뒷면 2-⑭	궁남지 발굴 보고서 1999, 도판 156	唐太宗 晋祠銘	唐 褚遂良 雁塔聖教序

∴ '源'의 초서 형태이다.

뒷면 2-⑮: 水, 뒷면 2-⑯: 田

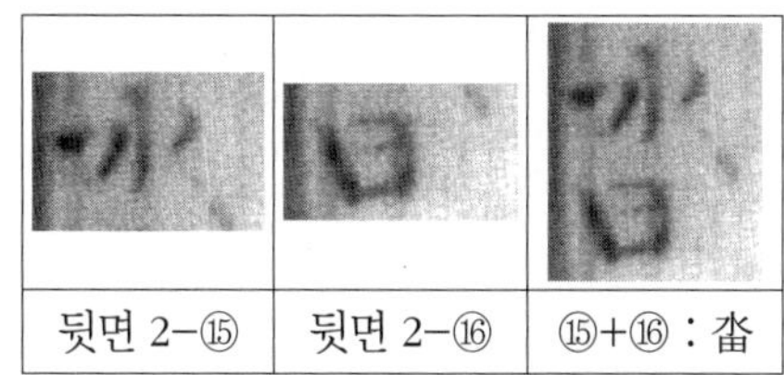

뒷면 2-⑮	뒷면 2-⑯	⑮+⑯ : 畓

∴ 이용현(1999)은 '畓'으로 읽었으나 나머지 판독자들은 모두 '水田' 두 글자로 판독하였다. 글자의 크기와 간격을 감안하면 '水'와 '田' 두 글자로 보는 것이 타당하다고 여겨진다.

2. 역주(번역+주석)

앞면: 西十丁[14]◎卩夷[15]

뒷면 1행: 西卩後巷[16] 巳達巳斯[17]丁 依活干▨畑[18]丁

2행: 帰人[19] 中口 4 小口 2[20] 邁羅城[21] 法利源[22]의 水田[23] 5形[24]

14) 丁: 연령등급제에서 역역을 담당하는 기준이 되는 人身의 파악 단위를 가리킨다. 백제에서는 술과 관련된 직역을 담당한 이로 보이는 酒丁, 官內·官司나 귀족 아래에서 잡역에 종사하던 이로 추정되는 資丁과 같이 직역에 따라 여러 丁의 명칭이 있었던 것으로 보인다(金聖範, 2010, 「羅州 伏岩里 木簡의 判讀과 釋讀」, 『목간과 문자』 5, p.157).

15) 卩夷: 서부라는 행정 구역에 거주하는 이민족 출신자들을 가리키는 것으로 여겨진다. 이경섭은 '卩夷'이면서 '帰人'인 이들을 전쟁 포로로 매라성 법리원으로 사민된 이들이라고 파악하기도 하였다(李京燮, 2010, 「宮南池 출토 木簡과 百濟社會」, 『한국고대사연구』 57, 한국고대사학회, pp.346-348).

16) 西部後巷: 백제의 5부는 상부·중부·하부·전부·후부로 구성되어 있었고 부 아래에는 5巷이 편제되어 있었다. 이러한 기록이 남아 있는 가장 이른 시기의 문헌 자료는 『周書』와 『隋書』이다. 『周書』 卷49, 異域列傳 百濟에서는 "都下有萬家 分爲五部 曰上部前部中部下部後部……"라 하였고, 『隋書』 卷81, 東夷列傳 百濟에서는 "……其都曰居拔城……畿內爲五部 部有五巷 士人居焉……"이라 하였다. 항의 실재 여부는 궁남지 목간의 출토를 통해 증명되었으나, 문제는 西部라는 글자이다. 『삼국사기』 온조왕대 기사에 따르면 31년 정월에 남부와 북부를 만들고, 33년 가을 8월에 동부와 서부를 더 두었다고 한다. 이것이 실제 역사적 사실을 반영한 것인지는 불분명하지만, 부여 지역에서는 중국의 문헌 기록과 부합하는 각부의 명문 문자자

3. 연구쟁점

박현숙은 이 목간의 내용을 “西部後巷(에 사는) 巳達巳는 이 部에 의거하여 □□□□에서 활약했으므

료들이 다수 확인되었다. 이에 上部(東部), 前部(南部), 中部(中部), 下部(西部), 後部(北部)로 파악하여 이들 명칭을 동일한 시기 사용된 이칭으로 보는 것이 일반적이나, 박현숙은 605년(무왕 6) 나성의 형태를 완비하면서 효율적인 왕도 행정과 통치력 제고를 위하여 상·전·중·하·후의 부명을 동·서·남·북·중으로 바꾸었다고 보았다. 이러한 생각을 바탕으로 '西部'라는 지명이 있는 궁남지 1995년 1호 목간의 작성 연대도 무왕 6년 이후의 어느 때로 추정하였다(朴賢淑, 1996, 「宮南池 출토 百濟 木簡과 王都 5部制」, 『韓國史研究』 92, 韓國史研究會, p.30). 그러나 7세기에 백제에서 집중적으로 생산된 인각와에서도 여전히 상·전·중·하·후의 부명 꾸준히 사용되었던 것으로 보아 기존의 시각대로 상·전·중·하·후의 부명과 방위명 부명이 혼용되었다고 생각하는 편이 더 타당해 보인다. 한편 5부제가 사비 도성만이 아닌 지방 중심지에서도 시행되었을 것이라는 점을 들어 '西部後巷'을 익산의 행정구역으로 보는 견해도 있다(박민경, 2009, 「백제 궁남지 목간에 대한 재검토」, 『목간과 문자』 4, p.68).

17) 巳達巳斯: 인명으로 추정된다. 단, 巳達巳만 인명이고 斯丁은 丁의 한 명칭일 수도 있다.

18) 依活干▩畑: 인명으로 추정된다. 단, 依活干▩만 인명이고, 畑丁은 직역에 따른 丁의 한 명칭일 수도 있다.

19) 帰人: 흉년으로 인해 신라나 고구려 등에서 넘어온 유이민, 호적에서 이탈했다가 다시 돌아온 사람, 전쟁 포로 등을 가리키는 말로 추정하곤 한다(박현숙, 1996, 앞의 논문, pp.16-17). 인구 推刷에 따라 帰農한 사람으로 보기도 하였으며(노중국, 2010, 『백제사회사상사』, 지식산업사, p.224), 이를 '婦人'으로 판독하여 丁의 친족 관계를 가리키는 것으로 보기도 하였다(平川 南, 2010, 「日本古代の地方木簡と羅州木簡」, 『6~7세기 영산강유역과 백제』, 국립나주문화재연구소, p.185). 궁남지 목간과 복암리 목간 모두 帰人이 중구 및 소구로 구성되어 있다는 점에서 귀화인이 아니라 丁을 호주로 하는 호에 소속된 가속을 지칭하는 것으로 보기도 한다(홍승우, 2013, 「扶餘 지역 출토 백제 목간의 연구 현황과 전망」, 『목간과 문자』 10, pp.31-32).

20) 中口四 小口二: 연령에 따라 인력을 구분한 것이다. 이를 통해 당시 백제가 시행한 연령등급제의 형태를 살필 수 있다. 중국에서는 秦代에 키에 따라 백성을 등급화 하여 역을 부여하였고, 漢代에 이르러 연령을 기준으로 등급이 만들어졌다. 이때 20세나 23세를 기준으로 역의 수취와 동원이 이루어졌다고 하는데, 목간자료에 20세 이하가 역역에 동원된 사례가 있어 실제로는 15세 이상이 역역동원의 기준연령일 가능성도 있다고 한다. 北齊에서는 564년 '小-中-丁-老'의 연령등급제를 사용하는 한편 정의 연령을 18세 이상으로 하였으며, 隋代에는 '小' 아래에 '黃'이 더해지고 정의 연령은 21세가 되었다고 한다. 唐에서도 隋代의 연령등급제에 준하여 '3세 이하는 黃, 4~15세는 小, 16~20세는 中, 21~59세는 丁, 60세 이상은 老'라고 구분하였는데, 각 등급의 연령대 기준은 시기에 따라 다소 조정이 되었다고 한다(洪承佑, 2011, 『韓國 古代 律令의 性格』, 서울大學校 大學院 博士學位論文, pp.132-136). 唐 초기에 사용했던 연령등급제 기준에 따르면 궁남지 1호 목간에 나오는 중구 4는 '16~20세의 사람 4명'을 가리키는 것이고, 소구 2는 '4~15세 이하의 사람 2명'을 가리키는 것이 된다.

21) 邁羅城: 백제의 지명이다. 『三國志』 魏書 卷30, 東夷傳 韓에는 마한 54개국의 이름이 나열되는데 그중 萬盧國이 등장한다. 또한 『南齊書』 卷58, 東南夷列傳에 따르면 백제 동성왕대에 建威將軍 餘歷을 “假行龍驤將軍 邁盧王”으로 삼았다는 기록과 동성왕 17년 “沙法名을 假行征虜將軍 邁羅王”으로 임명했다는 내용이 있다. 『三國史記』 卷37, 地理 百濟에는 백제 멸망 후 설치된 도독부에 편제된 13현 중 邁羅縣이 확인된다. 『三國志』에 등장하는 萬盧國에 대해 정인보는 충청북도 진천으로 비정하였고(鄭寅普, 1946, 『朝鮮史研究』, 서울신문社出版局, p.118), 末松保和는 전라남도 옥구나 전라남도 장흥 회령을 후보지로 삼았으며(末松保和, 1949, 『任那興亡史』, 大八洲出版(1971, 『任那興亡史』, 吉川弘文館), p.112), 이병도는 충청남도 보령의 감포(李丙燾, 1976, 「三韓問題의 研究」, 『韓國古代史研究』, 博英社, p.265), 천관우는 전라북도 옥구로 비정한 바 있다(千寬宇, 1989, 「馬韓諸國의 位置試論」, 『古朝鮮史·三韓史研究』, 一潮閣, pp.405-406). 이용현은 매라성을 전라도 지역으로 보다가(李鎔賢, 1999, 「扶餘 宮南池 出土 木簡의 年代와 性格」, 『宮南池』, 國立扶餘文化財研究所, p.329) 충청남도 보령으로 수정하였다(이용현, 2007, 「목간」, 『백제의 문화와 생활』, 충청남도 역사문화연구원, p.296). 鮎貝房之進은 『南齊書』의 동성왕 표문 중에 등장하는 매라왕의 존재를 충청남도 서천군 한산면으로 비정하였고(鮎貝房之進, 1930, 「全北全州及慶南昌寧の古名に就きて」, 『靑丘學叢』 4, p.29), 매라현이 사비도성에 설치된 도독부 소속 13현 중 하나이고 사비도성의 서부후항에 거주

로 帰人인 中口 넷·下口 둘과 邁羅城 法利源의 水田 五形(을 하사한다)"고 해석하여 '巳達巳'라는 자가 공훈을 세운 것에 대한 포상의 내용이 적혀 있는 것으로 이해하였다.[25] 이용현은 이 목간의 소유자가 巳達巳斯라는 丁이라면 出務傳票이거나 過所 목간일 것이고, 당시 인구 편제와 호적 작성 등의 주무부서인 點口部의 기록이라면 호적류 관련 문서일 것이라고 보았다.[26]

윤선태는 목간에 등장하는 이들이 모두 단일한 戸를 구성한 이들이며, '帰人'은 이들 전체에 해당하는 신분표시라고 보았다. 또한 '매라성 법리원 수전 오형'은 해당 호의 재산관련 기록으로, 이들에게 주어진 경작지와 소재지를 표시한 것으로 이해하였다. 이에 따라 해당 목간의 성격은 호적의 내용을 발췌한 것으로 파악하였다.[27] 박민경은 이 목각이 가족 구성원을 기록한 호적의 성격과 보유한 토지 면적이 기록된 量案의 성격을 모두 가지고 있음을 지적하며, 국가가 조세 징수나 역의 징발 시 기록과 실제 상황을 대조하기 위한 장부의 성격을 가지고 있다고 보았다.[28]

이경섭 역시 이 목간이 문서목간의 성격을 지닌 帳簿 목간이라고 보았으며, 구체적 용도는 외부로부터 유입된 이들과 도성의 遊食者들을 대상으로 한 '徙民給田籍'이라고 하였다.[29] 김창석은 사비성의 서부 후항에 사는 원백제인과 帰人을 매라성 법리원에 있는 수전 5형의 경작에 동원했음을 기록한 徭役 징발 臺帳의 일부라고 보았다.[30]

목간 뒷면 2행에 등장하는 '帰人'의 성격에 대해서는 대부분의 연구자들이 외부로부터 유입된 歸化人으로 파악하고 있는데, 이는 '帰人'을 전면에 있는 '卩夷'와 연관된 존재로 파악하고 있기 때문이다. 다만 '帰人'의 범주를 2명의 丁과 中口 4와 小口 2까지 모두 포함되는 것으로 보는 경우가 있고(윤선태·박민

한 이들이 토지를 경작했다는 점에서 사비도성 인근에 위치해 있었다고 보는 경우도 있다(윤선태, 2007b, 『목간이 들려주는 백제 이야기』, 주류성, p.214). 박민경은 매라성을 전라북도 옥구로 파악하며, 이 목간에 등장하는 '서부후항' 역시 옥구와 가까운 전라북도 익산에 설치된 행정구역으로 보았다(박민경, 2009, 앞의 논문, p.68).

22) 法利源: 매라성에 속한 지명으로 여겨진다. 이용현은 이를 '佛法의 利益의 근원' 혹은 '佛法과 利益의 근원'이라는 의미일 것이라 보았다. 또한 '邁羅'와 달리 고유토착어 계열이 아닌 완벽한 漢子라는 점에서 백제가 이 지역을 접수한 후 행정구획화하는 과정에 붙인 지명이나 행정구역명일 것이라 하였다(이용현, 1999, 앞의 논문, pp.332-333).

23) 水田: 논을 의미한다. 이를 합쳐서 '畓'이라 판독하는 경우도 있는데, '畓'은 '水'와 '田' 두 글자가 합쳐져 하나의 글자로 변한 한국식 漢字이다.

24) 形: 백제 고유의 단위 기준으로 보이나 정확한 의미는 알기 어렵다. 앞에 나오는 水田의 면적을 나타내는 것으로 여겨진다. 이와 관련해 박현숙은 畝·頃·結 등 과거 토지를 세는 단위로 널리 쓰인 글자를 形으로 표시한 것이 아닌가 추측하기도 하였다(박현숙, 1996, 앞의 논문, p.12). 한편 통일신라의 수전 경작에서는 작은 구획을 하나로 묶은 대구획을 지칭하는 의미로 '畦'라는 용어를 사용한다는 점을 근거로, 백제의 '形'이 통일신라의 '畦'와 비슷한 성격의 용어일 가능성도 제기되었다(全德在, 1999, 「백제 농업기술 연구」, 『한국고대사연구』 15, 한국고대사학회, p. 117).

25) 朴賢淑, 1996, 앞의 논문, p.12.

26) 이용현, 2007, 앞의 논문, pp.295-296.

27) 윤선태, 2007b, 앞의 책, pp.213-215.

28) 박민경, 2009, 앞의 논문, pp.64-65.

29) 李京燮, 2010, 앞의 논문, pp.348-349.

30) 김창석, 2011, 「7세기 초 영산강 유역의 호구와 농작-나주 복암리 목간의 분석-」, 『百濟學報』 6, p.153.

경), 2명의 丁을 제외한 中口 4와 小口 2에만 해당되는 것으로 보는 경우가 있다(박현숙·이용현·이경섭·김창석, 홍승우). 특히 홍승우는 궁남지 목간뿐 아니라 나주 복암리에서 출토된 비슷한 문장 유형의 목간에서도 '帰人' 뒤에 中口와 小口만 등장한다는 점을 들어 '帰人'을 귀화인으로 보지 않고, 丁을 호주로 하는 호에 소속된 가속을 지칭하는 것으로 보았다.[31)]

이 문제가 분명하게 해결되기 위해서는 같은 유형의 목간이 더 출토되기를 기다려야 하겠지만, 문맥상 '帰人'의 범위를 그 앞의 丁에게까지 소급하는 것은 자연스럽지 못한 것이 사실이다. 현재로서는 '帰人'을 뒤에 이어지는 中口 4와 小口 2에만 해당하는 것으로 보는 것이 타당해 보인다. 다만 그렇다 하더라도 일부 연구자들의 시각처럼 巳達巳斯丁 依活干▨畑丁은 백제의 원주민, 中口 4와 小口 2는 외래인으로 구분해서 파악해야만 하는 것은 아니다. 목간 앞면에 '卩夷'라는 표현이 보이기 때문이다.

목간 앞면의 내용을 '西[卩] 소속의 10丁과 卩夷'로 분리해 보는 것보다는 '西[卩] 소속의 10丁－卩夷이다'라는 부가 설명으로 보는 것이 더 타당하다고 여겨진다. 『隋書』에 따르면 백제에는 "그 사람들은 新羅·高麗·倭人 등이 섞여 있으며, 中國 사람도 역시 있다."고 하였다.[32)] 백제에는 다양한 외래인들이 존재했던 것으로 여겨지는데, 그렇다면 도성 내에 거주하는 외래인들의 경우는 '卩夷'라는 형태로 분류되어 관리되었을 수 있을 것이다. 그런데 그 출신이 외래인이라 하여도 호적 상에 등록되었다면 원주민과 동일하게 丁으로서 수취와 관리의 대상이 되었을 것이므로, 뒷면에 보이는 巳達巳斯丁 依活干▨畑丁은 丁이자 卩夷인 존재로 볼 수 있을 것이다.

이 경우 '帰人'이 홍승우의 의견대로 丁을 호주로 하는 호에 소속된 가속을 지칭하는 것인지는 아직 단정할 수 없지만, 굳이 귀화인이라는 의미로 좁혀볼 필요는 없을 것이다. '帰'에는 '따르다'는 의미도 있으므로, '帰人'을 丁의 가솔로 보거나, 국가가 丁에게 어떤 역을 부여하면서 붙인 보조자로 해석하여도 무리는 없다.

한편 기존에 丁의 이름으로 보았던 "巳達巳斯丁 依活干▨畑丁"의 해석에 대해서도 재고의 여지가 있다. 새로 판독한 '畑'의 경우 이름에 들어가는 글자로 보기에는 다소 의문이 들기 때문이다. 백제에서는 맡은 직역에 따라 '酒丁'이나 '資丁'과 같은 용어가 사용되었음이 확인되는데, 그렇다면 '畑丁'이라는 용어가 사용되었을 가능성 또한 염두에 두지 않을 수 없다. 이 경우 '斯丁'이라는 용어 역시 상정 가능함은 물론이다. '斯'에는 '분리되다', '떠나다'라는 의미가 있으므로 본래 서부후항 소속이던 巳達巳가 邁羅城지역으로 분리 이주하게 된 것을 나타내는 것일 수도 있다. 그렇다면 이 문장은 '巳達巳는 斯丁이고, 依活干▨는 畑丁이다' 정도로 해석할 수 있을 것이다.

31) 홍승우, 2013, 앞의 논문, pp.31-32.

32) 『隋書』 卷81, 列傳 東夷 "其人雜有新羅高麗倭等 亦有中國人"

III. 궁남지 2차 보고서 1호(백제-궁Ⅱ1, 나무-궁2, 자전-궁3)

1999년~2001년 기간에 국립부여문화재연구소에서 궁남지 서북편 일대에 대한 발굴조사를 실시하였다. 그 결과 여러 갈래의 남북수로와 동서수로를 확인하였는데, 수로 내부의 퇴적층 조사에서 짚신을 비롯해 초목류와 씨앗류, 목재편, 동물뼈 등이 발견되었고, 그 외에도 토기편과 기와편, 칠기, 각종 목제품이 출토되었다. 이러한 유물들은 수로 내부의 흑갈색 유기물층에서 수습되었고, 일부는 수로 상층의 암록색 점토층에서 수습되었다.

1면 2면 3면 4면

출처: 나무, p.71.

궁남지 2차 보고서 1호 목간은 2001년 궁남지 동서수로 Ⅱ-2에서 출토된 것으로 상단부의 일부가 결실되었으나 완형에 가깝다. 결실된 상단부는 부러뜨린 듯한 모습이다. 위에서 아래로 단면의 크기가 좁아지며 전체적으로 휘어 있다. 4개면은 글을 쓰기 좋게 칼로 다듬어져 있고, 하단의 끝처리는 반듯하다. 4개의 면에 같은 글자들을 반복하여 써 넣은 전형적인 습서 목간이다. 잔존 길이는 4.8㎝, 단면 크기는 1.5~2.8㎝이다.

궁남지 유적에서는 鐵刀子와 벼루가 함께 출토되어 백제인들의 문자 생활에 대한 정보를 제공하고 있다. 이 목간은 일정한 한문 능력을 갖추어야 했던 백제의 관리들이 글씨를 연습하는 과정에서 제작된 습서 목간으로 보인다.

1. 판독 및 교감

1면	2면	3면	4면
×	×	×	×
▨	書	▨	▨
文	文	▨	進
文	[書]	[之]	文
文	[文]	之	之
文	文	之	也
文	[令]	▨	也
文	令	▨	也
文	[文]	之	也
文	文	之	也
文	也	之	也
	也	之	
	也	⌈⌉	
	文		
	也		
	文	⌊⌋	

1면: ▨文文文文文文文文文

2면: 書[33]文[書][34][文][35]文[令][36]令[37][文][38]文也[39]也[40]也[41]文也文

3면: ▨▨[之][42]之之▨[43]▨[44]之之之之[　　]

4면: ▨進[45]文[46]之也也[47]也也也也[48]

2면 1-①: 書

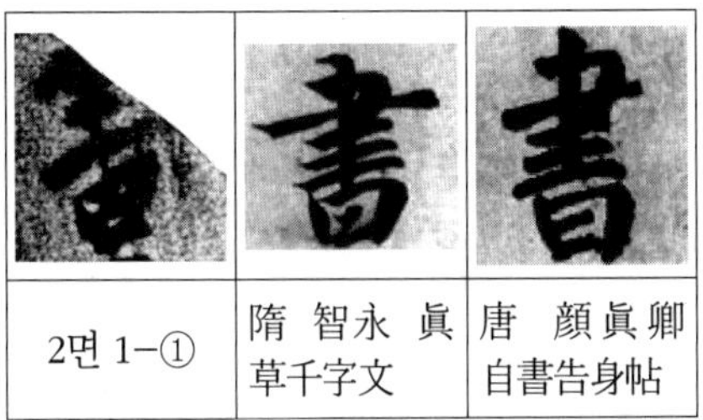

2면 1-①	隋 智永 眞草千字文	唐 顔眞卿 自書告身帖

∴ 우측 상부가 결실되었지만 '書'로 판독하는 데 문제가 없다.

2면 1-③: [書]

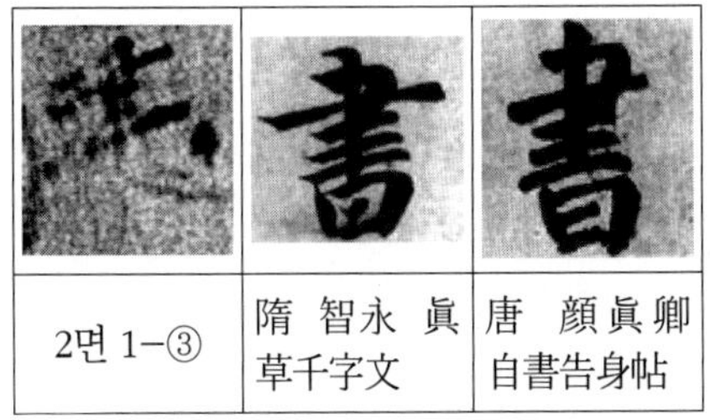

2면 1-③	隋 智永 眞草千字文	唐 顔眞卿 自書告身帖

∴ 하단의 자획이 보이지 않으나 상단부의 모습만으로 '書'로 판독하는 데 무리가 없다. 이 목간이 동일한 글자를 반복적으로 쓰고 있는 습서 목간이라는 점 또한 2면 1-①의 '書'와 동일자라고 볼 수 있는 근거가 된다.

33) 書(김재홍, 이용현, 백제, 나무), ▨(손환일, 자전).
34) 書(이용현, 백제, 나무), ▨(김재홍, 손환일, 자전).
35) ▨(김재홍, 이용현, 백제, 나무, 손환일, 자전).
36) ▨(김재홍, 이용현, 백제, 나무, 손환일, 자전).
37) 令(이용현, 백제, 나무, 손환일), ▨(김재홍, 자전).
38) ▨(김재홍, 이용현, 백제, 나무, 손환일, 자전).
39) 也(김재홍), 二(손환일), ▨(이용현, 백제, 나무).
40) 文(김재홍), 也(손환일), ▨(이용현, 백제, 나무, 목간) .
41) 也(김재홍, 손환일), ▨(이용현, 백제, 나무, 목간).
42) 文(김재홍, 이용현, 백제, 나무, 자전), 之(손환일).
43) 文(이용현, 백제, 나무), 二(손환일), ▨(김재홍).
44) 文(이용현, 백제, 나무), 人(손환일), ▨(김재홍, 자전).
45) 道(이용현, 백제, 나무), 進(손환일), ▨(김재홍, 자전).
46) 道(이용현, 백제, 나무), 文(자전, 손환일), ▨(김재홍).
47) 文(김재홍), 也(이용현, 백제, 나무, 목간, 손환일).
48) 文(김재홍), 也(이용현, 백제, 나무, 목간, 손환일).

2면 1-④: [文]

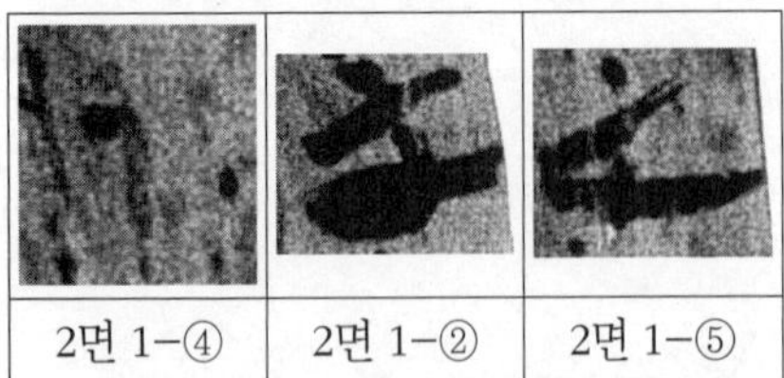

2면 1-④ 2면 1-② 2면 1-⑤

∴ 자획이 희미하여 대부분 연구자들이 미상자로 보거나 글자로 보지 않았으나, 묵흔이 남아 있는 것은 분명하고 남아 있는 자획으로 보았을 때 [文]으로 추독할 수 있다.

2면 1-⑥: [个]

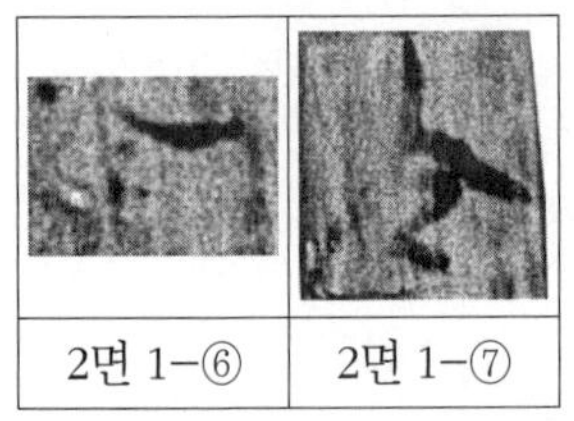

2면 1-⑥ 2면 1-⑦

∴ 자획이 희미하여 대부분 연구자들이 미상자로 보았으나, 남아 있는 자획을 보면 [个]으로 추독할 수 있다.

2면 1-⑧: [文]

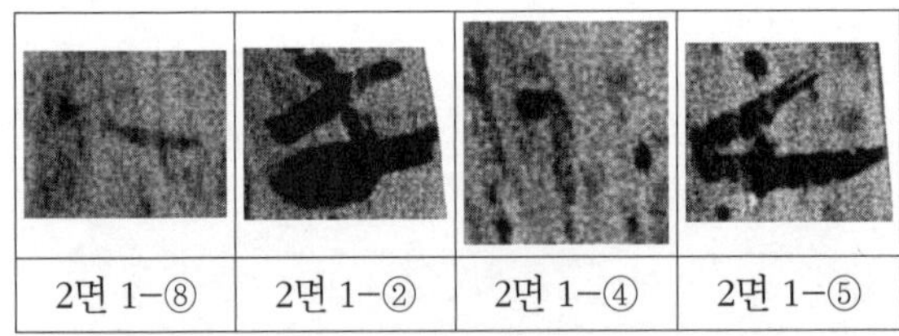

2면 1-⑧ 2면 1-② 2면 1-④ 2면 1-⑤

∴ 자획이 희미하여 대부분 연구자들이 미상자로 보았으나, 남아 있는 자획을 보면 [文]으로 추독할 수 있다.

2면 1-⑩: 也

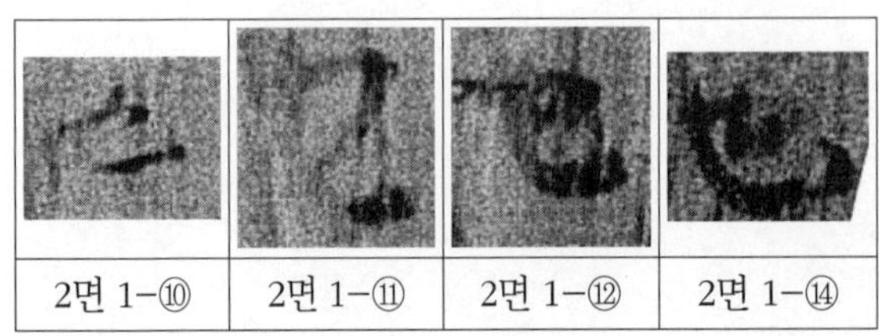

2면 1-⑩ 2면 1-⑪ 2면 1-⑫ 2면 1-⑭

∴ 자획이 희미하여 대부분 연구자들이 미상자로 보았고, 손환일(2011)은 '二'로 판독하였으나 남아 있는 자획을 보면 '也'가 분명하다. 2면 1-⑪의 경우 김재홍(2001)은 '文'으로 판독하고 손환일이 '也'로 판독하였을 뿐 나머지 판독자들은 모두 미상자로 처리하였으나 이 역시 '也'가 분명하다. 2면 1-⑫ 역시 김재홍과 손환일이 '也'로 판독하고 나머지 판독에서는 모두 미상자로 처리되었으나 '也'로 판독할 수 있다.

3면 1-③: [之]

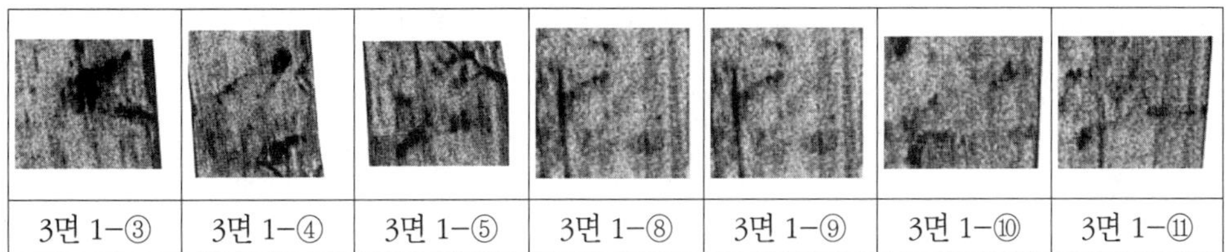

3면 1-③	3면 1-④	3면 1-⑤	3면 1-⑧	3면 1-⑨	3면 1-⑩	3면 1-⑪

∴ 3면은 남아 있는 글자가 특히 희미하여 판독이 어렵다. 김재홍(2001)이 3면에 있는 글자들을 '文'으로 판독한 이래 손환일을 제외한 대부분의 판독자가 '文'으로 읽고 있으나 자형상 손환일(2011)의 안대로 '之'로 판독하는 것이 타당하다. 이는 4면 1-④ '之'의 자형을 참고하면 더욱 분명하다.

3면 1-⑥, 3면 1-⑦: ▨

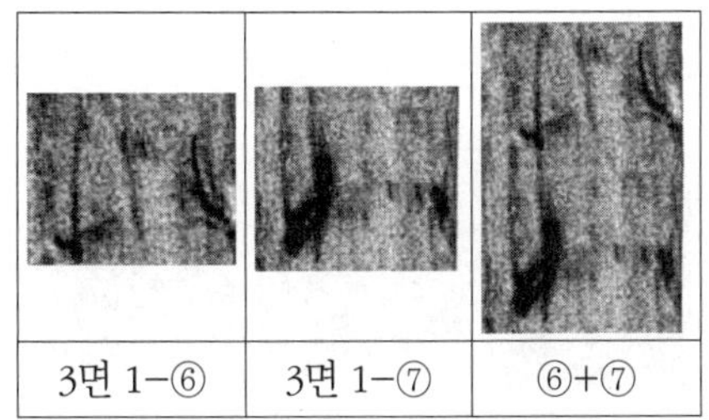

3면 1-⑥	3면 1-⑦	⑥+⑦

∴ 이 면에서는 '之'가 반복되고 있으므로 이 역시 '之'일 가능성이 높다. 특히 3면 1-⑥은 '之'의 상단부로 보는 데 문제가 없다. 다만 3면 1-⑦의 형태가 '之'의 하단부로 보기 주저되는 부분이다. 습서하는 과정에서 실수를 한 것일 수도 있겠으나, '之'의 자형이 단순하여 실수일 가능성도 의문이 남는다. 손환일(2011)은 3면 1-⑥을 '二'로 보고, 3면 1-⑦을 '人'으로 판독하였으나 그렇게 보기는 어렵다. 따라서 두 글자로 나누어 보되 미상자로 처리한다.

4면 1-②: 進

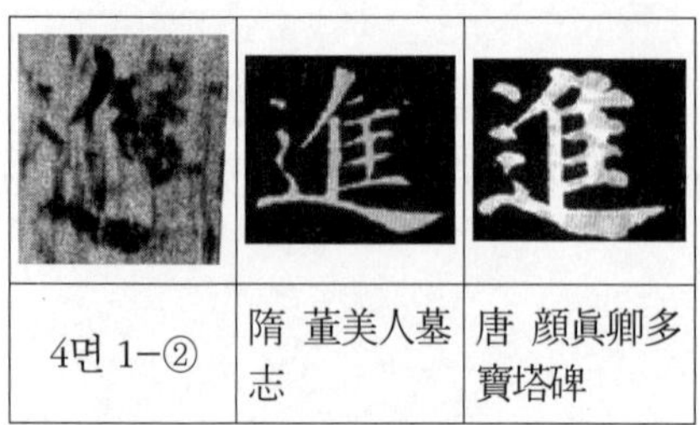

4면 1-②	隋 董美人墓志	唐 顏眞卿多寶塔碑

∴ 이용현(2007)이 '道'로 판독한 이래 많은 판독문에서 '道'로 판독하였으나 손환일(2011)의 안대로 '進'으로 읽는 것이 타당하다.

4면 1-③: 文

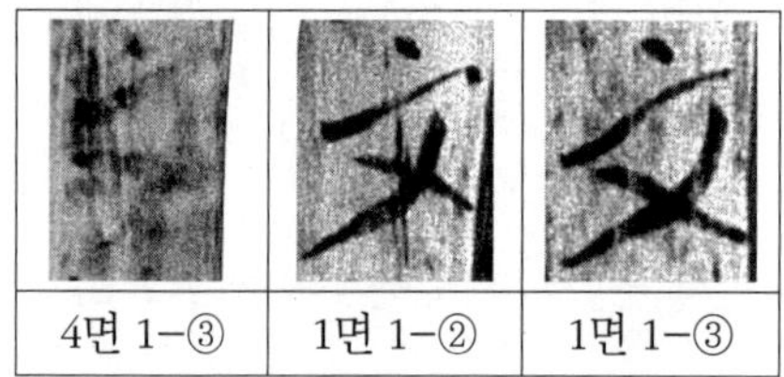

4면 1-③	1면 1-②	1면 1-③

∴ 이용현(2007) 등은 '道'로 판독하였으나 손환일(2011)의 안대로 '文'으로 판독하는 것이 타당하다.

4면 1-④: 之

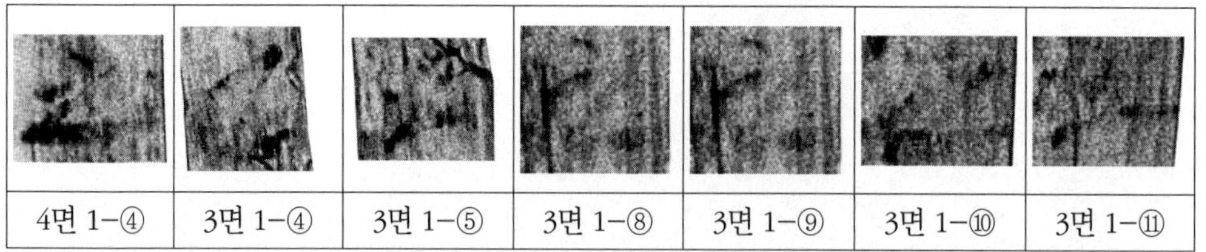

4면 1-④	3면 1-④	3면 1-⑤	3면 1-⑧	3면 1-⑨	3면 1-⑩	3면 1-⑪

∴ 기존 판독에서는 미상자로 처리되는 경우가 많았으나 손환일(2011)의 안대로 '之'로 판독하는 것이 타당하다.

2. 역주(번역+주석)

1면: ▨文文文文文文文文文

2면: 書文[書][文]文[令]令[文]…글이다…也也…글이다…글

3면: ▨▨[之]之之▨▨之之之之……

4면: …올리는 글(進文)이다…也也也也

Ⅳ. 궁남지 2차 보고서 2호(나무-궁1, 자전-궁2)

2000년 남북수로Ⅰ에서 많은 목제품과 함께 출토되었다. 원래 궁남지 2차 보고서 1호 목간보다 먼저 출토되었으나, 발견 당시에는 묵흔이 육안으로 관찰되지 않아 목간형 목제품으로 간주되다가 보존처리 과정에서 문자가 뒤늦게 확인되었다.

폭이 좁고 길쭉한 장방형이며 표면은 잘 다듬어져 있고, 측면도 깔끔하게 마무리되어 있다. 위와 아래 부분에 마무리 흔적이 있어 목간이 완형임을 알 수 있다. 길이는 25.5㎝, 너비는 1.8(아래)~2.0(위)㎝, 두께는 0.5㎝ 정도이다. 상단에 刀子로 쪼갠 듯한 흔적이 있는데, 목간을 폐기하려 한 행위의 흔적으로 보

앞면 뒷면

출처: 나무, p.68.

인다. 갈라진 흔적은 4.5~6.5㎝이다.

김재홍은 폐기의 흔적을 통해 앞뒷면을 추측하였다(김재홍 2001, p.429). 한쪽 면의 도자날 흔적이 다른 면보다 선명하며 끝에서 오른쪽으로 비튼 흔적이 보인다는 것이다. 그러나 폐기 흔적만으로 앞뒷면을 구분하는 것은 곤란하다. 목간의 폐기행정을 보여 주는 대표적 사례인 관북리 목간의 경우 목간을 뒤집어 문서의 아래쪽부터 쪼개어 폐기한 흔적이 확인되기 때문이다. 즉, 백제에서 목간을 폐기할 때 반드시 앞면의 윗부분부터 쪼개는 방식을 취했다고 단정할 수 없다. 김재홍은 이 목간의 성격에 대해 경전에 나오는 인명이나 내용을 연습한 습서 목간일 가능성을 제시하면서도, 폐기를 시도했다는 점에서 습서가 아닌 문서 목간일 수도 있다고 언급하였다.

1. 판독 및 교감

앞면	뒷면
▨	死
君	所
前	可
軍	依
日	故
今	背
[敵]	▨
白	作
惰	弓
之	彀
心	[日]
▨	間
[之]	[落]
▨	

앞면: ▨[49]君前[50]軍[51]日[52]今[53][敵][54]白惰[55]之心▨[之][56]▨[57]

뒷면: 死[58]所[59]可依[60]故背[61]▨[62]作[63]弓[64]彀[65][日][66]間[67][落]

---

49) 蘇(김재홍, 이용현, 나무), 茗(손환일), ▨(자전).

50) 蒔(김재홍, 나무), 前(손환일), ▨(이용현, 나무, 자전).

51) 守(김재홍, 나무), 軍(자전, 손환일), ▨(이용현).

앞면 1-①: ▨

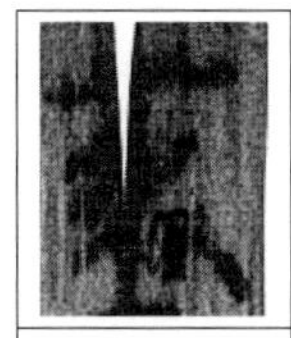
앞면 1-①

∴ 글씨 윗부분의 나무가 쪼개져 있지만 자획은 비교적 선명하게 남아 있다. 상단은 '艹'이 분명하지만, 하단의 자형은 판독에 어려움이 있다. 미상자로 처리한다.

앞면 1-③: 前

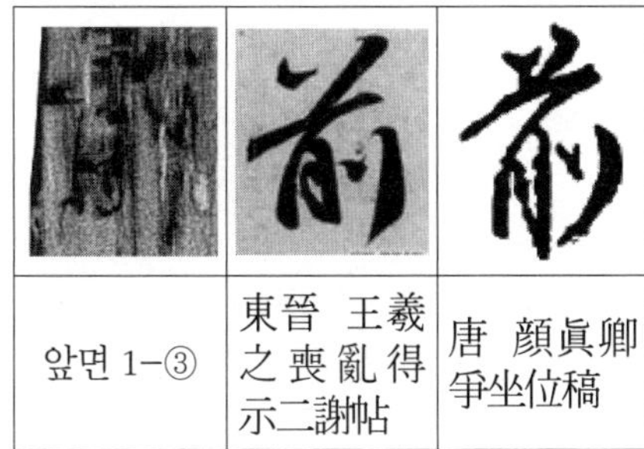

앞면 1-③	東晉 王羲之 喪亂得示二謝帖	唐 顔眞卿 爭坐位稿

∴ '前'으로 판독하는 데 문제가 없다.

52) 曰(김재홍, 이용현, 나무, 자전), 日(손환일).
53) 佘(김재홍, 나무), 今(자전, 손환일), ▨(이용현).
54) 敬(이용현), 教(자전), 故(손환일), ▨(김재홍, 나무).
55) 有(김재홍, 나무, 자전, 손환일), ▨(이용현).
56) ▨(김재홍, 이용현, 나무, 자전, 손환일).
57) 彐(김재홍, 나무), ▨(이용현, 자전, 손환일).
58) 死(김재홍, 나무, 자전, 손환일), 宛(이용현).
59) 所(김재홍, 이용현, 나무, 손환일), [所](자전).
60) 依(자전, 손환일), ▨(김재홍, 이용현, 나무).
61) 背(자전, 손환일), ▨(김재홍, 이용현, 나무).
62) 破(손환일), ▨(김재홍, 이용현, 나무, 자전).
63) 田(김재홍, 나무), 三(자전, 손환일), ▨(이용현).
64) 弓(김재홍, 나무), 月(자전, 손환일), ▨(이용현).
65) 閑(김재홍, 나무), 穀(손환일), ▨(이용현, 자전).
66) 日(자전, 손환일), ▨(이용현).
67) 間(김재홍, 나무, 자전, 손환일), ▨(이용현).

앞면 1-④: 軍

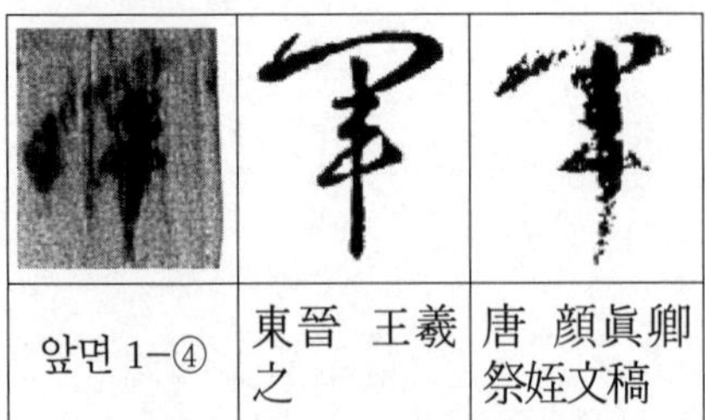

앞면 1-④	東晉 王羲之	唐 顔眞卿 祭姪文稿

∴ '軍'의 초서체이다.

앞면 1-⑤: 曰

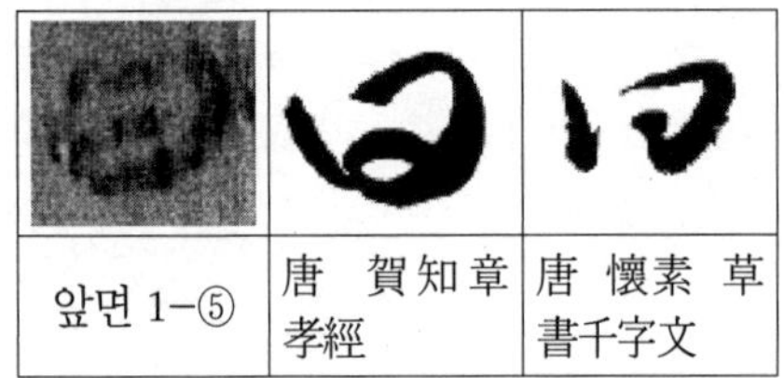

앞면 1-⑤	唐 賀知章 孝經	唐 懷素 草書千字文

∴ 글자가 좌우가 넓은 편방이며, 문장 상으로도 '日'보다는 '曰'로 보는 것이 타당하다.

앞면 1-⑥: 今

앞면 1-⑥	今	東晋 王羲之 蘭亭叙	東晋 王羲之 淳化閣帖	唐 顔眞卿 蔡明遠帖	令	東晋 王羲之 黃庭經	궁남지 2차 보고서 1호 2면 1-⑥

∴ '令'으로 판독하기도 하지만, '今'으로 판독하는 것이 더 타당하다. '令'은 일반적으로 마지막 획이 오른쪽으로 꺾이며 강조되는 형태를 보이는데, 해당 글자는 마지막 획이 수직으로 내려오는 형태이다.

앞면 1-⑦: [敵]

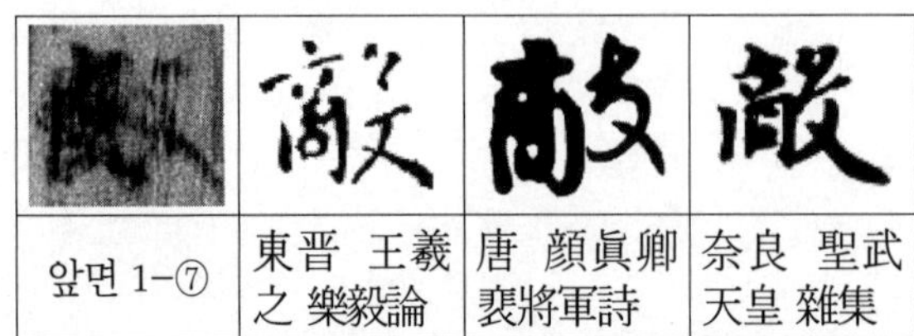

앞면 1-⑦	東晋 王羲之 樂毅論	唐 顔眞卿 裵將軍詩	奈良 聖武天皇 雜集

∴ 敬(이용현, 2007), 敎(자전, 2011), 故(손환일, 2011) 등으로 판독된 바 있으나 모두 남아 있는 자획과 부합하지 않는다. 우변은 '攵'이 분명해 보이나 좌변은 획이 꽤 많이 남아 있음에도 먹이 번져 있어 확정하기 어렵다. 다만 좌변 왼쪽에 있는 세로획의 존재를 참고하여 최대한 비슷한 자형인 '敵'으로 추독한다.

앞면 1-⑨: 惰

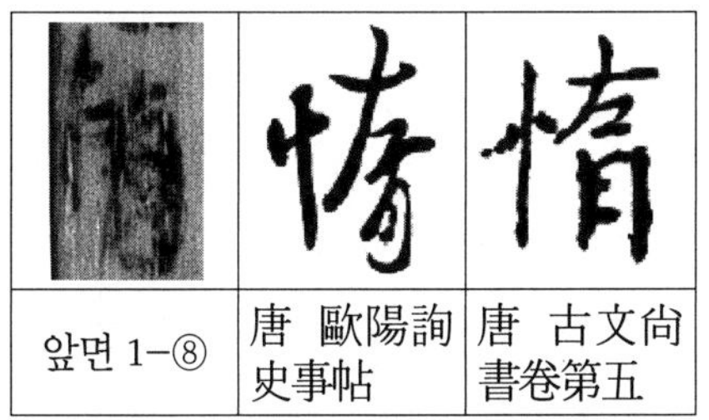

앞면 1-⑧	唐 歐陽詢 史事帖	唐 古文尙 書卷第五

∴ 김재홍(2001)이 '有'로 판독한 이래 대부분 '有'로 판독하였으나 이는 좌변에 보이는 자획을 반영하지 않은 것이다. '㤢'와 동일자인 '惰'로 판독하는 것이 타당하다.

앞면 1-⑫: ▨

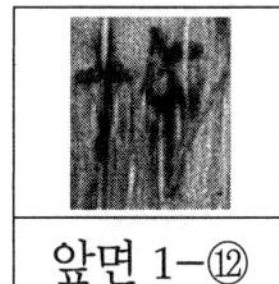

앞면 1-⑫

∴ 기존 판독에서 모두 미상자로 처리한 글자이다. 좌변은 '十'으로 보이나 글자의 일부가 지워진 상태임을 감안하면 '木'변이나 '忄'일 가능성도 있다. 우변의 하단이 지워져 정확한 판독은 어렵다.

앞면 1-⑬: [之]

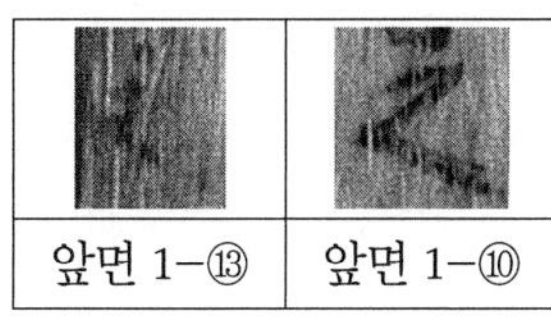

앞면 1-⑬	앞면 1-⑩

∴ 기존 판독에서 모두 미상자로 처리한 글자이다. 남아 있는 자흔이 매우 흐릿하여 판독이 어렵지만 '之'로 추독하는 것이 가능하다.

앞면 1-⑭: ▨

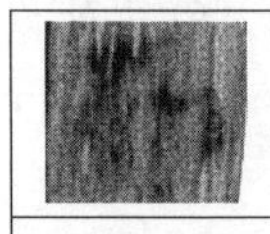

앞면 1-⑭

∴ 기존 판독에서는 '刁'(김재홍, 나무)로 판독하거나 미상자로 처리하였다. 남아 있는 자형상 '刁'로 보기는 어렵다. '而'나 '心'등으로 판독할 여지가 있으나 확정하기 어려우므로 미상자로 처리한다.

뒷면 1-①: 死

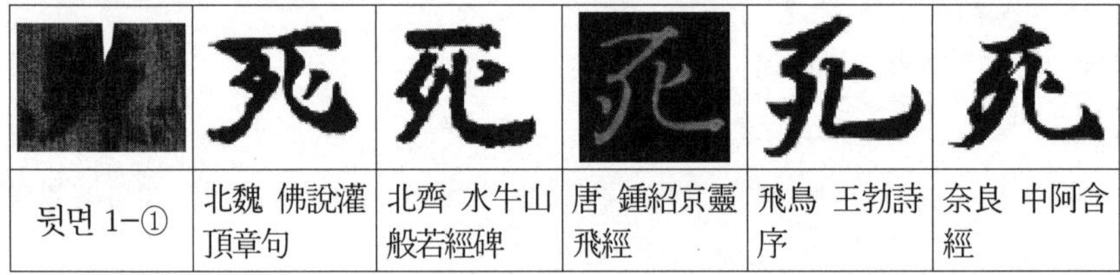

뒷면 1-①	北魏 佛說灌頂章句	北齊 水牛山般若經碑	唐 鍾紹京靈飛經	飛鳥 王勃詩序	奈良 中阿含經

∴ 대부분 '死'로 판독하는 가운데 이용현(2007)은 '宛'으로 판독하였다. 남아 있는 자형으로 보았을 때 상단을 '宀'로 보기는 어려우므로 '死'로 판독하는 것이 타당하다.

뒷면 1-②: 所

뒷면 1-②	東晋 王羲之	唐 懷仁集王羲之聖敎序	唐 鍾紹京靈飛經

∴ 우하변의 자획이 흐릿하기는 하지만 所로 판독하는 데 무리가 없다.

뒷면 1-④: 依

뒷면 1-④	奈良 聖武天皇 雜集	東晋 王羲之興福寺斷碑	唐 李邕 麓山寺碑

∴ '依'로 판독하는 데 무리가 없다.

뒷면 1-⑥: 背

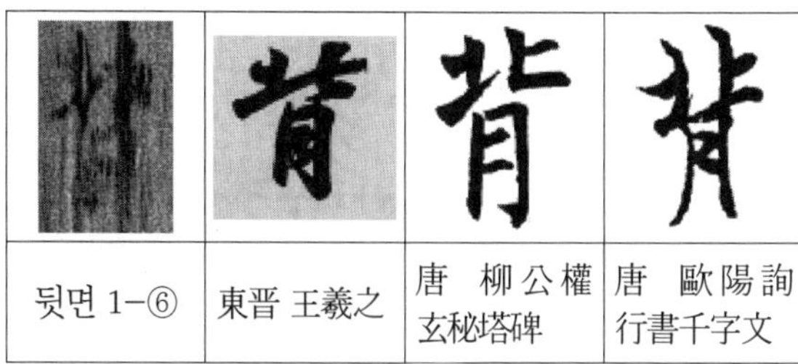

뒷면 1-⑥	東晋 王羲之	唐 柳公權 玄秘塔碑	唐 歐陽詢 行書千字文

∴ '背'로 판독하는 데 무리가 없다.

뒷면 1-⑦: ▨

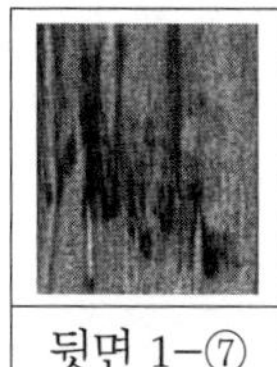

뒷면 1-⑦

∴ 손환일(2011)은 '破'로 판독하였으나 남아 있는 자흔으로는 판단이 어렵다. 좌변의 자형은 '亻'으로 여겨지는데, 뒷면 1-④인 '依'의 좌변 '亻'의 형태를 참고할 수 있다. 미상자로 처리한다.

뒷면 1-⑧: 作

뒷면 1-⑧	作	吳 谷郎碑	北魏 佛說幻 土仁賢經	北魏 大般涅 槃經卷六	乍	東晋 王羲之 孝女曹娥碑	唐 褚遂良 雁塔聖教序

∴ '田'(김재홍, 나무)으로 판독하는 경우와 '三'(자전, 손환일)으로 판독하는 경우가 있었으나, 둘 다 성립하기 어렵다. 남아 있는 자흔으로는 '作'을 생각해 볼 수 있다. 글자 위치가 상당히 왼쪽으로 치우쳐 있어 '乍'로도 볼 수 있지만, 좌변에 '亻'의 일부로 볼 수 있는 묵흔이 희미하게나마 확인되므로 '作'으로 판독한다.

뒷면 1-⑨: 弓

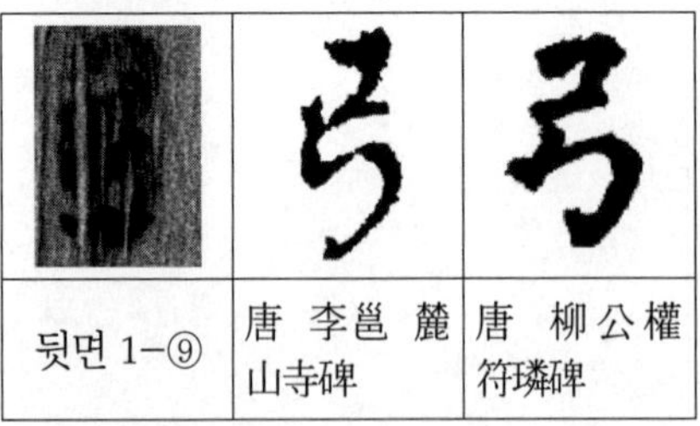

뒷면 1-⑨	唐 李邕 麓山寺碑	唐 柳公權 符璘碑

∴ '月'(손환일, 자전)로 판독하기도 하였으나, 자형상 '弓'이 분명하다.

뒷면 1-⑩: 彀

뒷면 1-⑩

∴ 閑'(김재홍, 나무)으로 판독한 경우가 있는데, 이는 뒷면 1-⑪의 글자까지 하나의 글자로 인식한 결과이다. 하지만 남아 있는 자획을 보면 그렇게 볼 여지는 없다. '穀'(손환일)으로 판독하기도 하였는데, 우변이 '殳'인 것은 분명하나 좌변의 경우는 하단의 오른쪽에서 왼쪽으로 돌아가는 획 때문에 수긍하기 어렵다. 남아 있는 자획 상으로는 '彀'로 판독할 수 있다. '彀'는 '활시위를 당기다·활을 쏘다'라는 뜻을 가지고 있으므로, 문장 해석 상으로도 앞 글자인 '弓'과 상응한다. 예를 들어 『舊唐書』에는 "令軍士少息 繕羈靮甲冑 發刃彀弓 復建旆而出"같은 표현이 등장하기도 한다.[68]

뒷면 1-⑪: [日]

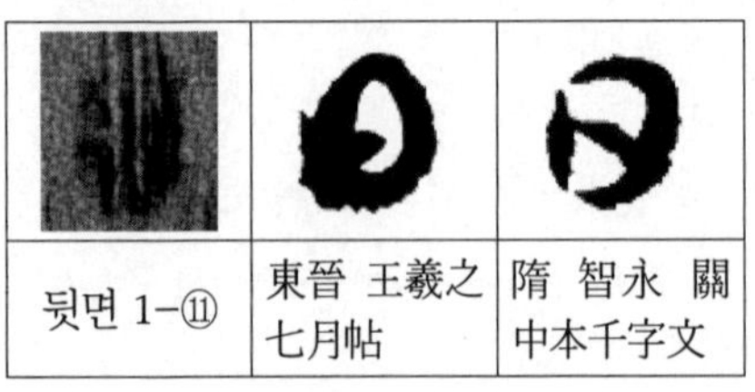

뒷면 1-⑪	東晉 王羲之 七月帖	隋 智永 關中本千字文

∴ 다른 글자들에 비해 매우 작게 묵흔이 형성되어 있어 단정하기는 어려우나 [日]로 추독해 볼 수 있다.

68) 『舊唐書』 卷133, 列傳 李愬.

뒷면 1-⑫: [落]

뒷면 1-⑫	東晋 王羲之 黃庭經	唐 歐陽詢 行書千字文	唐 貞隱子墓誌	奈良 佛說彌勒成佛經

∴ 글자 상단의 '艹' 부분과 우하단의 '口'는 분명하게 보인다. 여기에 나머지 자흔들을 참고하면 [落]으로 추독할 수 있다.

2. 역주(번역+주석)

앞면: ▨君[69]이 軍士들 앞에 나아가 말하기를, "지금 적은 업신여기는 마음을 드러냈고……

뒷면: …죽는 것은 故事에 의거할 수 있는 바이다." …을 등지고 활을 쏘게 하니 하루 사이 함락되었다.

3. 연구쟁점

이 목간은 그동안 해석이 가능할 만큼 충분한 판독이 이루어지지 않았으며, 목간의 성격에 대해서는 앞면의 '白有'라는 판독에 근거하여 중국의 經典을 베낀 습서목간일 가능성이 제기되거나,[70] 앞면의 '敬白'이라는 판독을 근거로 서신류의 문서목간으로 보는 경우가 있었다.[71] 그러나 해당 내용이 담긴 경전은 확인이 되지 않으며, 서신으로 보기에도 의문스러운 점이 많다. 이번에 새로 판독한 글자들을 반영하여 해석하면 이 목간의 내용은 어떤 인물의 戰功에 대한 기록을 담은 것으로 여겨진다.

구멍과 같은 편철 흔적이 없으므로 이 목간 하나가 완결된 문서일 가능성이 있는데, ▨君이라는 자가 군사들 앞에서 한 발언을 직접 옮기고, 이후 활동을 서술한 것이다. 내용은 짧지만 『삼국사기』 열전을 보는 듯한 느낌을 준다.

고대 삼국은 많은 전쟁을 치르는 과정에서 전장에서 공을 세운 이들을 포상하는 제도가 발달하였으리라 여겨진다. 궁남지에서 발견된 목간은 특정 인물이 전장에서 보인 활약을 보고하거나 평가하기 위해 官府에서 작성하였던 문서목간이라고 생각해 볼 수 있다. 이와 관련해 참고가 되는 것이 668년 고구려 정벌 이후 문무왕이 공을 세운 자들에게 포상하는 내용을 전하는 『삼국사기』의 기록이다.[72] 문무왕은 김유신 이하 전쟁에서 활약한 이들에게 출신지·이름·활약상을 구체적으로 열거하며 관등과 곡식 등을 포상

---

69) ▨君: 백제사에서 '▨君'이라고 호칭될 사람을 찾기는 어렵다. 신라에 劒君이라는 인명이 있었음을 감안하면 ▨君을 백제인의 인명으로 볼 수 있다.

70) 金在弘, 2001, 「扶餘 宮南池遺跡 出土 木簡과 그 意義」, 『宮南池 Ⅱ-現 宮南池 西北便一帶-』, 國立扶餘文化財硏究所, pp.431-432.

71) 이용현, 2007, 앞의 논문, p.297.

72) 『三國史記』 卷6, 新羅本紀 第6, 文武王 8年 冬10月 22日.

하고 있다. 이러한 조치를 위해서는 전장에서의 활동을 기록하여 보고하는 문서의 작성과 이를 근거로 한 論功의 행정이 필수적이다. 만약 궁남지 2차 보고서 2호 목간을 백제의 군사 행정을 담은 문서목간으로 볼 수 있다면 구체적인 작성 주체는 『周書』에서 확인되는 백제 外官 중 하나인 司軍部로 추정할 수 있을 것이다.[73)]

투고일: 2014. 7. 28. 심사개시일: 2014. 8. 5. 심사완료일: 2014. 9. 2.

73) 『周書』 卷49 列傳 異域上 百濟.

참/고/문/헌

1) 보고서 및 자료집

國立扶餘文化財硏究所, 1999, 『宮南池 發掘調査報告書』, 國立扶餘文化財硏究所.

國立扶餘文化財硏究所, 2001, 『宮南池 Ⅱ-現 宮南池 西北便一帶-』, 國立扶餘文化財硏究所.

國立扶餘文化財硏究所, 2007, 『宮南池 Ⅲ-南便一帶 發掘調査報告書-』, 國立扶餘文化財硏究所.

國立扶餘博物館, 2007, 『宮南池』, 國立扶餘博物館.

국립부여박물관, 2008, 『백제목간』, 학연문화사.

국립부여박물관·국립가야문화재연구소, 2009, 『나무 속 암호 목간』, 예맥.

국립창원문화재연구소, 2004, 『한국의 고대목간』, 예맥출판사.

국립창원문화재연구소, 2006, 『개정판-한국의 고대목간』, 예맥출판사.

국립청주박물관, 2000, 『한국 고대의 문자와 기호유물』, 통천문화사.

國立加倻文化財硏究所, 2011, 『韓國木簡字典』, 예맥.

손환일, 2011, 『한국 목간의 기록문화와 서체』, 서화미디어.

2) 논저류

金聖範, 2010, 「羅州 伏岩里 木簡의 判讀과 釋讀」『목간과 문자』 5.

김영심, 2007, 「백제의 지방통치에 관한 몇 가지 재검토」『한국고대사연구』 48, 한국고대사학회.

金在弘, 2001, 「扶餘 宮南池遺跡 出土 木簡과 그 意義」, 『宮南池 Ⅱ-現 宮南池 西北便一帶-』, 國立扶餘文化財硏究所.

김창석, 2011, 「7세기 초 영산강 유역의 호구와 농작-나주 복암리 목간의 분석-」, 『百濟學報』 6.

노중국, 2010, 『백제사회사상사』, 지식산업사.

박민경, 2009, 「백제 궁남지 목간에 대한 재검토」, 『목간과 문자』 4.

朴賢淑, 1996, 「宮南池 출토 百濟 木簡과 王都 5部制」『韓國史硏究』 92, 韓國史硏究會.

손환일, 2011, 『한국 목간의 기록문화와 서체』, 서화미디어.

양기석, 2005, 『백제의 경제생활』, 주류성.

尹善泰, 2007a, 「百濟의 文書行政과 木簡」, 『한국고대사연구』 47, 한국고대사학회.

윤선태, 2007b, 『목간이 들려주는 백제 이야기』, 주류성.

李京燮, 2010, 「宮南池 출토 木簡과 百濟社會」, 『한국고대사연구』 57, 한국고대사학회.

李丙燾, 1976, 「三韓問題의 硏究」, 『韓國古代史硏究』, 博英社.

李成市, 2010, 「韓日古代社會における羅州伏岩里木簡に位置」, 『6~7세기 영산강유역과 백제』, 국립나주문화재연구소.

李鎔賢, 1999, 「扶餘 宮南池 出土 木簡의 年代와 性格」, 『宮南池』, 國立扶餘文化財硏究所.

이용현, 2007, 「목간」, 『백제의 문화와 생활』, 충청남도 역사문화연구원.
全德在, 1999, 「백제 농업기술 연구」, 『한국고대사연구』 15, 한국고대사학회.
鄭寅普, 1946, 『朝鮮史研究』, 서울신문社出版局.
千寬宇, 1989, 「馬韓諸國의 位置試論」, 『古朝鮮史 · 三韓史研究』, 一潮閣.
崔孟植 · 金容民, 1995, 「扶餘 宮南池內部 發掘調査概報-百濟木簡 出土 意義와 成果-」, 『韓國上古史學報』 20, 韓國上古史學會.
洪承佑, 2011, 『韓國 古代 律令의 性格』, 서울大學校 大學院 博士學位論文.
홍승우, 2013, 「扶餘 지역 출토 백제 목간의 연구 현황과 전망」, 『목간과 문자』 10.

末松保和, 1949, 『任那興亡史』, 大八洲出版(1971, 『任那興亡史』, 吉川弘文館).
鮎見房之進, 1930, 「全北全州及慶南昌寧の古名に就きて」, 『青丘學叢』 4.
平川 南, 2010, 「日本古代の地方木簡と羅州木簡」, 『6~7세기 영산강유역과 백제』, 국립나주문화재연구소.

〈Abstract〉

Wooden Tablets excavated from Buyeo Gungnamji

Ki, Kyoung-ryang

Gungnamji Site is a pond which is said to have been created by Baekje King Mu in A.D. 634. In the late 1960s, lowland in the southern region of Buyeo County was restored to what it looks now, and from 1990 through 2006, Buyeo National Museum and Buyeo National Research Institute of Cultural Heritage excavated and surveyed it sequentially. In the process of the survey, three wooden tablets of Baekje were excavated: one was discovered in the survey in 1995 and two, in 2001.

Gungnamji Wooden Tablet No. 1 is a wooden tablet used as a document, which has attracted attention earlier on. This wooden tablet proved that the record in the document about the administrative areas of the capital city of Baekje is true, through the phrase, 'Seobuhuhang (西卩後巷),' and through the terms such as 'Bui (卩夷)' and 'Gwiin (帰人),' it confirmed the existence of foreigners (外來人) in the precincts of Baekje. In addition, through the terms such as 'Junggu (中口)' and 'Sogu (小口),' it was found that Baekje managed the people according to their age.

However, although the Gungnamji Wooden Tablet No. 1 has been a subject of study by many scholars till now, its has still been incompletely deciphered. As a result of reference of infrared photos from the earliest period on an Excavation Report, published in 1999, two letters, 'Gan (干)' and 'Jeon (畑)' were additionally deciphered. Accordingly, it came to be necessary to bear the usability of the term, 'Jeonjeong (畑丁)' in mind. In the meantime, regarding the problem of a need to change 'Gwiin (帰人)' to 'Buin (婦人)' in deciphering, which had once been a controversy in relation to the deciphering of Naju Bogam-ni wooden tablets, it would be reasonable to decipher the word, 'Gwiin (帰人)' as it is, when the pictures of the actual object and infrared photos of it taken in an early phase of excavation are referred to.

Gungnamji Wooden Tablet No. 1 in the Second Report is a typical one for the practice of writing. The same letters were written on its four sides repetitively. No special contents were contained, but the differences between the readings by each decipherer were cleared up this time. Gungnamji Wooden Tablet No. 2 in the Second Report is one on which no deciphering has been done until now, so that it could be interpreted. However, just a possibility of its being a wooden tablet for the practice of writing or one used as a letter has been suggested. This deciphering could read several letters additionally, and it is considered a description of certain people's distinguished service in war (戰功). Therefore, this wooden tablet can be regarded as one used as a document which contains military administration of Baekje, and it is assumed that the subject of preparation is Sagunbu (司軍部), one of the outer government offices (外官) of Baekje found in Juseo (『周書』).

▶ Key words : Gungnamji, Wooden tablet, Jeonjeong(畑丁), Gwiin(帰人), Military administration

彌勒寺址 출토 백제 문자자료

임혜경[*]

〈국문초록〉

이 글은 전라북도 익산 彌勒寺址에서 발견된 백제시대 문자자료에 대한 기초적 이해를 위하여 자료의 현황과 기존의 연구흐름을 정리하고, 이를 바탕으로 銘文의 역주를 시도한 것이다. 백제시대의 유물임이 분명한 墨書銘文瓦와 2009년 석탑 해체 과정에서 발견된 舍利莊嚴具 중 명문이 있는 金製舍利奉安記, 金製小形板, 靑銅盒(1점)을 대상으로 하였으며, 백제기와의 특징이라고 알려진 印刻瓦는 별도의 글에서 소개되었으므로 본고에서는 다루지 않았다.

미륵사지에 대한 고고학적 이해는 일제시기에 시작되었으나, 전면적인 발굴조사의 필요성은 1960년대에 들어 국내 학자들에 의한 연구가 본격적으로 진행되면서 제기되었다. 이에 따라 1974년부터 2010년까지 37년에 걸쳐 동탑지, 미륵사지 全域, 서탑의 해체·보수 등의 조사가 이루어졌으며, 그 결과 미륵사지가 三院竝列式의 독특한 가람배치 형식을 지니고 있었음이 확인되었고, 백제시기부터 조선시기에 이르는 다양한 유물이 수습됨으로써 미륵사지에 대한 이해를 심화시킬 수 있는 바탕이 마련되었다. 특히 서탑에서는 舍利莊嚴具 일체가 고스란히 발견되어 미륵사의 창건주체와 목적, 석탑의 건립연대 등 다양한 방면에서의 연구가 재차 활성화되는 계기가 되었다.

본고의 검토대상이 된 자료 중 墨書銘文瓦는 印刻瓦를 제외하면 유일하게 백제시대의 것이 확실하다고 보고된 銘文瓦이다. 암키와의 안쪽 면에 먹을 이용하여 붓으로 '∨道'이라고 쓰여 있는데, 글자가 선명할 뿐만 아니라 능숙하고 반듯하게 쓴 솜씨가 눈길을 끈다. 어떤 내용을 확인하거나 명시할 필요에서 쓴 것임은 분명하겠지만, 이 자료를 본격적으로 다룬 연구가 없어 구체적인 내용은 알 수 없다.

* 서울대학교 국사학과

2009년에 발견된 金製舍利奉安記에는 앞면에 99자, 뒷면에 94자로 전체 193자에 달하는 선명한 명문이 새겨져 있어 학계의 큰 관심을 받았다. 즉, 문체와 서체 등의 측면에서 다양한 견해가 제시되었을 뿐만 아니라, 내용적인 측면에서도 沙乇王后가 伽藍을 세우고 사리를 봉안하였다고 한 서술이 주목을 받아 미륵사의 창건 주체와 그 배경이 된 사상 등 다양한 역사학적 쟁점들이 부각되었다. 금제사리봉안기 외에 3점의 금제소형판과 청동합 1점에서도 명문이 발견되었는데, 그 내용은 시주자의 이름과 시주물품의 양을 나타낸 것으로 알려져 있다. 특히 금제소형판의 경우 고가의 교환 화폐의 용도로 제작되어 귀족층에 의해 주로 사용되었을 것으로 이해되고 있어 주목된다.

▶ 핵심어 : 미륵사지(彌勒寺址), 묵서명문와(墨書銘文瓦), 금제사리봉안기(金製舍利奉安記), 금제소형판(金製小形板), 청동합(靑銅盒), 미륵사지 석탑 사리장엄구(舍利莊嚴具)

I. 개관

彌勒寺址(사적 제150호)는 전라북도 익산시 금마면 기양리에 위치한 廢寺址로서 배후에 미륵산을 두고 남남서 방향으로 평야지대를 바라보는 완만한 경사지에 자리 잡고 있다. 익산지역은 충청도와 전라도를 연결하는 교통로 상에 위치하고 있으며, 만경강과 넓은 평야를 끼고 있어 경제적 기반도 풍부한 곳이다. 이 때문에 익산은 일찍부터 정치·문화의 중심지로 기능하였던 것으로 이해되어 고려 중기에는 익산 金馬郡이 準王의 南遷지역이라고 하는 인식이 나타나기도 하였다.[1)] 특히 백제 사비시대에는 왕궁리유적과 오금산성, 제석사지·미륵사지에서 확인되는 바와 같이 대규모의 役事가 진행되었는데, 이와 관련하여 일찍이 김정호가 『大東地志』(方輿總志 권3 백제 國都篇)에서 익산을 무왕의 '別都'라고 기술한 이래로 학계에서는 백제가 武王代에 이곳으로 천도를 했다고 보거나[2)] 수도의 5부와 비슷한 성격의 하나인 別部,[3)] 또는 神都로서의 성격이 강한 불교 도시로 파악하기도 하고,[4)] 정국의 전환 및 쇄신을 위하여 離宮을 건설하는 등 익산지역을 개발하였다고 이해하기도 한다.[5)] 이처럼 다양한 견해가 제기되어 온 것은 그만큼 이 지역이 갖는 역사적 위상이 크다는 의미일 것이다.

기존에 미륵사는 『三國遺事』 紀異 第2 武王條의 기록에 따라 武王과 신라 출신의 선화공주가 용화산 아래의 큰 못에서 彌勒三尊의 출현을 친견한 것을 계기로 조성한 것으로 이해되었다. 미륵사지에 대한

1) 미륵사지석탑보수정비사업단, 2012, 『彌勒寺址石塔 : 기단부 발굴조사 보고서』, 국립문화재연구소·전라북도, p.30.
2) 黃壽永, 1973, 「百濟帝釋寺址의 硏究」, 『백제연구』 4, 충남대학교 백제연구소, p.2.
李道學, 2003, 「百濟 武王代 益山 遷都說의 再檢討」, 『경주사학』 22, 경주사학회.
3) 김주성, 2001, 「백제 사비시대의 익산」, 『한국고대사연구』 21, 한국고대사학회.
4) 조경철, 2008, 「백제 무왕대 神都 건설과 彌勒寺·帝釋寺 창건」, 『백제문화』 39, 공주대학교 백제문화연구소.
5) 박현숙, 2009, 「百濟 武王의 益山 경영과 彌勒寺」, 『韓國史學報』 36, 고려사학회, pp.340~341.

학술적인 조사·연구는 일본인 학자들에 의해 시작되었는데, 1910년에 關野貞이 미륵사지와 서탑에 대한 현지조사를 통해 본래 9층탑이었던 서탑이 동쪽 면을 제외한 3면이 붕괴된 채 6층만 남아있음을 보고하면서 미륵사가 신라 聖德王 이후에 건립된 것으로 추정하였다.[6] 이후 1915년에 서탑의 1층 일부와 석축을 정비하면서 무너져 내린 부위에 콘크리트를 덧씌우는 보강공사를 진행하였고, 이러한 형태는 2001년의 해체 전까지 유지되었다.[7] 이후 1930년대에는 藤島亥治郎에 의해 미륵사가 백제 武王과 신라 眞平王의 동시 재위년도인 632년 이전에 처음 창건되었다는 견해가 나오면서 동시에『삼국유사』무왕조의 "乃法像彌勒三會 殿塔廊廡各三所創之" 기록에 따라 東塔院·西塔院·中塔院이 品字 형태로 배치된 가람배치를 이루는 것으로 해석되었다.[8] 더불어 藤島亥治郎은 현재까지 남아있는 西院의 탑은 석탑이지만, 나머지 두 院의 탑은 목탑이었을 것으로 추정하였다.[9]

해방 이후 국내 학자들에 의해 미륵사지에 대한 연구가 진행되면서 1962년 미륵사지 서탑이 국보 제11호로, 1963년에는 동·서 당간지주가 보물 제 236호로, 1966년에는 미륵사지가 사적 제150호로 지정되는 한편, 品字형 가람배치에 대하여 동·서원 북쪽에 또 하나의 가람이 존재했는가에 대한 의문이 제기되었으며, 그 결과 미륵사의 가람배치를 쌍탑 가람으로 이해하는 경향이 나타났다. 더불어 발굴조사의 필요성이 대두함으로써 1974년에 원광대학교 마한 백제문화연구소에서 동탑지에 대한 발굴조사 및 서탑에 대한 기초조사를 시행하였다.[10] 발굴 결과 동탑이 목재로 건립되었을 것이라고 보았던 이전의 견해와 달리 석탑으로 건립되었으며, 그 기단의 규모는 서탑의 것과 유사하다는 점이 확인되었다. 그럼에도 불구하고 지표상에 석탑의 흔적이 전혀 없었던 점에 대해서는 1916년 무렵에 개인 가옥의 건축부재로 轉用되거나 石工들의 작업 자재로 사용되었을 것이라고 하는 지역민들의 증언을 제시하였다.[11] 1974년의 발굴은 미륵사지에 대한 최초의 발굴조사였으며, 동탑지의 유구 평면도를 제시함으로써 동탑지에 대한 이해의 기준을 마련하는 성과를 올렸지만, 동탑지 전반에 대한 조사가 아니었기 때문에 1975년의 동탑지 2차 발굴조사 이후로도 미륵사지가 쌍탑 가람이라고 하는 학설은 여전히 유지되었다.[12]

이후 1978년에 문화재관리국에서 中西部古都文化圈 整備計劃의 일환으로 미륵사지에 대한 발굴조사를 계획하였고, 이에 따라 1980년부터 1994년까지 5개년 단위로 3차에 걸친 미륵사지 발굴조사가 진행되었다. 이를 통해 1차 조사에서는 예상치 못했던 중원 금당지와 목탑지가 발견되어 미륵사지가 중원·동원 서원이 병립된 독특한 三塔三金堂式 가람배치였음이 알려졌으며, 그 북쪽의 거대한 강당지, 각 院을 구

6) 전라북도익산지구문화유적지관리사업소, 2001,『미륵사지석탑』, 전라북도익산지구문화유적지관리사업소, p.200.
7) 미륵사지석탑보수정비사업단, 2012, 위 책, p.34.
8) 전라북도익산지구문화유적지관리사업소, 2001, 위 책, p.201.
9) 梁正錫, 2009,「彌勒寺址 塔址의 調査過程에 대한 검토」,『韓國史學報』36, 고려사학회, p.360.
10) 梁正錫, 2009, 위 논문, p.361.
11) 원광대학교 마한 백제문화연구소, 1975,「益山 彌勒寺址 東塔址 및 西塔 調査報告書」,『마한백제문화』1, 원광대학교 마한백제문화연구소, pp.33~34.
12) 梁正錫, 2009, 앞 논문, p.362.

획하는 회랑지 등을 확인하였다. 2차 조사에서는 사역 서편지역에서 통일신라 및 고려시대 건물지를, 미륵사의 下限으로서 사역 북편에서 조선시대 건물지를 확인하였고, 3차 조사에서는 통일신라시대의 동·서 연못지가 확인되었으며, 총 18,710점에 달하는 유물이 수습되었다.[13] 15년에 걸친 발굴조사의 성과에 힘입어 미륵사지는 우리나라 최초의 三院竝列式 사찰로서의 위상을 지니게 되었으며, 전반적인 이해도 심화되었다. 또한 3院址가 정비되면서 1993년에는 9층 동탑이 복원되고 1997년에는 미륵사지유물전시관이 개관되어 출토 유물과 사역 전체에 대한 체계적 관리가 가능하게 되었다.

한편 미륵사지에 대한 발굴조사는 1998년에 실시된 미륵사지석탑(西塔) 구조안전진단을 계기로 획기적인 전환점을 맞게 되었다. 진단 결과 구조적 불안정성 및 콘크리트 노후화 등의 문제가 제기되면서 이듬해에 문화재위원회에 의해 해체 및 보수정비가 결정된 것이다. 이에 2001년 10월에 국립문화재연구소 주관으로 6층 귀옥개석부터 석탑의 해체가 시작되어 이듬해에 콘크리트가 제거되었고, 2005년에는 2층까지 해체가 완료되었다. 이때 백제시대의 원형이 가장 잘 남아있는 1층을 보존할 것인지의 문제가 논의되기도 하였으나, 정밀조사 결과 구조적으로 상당히 불안정한 모습으로 확인되면서 1층의 전면 해체가 불가피해졌고, 이에 따라 1층의 해체는 석축 해체와 병행하여 진행되었다.[14] 그러던 중 2009년 1월 14일에 1층 십자로 내부의 적심부재·심주석을 해체하는 과정에서 최하단 심주석 상면에 설치된 한 변 250㎜ 내외, 깊이 265㎜의 사리공이 발견되자 해체조사는 전면 중지되었다.[15] 사리공 내부에서 발견된 사리장엄은 모두 5층위로 구성되었는데, 사리공이 노출된 상태에서 가장 상층에 해당하는 1층위 중앙에 金銅製舍利外壺가 위치하고 그 남측 벽면에 金製舍利奉安記[16], 서측 벽면에 刀子, 북측에 직물류가 놓여 있었으며, 2층위~4층위에 걸쳐 공양품으로 추정되는 金製小形板, 銀製冠飾, 青銅盒, 刀子, 구슬류, 직물류가, 마지막 5층위에서는 바닥에 깔린 유리판이 수습되었다.[17] 사리장엄 수습 후 십자형 공간 내부의 해체를 완료하고 초석과 기단부만 남은 상태에서 다시 정밀조사를 실시한 결과 12개의 초석들이 모두 변위되었으며, 기단부도 상당부분 교란되어 있음이 확인되었고, 이에 2009년 9월 29일부터 약 9개월에 걸쳐 기단

13) 국립부여문화재연구소, 1996, 『彌勒寺 發掘調査報告書 Ⅱ』, 국립부여문화재연구소, p.35.

14) 미륵사지석탑보수정비사업단, 2012, 위 책, pp.34~35.

15) 배병선·조은경·김현용, 2009, 「미륵사지 석탑 사리장엄 수습조사 및 성과」, 『목간과문자』 3, 한국목간학회, pp.185~186.

16) 금제사리봉안기에는 별도로 제목이 기재되어 있지 않으나, 탑에 사리를 봉안한 것을 그 내용으로 하고 있기 때문에 발견 초기부터 대부분의 연구자들이 '금제사리봉안기'로 지칭하였다. 특히 김상현은 구체적으로 '미륵사서탑사리봉안기'라고 명명할 것을 제안하기도 하였다(김상현, 2009b, p.138). 그러나 『彌勒寺址石塔 舍利莊嚴特別展』(미륵사지유물전시관, 2009), 『옛 글씨의 아름다움』(이천시립월전미술관, 2010), 『미륵사지 석탑 사리장엄』(국립문화재연구소·전라북도, 2013)과 같은 도록이나 『익산 미륵사지 출토유물의 체계적인 보존·관리 방안 연구』(한국문화관광연구원, 2012) 등 공식출판물에서는 記文 중의 "奉迎舍利"라는 표현에 따라 금제사리봉영기로 명명하고 있다. 기문에서 "奉迎"이라는 표현을 사용하고 있기는 하지만, 자료의 성격이 사리를 봉안하면서 쓴 발원문에 해당하므로 본고에서는 초기의 명명 이유를 따라 금제사리봉안기로 표기한다. 더불어 최근에 출판된 백제 금석문 자료 해설 저서 중의 금제사리봉안기를 다룬 항목에서도 이유를 구체적으로 밝히지는 않았지만 '금제사리봉안기'로 지칭하고 있음을 밝혀둔다(박현숙, 2014, pp.245~265).

17) 배병선·조은경·김현용, 2009, 앞 논문, p.189.

부에 대한 발굴조사가 진행되었다.[18] 2001년부터 2010년까지 약 9년에 걸친 미륵사지석탑에 대한 발굴조사는 현존하는 탑의 내·외측 발굴이라는 점에서 큰 의의를 지니며, 특히 사리장엄구 일체를 수습하고 백제시대 기초부의 축조기법을 파악한 것은 큰 성과라고 할 수 있겠다.

이상의 미륵사지 발굴조사 내역을 정리하면 아래와 같다.

〈표 1〉 미륵사지 발굴조사 내역

연도	발굴기간	사업명(주관기관)	발굴지역	출토유물
1974	8.20 ~ 9.20	동탑지 발굴조사 및 서탑 기초조사 (원광대학교 마한·백제문화연구소)	동탑지 및 서탑	석탑 부재 陶器片, 瓦當類, 도금 青銅 風鐸 등
1975		미륵사지 동탑지 2차 발굴조사 (원광대학교 마한·백제문화연구소)	동탑지	
1980	7.7 ~ 12.31	미륵사지발굴조사(1차) (문화재연구소)	동탑 및 동금당지 주변	막새, 露盤石, 중국 청자 등 874점
1981	4.1 ~ 11.30		서탑 및 서금당지 주변, 중원 목탑지 및 중금당지 주변	人面紋 막새, 석재 腰帶 장식, 青銅馬 등 2,601점
1982	3.2 ~ 11.30		서탑 북·동편 주변	三層小塔, 金銅장식, 유리장식 등 2,293점
1983	3.2 ~ 11.30		추정 강당지, 강당지 북편 건물지	金銅透刻板佛, 塑佛, 曲玉 등 1,462점
1984	3.2 ~ 12.31		당간지주 남쪽 지역	鏡板, 青銅鳳凰形 장식 등 1,1811점
1985	3.2 ~ 11.30	미륵사지발굴조사(2차) (문화재연구소)	사역 북편지역, 사역 內廓 지역	石燈臺座, 銘文瓦, 장군형 토기, 粉青, 백자 등 3,982점
1986	3.3 ~ 12.27		사역 서북편 지역, 동원 일부지역	청동제 보살 佛頭, 묵서 石簡, 청동제 재갈멈치, 銘文瓦, 막새 등 1,398점

18) 미륵사지석탑보수정비사업단, 2012, 위 책, p.35, p.37.

연도	발굴기간	사업명(주관기관)	발굴지역	출토유물
1987	3.4 ~ 12.31	미륵사지발굴조사(2차) (문화재연구소)	사역 남편지역, 연못지 주변	녹유연목와, 막새, 소로, 토우, 벽화편 등 1,924점
1988	3.3 ~ 12.27		강당지 동편지역, 승방지 일부, 사역 북편 일부, 동탑지 하부 사역동편 와요지	치미, 목조건축부재, 청동·토제 편병, 탑제, 나비장이 음쇠 등 836점
1989	3.18 ~ 12.31		북승방지 동편 연못지, 사역 북편 대밭지역, 사역동편 와요지	瓦·塼類, 陶·土類, 金屬類, 玉石類, 목재류 등 511점
1990	4.14 ~ 6.30	미륵사지발굴조사(3차) (문화재연구소)	동원 승방지, 동편 배수로	목제 수저 등 57점
1991	2.16 ~ 10.19		동탑지기단부, 연못지, 전시관부지	벽화편 등 660점
1992	4.1 ~ 11.20		동원지역, 사역 북동지역, 연못지, 전시관 미확인지역	青瓷堆花紋瓶 등 24점
1993	4.1 ~ 11.30		연못지 및 중앙 진입로, 중심곽 미확인 지역	녹유연목와 등 83점
1994	4.21 ~ 12.24		연못지 입수로 및 남측지역, 통일신라 와요지, 사역 서편 지역	백제등잔 등 59점
2001	10. ~ 2009.	미륵사지석탑보수정비사업 (국립문화재연구소·국립부여문화재연구소)	서탑 해체보수	舍利莊嚴 일체, 납석제 소포편, 건축부재, 기와류, 자기류, 나발·曲玉 등 鎭檀유물, 常平通寶 등 동전류, 석인상 등
2009	9.29~ 2010.7.5	미륵사지 석탑 기단부 발굴조사 (국립문화재연구소·국립부여문화재연구소)	서탑 기단부	

* 근거자료 : 원광대학교 마한 백제문화연구소, 1975, 앞 논문; 국립부여문화재연구소, 1996, 앞 책; 전라북도익산지구문화유적지관리사업소, 2001, 앞 책; 梁正錫, 2009, 앞 논문; 배병선·조은경·김현용, 2009, 앞 논문; 미륵사지석탑보수정비사업단, 2012, 앞 책.

장기간에 걸친 발굴조사의 성과와 더불어 미륵사지에 대한 연구는 창건시기와 주체 및 창건배경 등 다양한 방면에서 심도 있게 진행되어 현재까지 이어지고 있다. 특히 가람배치에 대해서는 강당과 동·서 僧房이 중원의 북쪽에만 존재할 뿐만 아니라 동쪽 승방의 건물 중심축이 동원의 중문-동탑-동금당의 축과

일치하지 않기 때문에 탑과 금당이 동등하게 배열된 三院의 구조가 아니라 중원의 목탑, 중금당과 북쪽의 강당, 동·서 승방이 완결된 사원의 배치를 구성하고, 여기에 동·서로 탑과 금당이 추가 또는 확장된 것으로 보아야 한다는 새로운 견해도 제기되었으며,[19] 사리장엄구의 발견은 미륵사지 관련 연구에 재차 활기를 불어넣음으로써 미륵사의 창건목적과 施主者, 석탑의 건립연대 등을 둘러싼 기존 연구성과의 재검토 및 새로운 학설 등장의 획기적인 계기를 마련하였다. 그러나 본고에서는 미륵사지에서 출토된 백제시대 문자자료를 대상으로 하는 바, 일일이 언급할 수 없을 정도로 축적된 미륵사지 관련 연구성과에 대한 검토는 차후의 과제로 남기고자 한다.

앞서 정리한 미륵사지 발굴조사의 결과 수습된 유물 중 본고에서는 백제시대의 것으로 알려진 墨書銘文瓦, 금제사리봉안기, 금제소형판, 청동합에 대해 정리하고자 한다. 이밖에도 銘文이 있는 유물로서 1,178점에 달하는 상당량의 印刻瓦, 木簡 1편, 石簡 1점, 卍字·彌勒寺銘·延祐四年銘 등 다수의 명문와, 납석제 소호편 등이 출토되었으나 인각와는 왕궁리 유적, 제석사지, 연동리 유적, 오금산성, 저토성 출토 인각와와 더불어 익산 지역 출토 인각와로 묶여서 다른 연구자에 의해 별도의 글로 정리되었으며, 목간은 8세기 무렵의 것으로,[20] 석간은 고려시대 건물지 사이에 구축된 수로 내에서 출토되어 그 제작 연대의 하한이 고려전반기로 보고되었기에[21] 검토대상에서 제외하였다. 또한 납석제 소호편 역시 통일신라시기의 것으로 추정되었고,[22] 卍字·彌勒寺銘·延祐四年銘 등의 명문와는 통일신라~조선시대의 것으로 보고되었으므로[23] 역시 제외하였다.

---

19) 이병호, 2014, 『백제 불교사원의 성립과 전개』, 사회평론, p.261.

20) 미륵사지에서 출토된 목간은 총 2점(318번·319번)으로서 2차 발굴조사 중 사역 남편의 연못지를 발굴하는 과정에서 발견되었다. 이 중 묵서가 있는 목간(318번)은 동·서 연못 가운데 서쪽 연못의 남동쪽 모서리 부근 지표 아래로 260㎝ 내려간 지점에서 人骨 2구와 함께 출토되었으며, 1989년 7월 1일에 문화재연구소에 의해서 출토 사실이 공식적으로 발표되었다. 공식적인 크기는 길이 17.5㎝, 너비 2.5~5.0㎝이며, 네 면에 걸쳐 '○○山五月二日' 등의 명문이 있는 것으로 알려졌다. 당시의 발굴보고서에서는 별도의 설명 없이 '백제'라고만 표기되었으나, 구체적인 유구 설명 부분에서는 통일신라시대 연못지로 판단하였고 통일신라시대 瓦片 등이 반출되었다고 기술하고 있어(국립부여문화재연구소, 1996, pp.164~165) 제작시기를 특정하기 힘든 부분이 있다. 백제의 목간으로서 다룬 연구도 없지 않으나(손환일, 2011, 『한국 목간의 기록문화와 서체』, 서화미디어; 이승재, 2011, 「彌勒寺址 木簡에서 찾은 古代語 數詞」, 『국어학』 62), 목간의 출토층 및 동반유물의 下限이 통일시대까지 내려간다는 점과 신라의 목간을 본격적으로 다룬 연구성과에서(이경섭, 2014(초판 2013), 『신라 목간의 세계』, 경인문화사, pp.14~15) 미륵사지 출토 목간의 연대를 8세기로 잡고 있음을 고려하여 미륵사지의 백제 문자자료를 다루는 본고에서는 검토대상에서 제외하기로 한다.

21) 국립부여문화재연구소, 1996, 앞 책, p.504.

22) 배병선·조은경·김현용, 2009, 앞 논문, p.183.

23) 국립부여문화재연구소, 1996, 앞 책, pp.227~245.

II. 墨書銘文瓦

* 출처 : 국립부여문화재연구소, 1996, 『彌勒寺 遺蹟發掘調査報告書 II(圖版編)』, p.229 〈圖版 199-①〉

印刻瓦를 제외하면 백제시대의 것이 확실한 미륵사지 출토 명문와는 1985년에 사역 북편 지역 동서축대 부근에서 출토된 묵서명문와 1점이 유일하다. 이 지점에서 백제시대와 직접 관련된 유구는 확인되지 않았으나 묵서명문와가 백제 인각와 11점과 동반 출토되었기 때문에 역시 백제시대의 것으로 편년되어 보고되었다.[24] 크기 11.5×12㎝의 암키와의 등과 안쪽 면에 먹을 이용하여 붓으로 썼는데, 등쪽에는 붓 자국만 남아있는 정도이지만 안쪽에는 포목에 의한 것으로 추정되는 흔적 위에 수려한 솜씨로 쓴 '道'자가 선명하게 남아있다.[25]

발굴보고서에서는 묵서명문와의 현황만을 보고하였을 뿐이며, 이 자료를 다루거나 언급한 다른 연구는 확인된 바 없기 때문에 '道'자가 무슨 의미 혹은 용도로 쓰인 것인지에 대한 논의도 이루어지지 못했다. 다만 묵서를 하였다는 점과 글자 앞에 '∨' 표시가 되어 있는 것으로 볼 때, 기와가 완성된 후 어떤 내용을 확인·명시할 필요에서 '∨道'를 표기한 것이라고 생각된다. 혹시 인각와의 경우에서 보이는 것처럼 기와의 제작 주체나 사용처, 혹은 관련 집단·기관 등을 표시한 것일 수도 있겠으나 확실하지 않다.

III. 舍利莊嚴具 문자자료

1. 金製舍利奉安記

금제사리봉안기는 사리공이 노출된 상태에서 바로 보이는 제1층위 중앙 금동제사리외호의 남쪽으로 벽면에 기대어 세워져 있었다. 가로 15.3㎝, 세로 10.3㎝, 두께 1.3㎝의 금판에 앞면에는 9자씩 11행 총 99자를, 뒷면에는 1행(10자), 10행(8자), 마지막 행인 11행(4자)을 제외한 나머지 행에 역시 9자씩 총 94자를 음각하여 전체 193자를 새겼으며, 특히 앞면 글자에 朱墨을 입혀 書丹하였다. 뒷면에는 처음부터 주묵을 칠하지 않은 것으로 알려졌으나[26] 양쪽과 아래쪽의 가장자리에 주묵이 뭉개진 채로 번져 있기 때문

24) 국립부여문화재연구소, 1996, 앞 책, p.228.
25) 국립부여문화재연구소, 1996, 앞 책, p.228.
26) 배병선·조은경·김현용, 2009, 앞 논문, p.192.

(앞면)

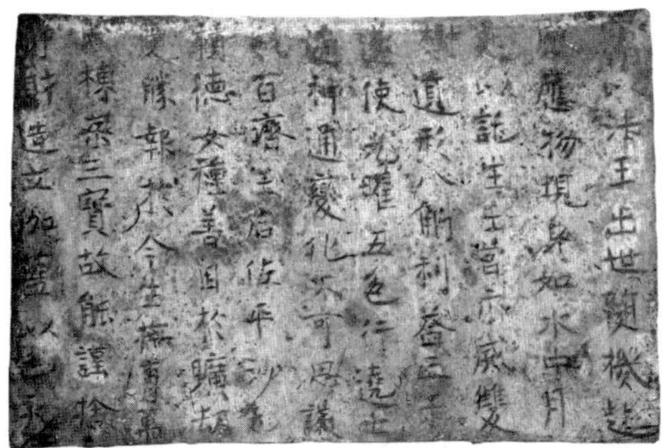

* 출처 : 국립문화재연구소 · 전라북도, 『미륵사지석탑 사리장엄』, 2013, p.19, p.21.

(뒷면)

* 출처 : 국립문화재연구소 · 전라북도, 『미륵사지석탑 사리장엄』, 2013, p.18, p.20.

에 애초에는 뒷면에도 서단을 하였던 것이 오랜 세월 동안 씻겨 나간 것이 아닌가 하는 견해들이 제기되었으며,[27] 특히 뒷면의 주묵이 녹아 흘러내린 것은 朱沙를 갠 아교가 아직 굳지 않은 상태에서 봉안하였기 때문인 것으로 언급되기도 하였다.[28] 그러나 윗면~중앙의 글자들은 미세한 획이나 틈새에서도 주묵의 흔적을 찾기가 어렵기 때문에 애초에 서단하였던 것이라고 하기에는 의문이 남는다.

문체에 대해서는 초기에 "4-4자, 4-6자, 6-6자, 7-7자 등의 이른바 經書體를 기조로 하여 사륙병려체도 보인다"고 설명되었다.[29] 그러나 곧 '경서체'의 개념이 모호할 뿐더러 일반적 의미인 '유교 경전의 서

---

27) 權寧愛, 2009, 「百濟 彌勒寺址石塔 出土 金製舍利奉安記의 書體 考察」, 『韓國思想史學』 32, p.44.
손환일, 2009, 「백제 미륵사지 서원석탑 금제사리봉안기와 금정명문의 서체」, 『신라사학보』 16, p.86.

28) 손환일, 2009, 위 논문, p.86.

29) 이용현, 2009a, 「미륵사탑 건립과 사택씨」, 『익산 미륵사지 출토유물에 대한 종합적 검토』, 신라사학회 · 국민대학교 한국학연구소 공동주최 학술회의.

체'라고 할 경우 사리봉안기의 문체를 설명하는 개념으로는 적합하지 않다는 점이 지적되었으며,[30] 사륙문의 구조를 충족시키고 있는 부분이 단 1句[31]에 불과하기 때문에 기본적으로 駢儷文이라고 보아야 한다고 하거나,[32] 사륙병려체에 가깝지만 엄격하게 적용되진 않았다고 하는 견해가 제기되었다.[33] 이러한 지적이 수용되어 "대체로 4-4자, 4-6자, 6-6자, 7-7자를 기조로 하고 대구를 사용한 駢文"으로 수정·보완되었다.[34]

글자는 판독에 이견이 없을 정도로 매우 선명하며, 刀子를 사용하였음에도 전반적으로는 붓으로 쓴 것과 같고, 一劃一刻하되 필획의 방향이 바뀌는 부분에서는 도자를 떼었다가 방향을 바꾸어 새겼다.[35] 章法은 자간이 좁고 행간이 넓은 南朝의 것을 따른 것으로 이야기되고 있으며,[36] 結構에 있어서는 전반적으로 장방형이지만[37] 방형도 섞여 있어서 남조의 결구와 북조의 결구가 함께 사용되고 있다고 이해된다.[38]

서체에 있어서도 대체로 남조와 북조의 필획이 섞인 해서로 이해되고 있다. 즉, 앞면의 경우 대부분 露鋒을 사용한 북조필법으로 가로획이 강조되고 있는 것에 비해 뒷면은 세로획이 강조되고 있어 전체적으로는 자유롭고 다양하게 구사된 북조체이면서 남조필법으로의 변화도 보인다고 하거나,[39] 남조의 필획이 섞여 있는 북조체의 영향이 보인다고 하면서 남북조의 서사문화가 섞여있다는 점을 통해 당시 백제와 대륙 사이의 복잡했던 문화교류의 모습을 엿볼 수 있을 뿐만 아니라 불과 62년 먼저 제작된 왕흥사지의 청동제사리함과 비교했을 때 남조체로의 변모가 보이는 자료라는 점에 의의를 부여하기도 하였다.[40] 또한 백제 금석문으로서는 처음으로 보이는 初唐 해서풍이라고 이해되기도 하며, 더불어 왕흥사지 청동제사리함과 노봉의 필법이라는 점에서는 공통되나 금제사리봉안기가 훨씬 더 무른 재질(금 90%, 은 10%)인데다 평면이기 때문에 더 깊게 새겨졌음이 지적되기도 하였다.[41] 전반적으로 세련되고 우아한 백제 해서풍을 보여주는 동시에 북조의 서사습관도 남아있는 등 다른 자료들에 비해 풍부한 서풍을 담고 있는 자료로서 평가할 수 있겠다.[42]

김상현, 2009a, 「백제 무왕의 왕후와 미륵사 창건-『삼국유사』 무왕조의 사료비판을 중심으로」, 한국사상사학회 학술발표회.

30) 박중환, 2009a, 「'미륵사 서탑 사리봉안기의 기초적 검토'에 대한 토론」, 『대발견 사리장엄! 彌勒寺의 在照明』, 마한백제문화연구소백제학회 공동주최 학술회의.

31) "心同水鏡 照法界而恒明 身若金剛 等虛空而不滅".

32) 박중환, 2009b, 「미륵사 舍利記를 통해 본 百濟 駢儷文의 發展」, 『百濟文化』 41.

33) 조경철, 2009, 「백제 익산 彌勒寺 창건의 신앙적 배경-彌勒信仰과 法華信仰을 중심으로-」, 『韓國思想史學』 32, p.2.

34) 이용현, 2009b, 「미륵사탑 건립과 사택씨-사리봉안기를 실마리로 삼아」, 『신라사학보』 16, p.49.

35) 權寧愛, 2009, 앞 논문, p.77.
손환일, 2009, 앞 논문, pp.85~86.

36) 손환일, 2009, 위 논문, p.114.

37) 정현숙, 2010, 「삼국시대의 서풍」, 『옛글씨의 아름다움』, 이천시립월전미술관, p.225.

38) 손환일, 2009, 앞 논문, p.98.
權寧愛, 2009, 앞 논문, p.78.

39) 손환일, 2009, 앞 논문, p,98, p.102, p.114.

40) 權寧愛, 2009, 앞 논문, p.70, p.78.

41) 정현숙, 2010, 앞 논문, p.225.

1) 판독표

(뒷면)

11	10	9	8	7	6	5	4	3	2	1
倶成佛道	並蒙福利凡是有心	虛空而不滅七世久遠	界而恒明身若金剛等	后卽身心同水鏡照法	正法下化蒼生又願王	寶曆共天地同久上弘	陛下年壽與山岳齊固	盡用此善根仰資大王	願使世世供養劫劫無	年正月廿九日奉迎舍利

(앞면)

11	10	9	8	7	6	5	4	3	2	1
淨財造立伽藍以己亥	民棟梁三寶故能謹捨	受勝報於今生撫育萬	積德女種善因於曠劫	我百濟王后佐平沙乇	遍神通變化不可思議	遂使光曜五色行遶七	樹遺形八斛利益三千	是以託生王宮示威雙	感應物現身如水中月	竊以法王出世隨機赴

2) 판독

판독문은 대체로 국립문화재연구소에서 공식적으로 제시한 것이 활용되고 있으며, 판독에 대해서는 이견이 없다. 이에 아래에서는 국립문화재연구소의 판독문을 따르되 형태가 특이한 몇몇 글자들을 중심으로 유사사례를 찾아 그 계통을 추적해보고자 한다.

【판독문】

竊以法[43]王出世, 隨機赴感, 應物現身, 如水中月. 是以託[44]生王宮, 示威[45]雙樹, 遺形[46]八斛, 利益三千. 遂使光曜五色, 行遶七遍, 神通變化, 不可思議. 我百濟王后, 佐平沙乇積德女, 種善因於曠劫, 受勝報於今

42) 이은솔, 2014, 「백제 印刻瓦 서풍 연구」, 『목간과문자』 12, p.25.

43) 法 : 금제사리봉안기에서 '法'자는 총 3회 보이는데, '氵'과 '厶'에 변화를 주어 각각 다른 형태로 쓴 점이 흥미롭다. 동일한 글자라도 자형에 변화를 줌으로써 예술미를 고려한 것으로 생각된다.

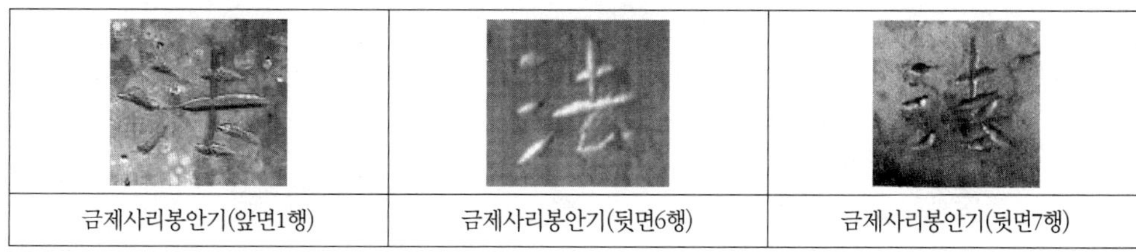

금제사리봉안기(앞면1행)	금제사리봉안기(뒷면6행)	금제사리봉안기(뒷면7행)

44) 託 : 우변에 점이 찍힌 '託'로 쓰였는데, 이러한 형태는 이미 東晋시기부터 등장하여 北魏에서 빈번하게 보인다. 한편 일본에서도 나라시대의 佛經에서 사례가 찾아진다.

生, 撫育萬民, 棟梁三寶. 故能謹捨淨財, 造立伽藍, 以己亥[47]年正月廿九日, 奉迎舍利. 願使世世供養, 劫劫

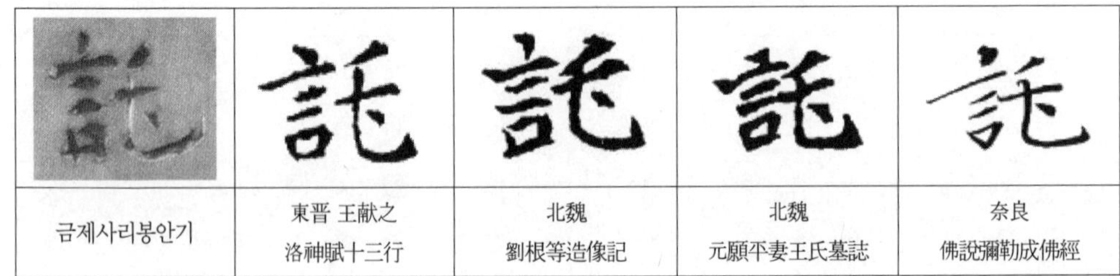

금제사리봉안기	東晋 王献之 洛神賦十三行	北魏 劉根等造像記	北魏 元願平妻王氏墓誌	奈良 佛說彌勒成佛經

45) 威 : '滅'은 앞면과 뒷면에 각각 한 번씩, 두 번에 걸쳐 보인다. 그러나 앞면에서는 '氵'이 생략되어 '㓕'로 쓰인데 반해 뒷면에서는 '氵'을 써서 '滅'로 새겼다. '滅'의 경우 北魏에서부터 隋·唐代에 이르기까지 그 사례가 적지 않으며, '㓕'은 飛鳥, 奈良와 같이 이른 시기의 일본에서 예가 확인되는 점이 흥미롭다.

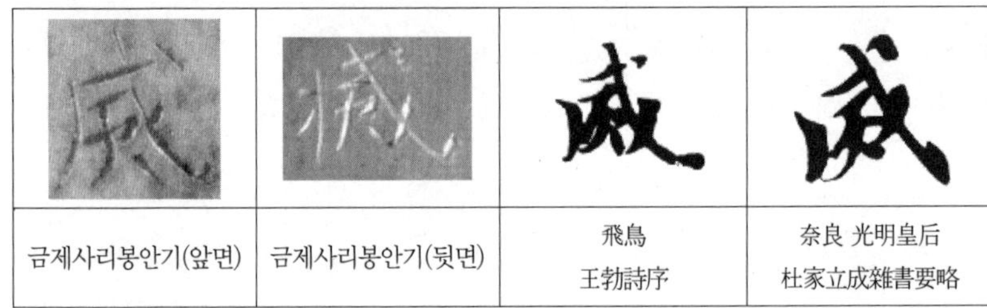

금제사리봉안기(앞면)	금제사리봉안기(뒷면)	飛鳥 王勃詩序	奈良 光明皇后 杜家立成雜書要略

46) 形 : '彡'의 마지막 획을 반대방향으로 찍은 점이 눈에 띄는데, 이는 北魏의 司馬顯姿墓誌의 자형과 매우 흡사하며, 금제사리봉안기와 비슷한 시기인 唐 孔子廟堂碑를 거쳐 약 1세기 이후인 唐 圭峰禪師碑에서도 나타나고 있다.

금제사리봉안기	北魏 司馬顯姿墓誌	唐 吳世南 孔子廟堂碑	唐 裴休 圭峰禪師碑

47) 亥 : '亥'가 매우 특이하게 쓰여 언뜻 '永'처럼 보이기도 하지만 앞의 글자가 '己', 뒤의 글자가 '年'이기 때문에 이 글자가 '亥'로서 '己亥年'이라고 하는 간지를 나타내고 있는 것으로 보고 있다. 이에 대해 초서결구법을 취한 것으로서 모양은 약간 차이가 있지만 北魏, 隋 등에서 연유하였다고 보고, 백제 내에서는 무령왕의 묘지와 창왕명사리감의 '亥'가 같은 서법이라고 하는 견해가 제시된 바 있다(손환일, 2009, pp.91~92).

금제사리봉안기	北魏 李璧墓誌	隋 蘇孝慈墓誌	백제 무령왕묘지	백제 창왕명사리감

無盡, 用此[48]善根, 仰資大王陛下, 年壽與山岳齊固, 寶曆共天地同久, 上弘[49]正法, 下化蒼生. 又願王后卽身, 心同水鏡, 照法界而恒明, 身若金剛[50], 等虛空而不滅, 七世久遠, 並蒙福利, 凡是有心, 俱成佛道.

3) 해석 및 역주

사리봉안기의 내용은 아래와 같이 크게 세 부분으로 나눌 수 있다. 즉, 앞면 처음부터 6행 "神通變化, 不可思議"까지는 중생에 대한 부처의 妙應과 舍利의 신통력에 대해 찬탄하고 있으며, 7행 "我百濟王后, 佐平沙乇積德女"부터 뒷면 1행 "奉迎舍利"까지는 왕후가 재물을 희사하여 가람을 건립하고 사리를 받들어 모셨음을 밝혔고,[51] 뒷면 2행 "願使世世供養"부터 마지막 11행 "俱成佛道"까지는 구체적인 발원의 내

48) 此 : 자형상 특이한 점은 없으나, 행에서 벗어나 '用'과 '善' 사이의 우측 여백에 작은 글자로 새겨져 있다. 처음 글자를 새길 때 실수로 빠뜨렸던 것을 補入한 것으로서 별도의 보정표시는 없다. 같은 행 끝 부분의 '大王' 앞에 있는 빈 공간을 일반적으로 '大王'을 높이기 위한 空格이라고 이해하고 있는데(손환일, 2009, p.99; 이용현, 2009b, p.47), 이 점을 고려하면 공격을 넣기 위해 큰 의미가 없는 '此'를 일부러 옆으로 비껴 쓴 것일 가능성도 제기할 수 있다. 그러나 '仰'과 '資'의 자간이 불필요하게 벌어져있는 것으로 볼 때, '此'를 빠뜨렸다가 '善' 혹은 '根'까지 쓴 후에 다시 돌아가서 보입한 것으로 보는 것이 자연스럽다고 하겠다(이용현, 2009b, p.47).

49) 弘 : 기존에 北魏와 隋는 '弓/口'로 결구하지만 왕희지를 비롯한 남조체는 '弓/厶'로 하는 것이 일반적이며 금제사리봉안기의 경우 남조체로의 전향을 보여준다고 설명된 바 있다(손환일, 2009, 앞 논문, p.95). 이는 우변 '厶'에 주목한 것으로 보이는데, 총 4획으로 구성된 좌변 '弓'의 형태를 함께 고려하면 가장 유사한 필체가 역시 唐代의 사례이다. 이는 금제사리봉안기의 서체가 남북조의 그것을 기본으로 하면서도 隋·唐代의 필법 역시 보이고 있음을 말해주는 것이라고 할 수 있겠다.

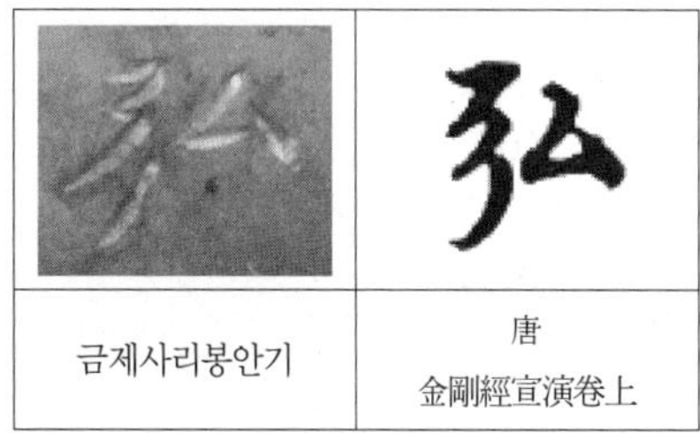

금제사리봉안기	唐 金剛經宣演卷上

50) 剛 : 금제사리봉안기에서는 이체자인 '𠛮'으로 쓰였는데, 특히 부수 '刂'를 '寸'으로 쓴 점이 특징적이다. 이러한 형태는 北魏의 사례에서 확인되며, 隋代와 唐代까지도 나타난다.

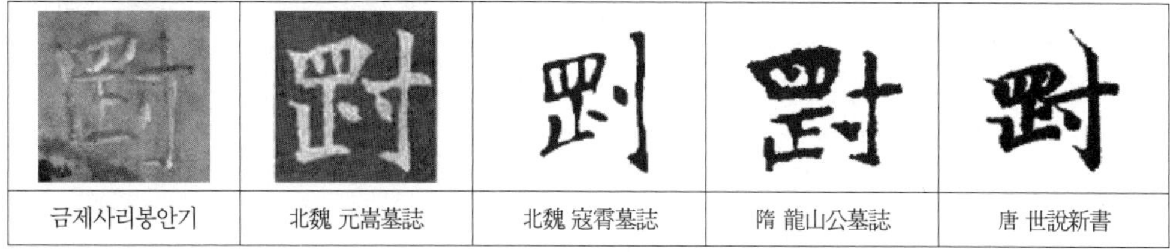

금제사리봉안기	北魏 元嵩墓誌	北魏 寇霄墓誌	隋 龍山公墓誌	唐 世說新書

51) 대부분의 연구자들이 "以己亥年正月廿九日 奉迎舍利"까지를 Ⅱ로 하고, "願使世世供養"부터 발원의 내용(Ⅲ)에 해당한다고 보고 있다. 그러나 "願使世世供養 劫劫無盡"은 봉안한 사리가 오래도록 공양을 받으면서 사라지지 않기를 바란다는 의미이므로, 사리를 봉안한 공덕으로 왕과 왕후, 중생들의 복을 바라는 Ⅲ의 내용과는 구분된다고 보기도 한다(최연식, 2012, pp.22~24). "願使世世供養 劫劫無盡"이 사리에 대한 바람으로서 이후의 "用此善根" 이하와 내용상 차이가 있는 것은 분명하지만, "願使世世供養 劫劫無盡"이 곧 왕과 왕후, 중생들의 복을 비는 근거가 된 '此善根'이 되는 것으로 생각되며, 왕후에

용으로서 사리를 봉안한 공덕으로써 왕과 왕후, 7세 부모와 뭇 중생들이 모두 복덕을 받고 깨달음을 증득하기를 기원하고 있다. 이를 정리하면 아래와 같다.

Ⅰ. 석가모니의 중생교화와 사리의 신통변화 찬탄 : 竊以法王出世 ~ 不可思議

Ⅱ. 沙乇왕후가 가람을 짓고 사리를 봉안함 : 我百濟王后 ~ 奉迎舍利

Ⅲ. 발원의 구체적 내용 : 願使世世供養, 劫劫無盡 ~

① 대왕폐하 : 用此善根 ~ 下化蒼生

② 왕후 : 又願 ~ 等虛空而不滅

③ 왕후의 7세부모와 중생 : 七世久遠 ~ 俱成佛道

위에서 금제사리봉안기의 내용 구조를 제시하였으므로 아래에서는 별도의 단락구분 기호 없이 해석문을 제시한다.

【해석문】

가만히 생각하건대,[52] 法王[53]께서 세상에 출현하시어 (중생들의) 根機에 따라 응하시고[隨機赴感] 만물에 응하여 몸을 나타내심[應物現身]은[54] 물에 비친 달과 같다[如水中月].[55] 이 때문에 (부처님께서는)

대한 발원이 "又願"이라는 표현으로 시작되고 있는 점과도 상응한다는 점을 고려하여 본고에서는 다수의 견해를 따라 Ⅱ가 "以己亥年正月廿九日 奉迎舍利"까지 해당하는 것으로 구분하였다.

52) 김상현과 대부분의 연구자들은 평이하게 '가만히 생각하옵건대'로 풀었으나, 박중환은 특별히 '竊'字의 字意가 겸양에 있다고 강조하면서 '겸허히 생각하건대'로 해석해야 한다고 지적하였으며(박중환, 2009b, pp.69~70), 정진원은 한문 문헌에서 상투적으로 나오는 표현으로 '가만히'라는 의미를 생략하고 '생각해보건대' 정도로 푸는 것이 좋겠다고 제시하였다(정진원, 2012, pp.251~252).

53) 法王 : 산스크리트어로 'dharma-rāja'라고 하며, 부처의 尊稱이다. 王에는 最勝·自在의 뜻이 있는데, 부처는 法門의 주인으로서 自在하여 중생을 교화하기 때문에 法王이라고 한다(『佛光大辭典』).

54) 정진원은 '隨機赴感'은 중생에 대하여, '應物現身'은 우주만물에 대한 것이라고 보고, 결과적으로 부처의 감응은 중생과 우주 만물 모두를 포괄하는 것이라고 하였다(정진원, 2012, p.252). 그러나 중생은 有情과 無情을 모두 포괄하는 개념이므로, 중생과 우주만물을 서로 구분되는 것으로 이해하는 것보다는 김상현과 같이 양자 모두가 중생을 가리키는 것으로서 그 표현을 달리한 것이라고 보는 것이 자연스럽다고 생각된다(김상현, 2009b 참조).

cf. 有情 : 梵語 sattva, 巴利語 satta. 音譯하면 薩多婆·薩埵嚩·薩埵라고 쓰며 舊譯에서는 衆生이라고 하였으니 곧 生存者라는 의미이다. 有情과 衆生의 관계에 대해서는 여러 설이 있다. 한 설에서는 有情에 人類·諸天·餓鬼·畜生·阿修羅 등이 포함되며 情識이 있는 생물을 가리킨다고 한다. 이에 따르면 草木·金石·山河·大地 등은 非情·無情이 되며, 衆生은 有情과 非情 두 가지를 모두 포괄하는 것이다. 그러나 또 다른 설에서는 有情이 곧 衆生의 異名이라고 보고, 두 용어 모두 有情의 생물과 非情의 草木 등을 모두 포괄하는 것이라고 한다(『佛光大辭典』).

55) 如水中月 : 佛典에서 '水中月'의 비유는 대체로 3가지의 맥락에서 등장하는 것으로 보인다. 첫째는 諸法의 無相을 표현한 것으로, 『大方廣佛華嚴經』(60권본) 卷第25 「十地品」에서 "모든 法이 허깨비와 같고 꿈과 같으며 물 속의 달과 같이 두 가지의 相이 아님에 순응하면서도 갖가지 번뇌를 분별하여 업의 果報를 잃어버리지 않는다[隨順諸法如幻如夢如水中月不二相 而起分別種種煩惱 及不失業果報"라고 한 구절이 대표적이다. 둘째는 有無의 이분법적 경계를 넘어섬을 의미하는 경우이다. 『文

王宮에 몸을 의탁하시어 태어나셨고, 紗羅雙樹 사이에서 入滅을 보이시면서 舍利[遺形][56] 8斛[57]을 남기시

殊師利問經』 卷下 「雜問品」의 "손바닥이 부딪치면 소리가 나는 것처럼 있기도 하고 또한 없기도 하며, 나타나기도 하고 또한 나타나지 않기도 하여 취할 수 있기도 하고 취할 수 없기도 함이 마치 물 속의 달과 같다. 如來의 正遍知 또한 이와 같다[如手合有聲 亦有亦無亦現不現 可取不可. 如水中月 如來正遍知亦復如是]" 구절이 참고 된다. 여기에서 물 속의 달과 같다는 것은 실제로는 물 속에 달이 있는 것이 아니기 때문에 '있다'고 할 수 없지만, 물 속에 달이 있는 모습이 눈 앞에 보이고 있으므로 '없다'고도 할 수 없다는 의미라고 생각된다. 셋째는 부처와 중생 사이의 感應에 관한 것으로서 중생의 마음이 부처에게 가 닿으면[感] 부처가 그에 응하여 주는 것[應]이 마치 하나의 달이 땅으로 내려오지 않고도 모든 江에 두루 비치는 것과 같다는 의미이다. 『大明三藏法數』 卷37의 "感은 곧 중생이고 應은 곧 부처이니, 중생이 능히 원만한 근기로 부처에게 가 닿으면 부처가 곧 묘한 응답으로 그것에 응하는 것이 물은 위로 올라가지 않고 달은 아래로 내려오지 않지만 하나의 달이 널리 여러 물에 나타나는 것과 같음을 일컫는다[感卽衆生, 應卽佛也, 謂衆生能以圓機感佛, 佛卽以妙應應之, 如水不上升, 月不下降, 而一月普現衆水]"(『佛光大辭典』) 구절이 참고 된다.

박중환의 경우 첫 번째 의미를 따라 실체의 존재를 따라 나타나는 가상적 현상이라는 의미에서 "그 이치가 물속에 달의 움직임이 비치는 것과 같도다"로 해석해야 한다고 하였고(박중환, 2009b, p.70), 최연식은 부처님이 중생의 각기 다른 근기에 맞추어 가르침을 베푸는 것이 여러 강물 속에 비친 달과 같이 다양하게 나타난다는 의미로 이해하였으며(최연식, 2012, p.23), 정진원은 '月印千江'의 의미에 따라 부처의 가르침이 '달은 하나이지만 온 세상의 강에 다 비추는 것'과 같다는 의미로 풀이하였다(정진원, 2012, p.253). 부처의 응함이 두루 미친다는 의미에서는 '月印千江'과도 맥락이 닿지만, 여기에서의 '如水中月' 구절은 바로 앞의 感應에 대한 부가설명으로서 중생과 직접 닿지 않아도 응하여 주는 부처의 '妙應'을 강조한 것으로 생각된다. 이렇게 볼 경우 이후의 "神通變化 不可思議" 구절과도 같은 맥락으로 자연스러운 해석이 가능하다.

56) 遺形 : 부처가 入滅한 이후의 遺骨을 가리키니, 곧 佛舍利이다(『佛光大辭典』 遺形條). 불교경전에서 遺形이 곧 사리를 가리키는 것으로 쓰인 사례는 『長阿含』 卷4 「遊行經」의 "如來遺形欲以廣益, 舍利現在但當分取, 衆咸稱善." 구절을 들 수 있다. 그러나 엄밀하게 구분한다면 '舍利'는 산스크리트어 'śarīra', 빨리어 'sarīra'의 음역으로서 死屍·遺骨을 가리키는 것으로 體·身·身骨·遺身 등으로 의역되지만, 통상적으로 佛舍利 및 高僧의 시신을 화장한 후에 나오는 骨頭를 지칭하여 쓰이고 있는 것이다(『佛光大辭典』 舍利條).

이와 관련하여 Gregory Schopen은 빨리어본 『大般涅槃經(Mahāparinibbāna-sutta)』에서 등장하는 'śarīra-pūjā'의 용례와 그 맥락을 살핌으로써 단수형으로 쓰인 'śarīra'는 일반적으로 우리가 이해하고 있는 사리가 아니라 屍身을 가리키는 것으로 부처가 열반 당시에 아난에게 관여하지 말라고 당부했던 'śarīra-pūjā'는 사리의 숭배가 아니라 장례의식이라고 하였다(GREGORY SCHOPEN, 1997). 中村元 역시 빨리어본 『長阿含經』인 『Dīgha-nikāya』를 역주하면서 'sarira'가 단수로는 신체 또는 유체를 뜻하지만 복수형으로는 유골(사리)를 의미함을 명시하고(나카무라하지메, 2006, p.293), 다비식 이전에는 '유체'로, 다비식 이후에는 '유골'로 번역하고 있다. 그러나 『長阿含』 卷4 「遊行經」에는 "빨리 쌍수 아래로 가서 사리를 공양하자[速詣雙樹供養舍利]"라고 한 구절도 보이는데, "그런 후에 서쪽 성문으로 나와 높고 탁 트인 곳으로 가서 화장[闍維]을 하자[然後出西城門 詣高顯處而闍維之]"라는 구절이 뒤따라 나오는 것으로 보아서 이때의 '사리'는 화장하기 전 부처의 시신을 가리키는 것이 분명함에도 '舍利'로 漢譯하고 있어 『장아함경』이 한역되던 5세기 초에는 이미 시신과 불사리의 구분 없이 '舍利'가 쓰이고 있음을 알 수 있다. 이에 대하여 Gregory Schopen이 『Milindapañha』 단계에서 'śarīra-pūjā'가 사리 숭배의 의미로 사용됨으로써 그 의미에 변화가 있었음이 엿보인다고 한 것(GREGORY SCHOPEN, 1997)이 참고가 되지만, 상세한 내용은 'śarīra-pūjā'의 의미 변천 및 佛經의 漢譯 과정에 대한 심화된 검토가 이루어져야 알 수 있을 것으로 생각된다.

57) 8斛 : 斛은 본래 量器의 명칭으로서 10斗에 해당한다. 戰國時代 秦나라의 商鞅이 量制를 개혁하면서 10斗의 단위명이었던 石이 약 15斗로 변하게 되자 새롭게 10斗에 대한 단위명으로 쓰게 된 것이다. 이후 北朝에서 隋·唐을 거치면서 5斗로 그 양이 변하게 되었다(『한국민족문화대백과』).

빨리어본 『Dīgha-nikāya』에서는 부처가 열반에 든 후 그 유체를 화장하고 나온 유골(사리)가 8斛이라고 하였으며(나카무라하지메, 2006, p.214), 『廣弘明集』(644년)에서도 "부처님께서 舍利 8斛을 남김으로써 그 遺身을 표시하였다는 말을 듣고……[聞佛有舍利八斛用表遺身]"라는 구절이 있어 일찍부터 부처의 사리가 8斛으로 전해졌음을 알 수 있다. 그러나 한편으로는 8斛 4斗라고 표현하고 있는 경우도 보이는데, 『大莊嚴論經』(5C 초 鳩摩羅什 譯)에서 "入涅槃時爲濟衆生故 碎身舍利

어 三千大天世界[58]를 이익되게 하셨으며, 마침내 (사리로 하여금) 오색으로 빛을 내며 (공중에서) 일곱 번 돌게 하셨으니[遂使光曜五色 行遶七遍][59], 그 神通한 변화는 不可思議하도다! 우리 百濟의 왕후이신 佐平[60] 沙乇積德[61]의 따님께서는 과거 오랜 기간[曠劫][62] 동안에 善因을 심으셨기에 今生에 뛰어난 과보를

八斛四斗 利益衆生"이라고 한 것과 『法華經義記』(梁代)에서 "只用如來滅後八斛四斗舍利爲使也"라고 한 것이 그것이다. 더불어 후대의 것이기는 하지만 『註華嚴經題法界觀門頌』(宋代)의 "諸天奉火皆不能然 自化火光三昧而自焚之 得舍利八斛四斗 遍周沙界起塔供養", 『佛祖歷代通載』(元代)의 "闍維得舍利八斛四斗" 구절에서도 8斛 4斗로 표현되고 있다. 금제사리봉안기에서의 '8斛'이 어떤 전승에 근거한 것인지는 알 수 없으나, 『廣弘明集』과 『大莊嚴論經』·『法華經義記』가 모두 금제사리봉안기가 작성된 시기보다 앞서고 있으므로 당시에 이미 부처의 사리가 8斛이라고 하는 전승과 8斛 4斗라고 하는 전승이 각각 존재하고 있었을 것임은 짐작할 수 있다.

58) 三千大天世界 : 고대 인도의 우주관의 한 계통으로서 一大三千大千世界·一大三千世界·三千世界로도 쓴다. 수미산을 중심으로 그 주위를 둘러싼 4大洲와 9山 8海를 一小世界라고 하는데, 이 一小世界가 1,000개가 모여 하나의 小千世界를 형성하며, 1,000개의 小千世界가 모여서 中千世界를 이루고, 1,000개의 中千世界가 모여서 大千世界를 형성한다. 이 大千世界는 小·中·大 3종의 千世界가 모여 이루어진 것이기 때문에 三千大千世界라고 한다(『佛光大辭典』). 중천세계를 2,000(dvi-sāhasra)세계, 대천세계를 3,000(tri-sāhasra)라고 하는 경우도 있으나, 산술적으로 계산하면 중천세계는 $1,000^2$으로 100만 세계이며, 대천세계는 $1,000^3$으로 10억 세계가 된다(定方晟, 1988, p.94), 따라서 일반적인 범칭으로서의 무한한 세계, 우주 전체라고 하는 모호한 개념과는 거리가 있으며, 佛典에서는 三千世界를 한 명의 부처가 교화하는 영역이라고 하여 '一佛國'이라고도 한다(『佛光大辭典』).

59) 遂使光曜五色 行遶七遍 : 정진원은 "드디어 五色光明이 일곱 번 요잡(繞匝)하니"라고 하여 사리를 오색 광명이 7번 휘감아 도는 것으로 해석하였으나(정진원, 2012, p.254), 김상현·박중환·조경철·최연식 등은 모두 사리가 오색의 빛을 내며 7번 돈 것으로 해석하였다(김상현, 2009b, 139; 박중환, 2009b, p.69; 조경철, 2009, p.9; 최연식, 2012, p.22).

김상현이 지적한 것처럼, 사리가 오색으로 빛난다는 표현은 『廣弘明集』(644년)·『法苑珠林』(唐代)·『破邪論』(唐代) 등에 보인다. 사리가 오색광명을 내며 공중에서 돌았다고 하는 표현은 이들 세 佛典 외에 『集古今佛道論衡』(661년)·『集神州三寶感通錄』(7C)·『古今譯經圖記』(唐代)·『續集古今佛道論衡』(8C)·『翻譯名義集』(宋代)·『緇門警訓』(明代)에도 보이는데, 흥미로운 점은 모두 동일하게 불교가 중국에 처음 전래되던 당시의 설화를 소개하는 부분이라는 것이다. 즉, 『廣弘明集』 권1 「漢顯宗開佛化法本傳」에 따르면 한나라 명제가 꿈에서 부처를 본 후 서역으로부터 부처의 사리와 경전·불상을 맞이하여 白馬寺에 안치하였는데, 道士들이 이에 거세게 항의하자 "때마침 부처님의 사리가 오색의 빛으로 빛나며 곧장 공중으로 올라가 寶蓋처럼 둥그렇게 돌면서 대중을 두루 뒤덮어 해를 가렸다[時佛舍利光明五色 直上空中旋環如蓋 遍覆大衆映蔽日光]"는 것이다. 또한 이때부터 중국에서는 佛法이 흥하게 되었다고 덧붙이고 있다. 이러한 점을 고려하면 금제사리봉안기의 "遂使光曜五色 行遶七遍" 구절은 김상현 외 여러 연구자들과 같이 사리가 오색으로 빛나며 7번 돈 것으로 해석하는 것이 합당하다고 판단되며, 그 구체적인 의미는 바로 앞 구절이 인도에서 부처가 보인 妙應을 서술한 것인데 이어 다음으로 열반 후에도 중국에서 사리를 통해 신이함을 보임으로써 불법이 동쪽으로 전해질 수 있게 한 부처의 신통력을 찬탄하는 것이라고 생각된다. 다만, 사리가 '7번' 돌았다고 한 표현에 대해서는 좀 더 고찰이 필요하다.

한편, 우리나라의 경우 사리가 빛을 내며 돈 것과 조금 다르기는 하지만, 佛日寺에 벼락이 친 것을 계기로 消災를 위해 균여가 內道場에서 강연을 할 때에 經床 위에 놓여있던 염주가 공중으로 떠올라 균여를 세 바퀴 돌고 그쳤다고 하는 설화가 참고 된다(『大華嚴首座圓通兩重大師均如傳』).

60) 佐平 : 『三國史記』 권40 「職官下」에서는 『北史』와 『隋書』를 인용하여 백제의 관등은 16品이 있는데, 이 중 1품을 左平(佐平)이라 한다고 기록하였다. 좌평은 초기에 명칭이 '左率'이었을 것으로 추정되는데, 이때에는 達率 계층과 엄격히 구분되지 않은 채 왕·達率과 더불어 최고회의체를 구성하면서 왕과 귀족 사이의 매개자로 존재하다가 5세기에 들어 佐平이라는 명칭이 등장하면서 達率과 구분되는 뚜렷한 정치적 위상을 굳히게 되었으며, 6세기에 그 인원이 5명으로, 또 7세기에는 6명으로 늘어났다. 그러나 인원의 증가와 官人에 대한 왕권의 영향력 강화 경향에 따라 좌평회의는 최상위 의결기구로서의 귀족회의적 속성을 잃고 재상회의로 변화되어 간 것으로 이해·설명되고 있다(정동준, 2010).

받으셔서 萬民을 어루만져 기르시고 三寶의 동량이 되셨다. 이에 능히 삼가 淨財를 희사하여 伽藍을 건립하시고, 기해년(639) 정월 29일에 사리를 받들어 맞이하셨다. 바라건대, 世世토록 (사리를) 공양함이 劫劫동안 다하지 않게 하여, 이 善根으로써 대왕폐하께서 수명이 山岳과 같이 견고하여지고 치세[寶曆]가 天地와 같이 長久하여지며, 위로는 正法을 널리 펴시고 아래로는 蒼生들을 교화하시는 데에 資糧이 되기를. 또 바라건대, 王后께서는 곧바로[卽身][63] 마음이 水鏡과 같아져서 法界를 비추매 항상 밝으시고, 몸은 金剛과 같아져서 허공과 같이 소멸하지 않으시며, 7世의 (부모와) 오랜 과거의 (친속들이)[七世久遠][64] 모두 福利를 입으시고, 이 모든 중생들도[65] 함께 佛道를 이루기를.

---

61) 沙乇積德 : 대체로 沙乇氏는 곧 沙宅氏와 같은 것으로 沙氏·沙吒氏로도 표기된다(김상현, 2009b, p.142). 沙宅氏는 부여지역을 세력기반으로 하면서 성왕의 사비 천도를 적극 지지한 것이 계기가 되어 백제의 최고 귀족가문이 되었으며, 『隋書』「백제전」에서는 백제의 大姓八族 가운데 가장 먼저 언급되고 있다(노중국, 2010, p.430). 대표적인 인물로 무왕대에 주로 활약한 大佐平 沙宅智積과 백제 멸망 이후 백제부흥군을 일으킨 沙吒相如를 들 수 있다.

62) 曠劫 : 지극히 오랜 세월[久遠]을 의미한다. 劫은 산스크리트어 'kalpa'의 음역으로서 劫波·羯臘波라고도 하며, 의역하여 長時라고 쓴다. 고대 인도에서 지극히 큰 시간을 표시하는 단위로 쓰였으며, 사방 40리의 성 안을 가득 채운 芥子를 백년마다 한 알씩 집어내어도 劫은 다하지 않는다(『智度論』 권5)고 하여 '芥子劫'이라고도 하고, 사방 40리의 바위를 백년마다 한 번씩 엷은 옷으로 스쳐서 바위가 닳아 없어지더라도 겁은 다하지 않는다(『智度論』 권5)고 하여 '磐石劫'이라고도 한다(『佛光大辭典』, 『종교학대사전』).

63) 卽身 : 김상현은 존칭어로 풀어 "왕후께서는"·"왕후 당신"으로 해석하였고(김상현, 209b, p.143), 최연식은 "곧바로"로 해석하여 왕후가 지금의 몸, 즉 현생에 깨달음과 金剛身을 얻기를 기원한 것으로 이해하였다(최연식, 2012, p.22, p.24). 여기에서 더 나아가 龍女가 남성으로 변하여 성불하였다고 하는 『法華經』의 구절을 들어 왕후가 여성으로서의 신체적 한계를 극복하고 성불하기를 기원하는 관념이 '卽身成佛'로 표현된 것으로 이해하고, 이 구절을 "왕후께서는 卽身成佛 하시고"(박중환, 2009a, p.71)라고 풀거나 '卽身'이 '卽身成佛'의 의미를 내포하여 존칭어와 같이 쓰였다고 보아 "성불하실 고귀한 분"(조경철, 2009, p.10)으로 해석되기도 한다. 卽身成佛이 '卽身'의 용례가 됨은 분명하지만 이때의 '卽身'은 '현재의 몸 그대로', '곧바로' 정도의 의미로서 '卽身' 자체에 성불의 의미를 포함하는 것은 아니며, 성불에 대한 내용, 즉 부처와 같은 몸과 마음을 얻기를 기원하는 내용이 뒤따르고 있으므로 '卽身' 자체는 최연식의 해석을 따라 '곧바로'로 풀이하는 것이 자연스럽다고 생각된다.

64) 七世久遠 : "아주 오랜 과거칠세로부터"라고 해석하기도 하지만(정진원, 2012, p.263), '七世의 부모'(김상현, 209b, p.144) 또는 "7世의 부모와 먼 과거의 친속들이"라고 하여(최연식, 2012, p.22) 대체로 사리 봉안의 공덕을 과거의 부모(혹은 친속)에게 회향하고 있는 구절로 이해하고 있다. 원문에는 '七世'라고만 하였으나 癸酉銘阿彌陀三尊四面石像, 己丑銘阿彌陀石像, 大和十三年銘石佛像(고구려)의 발원내용 중 '七世父母'가 등장하는 것을 고려한 것이다(김상현, 209b, p.144).

'七世父母'에 대해서는 자신에 이르기까지의 일곱 世代라거나 父·祖·曾祖·高祖의 4代에 자신과 子·孫을 더한 것으로 설명되기도 하는데(한국금석문 종합영상정보시스템 「癸酉銘全氏阿彌陀佛三尊石像」 각주), '七世父母'에서의 '七世'는 7번의 轉生을 의미하는 것으로 보아야 할 것이다. 이때 참고가 되는 것이 '七生'이라는 개념인데, '七生'은 미혹의 세계에 7번 다시 태어남을 일컫는 것으로서 7은 이 세계에 轉生하는 최대한의 횟수가 된다(『佛教語大辭典』 上卷). 또한 '極七返有'·'極七返生'과 동의어로서 곧 최초의 성자 반열인 預流果에 들더라도 아직 번뇌를 끊어 없애지 못하였으므로 7번 반복하여 다시 태어나야 비로소 열반에 들어갈 수 있다(『佛光大辭典』)는 의미를 함유하고 있다. 이처럼 成佛을 하기 전에 7번 다시 태어나야 한다는 불교적 관념이 있다는 점과 『삼국유사』의 「大城孝二世父母」條에서의 '二世'가 김대성의 전생과 현생을 가리킨다는 점을 고려하면 '七世'는 다시 태어난 7번의 생애를 의미하는 것으로 볼 수 있는 것이다.

한편 '七世久遠'의 '七世'를 '七世父母'로 해석하는 것과 관련하여, 위에서 언급한 癸酉銘阿彌陀三尊四面石像 등은 발원자가 부모를 비롯한 여러 대상들을 위하여 造像하면서 본인의 발원내용을 기록한 것이기 때문에 '父母'가 명기되어 있는 것임에 반해 금제사리봉안기의 발원내용은 제3자가 사리를 맞아들인 왕후의 공덕을 칭송하면서 왕후가 그 공덕으로 인한 果報의

4) 연구쟁점

(1) 미륵사의 창건 주체

기존에는 武王이 부인 선화공주와 함께 師子寺에 가다가 龍華山 아래의 큰 못에서 彌勒三尊이 출현한 것을 보고 예배를 올린 일을 계기로 선화공주의 발원으로 彌勒寺를 건립하였다고 하는『三國遺事』「武王條」의 기록을 바탕으로 미륵사의 창건이 백제 무왕과 신라 출신 선화공주에 의해 이루어진 것으로 널리 이해되어 왔다. 그러나 창건주체를 사탁왕후로 기록하고 있는 금제사리봉안기가 발견되면서『삼국유사』기록의 신뢰 가능여부와 함께 미륵사의 창건 주체가 누구인가의 문제가 대두되었다.

선화공주의 존재를 인정하는 입장에서는 미륵사가 3院으로 이루어진 거대 사찰이기 때문에 창건의 주체가 여러 명일 수 있다고 본다. 조경철의 경우, 사탁왕후의 신앙을 법화신앙으로 이해하고 사리봉안기에서 법화신앙이 보인다는 점을 들어 동·서원 혹은 서원을 사탁왕후가 건립하였으며, 이에 비해 중원은 미륵신앙에 바탕을 둔 무왕 혹은 무왕과 선화공주가 건립한 것이라고 보았다.[66] 이는 사탁왕후의 前에 선화공주가 왕비로서 존재했음을 인정하는 입장이라고 하겠다. 홍윤식 역시『삼국유사』의 창건연기설화를 적극적으로 인정하고 있다. 즉, 고고학적 발굴조사를 통해서도 연기설화의 역사성이 증명되기 때문에『삼국유사』「무왕조」는 금제사리봉안기와는 다른 성격을 갖는 사료로서 해석해야 한다고 주장하는 것이다. 이에 두 사료를 종합하여 선화공주는 창건발원자이며 사탁적덕의 딸인 왕후는 서탑 사리봉안의 발원자라고 보았다.[67] 이도학도 선화공주를 前왕비로서 보고, 미륵사의 오랜 공사기간 동안 최초의 발원자인 선화 왕비가 사망 혹은 失勢하였을 수도 있으며, 이 경우 미륵사가 완공되던 무렵에는 당시 실권을 쥐고 있었던 사탁왕후에 의해 佛事가 진행되었을 것이라고 추측하였다.[68] 더불어 금제사리봉안기에 미륵사 창

수혜자가 되기를 바라고 있기 때문에 차이가 있는 것으로 보이며, 따라서 '七世'를 반드시 '七世父母'로 확대하지 않아도 좋을 것으로 생각된다. 즉, 바로 앞 구절에서 왕후가 곧바로 부처와 같은 마음과 몸을 성취하기를 기원한 것과 7번의 轉生을 거듭해야 열반에 들 수 있다고 하는 불교적 관념을 미루어 볼 때, '七世久遠'의 '七世' 역시 왕후가 다시 태어난 일곱 번 생을 가리키는 것으로 해석하여, 사리 봉안의 공덕으로 인해 직전 과거 7번의 생을 단순한 중생으로서의 轉生이 아닌 성불의 준비단계로서의 轉生으로 바꾸어서 미혹한 세상에 또다시 태어나지 않고 부처가 되기를 바란 것으로 이해할 수도 있지 않을까 조심스럽게 추측해 볼 수 있을 것이다. 그러나 '七生'의 관념이 직접적으로 표출된 다른 자료가 확인되지 않으며, 비슷한 시기의 발원문에서 부모에게 공덕을 회향하고 있는 사례들이 다수 존재하는 만큼 이러한 해석이 가능하기 위해서는 방증자료의 확보가 추가될 필요가 있음은 분명하다.

65) 凡是有心 : 박중환은 '是'를 '이곳'/'여기'의 뜻으로 새겨서 "이 자리에 모인 모든 사람들"을 의미한다고 보았다(박중환, 2009a, p.72). 즉 모든 중생의 성불을 발원하는 것이 아니라, 당시의 사리공양회 그 자리에 모인 사람들에 한정된다는 것이다. 이를 바탕으로 박중환은 이 사리봉안기의 특징 중 하나로서 "造塔이나 가람건립을 위해 만드는 발원문들에 흔히 등장하는 '一切衆生'에 대한 발원이 보이지 않는 점도 이 사리기의 기록내용이 갖는 구성상의 특징이다"라고 하였다. 그러나 대체적으로는 일반적인 중생을 의미하는 것으로 해석하고 있다. 한편 최연식은 '凡是有心'을 "모든 마음이 있는 존재들이"라고 풀어서 중생 중에서도 有情만을 포함하는 것으로 풀이하였다.

66) 조경철, 2009, 앞 논문.

67) 홍윤식, 2009,「익산 미륵사 창건과 선화공주의 역사적 의미」,『원광대학교 마한백제문화연구소 학술발표논문집』.

68) 이도학, 2009,「彌勒寺址 西塔『舍利奉安記』의 分析」,『白山學報』83.

건에 대한 전체적인 설명은 없고, 왕의 壽福이나 왕위(寶歷)의 안녕을 기원하는 정도의 상투적인 글귀만 남아 있는 것이 사탁왕후가 창건발원자가 아님을 단적으로 보여주는 것이라고 덧붙였다. 정진원은 사리봉안기에 쓰인 용어에 착안하여 사탁왕후는 서탑만을 세운 인물이고 미륵사 전체는 역시 선화공주가 발원하고 창건한 것이라고 보았다.[69] 즉 사리봉안기에서 "造立伽藍"이라고 하였는데, '造'는 주로 僧房, 精舍, 佛像 등 구체적이고 개별적인 구조물을 만들 때 사용되는 용어이며, 『삼국유사』에서 선화공주에 대해 쓰인 '創'은 규모가 크고 전체적인 경우에 쓰이며, 새롭게 시작한다는 의미라는 것이다.

김수태는 선화공주의 존재 자체를 긍정하지는 않았지만, 미륵사의 창건에 관계된 세력이 다수였다는 점에는 동의하고 있다. 즉, 익산에 미륵사를 창건하고자 한 세력은 신라와 우호관계를 추구하던 세력인데 비해 사탁씨 세력은 對신라 강경책을 고수했다고 파악하고, 『삼국유사』의 선화공주는 신라와 우호를 추구한 익산세력의 염원이나 움직임이 반영된 것으로 이해한 것이다.[70] 결국 선화공주로 상징되는 익산세력이 미륵사 창건을 시작하였고, 이후에 사탁씨 세력이 실제로 사원을 건립하였다는 것이 된다.

이상의 견해들은 사탁왕후의 '造立伽藍'을 미륵사 중 西院에만 한정시켜 이해하고 있다. 그러나 이들 견해를 비판하면서 사탁왕후가 미륵사 전체의 창건 주체라고 하는 견해들도 제기되었는데, 대표적인 연구자는 김상현으로, 그는 『삼국유사』는 후대의 기록이지만 금제사리봉안기는 당대의 기록이므로 금제사리봉안기를 1차 사료로서 우선시해야 한다고 강하게 주장하면서 사리봉안기의 내용대로 사탁적덕의 딸이 왕후로서 미륵사를 창건하였다고 보았다.[71] 미륵사는 처음부터 3원 형식으로 설계된 것이며 사탁왕후는 백제 제일의 명문귀족으로서 그만한 경제력 역시 충분히 갖추었을 것이고, 무엇보다도 가람이란 금당·강당·승당·중문·회랑·탑·석등 등의 건물은 물론 사역 내의 도량 전체를 지칭하는 것이지 서원이나 동원과 같이 하나의 건물을 독립해서 부르는 호칭이 아닐 뿐만 아니라 선화공주가 미륵사상을 지니고 미륵사 창건을 발원했다는 것은 선언적인 이야기일 뿐, 근거가 없다고 비판한 것이다.[72] 김주성 역시 김상현과 비슷한 논지에서 비판을 하였는데, 특히 『삼국유사』의 기록을 영웅설화와 미륵사창건설화가 합쳐진 형태로 파악함으로써 그 기록을 그대로 역사적 사실로서 받아들일 수 없음을 지적하고 있다.[73] 정재윤도 선화공주가 미륵사를 창건했다는 기록을 부인하고, 639년 시점에 사탁왕후가 미륵사를 완성하면서 사찰 전체를 창건한 것으로 자처하고 있다는 사실을 주목해야 한다고 강조하였다. 더불어 사탁왕후가 정국의 주도권을 쥐고 미륵사를 건립하고 있는 점은 무왕과 사탁씨의 공조 결과로 이해하였다.[74]

최연식의 경우 선화공주의 역할에 대해서는 직접 언급하지 않았지만, 금제사리봉안기를 바탕으로 미

69) 정진원, 2012, 앞 논문.

70) 김수태, 2009, 「백제 무왕대의 미륵사 서탑 사리 봉안」, 『신라사학보』 16.

71) 김상현, 2009b, 앞 논문.
김상현, 2009c, 「백제 무왕대 불교계의 동향과 미륵사」, 『한국사학보』 37.

72) 김상현, 2009b, 위 논문, pp.147~148.

73) 김주성, 2009, 「미륵사지 서탑 사리봉안기 출토에 따른 제설의 검토」, 『동국사학』 47, pp.33~34.

74) 정재윤, 2009, 「彌勒寺 舍利奉安記를 통해 본 武王·義慈王代의 政治的 動向」, 『한국사학보』 37, pp.38~40.

륵사 창건과 관련하여 무왕과 왕후의 역할을 고찰하였으므로 크게 보아서 사탁왕후의 창건설에 포함된다고 할 수 있겠다.[75] 최연식은 사리봉안기에서 '大王'의 구체적인 역할이 전혀 보이지 않지만 왕후는 가람 건립과 사리봉영 등 중요한 역할을 담당한 것으로 표현되고 있는 점에 주목하였다. 그리고 이를 무왕 후반기의 정치적 변동과 연결시켜서 무왕은 재위 30년대 이후 실질적인 왕권을 행사하기 어려운 상황에 있었고, 그의 아들인 義慈가 실권을 지니고 있었다고 파악하고, 이러한 상황에서 왕실 내 최고 어른이자 최고 귀족가문 출신인 왕후가 중심이 되어 미륵사의 건립이 이루어졌다고 설명하였다.

(2) 미륵사의 창건 배경 사상

『삼국유사』「무왕조」에 의하면 미륵사 창건의 사상적 배경은 미륵사상임이 인정된다. 그러나 금제사리봉안기에는 미륵과 관련한 언급이 보이지 않는다. 이 때문에 미륵사상 이외의 사상을 그 배경 사상으로 상정하고자 하는 견해들이 제기되었는데, 대표적으로 法華信仰과 釋迦佛信仰을 들 수 있다.

법화신앙을 적극적으로 주장한 연구자는 조경철이다.[76] 그는 사택지적의 신앙을 법화신앙으로 이해할 뿐만 아니라 사택지적과 사탁왕후를 정치적 공동운명체로 묶어 사택(혹은 사탁)씨 전체의 신앙을 법화신앙이라고 정리하였다. 나아가 『법화경』에 근거한 二佛竝坐 도상과 미륵과의 관계를 바탕으로 3탑 3금당으로 구성된 미륵사의 主尊이 미륵(중원)-석가(서원)-다보(동원)였을 것이라고 추측하고, 미륵사는 3원의 가람을 하나로 묶음으로써 『법화경』의 會三歸一적 통합 사상을 보여주는 것이라고 평가하였다. 결과적으로 미륵사의 배경사상으로서 미륵신앙과 법화신앙이 조화된 모습을 상정한 것이라고 하겠다. 길기태 역시 사리봉안기의 法王出世 관련 내용을 『법화경』에 기반하여 이해함으로써 사탁왕후를 법화신앙자로 보았으며, 이는 곧 미륵사가 창건발원될 때는 미륵신앙임이 분명하지만 사리봉안기가 만들어질 때쯤에는 법화신앙으로 전환되었음을 의미하는 것이라고 하였다. 더욱이 미륵신앙은 신통력을 강조하지만 법화신앙은 현실적인 면을 강조한다고 보고 법화신앙과 미륵신앙을 대립적인 구도로 파악하였다. 그러나 길기태의 이러한 입장은 김상현을 비롯한 여러 연구자들에 의해서 강렬하게 비판되었다.

김상현은 미륵사가 미륵하생신앙을 바탕으로 한 것이 분명하지만 석가모니는 불교의 교조이며, 미륵삼부경의 설주도 부처이기 때문에 석가불신앙과 미륵신앙을 구분하여 대립적으로 이해하는 것은 문제가 있다는 입장을 분명히 하였다.[77] 비슷한 취지에서 신종원은 어느 절이든 하나의 寺名에 의해 전체가 통합되는 것이 일반적이라고 하면서 미륵사에 미륵신앙 외에 다른 신앙을 동등한 비중으로 설정하는 것은 문제가 있다고 지적하였다. 정진원은 사리봉안기에 미륵과 관련한 언급이 전혀 없는 것에 대해, 봉안기가 사리를 봉안하게 된 연유를 밝히고 발원하는 글이며, 미륵사 전체가 아니라 일부에 속하는 서탑 관련 기록이기 때문에 굳이 전체 절의 이름과 창건관련 설명이 들어갈 필요가 없다는 점을 지적하는 한편, 미륵

75) 최연식, 2012, 「彌勒寺 創建의 歷史的 背景」, 『한국사연구』 159.

76) 조경철, 2009, 앞 논문.

77) 김상현, 2009b, 앞 논문, pp.148~149.

에 대한 언급이 없다고 하여 미륵신앙이 아니라 석가나 법화신앙 사찰이라고 보는 것은 근거가 부족할 뿐만 아니라 法王은 석가모니 외에도 아미타불 비로자나불 미륵불 등을 모두 통칭할 수 있는 부처의 일반 명칭이라는 점을 강조하였다.[78] 한 발 더 나아가 김주성은 사리봉안기에서도 미륵신앙을 찾아볼 수 있다고 하면서 전륜성왕과 미륵의 관계를 지목하였다.[79] 다만 무왕이 미륵사를 창건할 당시에는 사탁씨 세력과의 연합을 바탕으로 미륵사상에 대한 강조가 보이지만, 제석사를 건립하는 등 점차 석가신앙으로 전환되는 분위기를 느낄 수 있다고 하여 왕실과 석가불 신앙의 관련성에 대해서는 그 가능성을 열어놓고 있음이 눈에 띈다.

2. 金製小形板

금제소형판은 미륵사지 석탑의 사리공 내부 제2층위에서 발견되었는데, 초기에는 그 개수가 17개로 알려졌으나,[80] 이후 18점으로 수정되었으며, 함께 수습된 청동합을 개봉할 때 4번 합과 6번 합 내부에서 구부러지거나 말린 형태의 금판이 각각 2점씩 추가로 수습되어[81] 현재 금판은 총 22점이라고 하겠다. 그러나 일반적으로는 청동합 내에서 수습된 4점은 제외하고 초기에 사리공 내에서 수습된 18점을 대상으로 연구가 진행되었다. 처음 수습될 당시에는 '금제소형판'으로 명칭되었으나, 이것이 화폐의 기능을 한 것이라고 알려지면서 현재는 '금제소형판'·'소형금판'·'金板'·'金丁'·'金鋌' 등이 혼용되고 있다.

이들 가운데 명문이 있는 것은 3점으로 연번상 6번·12번·14번에 해당한다. 이들 명문은 시주자의 이름과 중량단위 등을 기록한 것으로 사리봉안 의례가 행해질 때에 시납된 것으로 이해되고 있으며, 나머지 19점은 원래부터 명문이 없었던 상태였던 것으로 보인다. 금제소형판 6번은 길이 81.4㎜, 폭 12.4㎜, 두께 1.1㎜에 중량은 14.2g이며,[82] 뒷면에 한 글자가 새겨져 있다. 12번은 길이 77.6㎜, 폭 12.1㎜, 두께 1.0㎜, 중량 13.2g으로[83] 앞면에 1행 10자가 새겨져 있고, 14번은 82.6㎜, 폭 13.4㎜, 두께 0.7㎜, 중량 11.6g으로[84] 앞면에 1행 10자, 뒷면에 1행 3자가 새겨져 있다.

이들 금제소형판의 서체를 다룬 연구가 많은 편은 아니지만, 주목되는 점은 함께 발견된 금제사리봉안기가 刀子를 사용한 것으로 추정되는 것과 달리 금제소형판의 명문은 도자가 아닌 바늘로 긁어 쓰듯 새긴 것으로 보이며, 이에 따라 그 글씨의 크기도 작고 각 획의 폭이 좁고 깊다는 점이다.[85] 이를 손환일은 송곳으로 모래 위에 글씨를 쓴 효과를 나타낸다고 하여 '錐劃沙'라는 용어로 지칭하였다. 더불어 이 명문

78) 정진원, 2012, 앞 논문, p.267, p.271.

79) 김주성, 2009, 앞 논문, pp.47~48.

80) 배병선·조은경·김현용, 2009, 앞 논문, p.193, p.202.

81) 국립문화재연구소, 2013, 앞 책, pp.138~145 〈유물목록〉 참조.

82) 국립문화재연구소, 2013, 위 책, p.51.

83) 국립문화재연구소, 2013, 위 책, p.51.

84) 국립문화재연구소, 2013, 위 책, p.51.

85) 손환일, 2009, 앞 논문, p.106.

은 미리 준비된 것이 아니라 사리를 봉안할 당시에 즉석에서 급하게 쓰인 시주자의 即刻이며, 이에 따라 전문사경승의 글씨가 아닌 일상생활기록에 보이는 글씨라고 지적하였다.[86] 다만 구체적인 서체에 있어서는 대부분이 북조 필법을 보이는 북조체에 해당한다고 하면서, 7세기 이래로 일반 생활기록인 목간 등에는 남조체가 사용되고 기념기록인 금석문에는 북조체가 사용되었음을 고려하면, 이 금제소형판의 명문은 즉석에서 쓴 시주자의 일상체이면서도 그 명문이 공식적인 기념기록의 성격도 갖기 때문에 북조체를 쓴 것으로 이해하였다.[87]

금제소형판의 용도는 앞에서 언급한 것처럼 백제시대의 화폐 기능을 담당한 金鋌으로 추정되었다.[88] 이는 수습된 금제소형판 18점이 모두 모양과 형식이 일정할 뿐만 아니라 그 크기가 大·中·小로 일정하게 분류될 수 있다고 알려졌기 때문이다.[89] 또한 박남수가 지적한 것처럼 『海東繹史』·『高麗史』·『酉陽雜俎』 등의 기록에서 금제소형판과 비슷한 형태로 추정되는 금정·은정에 대한 기술이 보인다는 점도 고려된 것으로 보인다.[90] 이러한 여러 정황을 바탕으로 미륵사지에서 출토된 금제소형판은 고가의 교환 화폐의 용도로 제작되어 귀족층이 주로 사용하였을 것으로 이해되고 있다.[91]

다만, 국립문화재연구소에서 제시한 바에 따르면 금제소형판 18점 사이의 폭·길이·두께·중량이 각양각색이어서 大·中·小로 분류한 기준이 모호하다는 점이 문제가 된다. 즉, 길이를 기준으로 하면 가장 현격하게 차이가 나는 50㎜ 미만의 2점(No.2 47.5㎜, No.8 42.5㎜)을 제외하면 16점이 68.2㎜(No.5) 이상 85.7㎜(No.1) 이하의 범위에서 최대 3㎜ 내외의 차이로 점진적으로 크기가 커지고 있는 것이다. 금의 가치를 재는 기준으로서 가장 적합하다고 생각되는 중량을 기준으로 보아도 역시 No.2(6.7g), No.8(7.1g)이 7g 내외로 구분되는 것을 제외하면 11.6g(No.14) 이상 16.2g(No.16) 이하의 범위에서 최대 1.6g의 차이로 비교적 고르게 분포하고 있다(아래의 표 참조). 이와 관련하여 박남수 역시 대·중·소로 구분하기보다는 무게를 기준으로 장방형의 금정과 이것의 절반크기의 금정 두 가지가 사용되었다고 볼 수 있다는 견해를 제시한 바 있다.[92]

---

86) 손환일, 2009, 위 논문, p.106.

87) 국립문화재연구소, 2013, 위 책, p.50.

88) 손환일, 2009, 위 논문, p.112.

89) 손환일, 2009, 앞 논문, p.104, p.105.
문동석, 2010, 「2000년대 백제의 신발견 문자자료와 연구동향」, 『한국고대사연구』 57, p.137.

90) 박남수, 2010, 「益山 彌勒寺址 출토 金鋌과 백제의 衡制」, 『한국사연구』 149, pp.77~78.

91) 박남수, 2010, 위 논문, p.84.

92) 박남수, 2010, 위 논문, p.95.

길이 기준

번호	폭 (㎜)	길이 (㎜)	두께 (㎜)	중량 (g)	비고
8	11.5	42.5	0.8	7.1	
2	11.8	47.5	0.9	6.7	
11	12.1	68.2	1.1~1.4	13.6	
7	11.5	71.8	1	14.1	
4	12.9	77	1.2	14.9	
5	15	77.4	0.8	13.2	
12	12	77.6	1	13.2	명문
3	11.5	78.6	1.2	13.6	
6	12.4	81.4	1.1	14.2	명문
17	13.2	81.5	0.8	13.4	
14	13.4	82.4	0.7	11.6	명문
9	11.6	82.6	0.9	14.2	
15	13.1	82.6	1.2	15.7	
18	13	82.6	1	15.1	
16	12.1	83.3	1.3	16.2	
10	14.4	85.1	0.9	15.5	
13	12.8	85.5	0.9	15.1	
1	13.4	85.7	0.9	15	

중량기준

번호	폭 (㎜)	길이 (㎜)	두께 (㎜)	중량 (g)	비고
2	11.8	47.5	0.9	6.7	
8	11.5	42.5	0.8	7.1	
14	13.4	82.4	0.7	11.6	명문
5	15	77.4	0.8	13.2	
12	12	77.6	1	13.2	명문
17	13.2	81.5	0.8	13.4	
11	12.1	68.2	1.1~1.4	13.6	
3	11.5	78.6	1.2	13.6	
7	11.5	71.8	1	14.1	
6	12.4	81.4	1.1	14.2	명문
9	11.6	82.6	0.9	14.2	
4	12.9	77	1.2	14.9	
1	13.4	85.7	0.9	15	
18	13	82.6	1	15.1	
13	12.8	85.5	0.9	15.1	
10	14.4	85.1	0.9	15.5	
15	13.1	82.6	1.2	15.7	
16	12.1	83.3	1.3	16.2	

* 전거 : 국립문화재연구소, 2013, 앞 책, p.51 〈금판 제원〉.

한편 이들 금제소형판이 사리를 봉안하는 의례 중에 시납된 것이라는 점에서는 이견이 없지만, 사리봉안에 참가했던 사람들이 소지하고 있던 것을 즉석에서 명문하여 시주한 것이라고 이해하기도 하고,[93] 명문 중에 보이는 '施'자를 미륵사의 건립에 필요한 자금을 시주한 것으로 보기도 하여[94] 세부적으로는 약간의 차이를 보인다.

93) 손환일, 2009, 위 논문, p.106.

94) 노중국, 2010, 『백제사회사상사』, 지식산업사, p.442.

1) 판독표

① 금제소형판 No.6(뒤)

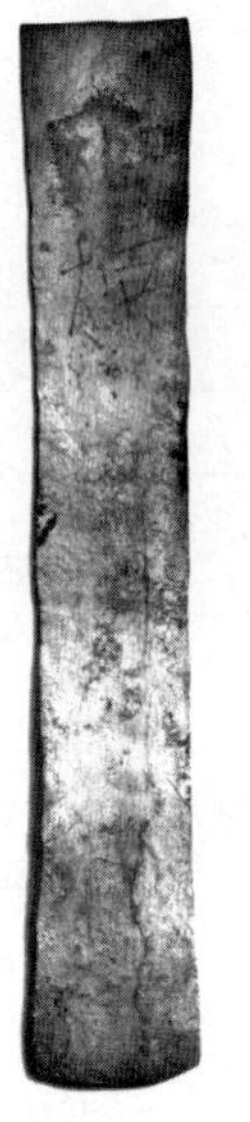

惊

② 금제소형판 No.12(앞)

中部德率支受施金壹兩

* 출처 : 국립문화재연구소, 2013, 앞 책, p.52.

③ 금제소형판 No.14 (앞·뒤)

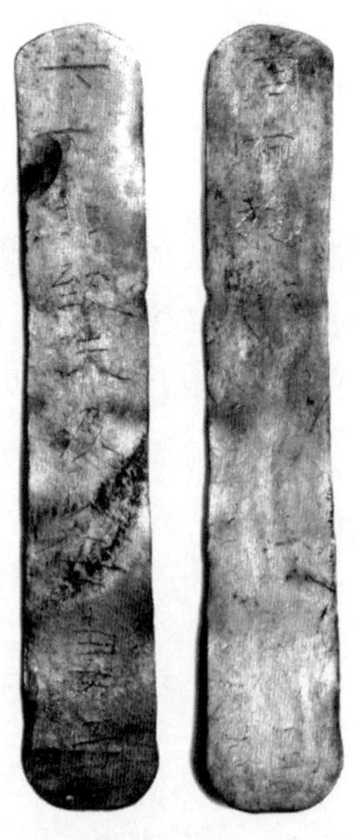

下卩非致夫及父母妻子

同布施

* 출처 : 국립문화재연구소, 2013, 앞 책, p.53.

2) 판독 및 교감

① 금제소형판 No.6
(뒷면) 惊[95]

② 금제소형판 No.12
(앞면) 中部徳[96]率支受[97] 施金壹[98]兩[99]

---

95) 惊 : 실제로는 '㤥'으로 쓰여 있다. 초기에는 '塡'으로 읽기도 하였으나 확실하지 않아 현재 막연히 추정만 되고 있는 상태이다. 판독 불능으로 보는 경우도 있으며(배병선·조은경·김현용, 2009, 앞 논문, p.193), 손환일이나 박남수, 문동석 등의 경우 '恒'으로 추정하였다(손환일, 2009, p.111; 박남수, 2010, p.84; 문동석, 2010, p.137). 특히 손환일은 '忄'을 '十'으로 쓰고 좌부는 '一+旦'을 쓴 것으로 짐작하면서, '旦'의 아래 세 번 그어진 가로획은 잘못 써서 필획의 방향을 수정하면서 생긴 잘못된 필획이라고 설명하였다(손환일, 2009, p.112). 그러나 이후에 다시 '惊'으로 고쳐 읽기도 하였으며, 박남수는 '恒'이라는 견해를 소개하면서 동시에 '悢'일 가능성도 시사하였다(박남수, 2010, p.84). 이밖에도 '指'로 보거나(노중국, 2010, p.442) '凉'으로 제시한 경우도 있다(국립문화재연구소, 2013, p.52). 자형을 보면 좌부의 경우 가로획수가 부족하기 때문에 '土'라고 보기는 힘들며, '忄'을 '十'으로 쓴 것이라는 견해가 설득력이 있다고 생각된다. 그러나 우부의 형태를 '一+旦'으로 보고 잘못 쓴 가로획이 있는 것이라고 보기에는 세로획이 선명하기 때문에 손환일이 고쳐 읽은 '惊' 정도로 보는 것이 좋을 듯하다. 하지만 단 한 글자만이 쓰여 있고, 특별한 의미를 가진 것이라기보다는 시주자의 이름이나 성을 쓴 것으로 추정되는 만큼, 자형을 특정하기는 힘든 상황이다.

96) 徳 : 일본이나 중국에서 쓰이는 '徳'과 같이 '心' 위의 가로획이 생략된 형태로서 사리공 안에서 함께 발견된 금제사리봉안기에서도 같은 형태로 쓰여 있다. 이러한 사례는 魏代 이후로 흔하게 찾아볼 수 있으며, 특히 금제사리봉안기와 『백제금강경』에서 동시에 확인된다는 점에 의거하여 당시 백제에서 유행한 결구법으로 이야기되기도 한다(손환일, 2009, 앞 논문, p.108).

97) 受 : '又'를 '大'로 썼는데, 이러한 방식은 『백제금강경』에서도 확인되며, 북위에서 수대에 걸쳐 유행하던 '又'를 '丈'으로 쓰는 서사법에서 파생된 것으로 이해되고 있다(손환일, 2009, 위 논문, p.108).

금제소형판 No.12	백제금강경	唐 褚遂良 枯樹賦	唐 王知敬 李靖碑	隋 甯贙碑

98) 壹 : '士'와 '冖'이 세로획에 의해 이어져있다는 점 외에 특이점은 없으며, '壹'로 판독하는 데에 이견이 없다. 다만 '一'로 제시된 경우도 있다(배병선·조은경·김현용, 2009, p.193; 국립문화재연구소, 2013, p.52).

99) 兩 : 대체로 量詞인 '兩'으로 이해되고 있으나 그 구체적인 자형에 대해서는 판독에 이견이 가장 많은 글자이다. 이한상은 '万?'으로 판독하여 의문을 표시하였고(이한상, 2009, p.69), 손환일은 '兩'으로 보고 이를 초서의 결구를 해서의 필획으로 쓴 것으로 설명하였으며(손환일, 2009, p.112), 권영애 역시 손환일의 견해를 따랐다(권영애, 2009 p.72). 그러나 해서의 문장 가운데 한 글자만 초서로 썼다는 점에 대해 의문을 제시하며 '方'으로 읽은 견해도 있으며(이도학, 2009, p.51), 이한상과 같이 '万'으로 보되 뒤에 확인되지 않는 글자가 더 있는 것으로 표기('万△△')한 사례도 있다(노중국, 2010, p.442). 박남수의 경우 이 글자가 量詞라는 점과 '兩'의 초서자와의 유사성을 인정하여 손환일의 입장을 지지하면서도 세부적으로는 '㒳'로 판

③ 금제소형판 No.14

(앞면) 下卩[100]非致夫及父母妻子

(뒷면) 同布施

3) 해석 및 역주

① 금제소형판 No.6

(뒷면) 㤥 [시주자의 성 또는 이름]

② 금제소형판 No.12

(앞면) 中部[101]의 德率[102] 支受가 금 1兩[103]을 시납함.

독하고 이를 백제에서 새로 글자를 만들거나 조합하여 사용한 예로 이해하였다(박남수, 2009, pp.85~89). 창왕명 사리감의 '卯'의 이체자 '𠬝', 왕흥사지 청동사리함의 '葬'의 이체자 '[葬 이체자]' 등의 예를 들어 백제의 독자적인 문자 사용례로 이해한 것인데, 실제 사진을 유심히 살펴보면 '[兩 초서]' 내부의 '[획]'은 금박의 갈라진 틈까지도 획으로 오인한 것일 가능성도 있다고 여겨진다. 따라서 의도적으로 쓴 획이라고 인정되는 부분만을 고려한다면 손환일이 제시한 것과 같은 '兩'의 초서 결구의 형태와 동일하다고 판단되며, '𠬝'이나 '[葬 이체자]'과 같은 백제의 독특한 문자사용례와는 구분될 필요가 있다고 생각된다.

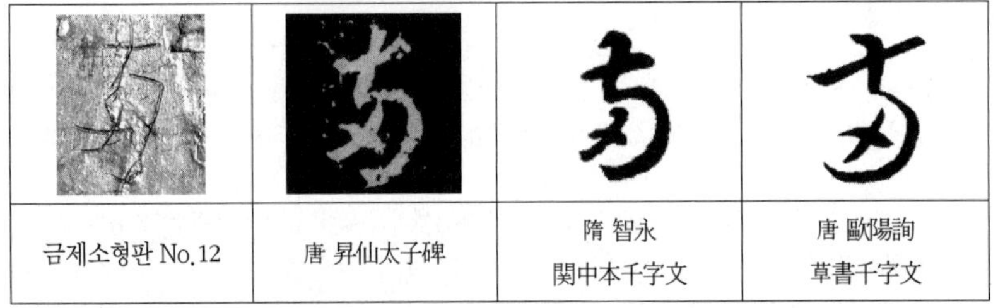

금제소형판 No.12	唐 昇仙太子碑	隋 智永 関中本千字文	唐 歐陽詢 草書千字文

100) 卩 : 판독불가로 표기한 경우도 있으나(배병선·조은경·김현용, 2009, p.193), 대체로 '部'를 '卩'로 표기한 것으로 생각되고 있다. '部'가 '卩'이 형태로 쓰인 것은 고구려의 광개토대왕릉비의 예서 필획에서 나온 것이라고 설명되기도 하였으며(권영애, 2009, p.72), 이밖에도 부여 관북리 '中阝'명 목간, 부여 궁남지 315호 목간, 부여 능산리사지 301호 목간, 쌍북리 현내들 '上阝'명 목간, 부여 동남리 '前部' '上阝前阝川自此以'명 표석 및 5부명이 새겨진 백제시대 인각와에서도 상당수 확인된다(김영심, 2007, 「新出 文字資料로 본 백제의 5부 5방제」, 한국목간학회 학술대회 자료집).

101) 中部 : 上·前·下·後部와 더불어 백제의 단위정치체 혹은 지방행정구획단위로 이야기되는 5部의 하나이다.
백제의 部에 대한 최초의 기록인 중국 측 사료에서는 백제가 5部5方制를 시행하고 있었다고 하였으며, 『삼국사기』에서는 이미 온조대부터 方位名 4부와 백제의 중심지역인 中部를 아울러 5부 체제가 갖춰진 것으로 기록되어 있다. 또한 『日本書紀』에는 주로 人名에 冠稱된 부명이 나오는데, 사비천도 이후 기간에 집중되고 있어 사비도읍기 王都의 5부제 실시의 근거로 활용되었다. 이밖에도 『삼국유사』, 『자치통감』 등 다양한 사료에서 백제의 部가 언급되고 있는데, 이에 대해 학계에서는 온조왕대의 4부 성립 기사를 인정하고 웅진천도 이후 혹은 근초고왕대를 기점으로 部의 성격이 변화하여 部名이 고유명에서 방위명으로 전환되었을 것으로 보거나, 4부에 관한 기록 자체를 후대의 조작으로 보고 후기의 5부만을 인정하는 입장으로 나뉘어 있다. 그러나 일반적으로는 온조왕대에 4부가 성립되었다는 기록은 백제가 성립당시부터 고대국가로서의 모습을 갖추고 있었던 것으로 묘사하기 위해 후대의 사실을 소급하여 기록한 것이라고 이해된다.
백제 部制의 성격과 관련해서는 대체로 고이왕대를 기점으로 변화가 있었던 것으로 이야기된다. 즉, 고이왕 이전의 부는

③ 금제소형판 No.14

(앞면) 下部[104]의 非致夫와 父母·妻子가

(뒷면) 함께 시납함.

3. 靑銅盒

청동합은 사리공 내부의 제2층위와 제3층위 중간 지점에서 1점, 최하층인 유리판 위 제4층위에서 5점, 모두 6점이 수습되었다. 사리공을 처음 개봉하였을 때 가장 먼저 보이는 제1·2층위의 유물을 수습한 후 드러난 청동합의 배치는 동측면 벽면을 따라 3개, 서측면 벽면을 따라 2개가 놓여 있었다고 하는데, 이처럼 사리공 내부 벽면 주위로 청동합이 놓여 있었던 것은 중앙에 안치된 사리호를 에워싸며 놓였기 때문인 것으로 설명되었다.[105]

이들 6개 청동합 중 명문이 있는 것은 1번으로서 그 크기는 지름 5.9㎝, 높이 3.4㎝으로 청동합 6과 더

族的인 성격이 강한데 반해 이후에는 족적 성격에서 벗어나기 시작하다가 웅진천도 이후에 완전히 탈피한 것으로 설명되는데, 이때 部는 지배자집단의 단위정치체로서 왕도에 국한되는 것이 된다. 혹은 고이왕 이전에 部가 독자적인 단위정치체로서 존재하다가 고이왕 이후 독자성이 약화되었다는 점에는 동의하면서도 근초고왕 이후가 되면 部가 전국을 방위에 따라 단순하게 나눈 지역구분으로서의 지방행정구획으로 자리 잡게 되었다고 보기도 한다. 백제의 部체제에 관한 자세한 내용과 기존의 논의 정리에 대해서는 다음의 연구성과가 참고 된다.

김영심, 2000, 「百濟史에서의 部와 部體制」, 『한국고대사연구』 17.

김영심, 2007, 앞 논문.

102) 德率 : 백제의 16관등 가운데 제4품

103) 兩 : 무게를 측정하는 量詞이다. 이와 관련하여 사비시대의 도량형에 대하여 정림사지에서 출토된 고리모양의 저울추를 중국 남조의 衡制와 비교한 결과 1銖가 0.758g이라고 한(노중국, 2010, pp.263~264) 기존의 연구성과가 참고 되는데, 이에 따르면 1兩(24銖)은 18.192g이 된다. 그러나 이 금제소형판에서는 '1兩'이라고 표기했음에도 그 무게는 13.2g에 불과하기 때문에 정림사지 저울추를 근거로 한 1兩의 무게에 크게 미치지 못하고, 오히려 춘추시대의 衡制(1斤=198.4g~212.6g; 노중국, 2010, p.262)에 가깝다고도 할 수 있다. 박남수 역시 이 금제소형판의 무게 '1兩'이 당시 백제의 1兩으로 추정되는 중량과 차이가 있다는 점을 지적하였다(박남수, 2010, pp.90~98). 즉, 무령왕대에는 중국의 1銖에 해당하는 백제 고유의 무게단위로서 主(0.722g)를 사용하였고, 또 정림사지의 저울추는 唐代 開元通寶의 계산식인 1兩=17.328g을 채용한 것인데 비하여 금제소형판의 '1兩'은 이들 중량기준을 따르지 않고 漢·北魏·梁·陳의 1兩(13.92g)을 기준으로 제작된 것이라고 본 것이다. 나아가 이처럼 서로 다른 중량기준이 적용된 배경으로 당나라 조정과 중국 강남지방 각각의 중량기준에 맞추어 금정 또는 은정을 별도로 제작하여 교류하였기 때문일 가능성을 제시하였다. 물론 백제의 도량형, 특히 衡制에 대한 명확한 해답을 얻기는 아직 부족한 점이 없지 않지만, 금제소형판이 백제의 衡制를 연구하는 데에 또 하나의 중요한 자료로서 활용될 수 있음은 분명해 보인다.

한편 앞서 언급한 바와 같이 노중국은 이 글자를 '万'으로 보고 뒤이어 확인되지 않는 글자가 더 있는 것으로 표기('万△△')하면서 확인되지 않은 글자가 수량 단위를 나타내는 글자일 것으로 추정하였다. 더불어 『삼국유사』의 「황룡사장육」 條에서 장육상을 만들 때 사용된 금이 1만 136分이라고 기록하고 있음을 들어 금제소형판의 단위 역시 '分'이었을 것이라는 견해를 제시하였다(노중국, 2010, pp.443~444).

104) 下部 : 上·前·中·後部와 더불어 백제의 단위정치체 혹은 지방행정구획단위로 이야기되는 5部의 하나이다. 백제의 部체제에 대한 자세한 내용은 금제소형판 No.12의 '中部'에 대한 설명 참조.

105) 배병선·조은경·김현용, 2009, 앞 논문, p.189, p.200.

* 출처 : 국립문화재연구소, 2013, 앞 책, p.74.

불어 가장 작은 크기에 해당한다. 합 내부에서는 香粉으로 추정되는 유기물과 이것을 싸고 있었을 직물이 발견되었다.[106] 이 청동합의 명문에 대해서는 연구가 활발히 이루어지지 못하였지만, 명문에서 上部의 達率 目近이 시납하였다고 한 것에 따라 글씨 또한 목근이 직접 쓴 것이며, 필획의 강약이 거의 표현되지 않은 점을 미루어 刀子가 아닌 송곳으로 쓰듯 새겼다는 점, 예서법에 기본을 둔 해서로서 당시에 생활기록에서 예서와 해서가 혼용되고 있었음이 언급되었다.[107]

명문이 있어 주목을 받은 1번 청동합 외에도 6번 청동합은 함께 수습된 다른 청동합들과 달리 유일하게 4엽화문과 당초문 등 문양이 새겨져 있는데, 화려하면서도 우아한 선으로 표현되어 있어 7세기 백제 미술의 뛰어난 미적 감각을 잘 나타내는 것으로 평가되고 있으며, 4번 청동합 내부에서 발견된 曲玉은 작은 금 알갱이와 금선, 각종 색안료로 장식된 金帽가 씌워져 있어 무령왕릉 출토 장신구의 금속공예기법이 지속 발전되었음을 보여주는 것으로 이해되고 있다.[108]

106) 국립문화재연구소, 2013, 앞 책, p.76.

107) 손환일, 2010, 「백제 미륵사지석탑 〈석가모니진신사리봉영기〉와 〈금정〉의 서체 재 고찰」, 『백제 불교문화의 寶庫 미륵사』 (국립문화재연구소 학술심포지엄 논문집), 국립문화재연구소, pp.202~203.

108) 주경미, 2013, 「익산 미륵사지 석탑 사리장엄의 성격과 의의」, 『미륵사지석탑 사리장엄』, 국립문화재연구소, pp.123~124.

1) 판독표

上卩達率目近

* 출처 : 국립문화재연구소, 2013, 앞 책, p.79.

2) 판독 및 교감

上卩達率目近

3) 해석 및 역주

上部[109]의 達率[110] 目近(이 보시함.)

투고일: 2014. 9. 8. 심사개시일: 2014. 9. 16. 심사완료일: 2014. 10. 14.

109) 上部 : 前·中·下·後部와 더불어 백제의 단위정치체 혹은 지방행정구획단위로 이야기되는 5部의 하나이다. 백제의 部체제에 대한 자세한 내용은 금제소형판 No.12의 '中部'에 대한 설명 참조.

110) 達率 : 백제의 16관등 가운데 제2품.

참/고/문/헌

黃壽永, 1973,「百濟帝釋寺址의 硏究」,『백제연구』4, 충남대학교 백제연구소.

원광대학교 마한 백제문화연구소, 1975,「益山 彌勒寺址 東塔址 및 西塔 調査報告書」,『마한백제문화』1, 원광대학교 마한백제문화연구소.

定方晟 지음·東峰 옮김, 1988,『불교의 우주관』, 진영사.

국립부여문화재연구소, 1996,『彌勒寺 發掘調査報告書 Ⅱ』, 국립부여문화재연구소.

국립부여문화재연구소, 1996,『彌勒寺 發掘調査報告書 Ⅱ(圖版編)』, 국립부여문화재연구소.

김영심, 2000,「百濟史에서의 部와 部體制」,『한국고대사연구』17.

김주성, 2001,「백제 사비시대의 익산」,『한국고대사연구』21, 한국고대사학회.

전라북도익산지구문화유적지관리사업소, 2001,『미륵사지석탑』, 전라북도익산지구문화유적지관리사업소.

李道學, 2003,「百濟 武王代 益山 遷都說의 再檢討」,『경주사학』22, 경주사학회.

나카무라하지메·이경덕 옮김, 2006,『붓다의 마지막 여행』, 열대림.

김영심, 2007,「新出 文字資料로 본 백제의 5부·5방제」, 한국목간학회 학술대회 자료집.

조경철, 2008,「백제 무왕대 神都 건설과 彌勒寺·帝釋寺 창건」,『백제문화』39, 공주대학교 백제문화연구소.

權寧愛, 2009,「百濟 彌勒寺址石塔 出土 金製舍利奉安記의 書體 考察」,『韓國思想史學』32.

김상현, 2009a,「백제 무왕의 왕후와 미륵사 창건-『삼국유사』무왕조의 사료비판을 중심으로」, 한국사상사학회 학술발표회.

김상현, 2009b,「미륵사 서탑 사리봉안기의 기초적 검토」,『대발견 사리장엄! 彌勒寺의 在照明』, 마한백제문화연구소백제학회 공동주최 학술회의.

김상현, 2009c,「백제 무왕대 불교계의 동향과 미륵사」,『한국사학보』37.

김수태, 2009,「백제 무왕대의 미륵사 서탑 사리 봉안」,『신라사학보』16.

김주성, 2009,「미륵사지 서탑 사리봉안기 출토에 따른 제설의 검토」,『동국사학』47.

미륵사지유물전시관, 2009,『彌勒寺址石塔 舍利莊嚴特別展』, 미륵사지유물전시관.

손환일, 2009,「백제 미륵사지 서원서탑 금제사리봉안기와 금정명문의 서체」,『신라사학보』16.

박중환, 2009a,「'미륵사 서탑 사리봉안기의 기초적 검토'에 대한 토론」,『대발견 사리장엄! 彌勒寺의 在照明』, 마한백제문화연구소백제학회 공동주최 학술회의.

박중환, 2009b,「미륵사 舍利記를 통해 본 百濟 駢儷文의 發展」,『百濟文化』41.

배병선·조은경·김현용, 2009,「미륵사지 석탑 사리장엄 수습조사 및 성과」,『목간과문자』3.

梁正錫, 2009,「彌勒寺址 塔址의 調査過程에 대한 검토」,『韓國史學報』36.

박현숙, 2009,「百濟 武王의 益山 경영과 彌勒寺」,『韓國史學報』36.

이도학, 2009,「彌勒寺址 西塔『舍利奉安記』의 分析」,『白山學報』83.

이용현, 2009a,「미륵사탑 건립과 사택씨」,『익산 미륵사지 출토유물에 대한 종합적 검토』, 신라사학회·

국민대학교 한국학연구소 공동주최 학술회의.
이용현, 2009b,「미륵사탑 건립과 사택씨-사리봉안기를 실마리로 삼아」,『신라사학보』16.
이한상, 2009,「미륵사지 석탑 출토 은제관식에 대한 검토」,『익산미륵사지 출토 유물에 대한 종합적 검토』, 신라사학회.
정재윤, 2009,「彌勒寺 舍利奉安記를 통해 본 武王 義慈王代의 政治的 動向」,『한국사학보』37.
조경철, 2009,「백제 익산 彌勒寺 창건의 신앙적 배경-彌勒信仰과 法華信仰을 중심으로-」,『韓國思想史學』32.
홍윤식, 2009,「익산 미륵사 창건과 선화공주의 역사적 의미」,『원광대학교 마한백제문화연구소 학술발표논문집』.
노중국, 2010,『백제사회사상사』, 지식산업사.
문동석, 2010,「2000년대 백제의 신발견 문자자료와 연구동향」,『한국고대사연구』57.
박남수, 2010,「益山 彌勒寺址 출토 金鋌과 백제의 衡制」,『한국사연구』149.
손환일, 2010,「백제 미륵사지석탑 〈석가모니진신사리봉영기〉와 〈금정〉의 서체 재 고찰」,『백제 불교문화의 寶庫 미륵사』(국립문화재연구소 학술심포지엄 논문집), 국립문화재연구소.
이천시립월전미술관, 2010,『옛글씨의 아름다움』, 이천시립월전미술관.
정동준, 2010,「백제 관등제의 변전과 의사결정구조」,『한국사연구』149.
정현숙, 2010,「삼국시대의 서풍」,『옛글씨의 아름다움』, 이천시립월전미술관.
손환일, 2011,『한국 목간의 기록문화와 서체』, 서화미디어.
이승재, 2011,「彌勒寺址 木簡에서 찾은 古代語 數詞」,『국어학』62.
미륵사지석탑보수정비사업단, 2012,『彌勒寺址石塔 : 기단부 발굴조사 보고서』, 국립문화재연구소·전라북도.
정진원, 2012,「익산 미륵사지 서탑 〈金製舍利奉安記〉 해독과 쟁점들」,『한국어문학연구』58.
최연식, 2012,「彌勒寺 創建의 歷史的 背景」,『한국사연구』159.
한국문화관광연구원, 2012,『익산 미륵사지 출토유물의 체계적인 보존·관리 방안 연구』, 한국문화관광연구원.
국립문화재연구소·전라북도, 2013,『미륵사지 석탑 사리장엄』, 국립문화재연구소·전라북도.
주경미, 2013,「익산 미륵사지 석탑 사리장엄의 성격과 의의」,『미륵사지석탑 사리장엄』, 국립문화재연구소.
이경섭, 2014(초판 2013),『신라 목간의 세계』, 경인문화사.
이병호, 2014,『백제 불교사원의 성립과 전개』, 사회평론.
이은솔, 2014,「백제 印刻瓦 서풍 연구」,『목간과문자』12.

GREGORY SCHOPEN, 1997, "Monks and the Relic Cult in the Mahāparinibbāna-sutta - An Old Misunderstanding in Regard to Monastic Buddhism", *Bones, Stones, and Buddhist Monks*, University of Hawai'i Press.

〈Abstract〉

An Examination of Inscriptions on the Baekje Relics Excavated from Mireuk-sa(彌勒寺) Temple Site

Lim, Hye-kyung

This paper is an attempt to deepen understandings of inscriptions on the relics of Baekje Kingdom excavated from Mireuk-sa(彌勒寺) Temple site and it examines the current tendency of the relevant studies about the topic. The Golden Letter of Sarira Enshrinement (金製舍利奉安記), three small golden bars (金製小形板), and one bronze box (青銅盒), among the Sarira reliquaries (舍利莊嚴具) found from the inside of the relic chamber of the Mireuk-sa Stone Pagoda in 2009, and a roof tile with Chinese ink inscriptions (墨書銘文瓦) are the examination objects of this paper since they are certainly believed to be made during the Baekje period. Roof tiles with stamped inscriptions (印刻瓦), which are said to be a unique feature of Baekje roof tiles, have already been minutely examined in other studies, thus this paper does not concern with them.

Archaeological studies of Mireuk-sa Temple were initiated during the Japanese colonial period, but the necessity for a full-scale excavation on the site was suggested by Korean scholars in 1960's. Long term investigations and excavations of the whole territory of the temple, including the West Stone Pagoda (西塔) and the East Stone Pagoda site (東塔址) were conducted from 1974 to 2010. The 37 years of research on the temple site was ended with significant consequences. First of all, as a result of the survey, it was elucidated that the parallel building layout of three main buildings and three pagodas, a unique and unexampled form of building layout, was used to build the temple. And various unearthed historic relics from the area shed light on Mireuk-sa Temple as well.

The roof tile with Chinese ink inscriptions, one of the research objects of this paper, is a concave tile. There is one Chinese character '道' with '∨' mark on the inside of the tile, written by a skilled hand. It seems to be a sign for checking something, but there is not enough evidences to support this assumption.

The Golden Letter of Sarira Enshrinement received immediate attention from academia as soon as it was discovered in 2009, since it has 193 Chinese characters on the face and back. Those inscriptions indicate that the Queen Sataek built the temple and enshrined the Sarira after admiring Buddha's divine power. There are various studies concerning with the letter's calligraphic and literary style, along with ones dealing with historical and philosophical backgrounds of the establishment of the temple. Three small golden bars and one bronze box discovered with the golden letter, also have simple inscriptions showing the names of donors and amounts of donations. The golden bars are regarded as currency used among the aristocratic class of Beakje Kingdom and this particularly has an important historical significance.

▶ Key words : Mireuk-sa(彌勒寺) Temple site, The Golden Letter of Sarira enshrinement (金製舍利奉安記), Small golden bar (金製小形板), Bronze box (青銅盒), Sarira Reliquaries from the Mireuk-sa Stone Pagoda

錦山 栢嶺山城 遺蹟 出土 文字 資料와 懸案

이재철*

〈국문초록〉

본고는 충청남도 금산군에 위치한 백령산성에서 출토된 문자자료의 기존 연구성과와 주요 쟁점사항을 재정리한 것이다.

이러한 내용을 통해 당시 백제의 지방산성(변경지역)에서도 활발한 문서행정 활동이 이루어졌다는 것을 알 수 있다.

금산지역 주변에는 백령산성 뿐만 아니라 다른 산성유적이 다수 분포하고 있다. 다만 기초적인 발굴상태이기 때문에, 관련된 발굴과 연구성과가 함께 축적된다면 앞으로 금산 지역에 대한 보다 의미있는 연구가 진행될 것으로 기대된다.

▶핵심어 : 錦山, 栢嶺山城, 文字 資料, 銘文瓦, 墨書 木板(木簡), 文書行政

Ⅰ. 栢嶺山城 遺蹟과 出土 文字 資料 개관

忠淸南道 錦山郡 남이면 역평리와 건천리 일대 성재산(438m) 정상부에 위치한 栢嶺山城은 둘레 207m의 소규모 테뫼식 石築산성이다. 백령산성은 그 주변에 해발 700m 정도의 高峰이 둘러싸고 있어 시야 확

* 대한민국역사박물관 조사연구과

보에 제약이 있지만 산성이 입지한 능선 일대를 장악하여 주변부에 대한 제한사항을 극복하고 있다. 또한 산간 사이에 형성된 통로에 소재하여 關門 역할(길목 차단 기능)을 했던 것으로 파악된다.[1] 백령산성이 자리한 능선은 충남 연산·논산(황산벌)과 전북 무주를 잇는 교통로 상에 있기 때문에 일찍이 炭峴이나 금산지역으로 비정되기도 하였다.[2]

백령산성에 대한 조사는 2003년 정밀 지표조사와 시굴조사를 시작으로 전체적인 현황을 확인하였고, 이후 시행된 두 차례(2004년: 1차, 2005년: 2차)의 발굴조사를 통해 그 내부 구조와 여러 부대시설을 파악하게 되면서 구체적인 산성의 형태를 이해할 수 있었다.

이러한 조사 내용을 바탕으로 백령산성은 單一 토층만이 나타나고 층위 내에서 出土된 유물의 연대가 백제시대의 것으로만 비정됨에 따라 백제시대(泗沘)에 조성되어 사용된 유적으로 파악된다.[3] 발굴된 유물은 다량의 기와류·토기류와 소량의 목기류와 철기류로, 조사된 유물들의 양상이 백제시대로 한정된다는 점에서 백제시대 산성의 구조와 축조 방법과 배경, 사용 시기 등을 규명하는데 중요한 의미를 지닌다.[4] 계단식의 북문, 저수용 木槨庫, 배수시설, 보도시설, 온돌시설 및 주공 등이 확인되었고 多量의 銘文瓦를 포함한 기와편과 토기류, 墨書 木板(木簡) 등의 文字 資料 유물이 出土되었다.

특히 금산 백령산성에서 출토된 문자자료 중 '上水瓦作土…'銘 음각와를 비롯한 多數의 명문와와 묵서목판은 백제의 지방통치체제 양상을 이해할 수 있는 자료로서 그 의미가 크다고 할 수 있다. 이러한 양상은 全羅南道 羅州市의 伏岩里 遺蹟에서 발굴된 목간 자료가 확인되면서 분명해졌다.[5]

[사진 1] 栢嶺山城 遺蹟 全景

1) 최병화, 2007, 「錦山 栢嶺山城의 構造와 性格」, 『湖西考古學』 17, p.178.
2) 성주탁, 1999, 「百濟 炭峴 小考」, 『百濟論叢』 2.
3) 강종원·최병화, 2007, 『그리운 것들은 땅속에 있다』, 국립부여박물관·충청남도역사문화원, p.178.
4) 충청남도역사문화원·금산군, 2007, 「錦山 栢嶺山城 1·2次 發掘調査 報告書」, 『遺蹟調査報告』 33.
5) 윤선태, 2013, 「백제목간의 연구현황과 전망」, 『百濟文化』 49, pp.249~250.

II. 栢嶺山城 遺蹟 出土 文字 資料의 판독과 해석

1. 銘文瓦[6)]

1) '上水瓦作土…'銘 음각와

(1) '上水瓦作土…'銘 음각와(등면)

栢嶺山城 정상부에 조성된 木槨庫 내부에서 出土된 '上水瓦作土…'銘 음각와는 발견 당시 반파된 상태였지만 수습된 이후 접합되었다(길이 21.3㎝, 두께 0.8~2.0㎝). 고운 점토를 사용해 제작된 음각와는 표면은 회백색, 속심은 흑회색을 띤다. 음각와의 표면에는 물손질한 흔적과 손으로 누른 자국, 도구흔 등이 혼재하고 3行, 총 19字 정도의 銘文이 확인된다.[7)]

[사진 2] 栢嶺山城 정상부에 조성된 木槨庫의 모습

명문은 등면과 측면에 殘存하는데, 등면의 명문은 그 字形이 대체적으로 명확한 반면 측면의 명문으로 추정되는 일련의 자형은 불문명해서 알아보기 어렵다. 陰刻된 명문은 목필이나 철필과 같은 끝이 가늘고 뾰족한 도구를 이용해 刻書했을 것으로 추정된다.[8)] 제시된 사진은 '상수와작토…'명 음각와의 등면과 측면에 새겨진 명문의 모습들이다(전체, 명문 확대, 음영반전).

---

6) 銘文이 새겨진 기와(印章瓦, 印刻瓦, 刻印瓦, 押印瓦, 捺印瓦, 印銘瓦 등)에 대한 名稱 문제는 예전부터 지속적으로 논의되어 왔지만 연구자들의 견해에 따라 여전히 많은 차이가 있다(심지어 同一 보고서임에도 불구하고 같은 유물을 언급하면서 그 명칭을 다르게 기재한 경우도 존재함). 그 대상과 범위를 명확히 구분해 적용하는 것은 어려움이 있겠지만 이에 대한 연구자들의 의견 合一이 필요하다고 본다(본문에서는 銘文瓦라고 命名). 본 글에서 언급한 모든 유물의 명칭은 「錦山 栢嶺山城 1·2次 發掘調査 報告書(2007)」를 기준으로 하였다.

7) 제작 목적과 용도 측면에 차이가 있지만 이와 유사한 형태로 전돌(塼)의 사례를 들 수 있다. 일부 전돌은 표면과 측면에 文樣을 새겨서 사용하기도 했는데, 銘文塼(문자전돌)의 경우 제작자와 제작일시 등을 기록하기도 하였다(公州 武寧王陵 출토 '‥士 壬辰年作'銘塼 등). 그러나 銘瓦로서 등면뿐만 아니라 측면에도 명문을 함께 새긴 '上水瓦作土…'銘 음각와와 같은 예는 드물다.

8) '上水瓦作土…'銘 음각와 銘文의 字形은 蔚山廣域市 蔚州郡 斗東面 川前里에 소재한 川前里 書石(국보 제147호)의 그것과 유사한 느낌이다. 기재된 명문의 筆法을 볼 때, 기와 제작 간 기와가 굳기 전에 瓦工이 새겼을 것으로 짐작된다.

[사진 3] 木槨庫 내에서 출토된 '上水瓦作土…'銘 음각와의 전체적인 모습

[사진 4] '上水瓦作土…'銘 음각와 등면의 銘文 부분 확대 모습

[사진 5] '上水瓦作土…'銘 음각와 등면의 銘文 부분 확대 모습(음영반전)

① 판독 및 교감[9)]

[표 1] '上水瓦作土…'銘 음각와 등면의 銘文 字形

1행			2행			3행			
원본	음영반전	판독	원본	음영반전	판독	원본	음영반전	판독	
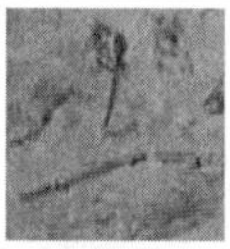	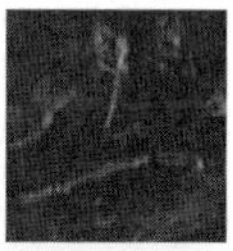	上		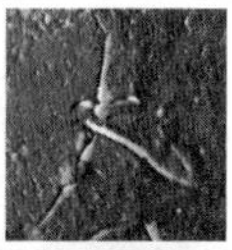	夫	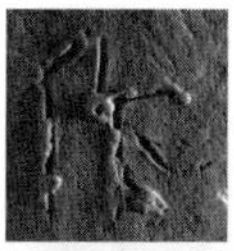	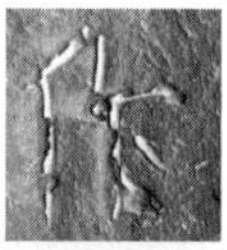	作	①
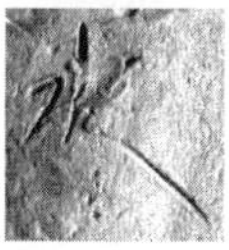		水		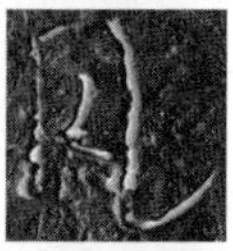	瓦	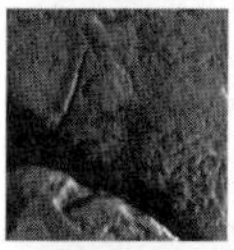	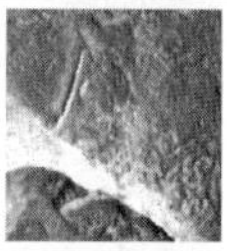	▨ [人]	②
		瓦	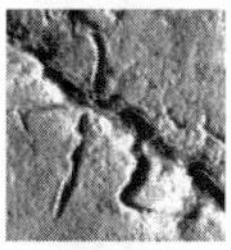		九	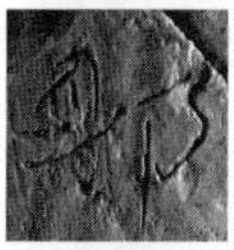		那	③
		作	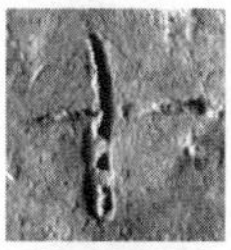	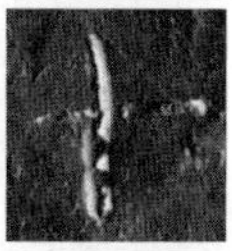	十			魯	④
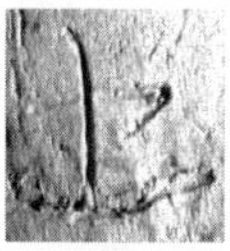	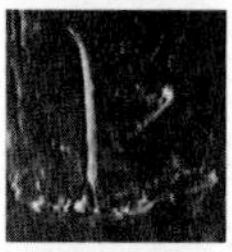	五	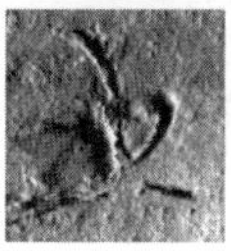	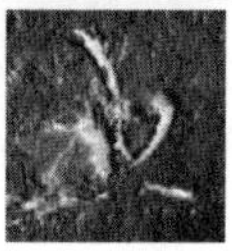	五	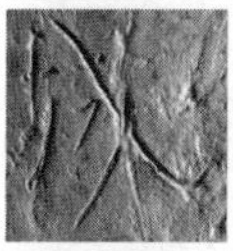	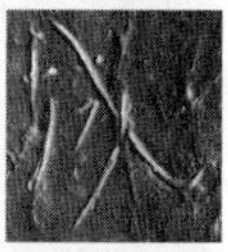	城	⑤
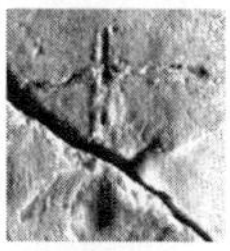	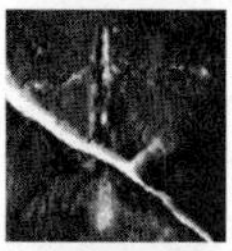	十						移	⑥
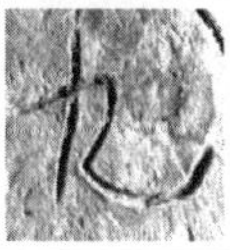	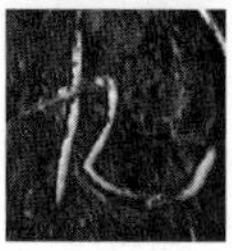	九				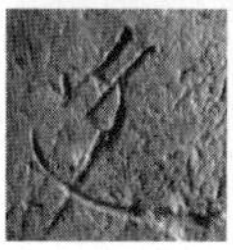		文	⑦

9) '上水瓦作土…'銘 음각와의 등면 명문 중 字形과 그 의미에 대해 異見이 있는 1-①(上), 3-②(▨[人]), 3-⑦(文)에 대해서는 Ⅳ장 연구쟁점에서 보다 자세히 살펴보기로 한다.

① 1행

上水瓦作五十九

② 2행

夫瓦九十五

③ 3행

作▨[人][10]那魯城移文

[표 2] '上水瓦作土…'銘 음각와 등면 銘文에 대한 判讀 관련 諸說

연구자	판독안	
錦山 栢嶺山城 1·2次 發掘調査 報告書(2007)	1차	1행 : 上水瓦作土(五)十九 2행 : 一(?)夫瓦九十五 3행 : 作△那魯城移▨
	2차	1행 : 上水瓦作土十九 2행 : 一夫瓦九十五 3행 : 作 ▨魯城移▨
	3차	1행 : 上水瓦作土十九 2행 : 一夫瓦九十五作 3행 : 那魯城移遷
손환일(2009)	1차	1행 : 上水瓦作五十九 2행 : 夫瓦九十五 3행 : 作(人)那魯城移文
강종원(2009)	1차	1행 : 上水瓦作土十九 2행 : 一夫瓦九十五作 3행 : 那魯城移遷
	2차	1행 : 上水瓦作五十九 2행 : 一夫瓦九十五 3행 : 作 ▨那魯城移支

10) '▨'는 파손되어 결락된 부분이라 명확한 字形의 모습을 알 수 없다. 자형 자체로만 본다면, 어떠한 글자인지 판단하기 어렵지만 전체적인 명문의 맥락상 종래의 의견과 같이 '人'으로 추정된다.

연구자	판독안	
	3차	1行 : 上水瓦作五十九 2行 : 夫瓦九十五 3行 : 作(人)那魯城移文
문동석(2010)	1차	1行 : 上水瓦作五十九 2行 : 夫瓦九十五 3行 : 作(人)那魯城移文
이병호(2013)[11]	1차	1行 : 上(∠ + 一)水瓦作五十九 2行 : 夫瓦九十五 3行 : 作(人)那魯城移文

※ 연구자별 판독 안 중 (): 추정, ▨: 판독 불가

등면 1-①: 上[12]

'上水瓦作土…'銘 음각와	'上水瓦作土…'銘 음각와 (음영반전)	唐太宗	平城宮 4-5747	平城宮 5-6320

[표 3] '上水瓦作土…'銘 음각와 등면의 '上'字와 類似 字形

∴ '上'字로 인식하는 판독 안에 대해 연구자별 큰 異見은 없으나[13] 그 字形에 대해서 '∠ + 一'가 결합된 것으로 볼 수 있다는 견해(이병호, 2013)가 제시되었다. 이에 필자는 기존 판독 안에 동의하면서도 제기된 의견을 고려하며 類似 자형의 사례를 확인해보았다.

'上'으로 판독되는 자형을 살펴보면, 분명히 '∠ + 一'가 결합된 형태로 이루어졌다는 것을 알 수 있

11) 손환일과 이병호는 '上水瓦作土…'銘 음각와의 등면 명문을 기재된 내용과 성격 등을 통해 검토하면서 (일반적인 한문 문장이라면) 1행: 作(上)水瓦作五十九, 2행: (與)夫瓦九十五矣일 것으로 판단했다. 손환일, 2009a, 「百濟 栢嶺山城 출토 명문기와와 木簡의 서체」, 『구결학회』 22, p.133; 이병호, 2013, 「금산 백령산성 출토 문자기와의 명문에 대하여-백제 지방통치체제의 한 측면-」, 『百濟文化』 49, 공주대학교 백제문화연구소, p.74.

12) 上(보고서, 손환일, 강종원, 문동석, 이병호), ∠ + 一(이병호). [표 3]의 '上(∠ + 一)'字로 검토한 자형의 옆(왼쪽)에 획처럼 보이는 '丿' 형태는 기와 成形 간 혹은 그 이후에 생성된 일종의 잔흔으로 보인다.

13) '上'字를 어떠한 맥락과 형태로 판단하느냐에 따라 그 의미는 다양하게 해석될 여지가 있다.

다. '上'으로 판단되는 '∠ + 一'에서 윗부분인 '∠'의 모습은 '上'의 筆順상 1~2획까지 해당하는 부분이다. 본문에 제시된 사진들과 유사 자형의 사례에서도 알 수 있듯이 '∠' 부분은 그 획이 위에서 아래로 한 번에 그은 상태에서 다시 위로 올라간 형상을 하고 있으며(한 획으로 구성) 또한 밑변의 '一' 획과 이격되어 있다.[14] 이러한 자형은 [표 3]에서 제시된 唐太宗의 書體(밑변 생략)와 日本 平城宮 木簡의 '上'字 사례와 상당히 유사하다. 이로 미루어 볼 때, '∠ + 一'는 '上'의 변형된 자형의 하나로서 '上'으로 판독이 가능하다.[15]

등면 1-⑤: 五[16], 판독 안이 처음 제시된 발굴보고서에서는 '土'字의 형태로 보았으나('五'字의 가능성도 제시) 이후 연구들에서는 자형의 분석을 통해 수량을 의미하는 '五'로 판독하였다. '五'로 판독이 가능하다.

등면 3-②: ▨[人][17] 자형 자체로만 보면 미상자(▨)이다. 그 자형이 반파된 부분의 접합부에 위치하고 있어, 剝落의 경우를 상정하더라도 획으로 추정되는 부분이 등면에 기재된 다른 자형에 비해 상대적으로 희미하고 불분명하기 때문이다. 명문의 내용상 '人'字로 추정된다.

등면 3-⑦: 文[18], '文'으로 보는 견해 이외 '遷' 또는 '之'의 견해가 제기되었으나 최종적으로 '文'으로 판독하였다.

② 역주

(上)水瓦 59, 夫瓦 95를 만들었다. 만든 사람은 那魯城의 移文이다.[19]

(2) '上水瓦作土…'銘 음각와(측면: 위)

'上水瓦作土…'銘 음각와의 측면 윗부분에는 手決로 생각되는 字樣을 포함하여 총 4자 정도가 새겨져

14) 본문 [표 3]에 제시된 類似 字形을 살펴보면, 각 자형이 의미하는 내용과 성격에 차이는 있으나 모두 동일하게 '上'字를 표기했다는 것을 알 수 있다.

15) '上水瓦作土…'銘 음각와의 '上'字 자형은 이후 살펴보게 될 '上卩'銘 음각와의 '上'字와 참조할 수 있다.

16) 五(보고서, 손환일, 강종원, 문동석, 이병호), 土(보고서, 강종원).

17) 人(보고서, 손환일, 강종원, 문동석, 이병호).

18) 文(손환일, 강종원, 문동석, 이병호), 遷(보고서, 강종원), 之(한국 고대 문자자료 연구모임 월례발표회에서 제기된 견해였으나 참석한 연구자들의 논의를 통해 '文'으로 최종 판독함).

19) 기존 연구자별 해석도 대체로 이와 유사하다 '五十九(59)'와 '九十五(95)'가 기와의 수(枚·張)인지 혹은 짐이나 수레의 수를 의미하는지 그 단위를 알 수는 없으나 수량과 관련된 내용을 표현한 것으로 짐작된다. 손환일, 2009a, 앞의 논문, pp.132~133; 이병호, 2013, 앞의 논문, p.75; 기와에 수량을 의미하는 명문이 기재된 사례는 夫餘 亭巖里瓦窯址, 扶蘇山城, 益山 王宮里 遺蹟 등에서 출토된 '二百八(208)', '八六(86)', '三百(300)'銘瓦 등이 있다. 이 외에 (上)水瓦와 夫瓦의 의미, 地名으로 판단되는 那魯城에 대한 위치 비정, 移文에 대한 이해 등은 注目해서 검토할 사안이다.

있다. 제시된 사진에서 보이듯이 우측에는 '竹内'로 추정되는 형태가 확인되나 좌측 부분은 그 형상을 파악하기 어렵다. 글자라기보다는 일종의 表式처럼 보이는 자형은 등면에 새겨진 명문처럼 뾰족한 도구를 이용해 각서한 것으로 보인다.

[사진 6] '上水瓦作土…'銘 음각와 측면(위)의 '竹内 (手決 추정)' 부분 모습

[사진 7] '上水瓦作土…'銘 음각와 측면(위)의 '竹内 (手決 추정)' 부분 모습(음영반전)

[사진 8] '上水瓦作土…'銘 음각와 측면(위)의 '竹内' 추정 부분(우측) 확대 모습
(좌 : 원본, 우 : 음영반전)

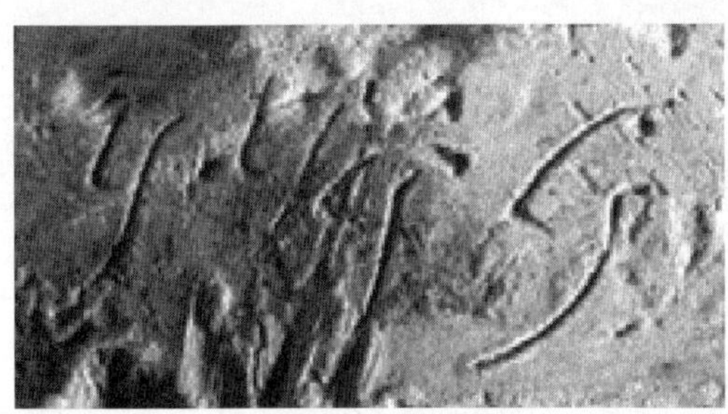
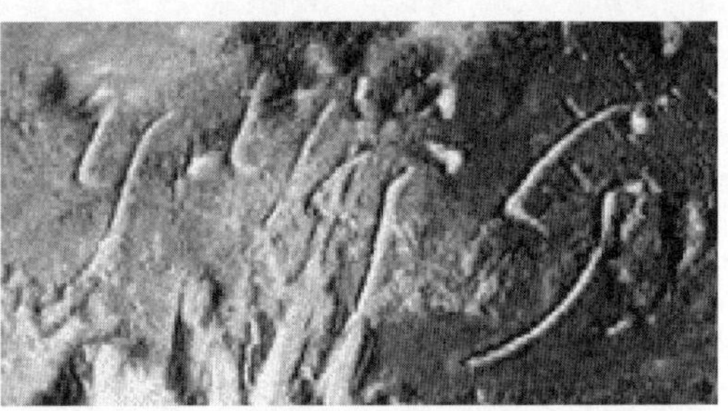

[사진 9] '上水瓦作土…'銘 음각와 측면(위)의 手決 추정 부분(좌측) 확대 모습
(좌 : 원본, 우 : 음영반전)

① 판독 및 교감

竹[20]内[21] ▨▨▨(手決 추정, 2~3자), '竹'과 '内'로 판독된다[22] 수결로 판단되는 나머지 자형은 未詳字(▨▨▨)이다.

20) 竹(손환일, 이병호).

21) 内(손환일, 이병호).

22) 殘存한 글자가 적고 그 형태가 명확하지 않아 무엇을 의미하는지 알 수 없다. 竹内 ▨▨▨(手決 추정)로 판독하는데 연구자들(직접적인 언급은 손환일과 이병호)의 의견이 일치하고 있다. 작성자의 수결(서명)으로 파악된다. 손환일, 2009a, 앞의 논문, p.131; 이병호, 2013, 앞의 논문, p.70, p.75.

內

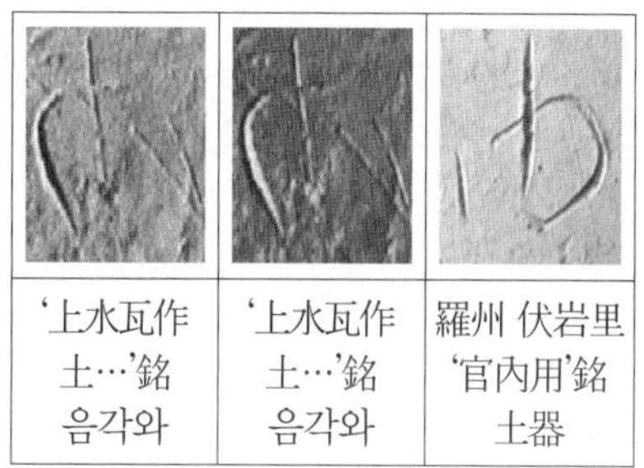

‘上水瓦作土…’銘 음각와	‘上水瓦作土…’銘 음각와	羅州 伏岩里 ‘官內用’銘 土器

[표 4] ‘上水瓦作土…’銘 음각와 측면(위)의 ‘[內]’字와 類似 字形

∴ ‘上水瓦作土…’銘 음각와(측면: 위)의 ‘內’字는 反左書의 형태인데, 그 자형은 [표 4]에 제시된 羅州 伏岩里 ‘官內用’銘 土器의 ‘內’字와 비슷하다.

② 역주

죽내 ▨▨▨[23]

(3) ‘上水瓦作土…’銘 음각와(측면: 아래)

‘上水瓦作土…’銘 음각와의 측면 아래 부분에는 판독이 어려운 여러 자형(글자 또는 기호)이 남아있다. 마모가 심한 상태여서 개별 자형의 분석은 물론 전체적인 형상을 파악하기 힘들다. 글자는 縱書한 것으로 보이고 기와 성형 전후 발생한 여러 잔흔들과 함께 주공도 확인된다[사진 12 참고].

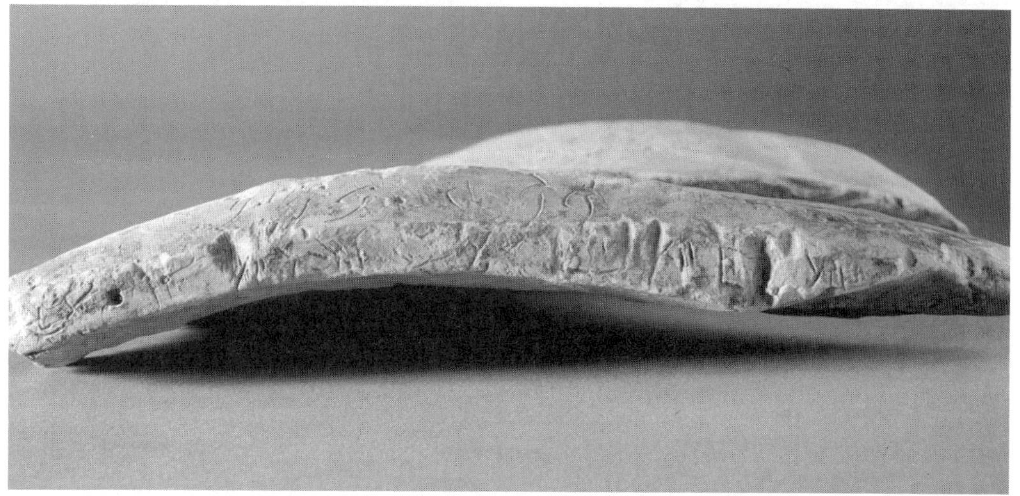

[사진 10] ‘上水瓦作土…’銘 음각와 측면(아래) 銘文 부분 확대 모습(가로)

23) 무슨 의미인지 알 수 없다.

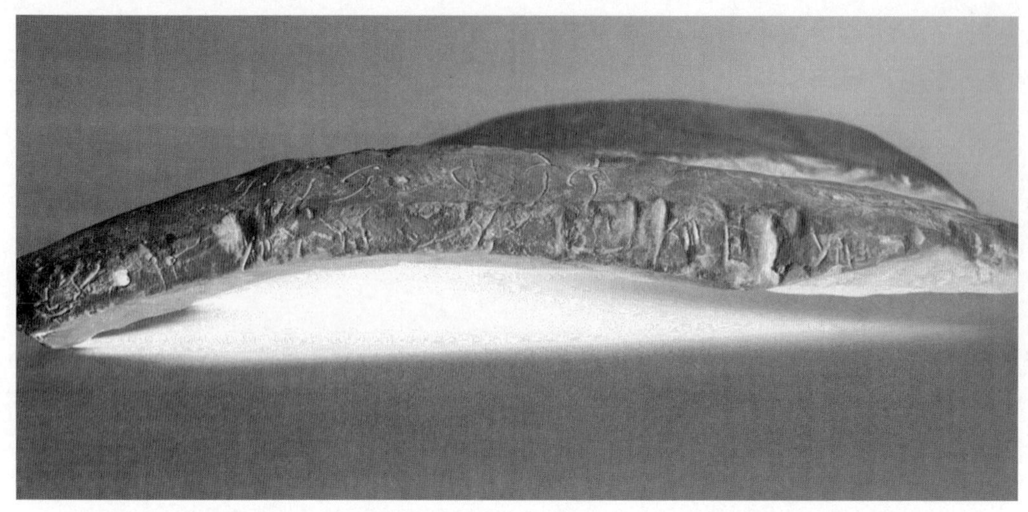

[사진 11] '上水瓦作土…'銘 음각와 측면(아래) 銘文 추정 부분 모습(음영반전, 가로)

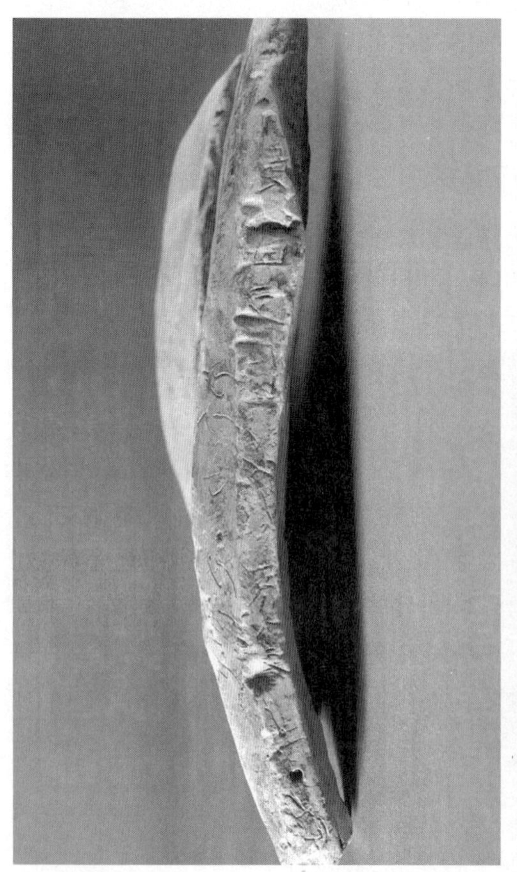

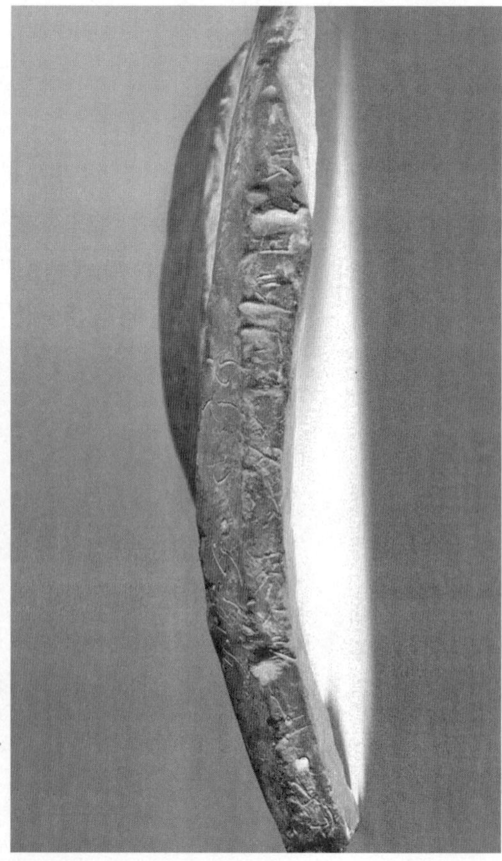

[사진 12] '上水瓦作土…'銘 음각와 측면(아래) 銘文 추정 부분 확대 모습
(좌: 원본, 우: 음영반전, 세로)

① 판독 및 교감

글자로 생각되는 몇몇 자형이 있지만 알아보기 어렵다.[24)]

② 역주

판독이 불가능하다.

2) '上阝'銘 음각와

'上阝'銘 음각와는 목곽고가 위치한 지역의 표토층에서 2점(2가지 유형)이 수습되었다('上阝'銘 음각와 Ⅰ: 길이 7.3㎝, 두께 1.1~1.4㎝ / '上阝'銘 음각와 Ⅱ: 길이 8.8㎝). 명문은 무문의 평기와에 刻字한 것으로 '上阝' 2자가 확인된다.

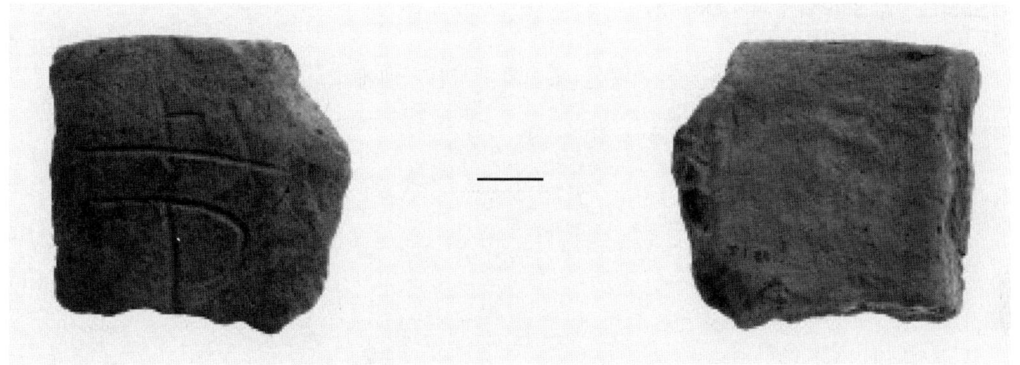

[사진 13] '上阝'銘 음각와 Ⅰ의 등면(좌)과 배면(우) 모습

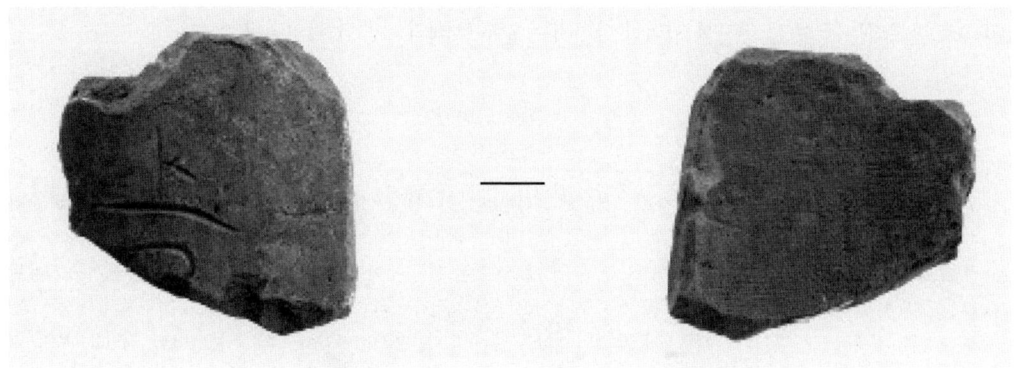

[사진 14] '上阝'銘 음각와 Ⅱ의 등면(좌)과 배면(우) 모습

24) 이에 대해 손환일은 ▨[又][日]文[自]支界▨ [位][界]로 판독하였으나 판독한 자형도 거의 추정이며 단정할 수 없다고 했다. 이병호는 ▨卄文▨▨▨▨▨▨▨로 이해하고 마모가 심해 판독이 어렵다고 하였다. 손환일, 2009a, 앞의 논문, pp.130~133; 이병호, 2013, 앞의 논문, p.70.

(1) 판독 및 교감

上[25)]阝[26)], 각각 '上'과 '阝'字로 판독된다.

阝

'上阝'銘 음각와	扶餘 宮南池 木簡 1-1	扶餘 宮南池 木簡 1-2	平城宮1-91 (日本古代木簡選·城1-3 上(10))	平城宮 1-433

[표 5] '上阝'銘 음각와의 '阝'字와 類似 字形

∴ '上阝'銘 음각와의 '阝'字와 같은 자형은 [표 5]에 제시된 사례에서도 확인된다. 이러한 '阝'字 자형은 알파벳(Alphabet) 'P(p)'를 聯想시킨다.[27)]

(2) 역주

상부

3) '右(?)四(血)'銘 음각와

'右(?)四(血)'銘 음각와는 수습 당시 상부 왼편과 하부가 결락된 상태였다(길이 8.4㎝, 너비 9.1㎝, 두께 0.75~1.05㎝). 음각와 등면에는 격자문이 타날되어 있으며 그 위에 세 글자 정도의 字形이 새겨져 있다. '四'字로 판독되는 두 번째 글자를 제외한 나머지는 일부 字劃의 윤곽만 확인된다.

---

25) 上(보고서, 손환일, 강종원, 문동석, 이병호), '上阝'銘 음각와의 '上'字와 '上水瓦作土…'銘 음각와의 '上'字는 자형 비교 측면에서 參照된다.

26) 阝(보고서, 손환일, 강종원, 문동석, 이병호), '部'를 '阝'로 쓰게 된 예는 부여 궁남지출토〈西阝後巷'銘목간〉에서도 사용된 것을 보면 백제시대에는 일상적으로 '部'를 '阝'로 사용한 것으로 보인다. 그러나 부여 동남리출토〈쇼部'명표석〉에서는 '部'로 쓴 예가 있어서 모두 '部'를 '阝'자로 사용한 것이 아님을 알 수 있다. 손환일, 2009a, 앞의 논문, p.135, 재인용; 부여·익산·공주 등을 제외한 지방에서 출토된 인각와들은 암키와나 수키와의 제작기술뿐 아니라 문자의 기재 방식이나 내용 또한 백제 중앙과 연관되어 있는 것이 확인된다. 예를 들어 고부 구읍성에서 출토된 인각와 중에는 '上阝ㄷ', 'ㄱ阝上巷'과 같이 중앙 행정구역인 上部上巷과 관련된 문자가 있고, 금산 백령산성의 경우도 '上阝'라는 글자가 음각된 문자가 함께 출토되었다. 이병호, 2014, 「7세기대 백제 기와의 전개 양상과 특징」, 『百濟文化』 50, p.306, 재인용.

27) '部'字의 이체자로 '阝'字가 사용된 것은 잘 알려진 사실이다. 그러나 그 두 字形을 명확히 동일하게 인식할 것인지는 중요하게 검토해 볼 사항이다. 심상육, 「백제 사비도성 출토 문자유물」, 『木簡과 文字』 11, 한국목간학회, p.72.

[사진 15] '右(?)四(血)'銘 음각와의 등면(좌)과 배면(우)의 모습

(1) 판독 및 교감

▨[28]四[29]▨[30], '四'字 이외의 자형은 미상자(▨)이다.

(2) 역주

▨사▨(▨四▨)[31]

2. 印刻瓦

1) '丙'字銘瓦

'丙'字銘瓦는 南門址 내부 매몰토층에서 발견된 2점을 포함해 발굴과정에서 총 3점이 수습되었다('丙'字銘瓦 Ⅰ: 길이 24.5㎝, 두께 1.0~1.9㎝ / '丙'字銘瓦 Ⅱ: 길이 12.8㎝, 두께 1.0~1.6㎝ / '丙'字銘瓦 Ⅲ: 길이 8.5㎝, 너비 4.6㎝, 두께 0.95~1.3㎝). 印章의 지름은 2.1㎝ 정도이고 양각된 '丙'字의 지름은 1.7㎝ 정도이다. 인장의 크기나 인장 안 字形 등을 감안할 때, 모두 동일한 消印으로 추정된다. '丙'字銘瓦의 '丙'字는 '栗峴 丙辰瓦'銘瓦와의 관련성으로 보아 '丙辰年'을 나타내기 위한 것(제작 시기)으로 판단된다.[32]

---

28) 右(보고서, 강종원, 문동석, 이병호). 첫 글자의 자형을 살펴보면, 자획의 아랫부분이 '口'의 형태이고 그 바로 위에 새겨진 획이 '一'처럼 그어져 있어 '右'나 이와 유사한 글자로 추정되나 확실하지 않다. 미상자(▨)로 판단한다.

29) 四(보고서, 강종원, 문동석, 이병호), 血(보고서).

30) ▨(이병호).

31) 무엇을 의미하는지 알 수 없다.

32) 이병호, 2013, 앞의 논문, pp.68~69.

[사진 16] '丙'字銘瓦 片과 '丙'字 부분 확대 모습

(1) 판독 및 교감

丙[33), 印章 안의 자형을 '丙'字로 판독하는 것에 대해 별다른 異見이 없다. '丙'으로 판독된다.

(2) 역주

병(丙)

2) '栗峴 丙辰瓦'銘瓦('栗峴[〃] 丙辰瓦'銘瓦)

'栗峴 丙辰瓦'銘瓦는 목곽고 내부와 그 주변에서 총 12점이 출토되었다. 회백색의 無紋으로 수키와가 많다. 銘文은 陽刻된 형태로 가로×세로 5㎝의 방형 구획을 나눠서 세 글자씩 縱書했으며 '栗峴 丙辰瓦'로 판독된다.[34)

이 중 '栗峴(左書)' 아래 판독이 어려운 자형('〃')에 대해서는 等號(=)를 의미하는 일종의 표식으로 이해하기도 한다.[35)

33) 丙(보고서, 손환일, 강종원, 문동석, 이병호).

34) '栗峴 丙辰瓦'銘瓦의 명문은 方形의 인장에 '栗峴 丙辰瓦'의 일부 자형(左書 형태)과 구획선을 陰刻으로 새겨서 기와 표면에 찍었을 때는 右書·양각으로 나타나게 하였다.

35) '▨[〃]'에 대해 이병호는 '[〃]'과 같은 등호로 夫餘 雙北里 2805번지에서 발굴된 '左官貸食記' 木簡에서도 확인된다고 하였다. 이병호가 '▨[〃]' 자형의 유사 용례가 확인된다고 언급한 부분은 「夫餘 雙北里 2805番地 出土 木簡 報告」의 '左官貸食記' 목간 내용(후면 2段)이다. 이 논문에서는 '〃'을 '己'로 파악하여 기술하였다('刀己邑佐'라는 人名으로 이해). '左官貸食記' 목간의 '〃' 자형 판독과 관련해서는 연구자별 '己', '巳', '刀(〃)' 등 여러 안이 제시되었다(관련 논문 참조). 이병호, 2013, 앞의 논문, p.69; 박태우·정해준·윤지희, 2008, 「夫餘 雙北里 2805番地 出土 木簡 報告」, 『木簡과 文字』 2, pp.181~183; 이용현, 2008, 「左官貸食記와 百濟貸食制」, 『百濟木簡』, 국립부여박물관; 손환일, 2008, 「百濟 木簡 「左官貸食記」의 分類體系와 書

[사진 17] '栗峴 丙辰瓦'銘瓦의 銘文 모습
(좌 : 원본, 우 : 음영반전)

(1) 판독 및 교감

1행			2행		
원본	음영반전	판독	원본	음영반전	판독
		栗			丙
		峴			辰
		▨[〃]			瓦

[표 6] '栗峴 丙辰瓦'銘瓦의 字形

① 1행

▨[〃][36]

體」, 『韓國思想과 文化』 43, p.106, p.118; 정동준, 2009, 「『左官貸食記』 목간의 제도사적 의미」, 『木簡과 文字』 4, p.18.

36) 〃(손환일, 이병호).

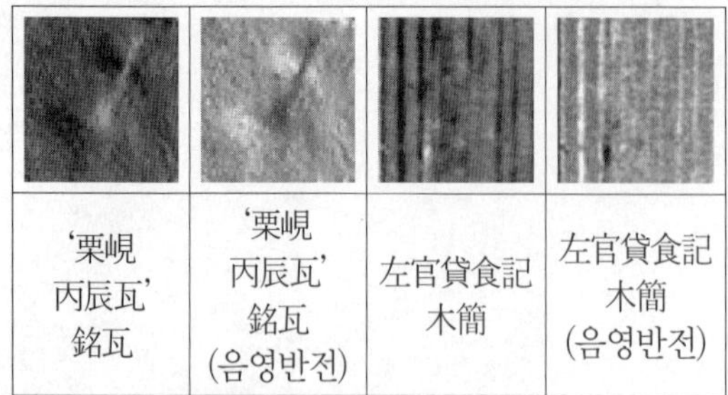

'栗峴 丙辰瓦' 銘瓦	'栗峴 丙辰瓦' 銘瓦 (음영반전)	左官貸食記 木簡	左官貸食記 木簡 (음영반전)

[표 7] '栗峴 丙辰瓦'銘瓦의 '〃' 부분과 左官貸食記 木簡의 '〃' 추정 부분 字形

∴ 일부 연구자들이 等號 표시로 추정하는 자형은 그 형태만 본다면, 등호를 나타낸 것이라기보다는 기와 제작 시 생긴 일종의 잔흔처럼 보인다. [표 7]의 '栗峴 丙辰瓦'銘瓦의 '〃'에서 확인되듯이 斜線('/')에 기포가 생성되어 볼록하게 튀어나와 있는 모습이 인위적이기보다는 자연스러운 형상이기 때문이다.[37] 이와 관련해서는 연구자 간 공동 판독 작업이 필요하다.

(2) 역주

율현▨[〃] 병진와(栗峴▨[〃] 丙辰瓦)

3) '耳停辛 丁巳瓦'銘瓦

'耳停辛 丁巳瓦'銘瓦는 조사지역의 대부분(북문과 북쪽 성벽 일대)에서 출토되었다.(총 18점, 암키와

[사진 18] '耳停辛 丁巳瓦'銘 도장기와의 銘文 모습
(좌 : 원본, 우 : 음영반전)

37) '▨(〃)'에 대해 이 부분에 대해 박태우·정해준·윤지희는 「夫餘 雙北里 2805番地 出土 木簡 報告」에서 '刀己'로 기술하였는데, 이병호는 夫餘 雙北里 2805번지에서 발굴된 '左官貸食記' 목간의 후면 2段 '刀刀(〃)' 부분을 '栗峴 丙辰瓦'銘瓦의 '〃' 유사 사례로 판단하였다.

다수) [사진 17]에서 보이는 것처럼 방형 구획을 구분해 세로로 3자씩 2행의 형태로 모두 6자가 있다. 이 명문와는 부여 쌍북리에서 출토된 '丁巳瓦 葛那城'銘瓦의 사례가 있어 대비된다. 명문 내용에서 '丁巳瓦'는 기와의 제작 연대를, '葛那城(忠淸南道 論山의 皇華山城으로 비정)'은 그 소요처를 표기한 것으로 파악하여 이 도장기와도 동일한 성격에서 제작된 것으로 추정한다. 또한 '丁巳瓦'의 '丁巳'와 관련해서 미륵사지와 부소산성, 왕궁리유적 등에서도 유사한 명문와(인장 형태)가 확인되고 있다.

(1) 판독 및 교감

1행			2행		
원본	음영반전	판독	원본	음영반전	판독
		耳			丁
		淳			巳
		辛			瓦

[표 8] '耳停辛 丁巳瓦'銘瓦의 字形

(2) 역주

이순신 정사와(耳淳辛 丁巳瓦)

4) '戊午瓦 耳停辛'銘瓦

'戊午瓦 耳停辛'銘瓦는 목곽고와 남·북문, 치 등에서 총 23점이 확인되었다. 제작기법은 앞서 살펴본 '栗峴 丙辰瓦'銘瓦, '耳停辛 丁巳瓦'銘瓦와 동일했을 것으로 판단된다. 가로×세로 4.5㎝ 정도의 방형 구획을 기준으로 세 글자씩 종서되었는데, '耳停辛 丁巳瓦'銘瓦와는 반대로 干支를 나타내는 부분인 '戊午瓦'와 '耳停辛'이 먼저 기록되고 '戊午瓦'가 나중에 기록되었다는 점이다. '耳'와 '戊'로 추정되는 字形의 형태가 불분명하다.

[사진 19] '戊午瓦 耳停辛'銘 도장기와의 銘文 모습
(좌 : 원본, 우 : 음영반전)

(1) 판독 및 교감

1행			2행		
원본	음영반전	판독	원본	음영반전	판독
		戊			耳
		午			淳
		瓦			辛

[표 9] '戊午瓦 耳停辛'銘瓦의 字形

(2) 역주

무오와 이순신(戊午瓦 耳淳辛)

3. 木簡

1) 墨書木板[38)]

백령산성 정상부에 조성된 木槨庫 내부에서 기와편, 토기편, 목제, 철기 등과 함께 출토되었다. 墨書木板은 목곽고의 바닥면에서 수습되었다. 출토 당시 반파되어 둘로 나뉘어진 상태였지만 원래 한 개체였을 것으로 추정된다. 목판은 두께 0.8㎝, 폭 13㎝, 길이 23㎝으로 앞면 우측 상부에 2행의 묵흔이 확인된다. 2행의 묵흔 이외에도 글자로 추정되는 형태가 희미하게 보이지만 잔존상태가 좋지 않아 알 수 없다.

[사진 21] 錦山 栢嶺山城 出土 墨書 木板의 발굴 당시 모습

38) 「錦山 栢嶺山城 1·2次 發掘調査 報告書(2007)」에서는 墨書木板으로 기술되어 있다. 충청남도역사문화원·금산군, 2007, 앞의 보고서, p.145.

[사진 22] 墨書 木板(발굴 당시)의 묵서 부분 확대 모습

[사진 23] 墨書 木板(발굴 당시)의 묵서 부분 확대 모습(陰影反轉)

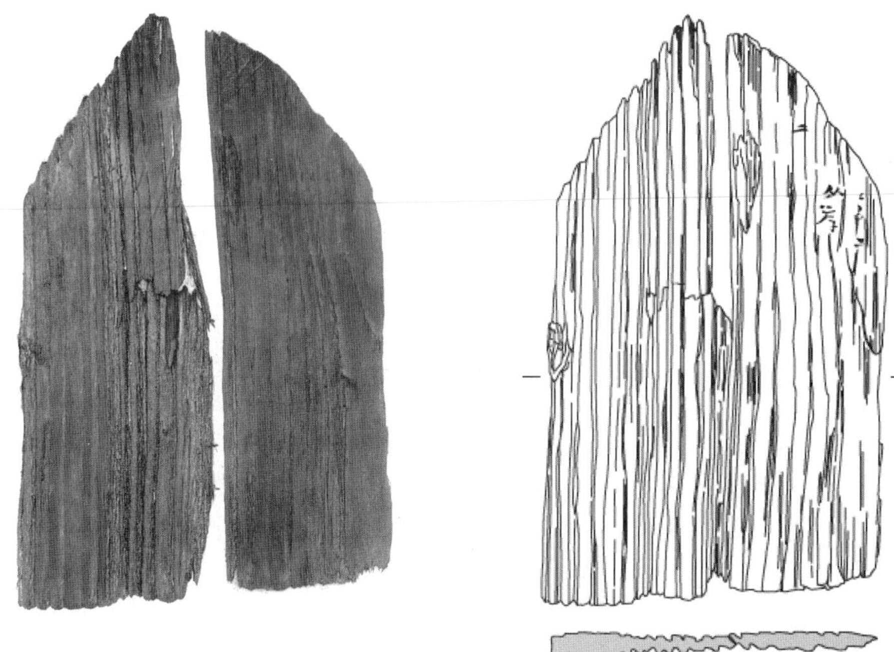

[사진 24] 錦山 栢嶺山城 出土 墨書 木板의 전체적인 모습(좌)과 도면(우)

[사진 25] 墨書 木板(수습 후)의 묵서 부분 확대 모습(좌), 음영반전(우)」

(1) 판독 및 교감

앞면		
2행	1행	
▨(以, 竹)	▨	①
▨	▨	②
	二	③
	百	④

1행		
원본	음영반전	판독
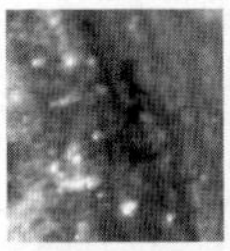	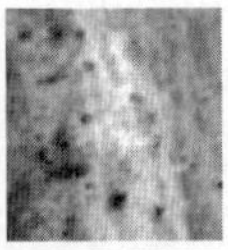	▨
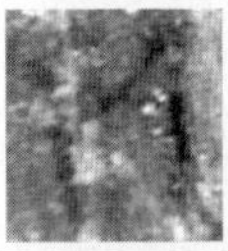	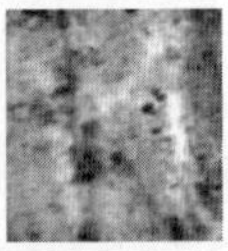	▨
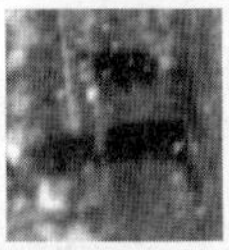	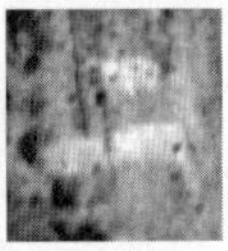	二
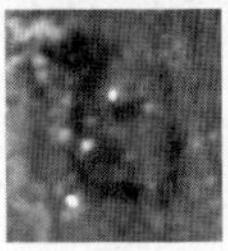	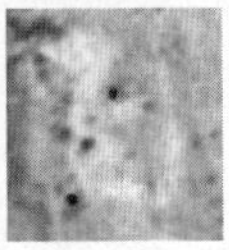	百

2행		
원본	음영반전	판독
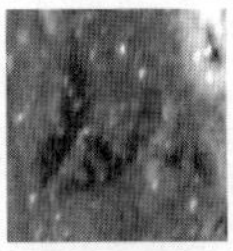	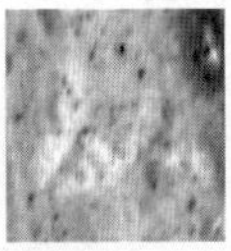	▨
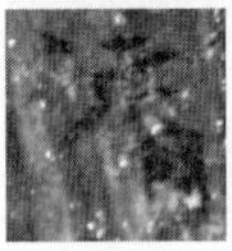	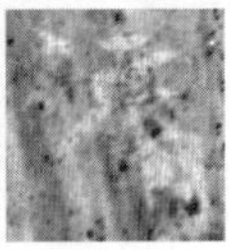	▨

[표 10] 錦山 栢嶺山城 出土 墨書 木板의 墨書 字形

① 1행

▨▨二百

② 2행

▨▨

③ 그 외

판독 불가

앞면 1-②: ▨

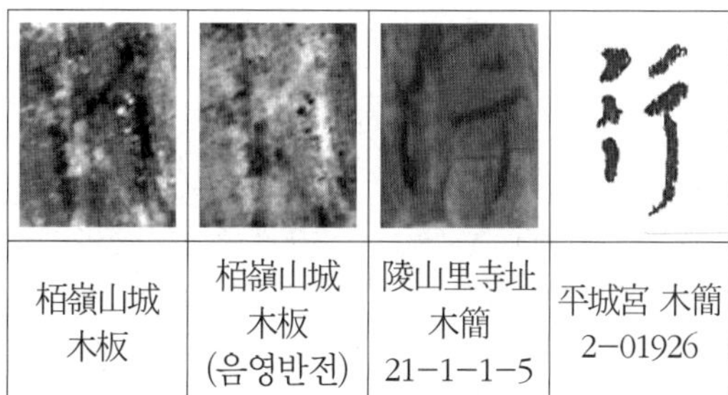

栢嶺山城 木板	栢嶺山城 木板 (음영반전)	陵山里寺址 木簡 21-1-1-5	平城宮 木簡 2-01926

[표 11] 錦山 栢嶺山城 出土 墨書 木板의 '行'字 추정 字形과 확인된 '行'字의 字形

∴ '行', '竹', '長'

앞면 1-④: 百

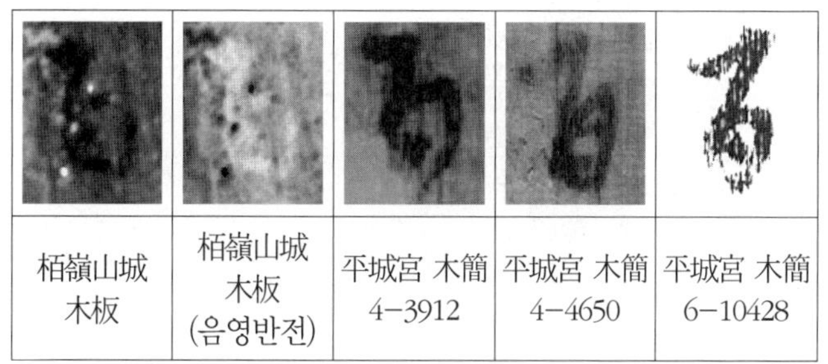

栢嶺山城 木板	栢嶺山城 木板 (음영반전)	平城宮 木簡 4-3912	平城宮 木簡 4-4650	平城宮 木簡 6-10428

[표 12] 錦山 栢嶺山城 出土 墨書 木板 '百'字와 類似 字形

∴ 유사 자형의 사례와 비교해 볼 때, 명확히 '百'으로 판단된다.

앞면 2-②: ▨, [以]

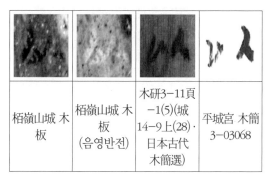

栢嶺山城 木板	栢嶺山城 木板 (음영반전)	木研3-11頁-1(5)(城14-9上(28)·日本古代木簡選)	平城宮 木簡 3-03068

[표 13] 錦山 栢嶺山城 出土 墨書 木板 '以'字와 類似 字形

∴ 기존 '以' 또는 '竹'의 형태로 볼 수 있지만 판단하기 어렵다. '以'로 추정할 수 있지만 확정은 어렵다.

미상자(▨)로 판단한다.

[표 13] 錦山 栢嶺山城 出土 墨書 木板의 墨書에 대한 判讀 관련 諸說

연구자	판독안
錦山 栢嶺山城 1·2次 發掘調査 報告書(2007)	앞면: 우측 상단부에 세로로 2줄의 흔적이 남아있으나 그 내용은 잔존상태가 좋지 않아 명확하지 않음. 墨書 흔적 발견 후 적외선 촬영 결과, '从'형태의 字形을 확인했지만 그 외에는 남아있는 흔적이 분명하지 않아 판독이 어려움. 뒷면: 墨書의 잔흔이 확인되지 않음(하단부에서 11.5㎝의 거리에 너비 2.0㎝, 깊이 0.2㎝의 홈 관찰).
손환일(2009)	1행: '[去]行二百' 2행: '以傭' 그 외: '孟', '[高]'
강종원(2009)	'▨行二百 以▨'字만이 확인, 그 외 글자에 대해서는 손환일의 판독안을 언급, 내용에 대한 의미는 파악 불가.
이용현(2009)	1행: '▨長二百' 2행: '以滴'
문동석(2010)	'▨行二百 以▨'字만이 확인되며, '傭', '孟', '高' 등이 보임.
이병호(2013)	글자를 확정할 수 있는 것은 '二百' 뿐으로 나머지 글자는 확정하기 어렵고 내용도 알 수 없음.

※ 연구자별 판독 안 중 [ ]: 추독, ▨: 판독 불가

1행: '行', '竹', '長'으로 판독된 글자는 '長'보다는 '行' 또는 '竹'으로 추정이 가능하다. 그러나 좌·우변의 형태를 유사 자형의 사례와 비교했을 때, 기존의 판독안과 같이 보기에는 무리가 있다.

2행: '傭', "滴"으로 판독된 글자는 좌변의 형태가 '亻'이나 '氵'으로 보인다. 우측의 자형은 '广+向(유사한 글자)'으로 추정되나 묵흔의 흔적이 분명하지 않아 확정하기 어렵다.

그 외: 목판(원래 목판은 2조각으로 반파된 채 발견되었으나 이후 접합됨, 묵서가 존재하는 부분) 우측 상부와 그로부터 2칸 정도 떨어진 하부('傭', '滴'으로 추정되는 글자의 좌측 1~2㎝ 정도 이격된 위치)에도 묵서의 형태가 어렴풋이 확인되는 것 같지만 묵흔의 흔적인지도 알 수 없다.

(2) 역주

기존 연구자들의 견해와 마찬가지로 묵서에 나타난 글자와 자형의 형태가 분명하지 않아 판독이 불가능하다. 일부 글자의 자형이 확인되지만 개별 자형에 대한 판독도 어려울 뿐만 아니라 전체적인 묵서의 내용과 맥락을 이해하는 것도 한계가 있다(역주 작업 불가).

III. 栢嶺山城 遺蹟 出土 文字 資料의 연구 동향 및 쟁점 사항

1. 연구 동향

지금까지의 백령산성과 관련한 연구 성과들은 산성 자체의 구조와 성격을 살펴보거나 출토된 유물의 양상을 검토해 산성의 의미나 특징 등을 유추하여 당시 백제의 지역적 형세 등을 판단한 것들이 대부분이었다.

이러한 연구를 바탕으로 근래에는 문자 자료 유물에 대한 분석이 활발히 진행되고 있다. 하지만 일부 유물의 경우, 유물에 남아있는 문자의 형상이 좋지 않아 개별 자형에 대한 분석은 물론 전체적인 자형 판독을 하기에도 어려움이 많아 명확한 유물의 성격과 의미를 究明하는데 한계가 있다. 그러나 당시 백제의 중앙이 아닌 지방에서도 기와 생산(기와 생산의 규모와 범위에 대한 연구)이 이루어졌고 문서 활동이 진행되었음을 판단할 수 있게 되어 앞으로 관련 연구에 대한 기대가 크다.

2. 쟁점 사항

1) 음각와

'上水瓦作土…'銘 음각와와 관련하여 검토되어야 할 사안이다. '上'에 대한 해석은 進上의 의미로 판단할 것인지 또는 夫瓦와 연결해 기와를 지칭하는 하나의 명사로 생각해야 할지의 문제가 있는데 이 부분은 전체적인 맥락을 검토한 후 판단해야 한다고 본다.

그리고 마지막 부분인 移文에 대한 해석이다. '移文'의 人名 가능성과 公文書를 지칭하는 고유 명사로 이해할 것인지가 핵심으로, 명문의 전체 문맥으로 파악 시 전자일 가능성이 높다. 이 부분에 대해서는 보다 더 다양한 용례를 확인해봐야 할 것이다.[39]

2) 목판

앞서 언급한 내용과 같이 1행의 '行', '長', '竹'으로 판독되는 글자는 '行' 또는 '竹'으로 추정할 여지가 있

39) 『三國史記』 卷 第四 『新羅本紀』 第四 眞興王條 于勒의 제자로 '尼文'이 확인된다. 또한 『日本書紀』에서도 奈率 得文, 前部 德率 眞慕宣文, 德率 宣文, 馬次文, 乙相 賀取文 등의 인물 등이 보이는데 官名까지 기재되어 있어 면밀한 검토가 요구된다.

다. 그 좌변의 형태는 '亻'이나 '彳'로 판단되는데, '彳'으로 보기에는 '亻'의 윗부분에 있어야 할 '丿'의 자획이 불분명하다. 유사 용례가 제시되었지만 한 가지의 경우를 일반화시켜 同一 자형으로 확정하기에는 무리가 있다. 그리고 우변의 획이 좌변의 중간 부분에 붙어 있어 '長'의 밑부분에 해당하는 형상으로 보이나 판독 글자 윗부분에 해당하는 묵흔이 희미해 '長'으로 보기에 어렵다(유사 자형의 사례를 찾아봐도 확정 불가).

'傭', '滴'으로 판독되는 2행의 2번째 글자는 좌변의 형태가 확실히 '亻' 또는 '氵'으로 보인다. 이를 바탕으로 기존 '傭', '滴'의 판독 안을 염두하면서 그 외 좌변이 '亻'이나 '氵'의 형태이면서 (묵흔 흔적이 분명하지 않지만) 우변이 '广'에 '向'과 유사한 글자가 결합된 자형을 확인하였다. 처음에는 '氵'의 모습이 뚜렷해 '氵+喬'의 형태로 추정했으나 해당 글자가 존재하지 않을 뿐만 아니라 고대문자자료 연구모임 발표 시 좌변의 자형이 '氵'보다는 '亻'일 가능성이 높다는 견해에 따라 '亻'에 '喬'가 조합된 '僑'로 판독하였다. 그러나 이 또한 추독에 불과해 확정하기 어렵다.

그 외 우측 상부와 그로부터 2칸 정도 떨어진 하부('傭', '滴', '僑'로 추정되는 글자의 좌측 1~2㎝ 정도 이격된 위치)에도 일련의 묵서 잔흔이 확인되지만 알 수 없다.

판독이 어려운 글자에 대한 무리한 추독은 誤讀의 여지를 생성하여 오히려 유물 자체의 성격을 규명하고 이해하는데 오류를 범할 가능성을 야기한다. 그러나 현재까지 금산 백령산성에서 출토된 묵흔이 남아있는 유일한 문자자료임을 감안할 때, 묵서목판에 대한 보다 면밀한 검토 작업(개별 자형과 전체적 맥락을 구명하기 위한 연구자들의 공동 분석)이 이루어져야 한다고 판단된다.

3) 干支에 따른 백령산성 축조시기 비정

錦山 栢嶺山城에서 발굴된 여러 문자자료들은 山城의 축조시기와 주체 및 배경, 산성 내에서 문자행위가 이루어졌음을 알 수 있게 해주는 귀중한 자료이다. 백령산성 출토 유물의 편년 등을 고려할 때, 산성의 축조와 사용 시기는 대략 백제 사비기로 추정되었다. 이러한 추정이 가능했던 것은 앞서 언급된 印章瓦와 印銘瓦에서 보이는 干支이다.

干支에 대한 비정 문제는 干支銘을 중심으로 산성의 축조시점을 검토한 것이다. '丁巳'年을 기반으로 '戊午'年을 참고한 것으로 이에 따르면 '丙辰', '丁巳', '戊午'의 간지는 1년 차로 연속되며 3년간에 이른다. 특히 유물의 편년 상 백제 사비기에 해당되며 이들 간지가 나타내는 시점은 이를 전후한 시기라는 것이다. 그 경우 '丙辰'年은 536년(성왕 14), 596년(위덕왕 43), 656년(의자왕 16)이고, '丁巳'年은 537년(성왕 15), 597년(위덕왕 44), 657년(의자왕 17)이며, '戊午'年은 538년(성왕 16), 598년(위덕왕 45), 658년(의자왕 18)이다.

이 중 '丁巳'年 干支銘瓦를 살펴보면, 537년 '丁巳'年은 성왕 15년의 시기로 성왕이 사비 천도를 하기 바로 전년(사비 천도 : 538년 봄)으로 분주한 시기였을 것이다. 성왕대가 고구려와는 전쟁상태, 신라와는 동성왕대 맺어진 동맹관계가 이어져오고 있었음을 감안한다면, 백령산성의 축조는 현실적으로 어려웠을 것이다. 그리고 '戊午'年의 경우도 성왕이 사비로 천도하는 해이기 때문에 '丁巳'年을 성왕 15년으로 비정하기는 무리가 있다.

그 다음 '丁巳'年은 597년으로 위덕왕 44년이다. 위덕왕대는 對新羅戰에서 성왕이 전사하는 등 국난을 겪어 어지러운 형국이었다. 더욱이 적대관계로 변한 신라와의 관계 속에서 신라와 교류하던 곳들은 군사적 요충지가 되어 해당 지역에 군사적 목적의 축성이 이루어졌을 것으로 추정되는데, 특히 백령산성이 위치한 금산은 성왕이 전사한 관산성(옥천)과 근거리이고 신라로 진출하는 길목이었다.

이로 미루어 볼 때, 위덕왕 44년의 '丁巳'年이 타당하다고 본 것이다. 또한 '丁巳瓦 葛那城'銘瓦가 부여에서 발견된 것이 참고되는데 갈나성인 논산 황화산성에서도 확인되고 있으므로 이것은 사비 천도 이전인 537년(성왕 15)에 제작된 것으로 보기에는 어렵다는 것이다(사비 천도 이후에 제작된 것, 그 시점은 위덕왕대). 이러한 정황을 종합하면 명문의 글자, 형식에 있어 이와 유사한 백령산성 출토 간지명와의 제작 시점도 동일한 것이다.

마지막으로 657년의 '丁巳'年은 의자왕 재위 말기로 정국 운영의 파탄과 더불어 각종 변란이 끊임없이 일어난 시기였기 때문에 상대적으로 대신라 방비를 위해 백령산성을 축조하기에는 어렵다고 보았다.

이와 같은 논지들을 기준으로 강종원은 '丙辰'年과 '戊午'年의 해당 시기들을 판별해서 백령산성이 위덕왕 43년~45년에 걸쳐 조영된 것으로 판단했다. 그리고 이러한 비정이 타당하다면 위덕왕이 재위 초기 왕권의 안정 도모와 대신라 진출을 염두해 사비 도성과 그 주변, 국경지대에 대대적인 축성을 이룬 것이고 백령산성은 그 일환이라는 것으로 판단할 수 있다.

이에 반해 이병호는 백령산성 출토 명문와는 '丙辰', '丁巳', '戊午' 3년에 걸쳐 기와를 공급받았다고 보면서 무엇보다 여러 기와들과 함께 출토된 공반 유물들이 편년 자료로 활용하기에는 불완전하다는 점을 들었다. 상대편년의 보완자료로 활용하기 어렵기 때문에 '丙辰'年 656년(의자왕 16)이 보다 가능성이 높다고 판단한 것이다.

6세기 말 이후 유행된 부여나 익산 지역의 문명와의 양상을 보면 백령산성에서 출토되는 문명와와는 다른 양상을 보인다는 것이다(예 : '丙'銘瓦를 제외하면 백령산성에서 출토된 문명와와는 형태가 전혀 다름). 백제 중심부에서 처음 사용하기 시작한 새로운 형태의 인장을 찍은 문명와가 동일시기 지방의 산성 유적에서 사용되었다고 적용하기에는 무리가 있다는 것이다. 더욱이 백제 사비시기 기와 제작은 중앙에서 점차 지방으로 확산되는 것으로 보는 것이 순리이고 같은 '丁巳'銘이라 해도 지방 산성에서 출토된 것은 한 단계 늦추어 판단할 필요가 있다는 것이다. 또 6세기 말부터 나타나는 백제의 문명와들은 부여를 중심으로 1字~2字, 혹은 4字 등이 원형의 인장으로 찍히는 단계에서 점차 그 주변부(고부, 금산, 임실, 순천 등)로 확산되고, 그 내용이나 형태도 방형의 구획 안에 여러 글자가 찍히는 형태로 변모한 것으로 보았다('丙辰'年 : 656년, '丁巳'년 : 657년, '戊午'年 : 658년으로 이해).

Ⅳ. 마무리를 대신하며

이상으로 금산 백령산성에 대한 내용을 재정리 차원에서 확인해보았다. 先學 연구자들의 연구 성과들을 충분히 이해한 상태에서 나름의 견해를 開陳하는 것이 당초 목표였으나 개인 역량의 한계로 정리 차원의 未完 상태로 마무리한 것 같아 아쉬울 뿐이다.

다만 이러한 계기를 통해 백령산성과 금산지역, 당시 백제의 지역적 판도 등을 파악하는데 도움이 되었다고 생각한다. 앞으로 관련 연구 성과에 대한 여러 논의들에 대해 계속 관심을 갖도록 노력하겠다.

투고일: 2014. 10. 4.　　심사개시일: 2014. 10. 11.　　심사완료일: 2014. 11. 22.

참/고/문/헌

『三國史記』

『日本書紀』

강종원·최병화, 2007,『그리운 것들은 땅속에 있다』, 국립부여박물관·충청남도역사문화원.

국립부여문화재연구소, 1996,『미륵사』.

국립부여박물관, 2002,『百濟의 文字』.

국립부여박물관, 2009,『나무 속 암호 목간』.

국사편찬위원회, 2011,『한국 서예문화의 역사』, 한국문화사 37, pp.72~76.

원광대학교 마한·백제문화연구소, 2001,『益山猪土城試掘調査報告書』.

윤무병, 1982,『夫餘雙北里遺蹟發掘調査報告書』, 충남대학교백제연구소.

忠南大百濟研究所·論山市, 2000,『論山黃山벌 戰蹟地』.

忠淸南道·韓南大中央博物館, 2003,『文化遺蹟分布地圖 -錦山郡-』.

충청남도역사문화원·금산군, 2007,「錦山 栢嶺山城 1·2次 發掘調査 報告書」,『遺蹟調査報告』33.

강종원, 2004,「錦山 栢嶺山城 銘文瓦 檢討」,『백제연구』39, 충남대학교 백제연구소.

강종원, 2009,「夫餘 東南里와 錦山 栢嶺山城 出土 文字資料」,『木簡과 文字』3, 한국목간학회.

김영심, 2007,「백제의 지방통치에 관한 몇 가지 재검토」,『한국고대사연구』48, 한국고대사학회.

문동석, 2010,「2000년대 백제의 신발견 문자자료와 연구동향」,『한국고대사연구』57, 한국고대사학회.

박태우·정해준·윤지희, 2008,「夫餘 雙北里 280-5番地 出土 木簡 報告」,『木簡과 文字』2.

성주탁, 1999,「百濟 炭峴 小考」,『百濟論叢』2.

손환일, 2008,「百濟 木簡『左官貸食記』의 分類體系와 書體」,『韓國思想과 文化』43.

손환일, 2009a,「百濟 栢嶺山城 출토 명문기와와 木簡의 서체」,『구결학회』22.

손환일, 2009b,「百濟木簡 '支藥兒食米記'와「左官貸食記」의 記錄과 書體」,『백제 "좌관대식기"의 세계』, 국립부여박물관 학술세미나.

신종국, 2005,「백제 지하저장시설의 구조와 기능에 대한 검토」,『문화재』38, 국립문화재연구소.

심상육, 2013,「백제 사비도성 출토 문자유물」,『木簡과 文字』11, 한국목간학회.

윤선태, 2007,『목간이 들려주는 백제 이야기』, 주류성.

윤선태, 2008,「新羅의 文字資料에 보이는 符號와 空白」,『口訣研究』21.

윤선태, 2013,「백제목간의 연구현황과 전망」,『百濟文化』49.

이병호, 2013,「금산 백령산성 출토 문자기와의 명문에 대하여 -백제 지방통치체제의 한 측면-」,『百濟文化』49, 공주대학교 백제문화연구소.

이병호, 2014, 「7세기대 백제 기와의 전개 양상과 특징」, 『百濟文化』 50.
이용현, 2008, 「左官貸食記와 百濟貸食制」, 『百濟木簡』, 국립부여박물관.
정동준, 2009, 「「左官貸食記」 목간의 제도사적 의미」, 『木簡과 文字』 4.
최병화, 2005, 「錦山地域 百濟山城에 관한 연구」, 公州大學校 碩士學位論文.
최병화, 2006, 「錦山 栢嶺山城 發掘調査 概報」, 『한국 성곽학보』 9, 한국성곽연구회.
최병화, 2007, 「錦山 栢嶺山城의 構造와 性格」, 『湖西考古學報』 17.
홍사준, 1967, 「炭峴考」, 『歷史學報』 35·36, 歷史學會.
홍승우, 2009, 「「左官貸食記」木簡에 나타난 百濟의 量制와 貸食制」, 『木簡과 文字』 4, 한국목간학회.

〈日文要約〉

錦山 栢嶺山城 遺蹟 出土 文字 資料와 懸案

李在哲

本稿は忠清南道錦山郡に位置した栢領山城で出土された文字資料の既存の研究成果や主要争点事項を再整理したのだ。

このような内容を通じて、當時の百済の地方山城(辺境地域)でも活発な文書行政の活動が行われたということを知ることができる。

錦山地域の周辺には栢領山城だけでなく、他の山城の遺跡が多数分布している。ただし基礎的な発掘状態であるため、これに発掘や研究成果が蓄積されれば、今後の進展が期待される。

▶ キーワード: 錦山, 栢嶺山城, 文字 資料, 銘文瓦, 墨書 木板(木簡), 文書行政

백제 砂宅智積碑의 재검토

이은솔[*]

Ⅰ. 개관
Ⅱ. 문자자료

〈국문초록〉

砂宅智積碑는 백제 말기의 대표적인 비석으로 1948년 부여읍 관북리 도로변에서 일본인들이 神宮 역내의 參道에 깔려고 쌓아 놓았던 돌무더기 속에서 발견되었으며, 현재 국립부여박물관에 보관되어 있다.

이 비는 사택지적이란 인물이 말년에 늙어가는 것을 탄식하여 불교에 귀의하고 불당과 탑을 건립한 것을 기념하여 세운 堂塔碑이다. 비의 우측면 상부에 둥근 원과 그 안에 봉황문(혹은 주작, 삼족오)이 음각된 흔적이 있어 반대측에 용(혹은 주작, 두꺼비)이 조각되었을 것이라고 추측하였다. 이에 비의 내용과 형식에 대해 음양오행설과 불교, 도교 및 노장사상과의 연관성이 제시되기도 하였다. 문장은 중국 육조시대의 四六駢儷體이며, 서풍은 북조와 수대의 서풍을 함께 갖춘 견고하고 瘦勁한 글씨라고 할 수 있다.

사택이란 성은 백제의 八大姓의 하나로 백제 최고의 귀족이라고 할 수 있는데, 그가 불당과 탑을 세울 수 있었던 것은 귀족으로서의 경제력을 갖추었기 때문이다. 이에 사택지적비는 백제 금석문 자료 중 백제 말기 귀족의 정신세계의 일면을 볼 수 있는 귀중한 자료라고 생각된다.

▶ **핵심어 : 百濟, 夫餘, 砂宅智積碑, 大左平, 大姓八族**

* 원광대학교 서예학과

I. 개관

1948년 부여읍 관북리 도로변에서 일제시대 일본인들이 神宮 역내의 參道에 깔려고 쌓아 놓았던 돌무더기 속에서 발견되었다. 그러나 발견된 것은 비의 일부로 높이 102㎝, 폭 38㎝, 두께 29㎝이다. 양질의 화강암에 가로, 세로로 井間을 구획하여 그 안에 글자를 음각하였으며, 1행은 14자로 이루어져 있는데, 현존하는 것은 앞부분에 해당하는 4행까지로서 모두 56자이다. 비의 우측면 상부에는 음양설에 따라 원 안에 봉황문(혹은 주작, 삼족오)이 음각한 것과 붉은 칠을 한 흔적으로 잘려간 반대 측면에도 용(혹은 주작, 두꺼비)이 조각되었을 가능성이 있어 음양오행설과 연관시키기도 하였고(홍사준 1954, p.257), 이와 관련하여 사택지적비를 음양오행설과 불교, 도교 및 노장사상과 연결시키기도 하였다(조경철 2004; 신광섭 2005; 길기태 2006; 김두진 2006; 이내옥 2006; 박중환 2008).

문장은 중국 육조시대의 四六騈儷體이다. 내용은 사택지적이란 인물이 늙어가는 것을 탄식하여, 불교에 귀의하고 원찰을 건립했다는 것이다. 사택지적비의 서풍은 홍사준이 백제오층석탑의 소정방의 기념문(〈大唐平百濟記〉(600))과 같은 구양순체라고 비정한 이후(홍사준 1954, p.257) 사학계의 대부분이 그것을 따랐다(서영대 1992; 안동주 1998; 문동석 2004; 조경철 2011). 이와 달리 남북조풍을 따른 의견과(임창순 1985; 김응현 1995; 채용복 1998; 방재호 2003; 정현숙 2010; 장긍긍 2011) 남북조풍과 수·당풍을 함께 갖추고 있다는 의견도 있다(이성미, 조수현, 최완수 1998; 고광헌 2000; 이규복 2001; 이성배 2008; 정현숙 2012). 이 의견들 중 북조와 수대의 서풍을 함께 갖추고 있다고 보며 그 결구와 필획 또한 견고하고 瘦勁한 것이 사택지적비 서풍에 적절하다고 할 수 있겠다.

II. 문자자료

1. 자료사진 및 판독표

출처: 이천시립월전미술관 2010, p.101.

4	3	2	1	
吐	以	慷	甲	①
神	建	身	寅	②
光	珍	日	年	③
以	堂	之	正	④
送	鑿	易	月	⑤
雲	玉	往	九	⑥
峩	以	慨	日	⑦
峩	立	體	奈	⑧
悲	寶	月	祇	⑨
貌	塔	之	城	⑩
含	巍	難	砂	⑪
聖	巍	還	宅	⑫
明	慈	穿	智	⑬
以	容	金	積	⑭

2. 판독 및 교감

1-①: 甲

∴ 홍사준은 1행의 첫 글자에 天干의 甲자가 내려 온 획이 있어 甲으로 판독하였다(홍사준 1954, p.256). 『日本書紀』 642년 7월에 일본에 사신을 간 대좌평 지적과 같은 인물로 보며 甲寅年을 654년으로 비정하였다. 후에 후지사와도 갑인년으로 따랐고(藤澤一夫 1971) 『韓國譯註金石文』에서 갑인년으로 제시된 후 이 해로 확정된 듯하다. 만약 미상이라고 해도 『日本書紀』의 지적의 활동연대와 관련하여 壬寅年(642), 丙寅年(666)이 고려 될 수 있으나 '壬'의 마지막 '一' 획이든가 '丙'의 양 옆의 'ㅣ'획이 확인되지 않아 '甲'일 가능성이 높다는 의견이 있다(조경철 2011, pp.132-133).

1-⑧: 柰

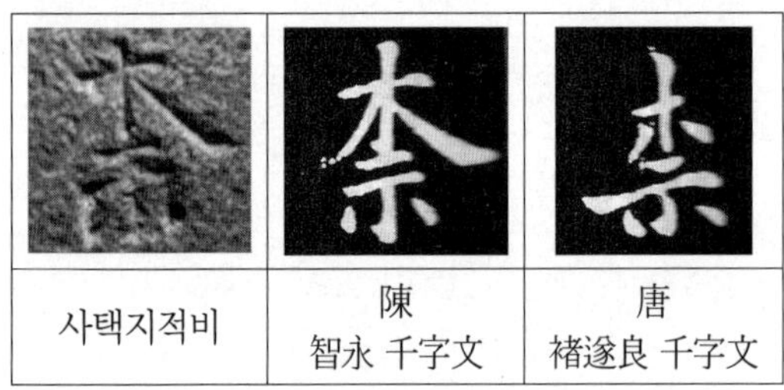

사택지적비	陳 智永 千字文	唐 褚遂良 千字文

∴ 처음에는 奈로 판독되기도 하였으나(한국고대사회연구소 1992, p.158; 충청남도역사문화원 2005, p.297) 실제 비문이나 탁본에서 보이는 바와 같이 柰로 보는 것이 타당할 듯하다. 柰에 대한 용례는 南朝陳에서 唐代까지 나타나는 것을 알 수 있다.

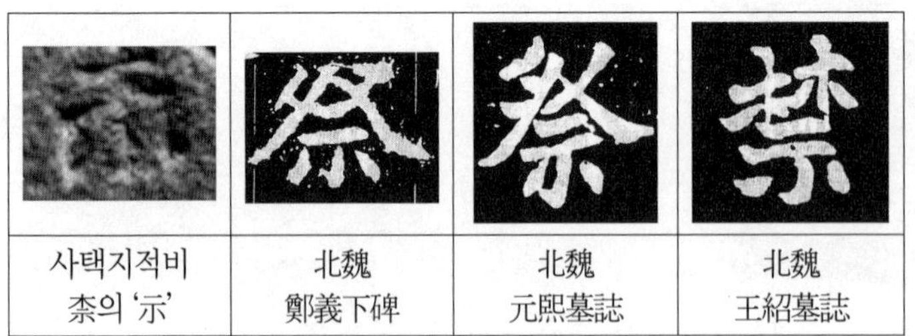

사택지적비 柰의 '示'	北魏 鄭羲下碑	北魏 元熙墓誌	北魏 王紹墓誌

∴ 혹 柰의 '示'변이 두 번째 가로획과 점획이 붙은 것처럼 보여 '朩'와 같은 형태로 오해 될 수 있으나, '示'변이 있는 중국의 용례나 사택지적비 珍(3-3)의 양 점획을 비교해 보면 점획을 보통의 획처럼 조금 길게 서사했음을 볼 수 있어 점획이 'ㅣ'와 같은 획이 아닌 점으로 새겨진 것으로 보아야 할 것이다.

4-⑩: 貌

사택지적비	貌의 이체자 陳 智永 眞草千字文

∴ 비문 상 '貇'을 홍사준과 조종업은 '貌'으로 보았고(홍사준 1954, p.255; 조종업, 1975, p.19), 후지사와와 이홍직은 비문 그대로 '貇(간절할 간)'으로 보고(이홍직 1950; 藤澤一夫 1971), 허흥식은 '懇(간절할 간)'으로 보아왔다(허흥식 1984, p.52). 비문을 확인하면 '貇'의 형태가 확실하나 해석이 곤란하여 '貌'으로 판독한 것으로 생각된다. 이에 후지사와는 '貇'을 '貌'의 오기라 하고 서영대는 '貌'의 이체자라고 하였다(한국고대사회연구소 1992. p.158). 혹 '모양'이라는 뜻으로 해석한다면 서체상의 판독에서도 '貌'의 이체자로 '貇'으로 쓰기도 하여 '貌'의 이체자로 보아도 무관하겠다.

3. 譯註

甲寅年[1)]正月九日奈祇城[2)]砂宅智積[3)]慷身日之易往慨體月之難還穿金 以建珍堂鑿玉以立寶塔[4)]巍巍慈

1) 甲寅年 : 비의 건립연대로 사택지적은 후술하는 바와 같이 의자왕내의 인물인 점, 문장이 육조시대 이래로 성행한 사륙변려체인 점을 미루어 보아 갑인년은 654년(백제 의자왕 14)으로 추정되고 있다(홍사준 1954, p.256; 한국고대사회연구소 1992, p.158). 또『翰苑』주에 인용된「括地志」에는 '(百濟) 其紀年 無別號 但數六甲爲次第'라고 하여 백제에서는 연대를 표기함에 있어 연호를 사용하지 않고 6甲干支만 사용했음을 전하고 있다.

2) 柰祇城 : 祇의 독음은 '기' 혹은 '지'이나 현재 柰祇城의 독음을 '내기성'으로 가정하고 있다. 내기성은 사택지적이 은퇴한 지역, 즉 사택지적의 출신지로 보고 있다. 부여읍 서쪽 30리의 부여군 恩山面 內地里로 비정하는 견해가 있는데(홍사준 1954, p.256) 內地里라는 지명은 1914년 內垈里와 地境里를 하나의 행정구역으로 개편할 때 새로 만들어진 이름으로 내지성과 직접적인 관련성은 없다고 하였다(조경철 2004, p.159).

3) 砂宅智積 : 이 비의 원 주인. 砂宅은 성, 智積은 이름으로 추정하고 있다. 沙宅智積이란 인물을『日本書紀』皇極天皇 元年(642) 7월 기사에 백제에서 일본으로 사신을 간 대좌평 지적과 같은 인물로 비정하였다(이홍직 1987, p.23; 충청남도역사문화원 2005, p.297). 사택지적비의 문장이나 서체로 볼 때 사택지적이 7세기대의 인물로 보고『日本書紀』의 지적과 동일인일 가능성이 높다고 하여, 이에 사택지적비를 이용해『日本書紀』관련 구절의 편년을 재조정하는 견해도 있다(이도학 1997, pp.409-410). 여기서 지적이라는 이름의 배경을『法華經』의 지적에서 왔다고 보고 법화신앙과의 연관성을 강조 했다(정경희 1988, p.31; 조경철 2004, pp.162-163).

砂宅이란 성은『隋書』의「百濟傳」에서 보면 백제의 八大姓의 하나인 沙氏와 같은 것으로, 沙宅·沙乇·沙吒·砂宅혹은 沙로 표기되었다. 사택씨가 백제 조정에 보이는 것은 5세기 후반 웅진시대부터로 동성왕대 6좌평 중 일각인 내법좌평으로 沙若思가 등장한다. 또『梁書』의「百濟傳」에 495년 백제 동성왕은 중국 남조 梁에 490년 북위와의 전쟁에서 활약한 수하의 신하를 책봉해 줄 것을 요구하였는데 그들 4명은 沙法名, 贊首流, 解禮昆, 木干那이다. 이들 沙, 解, 木씨는 8대성 중 하나로서 沙씨는 늦어도 5세기 말에 백제 조정에서 두각을 드러낸 것으로 보인다. 한편『日本書紀』에서도 欽明紀 4년(543) 기사에서 백제의 대외정책 회의와 관련하여 沙宅己婁라는 인물이 3좌평 중 최고위 상좌평을 차지하고 있어 사택씨가 당시 백제 사비기의

容 吐神光以送雲[5] 峩峩悲貎含聖明以[6]…

갑인년(654) 정월 9일 내지성의 사택지적은 몸(身)은 해(日)가 쉬이 가는 것을 슬퍼하고(慷) 몸(體)은 달(月)이 가듯 어렵게 돌아옴을 슬퍼하니(慨), 금(金)을 뚫어 보배로운 금당(珍堂)을 세우고(建) 옥(玉)을 갈아 보배로운 탑(寶塔)을 세우니(立), 높디높은(巍巍) 자비로운 모습(慈容)은 신령스런 빛(神光)을 토(吐)함으로써 구름을 보내는 듯하고, 그 우뚝 솟은(峨峨) 슬픈 모습(悲貌)은 성스러운 밝음(聖明)을 머금으로써(含)…

투고일: 2014. 10. 16. 심사개시일: 2014. 10. 18. 심사완료일: 2014. 10. 31.

최고 귀족임을 확인시켜 준다. 근래 미륵사지금제사리봉영기(639)에서 '百濟王后佐平沙乇積德女'라 하여 백제 왕후는 당시 좌평이던 사택적덕의 딸이라 보았다. 또 사택지적과 사택적덕은 형제간 혹은 사택지적이 사택적덕 보다 한 세대 아래라고 보며 두 인물이 비슷한 시기에 활동하였다고 추측하였다. 후에 『日本書紀』 齊明 6년(660)에 확인되는 마지막 인물로는 대좌평 沙宅千福으로 의자왕대까지 사택씨가 확인된다. 백제 멸망 10년 후 『日本書紀』 天智 10년(671)에 일본으로 건너간 백제 귀족 余씨, 沙宅씨에 대해 일본 조정은 가장 높은 관작을 수여하는데 이것은 일본조정에 대한 기여도가 크거나 모국인 백제에서의 지위도 배려일 것이라는 가능성을 제시하기도 했다(이용현 2009, p.57). 이것은 백제 멸망을 전후로 사택씨가 왕족에 버금가는 정치·사회적 지위를 갖고 있음을 시사한다. 앞서 사택지적이 "금을 뚫어 珍堂을 세우고 옥을 다듬어 寶塔을 세우는 것"에 대하여 대귀족으로서의 경제력이 있었기 때문일 것이라고 보는 견해(한국고대사회연구소 1992, p.159)가 있는데 당시 사택씨의 사회적 지위로 보아 충분히 가능한 일이라고 할 수 있다.

4) 寶塔 : '보배로운 탑'으로 조경철은 일반적인 탑의 의미라기보다 사택지적이 자신의 복을 쌓기 위한 불사의 하나로 보았다. 『法華經』의 見寶塔品의 교설에 따라 세워진 탑으로 다보여래에 대한 신앙의 일환이라 하였다(조경철 2004, p.161). 후에 길기태는 보탑의 건립을 서방정토로의 왕생을 기원하는 아미타사상에 입각한 것이라고 보았다(길기태 2006, p.41).

5) 吐神光以送雲 : 길기태는 '토해낸 신광을 송운 하는 듯하다'는 것은 진당과 보탑의 공덕이 구름처럼 보내진다는 의미로 해석하며 '송운'의 목적지를 서방정토로 보았다(길기태 2006, p.42). 후에 조경철은 서방의 왕생 보다는 금당에 모셔진 불상의 모습을 형용한 것이라 보았다(조경철 2011, p.145).

6) 巍巍慈容 吐神光以送雲 峩峩悲貌 含聖明以… : 비문의 문체는 사륙변려체로 보고 4행의 마지막 구절 '含聖明以'이 앞 구절 '吐神光以送雲'과 대구가 되므로 '含聖明以' 뒤에 두 글자가 더 있을 것이라 제시하였다(홍사준 1954, p.257). 후에 후지사와, 조종업은 '送雲'과 대가 되는 것으로 각각 '迎霧'와 '迎雨'로 비정했고(藤澤一夫 1971; 조종업 1975, p.19) 박중환은 '迎霓'로 보고 다음 5행으로 추정되는 곳에서 자획의 흔적으로 유추하려 했으나 단정 짓기는 무리라고 생각된다고 하였다(박중환 2007, pp.185-186).

참/고/문/헌

이천시립월전미술관, 2010, 『옛 글씨의 아름다운 : 그 속에서 역사를 보다』, 이천시립미술관.

조수현, 1998, 『한국금석문서법선집 1 백제 무령왕릉지석·사택지적비, 신라 단양적성비·영천청제비』, 이화문화출판사.

충청남도역사문화원 백제사연구소, 2005, 『百濟史資料譯註集 , 韓國篇』, 충청남도역사문화원.

한국고대사회연구소, 1992, 『(譯註)韓國古代金石文 1, 고구려·백제·낙랑편』, 駕洛國史蹟開發研究院.

허흥식, 1984, 『한국금석전문(고대)』, 아세아문화사.

고광헌, 2000, 「백제 금석문의 서예사적 연구」, 원광대학교 대학원 석사학위논문.

김두진, 2006, 『백제의 정신세계』, 주류성.

김응현, 1995, 『서여기인』, 동방연서회.

길기태, 2006, 「백제 사비기의 아미타신앙」, 『진단학보』 102, 진단학회.

박중환, 2007, 「백제 금석문 연구」, 전남대학교 사학과 박사논문.

박중환, 2008, 「사택지적비문에 반영된 소승불교적 성격에 대하여」, 『백제문화』 39, 공주대학교 백제문화연구소.

신광섭, 2005, 『백제의 문화유산』, 주류성.

신광섭, 2006, 「백제 사비시대 능사 연구」, 중앙대학교 박사학위논문.

안동주, 1998, 「백제 한문학 자료에 대한 재고찰」, 『호남대학교논문집』 19, 호남대학교.

예술의전당 전시기획팀, 1998, 『옛 탁본의 아름다움, 그리고 우리 역사』, 우일출판사.

이규복, 2001, 『(개설)한국서예사』, 이화문화출판사.

이내옥, 2006, 「백제인의 미의식」, 『역사학보』 192, 역사학회.

이도학, 1997, 「일본서기의 백제 의자왕대 정변 기사의 검토」, 『한국고대사연구』 11, 한국고대사학회.

이성배, 2008, 「백제와 남조·수·당의 서예비교」, 『서예학연구』 13, 한국서예학회.

이용현, 2009, 「미륵사 건립과 사택씨」, 『신라사학보』 16, 신라사학회.

이홍직, 1971, 「백제인명고」, 『한국고대사의 연구』, 신구문화사.

정경희, 1988, 「삼국시대 사회와 불경의 연구」, 『한국사연구』 63, 한국사연구회.

정현숙, 2012, 「백제 〈사택지적비〉의 서풍과 그 형성배경」, 『백제연구』 56, 충남대학교 백제연구소.

조수현, 1998, 「고운 최치원의 서체특징과 동인의식」, 『한국사상과 문화』 50, 한국사상문화학회.

조경철, 2004, 「백제 사택지적비에 나타난 불교신앙」, 『역사와현실』 52, 한국역사연구회.

조경철, 2006, 「백제 불교사의 전개와 정치변동」, 한국학중앙연구원박사논문.

조경철, 2007, 「백제 웅진 대통사와 대통신앙」, 『백제문화』 36, 공주대학교 백제문화연구소.

조경철, 2011, 「백제 사택지적비의 연구사와 사상경향」『백제문화』 45, 공주대백제문화연구소.

조종업, 1975, 「백제시대 한문학의 경향에 대하여-특히 그 변려체를 중심으로-」, 『백제연구』 6, 충남대학교 백제연구소.

한국미술사학회, 1998, 『백제 미술의 대외교섭』, 예경.

한국역사연구회, 2004, 『고대로부터의 통신』, 푸른역사.

홍사준, 1954, 「백제 사택지적비에 대하여」, 『역사학보』 6.

藤澤一夫, 1971, 「百濟 砂宅智積建堂塔記碑考-貴族造寺事情徵証史料-」, 『アジア文化』 8-3.

〈日文要約〉

百濟 砂宅智積碑の再檢討

イウンソル

砂宅智積碑は百濟末期の代表的な碑石で、1948年夫餘邑の官北里の道路周辺で日本人たちが神宮域内の參道に敷こうと積んでおいた石山の中で發見されもので、現在國立夫餘博物館に保管されている。

この碑は砂宅智積と言う人物が末年に年を取って行くことを歎息して、仏教に歸依して仏堂と塔を建立したことを記念して立てた堂塔碑である。碑の右側面の上部には丸い円とその中に鳳凰紋(あるいは朱雀、三足烏)が陰刻された跡があって、反對側に龍(あるいは朱雀、ひき蛙)が彫刻されたはずだと推測した。ここに碑の內容と形式に對して陰陽五行說と仏教、道教及び老莊思想との連關性が提示されたりした。文章は中國六朝時代の四六騈儷体であり、書風は北朝と隋代の書風を一緖に取り揃えた堅固で痩勁な書と言える。

砂宅と言う姓は百濟の八大姓の一つで百濟最高の貴族だと言えるだし、彼が仏堂と塔を建てることができたことは貴族としての経濟力を取り揃えたからである。ここに砂宅智積碑は百濟金石文資料の中で百濟末期の貴族の精神世界の一面を見られる貴重な資料と考えられる。

▶ キーワード: 百濟、夫餘、砂宅智積碑、大左平、大姓八族

낙양 용문석굴 소재 백제 관련 명문자료

오택현*

〈국문초록〉

中國 洛陽에 있는 龍門石窟은 龍文山과 香山의 단애면을 따라 1,352개의 석굴에 10만여 구의 불상, 40여 개의 불탑이 빽빽하게 조영되어 있다. 수 많은 석굴과 불상, 불탑을 체계적으로 관리하기 위해 중국에서는 1991년 2,000여개에 달하는 龍門石窟 감실에 대한 번호부여작업을 실시했고, 이는 1994년에 제작한 약도 책자인『龍門石窟窟龕編 圖冊』으로 소개되었다. 하지만 용문석굴에 너무 많은 감실이 조영되어 있어 상대적으로 작은 감실은 번호를 부여받지 못했다. 그중에는 백제의 유민으로 추정되는 '扶餘氏' 관련 석실이 포함되어 있다. 부여씨가 기록된 감실에는 12글자만이 남아 있어 '扶餘氏'에 대한 정확한 실상을 파악하는 것은 어렵다. 하지만 불상의 양식을 살펴보면 唐나라의 영향을 많이 받은 것을 알 수 있어 '扶餘氏'는 백제의 流移民일 가능성이 매우 높다. 특히 낙양은 백제의 왕족이 唐으로 끌려간 곳으로도 알려져 있기 때문이다.

▶ **핵심어 : 龍門石窟, 扶餘氏, 流移民, 造像記, 一文郎將**

* 중원대학교 교양학부 강사

Ⅰ. 개관

중국의 3대 석굴[1)]의 하나인 龍門石窟은 伊河를 사이에 두고 龍文山과 香山의 단애면(斷崖面)을 따라 조영된 동굴이다. 여기에는 1,352개의 석굴에 10만여 구의 불상, 40여 개의 불탑이 빽빽하게 조영되어 있다.

龍門石窟은 북위시기부터 당나라까지 조영시기가 걸쳐있기 때문에 다양한 조영양식을 확인할 수 있는 매우 귀중한 자료이다.[2)] 그리고 다른 동굴의 재질은 사암인 반면 龍門石窟은 석회암이기 때문에 조영시기가 오래 걸렸을지는 몰라도 정교하고 예리한 불상을 만들기에는 안성맞춤이다. 그래서 미술사적 평가를 살펴보면 대체로 관능적이고 육감적인 아름다움을 표현하기보다는 고요하고 우아한 정신적인 아름다움을 표현했다고 한다.[3)]

중국에서 1991년 2,000여개에 달하는 龍門石窟 감실에 대한 번호부여 작업을 완성한 후 1994년에 제작한 약도 책자인『龍門石窟窟龕編 圖冊』이 국내에 소개되었다. 그중에서 백제인과 신라인이 조성한 불상이 존재함이 알려지게 되었고, 이로 인해 龍門石窟이 한국인들에게 관심을 받게 되었다. 특히 용문석굴에는 200여 종에 가까운 조상기가 기록되어 있고, 조상기에 승속의 남녀 모두가 등장하고 있어 북위시대 이후 조상기가 성행하고 있음을 알 수 있다.[4)] 그래서 용문석굴에 신라와 백제의 석굴이 남겨져 있을 수 있던 것으로 여겨진다.[5)]

우선 통일신라시대의 석굴을 살펴보면 484호의 번호를 부여받았음을 알 수 있다.[6)] 그리고 상대적으로 백제의 유민이 조영했을 것으로 생각되는 부여씨의 불상보다는 규모 및 체계가 잘 갖추어져 있다. 아마도 통일신라의 국력이 불상조영에도 반영된 것이 아닌가 생각되지만 외부에 '新羅像龕'이라는 글자만이 흐릿하게 남아있을 뿐 내부의 불상은 남아있지 않아 정확한 실상은 파악할 수 없고, 현재 남아있는 자료를 통해 7개의 불상이 내부에 있었을 것으로 추정할 수 있다. 지금은 금지팻말로 석굴로 가는 길이 막혀있어 실견할 수는 없다는 아쉬움도 남는다.

---

1) 중국의 3대 석굴은 돈황석굴, 운강석굴, 용문석굴이다.

2) 천득염·김준오·Liu Zheng, 2011년 2월, 「龍門石窟의 塔形浮彫 硏究」, 『건축역사연구』, p.45에 의하면 북위시대에 축조된 석굴과 당대에 축조된 석굴이 용문석굴의 어디에 축조된 것인지 구역을 정리한 표를 참고하면 좋을 듯 하다.

3) 문명대, 1997, 『한국불교미술사』, p.103.

4) 용문석굴의 조상기에 대해서는 水野清一·長廣敏雄 著, 1943, 『龍門石窟の硏究』, 座右寶刊行會에 대부분이 기록되어 있다. 여기에 대해서는 문무왕, 2008, 「북위시대 용문석록 개착에 나타난 신앙적 특색」, 『불교연구』 28, pp.138~145에 자세하게 기록해 놓았다. 그러나 여기에는 신라와 백제의 조상기가 기록되지 않았으며, 이는 북위시대의 조상기를 기준으로 연구를 진행했기 때문으로 판단된다.

5) 일반적으로 484번의 번호를 부여받은 신라감실과 번호를 부여받지 못했지만 '扶餘氏'가 기록된 백제감실이 우리나라와 관련있는 것으로 알려졌다. 그러나 梁銀景·崔德卿, 2007, 「용문석굴 빈양남동 文昭皇后 高氏와 고구려」, 『강좌미술사』 27호에 의하면 고구려와 관련된 감실도 존재한다고 하는 연구가 있다. 여기에 대해서는 朴現圭, 2013, 「洛陽 龍門石窟 중 고대 한국 관련 佛龕 고증에 관한 문제점」, 『신라문화』 42에서 반대의 의견을 피력하고 있기 때문에 신중을 요하고 있다.

6) 신라와 관련된 감실은 신라 원측대사를 다비한 장소로 알려진 곳 등 하나만 존재하는 것이 아니다. 물론 이와 관련해서는 다양한 측면에서 연구가 되어야 하며, 이에 대해서 朴現圭, 2013, 앞의 논문에서 검토되었다.

다음은 백제인이 조영한 석굴을 살펴보고자 한다. 백제인이 조영한 것으로 추정되는 석굴은 너무 작아서 번호조차 부여받지 못했다. 그렇지만 이 석굴에는 백제인이 조영한 것으로 보이는 12자의 명문이 남겨져 있다. 신라인이 조영한 석굴에도 명문이 남아 있지만 4글자 밖에 남아있지 않아 명문으로 내용을 파악하기에는 부족하지만, 신백제인이 조영한 석굴에 남겨진 12자의 글자가 남아있어 상황을 이해하는데 있어 당시의 상황을 유추하는데 중요한 자료로 인식된다.

II. 판독 및 교감

© 오택현

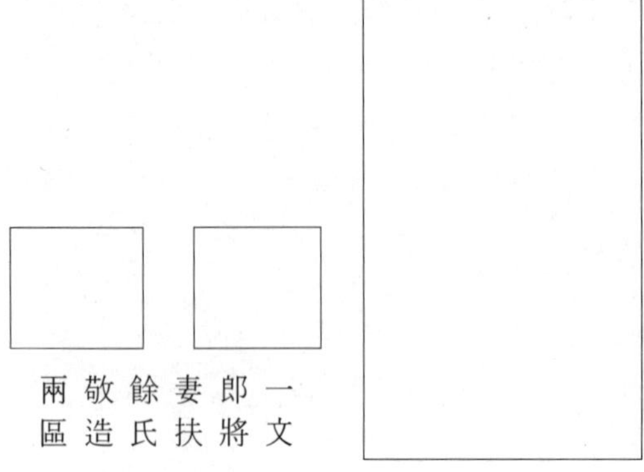

一文郎將妻 扶餘氏 敬造兩區

一		
		唐 顔師古 等慈寺碑
龍門石窟 소재 백제문자 자료	六朝碑	唐 顔師古 等慈寺碑

文			
		唐 顔師古 等慈寺碑	
龍門石窟 소재 백제문자 자료	六朝碑	唐 顔師古 等慈寺碑	懷素

∴ '文'의 경우 획의 파침이 정확하게 판단하기 어렵기 때문에 '夕'으로 보이기도 한다. 하지만 오른쪽 아래 파침은 흐리지만 있는 것으로 추정되기 때문에 '夕'은 될 수 없다. 그렇다고 '文'으로 보기에도 오른편 상단이 연결되어 글자가 형성되는 '文'자의 사례가 없어 정확하게 확정짓기는 어렵다. 그래서 여기에서는 '夕'은 불가능하기 때문에 '文'으로 판독하였다.

郎	
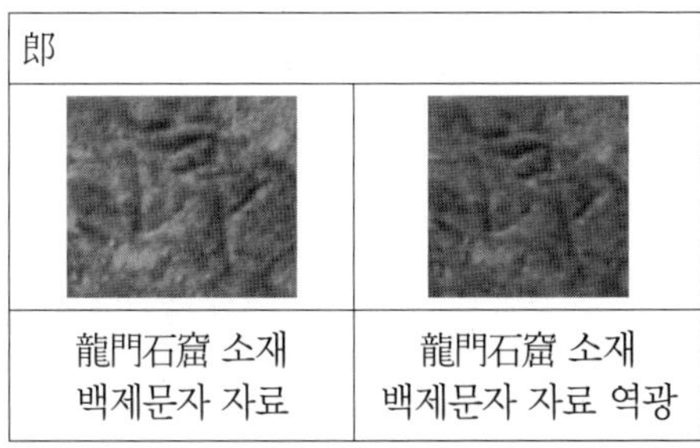	
龍門石窟 소재 백제문자 자료	龍門石窟 소재 백제문자 자료 역광

將			
龍門石窟 소재 백제문자 자료	李邕	六朝碑	唐 歐陽詢 九成宮醴泉銘

妻		
龍門石窟 소재 백제문자 자료	六朝碑	唐 殷玄祚 契苾明碑

扶		
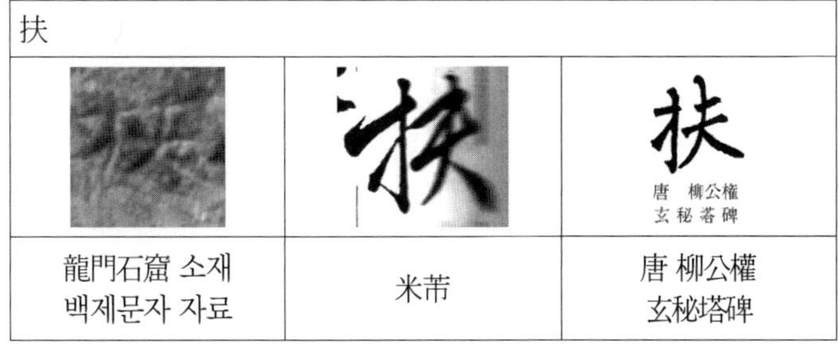		
龍門石窟 소재 백제문자 자료	米芾	唐 柳公權 玄秘塔碑

餘			
龍門石窟 소재 백제문자 자료	唐碑	石經	唐 柳公權 神策軍碑

氏			
龍門石窟 소재 백제문자 자료	唐碑	唐 殷玄祚 契苾明碑	祝允明

∴ '氏'는 첫 획이 삐침으로 나와 있어 '氏'가 아닌 다른 글자일 가능성을 상정하였다. 하지만 자획 상 '氏'에 가장 가깝고, 여타 글자로 판독하기 어렵기 때문에 '氏'로 판독하였다. 그리고 앞서 언급되는 '扶餘'와도 '氏'가 순조롭게 연결되기에 '氏'로 판독하였다.

敬			
龍門石窟 소재 백제문자 자료	龍門石窟 소재 백제문자 자료 역광	六朝碑	唐 柳公權 金剛經刻石

造	
龍門石窟 소재 백제문자 자료	六朝碑

兩	
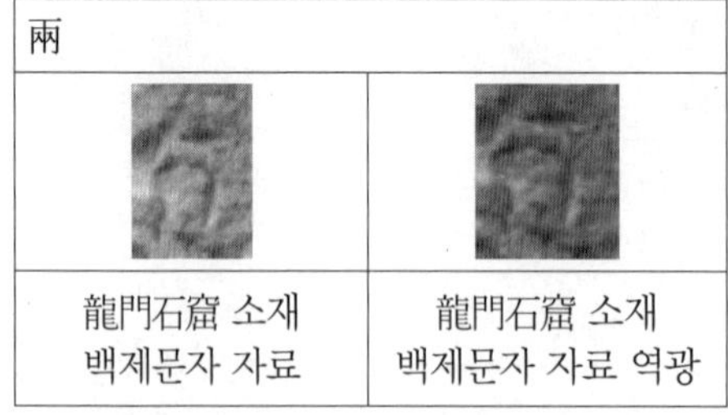	
龍門石窟 소재 백제문자 자료	龍門石窟 소재 백제문자 자료 역광

∴ '兩'은 마모가 심해 정확하게 판독되지 않는다. 마치 'ㄱ' 위에 '一'이 있는 형상만 남아있기 때문이다. 그래서 이를 전체 문구인 '敬造?區'로 판독하였다. 결과적으로 몇 구를 만들었는가의 문제인데, 전체 불감의 모양을 보면 2개의 불감이 존재함을 알 수 있다. 그래서 '二'를 생각했지만, 남아있는 자획 상 '兩'이 더 타당하다 생각된다. 실제로 2개를 뜻하는 한자로 '兩'이 자주 쓰이고 있기 때문에 '敬造兩區'로 판독하는 것이 가장 자연스럽다.

區		
	區	區
龍門石窟 소재 백제문자 자료	五經文字	六朝碑

III. 역주(번역=주석)

一文郎將[7]의 처 扶餘氏가 (부처님을 진심으로) 공경하는 마음으로 삼가 불상 2구를 조성했다.

IV. 연구쟁점

북위시대부터 조영되기 시작한 용문석굴은 불교를 신봉하고 있던 당시 사람들의 의식을 반영하고 있다. 그 결과 용문석굴은 동·서산에 1,352개의 굴이 존재하는 것이며, 불상이 10만여 구에 이르는 것이다. 더욱이 승속의 남녀 구분 없이 조영에 참여하고 있다는 점은 당시 시대상에서 불교를 믿고 있던 시대적 상황을 반영한다고 볼 수 있다. 이 중 877번 석굴 불상 왼쪽에 작은 좌불 2개가 조영되어 있다. 그리고 그 아래에 "扶餘氏"가 새겨진 명문이 새겨져 있다. 10㎝ 내외의 석불 2구 아래쪽에는 扶餘氏가 조성했다는 명문이 남아 있으며, 명문은 두 줄로 모두 12자의 조성문이 새겨져 있다. 명문의 내용은 불상을 조성하는 이유를 기록한 것으로 보인다.[8]

12자의 글자만이 남겨져 있어 정확한 상황적 해석은 어렵지만, 불상과 불감의 조성 양식으로 보면 680년 이후에 조성되었을 것으로 추정된다.[9] 蓮花洞區는 北魏 後期에 조성된 중·대형의 석굴이 집중되어 있는 곳으로 十四洞이라고도 불리는 곳이다. 이곳에는 중·대형의 불상이 밀집해 있지만 扶餘氏가 기록된 불상구는 매우 작은 불상이 안치되어 있다. 그리고 중·대형 불상구와는 확연하게 제작 기법에서도 차이

7) 一文郎將 : 一文郎將에 대해서는 정확하게 파악할 수 있는 근거자료가 없는 상황이다. 그래서 一文郎을 이름으로 보기도 하고, 이름을 알 수 없는 郎將으로 파악하는 경우도 있다. 이러한 논의는 한국전통문화학교에서 열린 '동아시아국제학술포럼'에서 논의되었는데 중국 낙양문물화공작대의 조진화에 의해 주장되었다. 하지만 김영관은 一文이라는 글자에 어떤 의미가 담겨있는지 알 수 없기 때문에 더 이상의 논의는 의미가 없으며, 다만 백제인이 불상을 조성했다는데 의의가 있다고 했다.

8) 일반 관광객들은 불상이 조성되어 있는 위치를 정확히 찾기 어렵다. 그리고 아직 용문석굴에서 번호조차 부여받지 못한 실정이다. 필자도 위치를 파악한 뒤 겨우 찾을 수 있었다.

9) 楊超傑, 1999,『龍門石窟 總錄』, 中國大百科全書出版社.

용문석굴 소재 扶餘氏 명문자료

를 보이고 있음이 미술사적인 양식으로 확인이 되었다. 게다가 扶餘氏가 기록된 불상은 당 고종 시기 이후에 제작된 여타 불상들과 비슷한 양상을 보이고 있으므로 불상이 제작된 시기를 680년 이후로 상정하고 있는 것이다. 그리고 이 시점은 660년 백제가 멸망한 후 유이민으로 중국에서 생활하던 유민들이 조성했던 것으로도 볼 수 있다.

또 명문으로 기록된 인물이 扶餘氏라는 것도 의미 있다. 660년 백제가 멸망한 뒤 백제의 의자왕과 왕족들은 중국의 낙양에 포로로 끌려갔다. 그리고 그들은 낙양에서 중국의 감시 아래 생활했을 것이다. 이러한 상황 속에서 낙양 용문석굴의 불상은 중국으로 이주해간 백제 유민 혹은 포로로 끌려간 扶餘氏가 만들었을 가능성이 충분하다고 생각된다. 비록 불상의 크기와 석굴의 크기가 여타 석굴에 비해 작아 번호조차 부여받지 못했지만, 용문석굴에 불상을 만들려면 일정 수준의 세력 및 재력이 되어야 할 것이다. 또 扶餘氏는 멸망한 백제의 왕족성씨이거나 왕족과 관련된 유력한 가문일 가능성이 높다. 그렇기 때문에 작지만 불상을 조성할 수 있었던 것이 아닌가 조심스레 추정해보고자 한다. 특히 고대사회에서 불상을 조성하려면 지위와 재력이 뒷받침되어야 한다는 것을 쉽게 확인할 수 있기 때문에 멸망은 했지만 백제와 관련된 유력 귀족 가문이었던 것이다.

그렇다면 명문을 통해 확인할 수 있는 부분을 살펴보자. 명문을 살펴보면 12글자의 글자만이 새겨져 있어 판독에 큰 이견은 없다. 다만 판독하는 부분에서 불상을 조성하는 이유에 대해 약간의 이견이 보이고 있다. 첫 번째 견해는 백제의 기혼 여성인 扶餘氏씨가 불교도로써 불상을 조성했다는 의견이고, 두 번째 견해는 고구려인인 一文郎이 부인인 扶餘氏를 위해 불감을 조성했다는 의견이다. 두 의견은 모두 주체가 扶餘氏라고 하는 부인이라고 하는 점은 동의하지만 불상을 만든 주체가 扶餘氏라고 하는 부인 본인인지, 扶餘氏의 남편인지에 대해서는 정확한 판단을 내리기 어렵다. 12자의 간략한 문장만이 남아있기 때문에 정확한 해석이 어렵기 때문이다.

그런데 문맥을 보면 一文郎이 주체가 되기 위해서는 문맥상 동사인 '爲'가 있어야 하지만 쓰이지? 않았다. 또한 '爲'가 아니더라도 동사가 있어야 매끄러운 문장이 되는데 동사 자체가 존재하지 않아 첫 번째 견해인 백제의 기혼 여성인 扶餘氏씨가 불교도로써 불상을 조성했다는 의견이 좀 더 타당하다고 생각된다. 물론 12글자를 빠듯하게 새겨놓았기 때문에 자리의 협소하다는 이유 등으로 동사가 생략되었을 가능성도 있으므로 단정해서 결론을 내리기 어렵다. 그러나 개인적으로는 첫 번째 의견이 자연스럽다고 생각된다.[10)]

이처럼 본다면 부여씨는 백제의 귀족이라는 추론이 가능할 것이다. 하지만 앞서 언급한 바와 같이 매우 작은 석굴에 문자를 남겨놓았기 때문에 번호조차 부여받지 못했다. 번호도 부여받지 못할 정도의 작은 크기이기 때문에 그 이유가 분명 있을 것으로 생각되기 때문이다. 신라불감은 7개의 불대가 마련될 정도로 넓은 공간을 사용한 반면 '扶餘氏'와 관련된 불감은 몰래한 것 마냥 매우 좁은 공간만을 활용하고 있기 때문이다. 이에 대해서는 불감이 만들어졌을 당시 한반도를 신라가 통일하고, 백제는 멸망했기 때문에 당나라에서 인식하고 있는 의식이 반영된 것이 아닐까 생각해 보았다. 이 부분에서 멸망한 국가인 백제와 존속하고 있는 국가 신라에 대한 인식의 차이가 석굴조영에 반영된 것이 아닌가 생각된다. 이러한 생각이 받아들여진다면 석굴의 조영양상은 멸망한 국가인 백제의 설움을 보여주는 자료가 될 수 있지 않을까.

또 용문석굴을 조사하다보니 재미난 내용이 발견되었다. 번호도 부여받지 못한 작은 석굴 중에서 큰 석굴 옆에 조영된 석굴은 큰 석굴과 관련된 가족들이 만들어 놓는 경우가 많다는 점이다. 이러한 관념이 '扶餘氏'와 관련된 불감에 적용되었다면, '扶餘氏'와 관련된 불감 옆에 있는 877번 불감도 '扶餘氏'와 관련된 불감으로 볼 수 있다. 이러한 추론은 마냥 불가능한 이야기는 아니라고 생각된다. 우선 '扶餘氏'와 관련된 불감에 기록된 一文郎將이 정확하게 어떤 관직인지는 모르지만 당나라의 관직을 가지고 있는 것으로 보인다. 그리고 '扶餘氏'는 비록 멸망한 국가이기는 하지만 백제 왕족의 후손으로 볼 수 있다. 일반 유이민과 백성이라고 보기에는 신분이 높을 수 있기에 877번 불감도 '扶餘氏'와 관련된 불감으로 볼 수도 있다.

하지만 이렇게 추정만 가능할 뿐 단정하기는 매우 어려운 것도 사실이다. 877번 불감에는 왼쪽에 '扶餘氏'와 관련된 불감이 있을 뿐이지만, 그 왼쪽으로 꺽이는 부분에는 상당수의 불감이 자리를 잡아 체계적으로 배열되어 있는 모습이 보인다. 물론 이 석굴은 '扶餘氏' 석굴보다는 크지만 877번과의 연관성이 없다는 것을 밝혀내야 877번과 '扶餘氏' 석굴의 연관관계의 고리가 단단해질 수 있을 것이다. 어디까지가 '扶

10) 두 가지 논의에 대해서 모두 주체가 扶餘氏라고 하는 부인이라는 점이 중요하지 판독이 되지 않는 부분에 대해서는 판단을 유보하자는 의견도 있다.

餘氏'와 관련된 석굴인지는 확정해야만 '扶餘氏'와 관련된 석굴이 무엇인지 이야기할 수 있기 때문이다. 이러한 점은 유사 사례를 검토하고, 이를 통해 정확한 내용을 파악해야 할 것이다. 이와 관련해서는 다양한 미술학적 연구성과 및 용문석굴 관련 보고서를 통해 체계적으로 접근해야 정확한 실상을 파악할 수 있을 것이다.[11)]

투고일: 2014. 8. 20.	심사개시일: 2014. 8. 22.	심사완료일: 2014. 9. 10

11) 미술사에서는 부여씨라고 기록되어 있어도 백제의 유이민으로 확정하지 않는다. 실제로 부여씨는 오래 전부터 중국의 동쪽에 존재하고 있던 성씨이기 때문에 미술사에서 주장하는 바를 정면으로 반박할 수는 없다. 다만 주변의 불감이 당나라 시기이고, 이 시기에 백제의 유이민이 다수 중국으로 유입되었다는 사실을 토대로 파악한다면 부여씨를 백제의 유이민으로 보아도 무리는 없을 것이다.

참/고/문/헌

劉景龍·李玉昆 主編, 1998,『龍門石窟碑刻題記彙錄』, 中國大百科全書出版社.

문명대, 1997,『한국불교미술사』, 한국언론자료간행회.

문무왕, 2008,「북위시대 용문석굴 개착에 나타난 신앙적 특색」,『불교연구』28.

朴現圭, 2013,「洛陽 龍門石窟 중 고대 한국 관련 佛龕 고증에 관한 문제점」,『신라문화』42.

梁銀景·崔德卿, 2007,「용문석굴 빈양남동 文昭皇后 高氏와 고구려」,『강좌미술사』27호.

이장웅, 2012,「中國 소재 韓國古代 文字資料를 찾아서」,『한국고대사연구』68.

천득염·김준오·Liu Zheng, 2011,「龍門石窟의 塔形浮彫 研究」,『건축역사연구』.

水野淸一·長廣敏雄 著, 1943,『龍門石窟の研究』, 座右寶刊行會.

〈日文要約〉

洛陽龍門石窟所在百濟關連銘文資料

吳澤呟

中國の洛陽にある龍門石窟は龍文山と香山の斷崖の面に沿って1,352つの石窟に10万体の仏像、40あまりの仏塔がびっしりと造營されている。數多くの石窟と仏像、仏塔を体系的に管理するために、中國では1991年2,000社あまりに達する龍門石窟龕室についた番号付け作業を實施し、これは1994年に製作した略図冊子の『龍門石窟窟龕編圖冊』として紹介された。しかし、とても小さなガ龕室は番号を与えられていない。そして、その中には百濟の遺民と推定される'扶餘氏'關連の石室も含まれている。12文字だけが殘っていて'扶餘氏'に對する正確な實狀を把握することは難しいが、仏像の様式を見ると、唐の影響を多く受けることを知ることができ、'扶餘氏'は百濟の流移民である可能性が非常に高い。特に落陽は百濟の王族が唐に連行された場所と言われているためだ。

▶ キーワード: 龍門石窟、 扶餘氏、流移民、造像記、一文郎將

難元慶墓誌銘

최경선[*]

〈국문초록〉

「難元慶墓誌銘」은 백제 유민 묘지명으로 1960년에 中國 河南城 魯山縣 張店鄕 張飛溝村에서 출토되었다. 묘지명은 한동안 소재가 파악되지 않았으나, 현재 묘지명이 출토된 노산현의 노산현문화관에 소장된 것으로 파악된다. 誌石에는 모두 836자의 글자가 새겨져 있고, 난원경 집안의 종족과 성씨의 유래, 조상의 관력, 난원경의 생애, 관직과 활동, 사망시기와 葬地, 부인 등에 대해 서술되어 있다. 2000년에 이르러서야 비로소 국내에 소개되었고, 묘지명의 전반적인 내용과 난원경 집안의 종족 문제가 주로 분석되어 왔다.

여기에서는 기왕의 연구와 판독문을 토대로 묘지명의 판독과 역주를 수정·보완하면서, 주로 난원경의 조부인 難汗과 부친인 難武의 관력과 당의 백제고지 지배와의 관련성을 검토해 보았다. 묘지명에서는 난원경 선조의 활동 지역을 '遼', '遼陽'으로 표기하였는데, 선조의 활동시기를 고려하였을 때, '遼', '遼陽'은 웅진도독부가 교치된 建安古城보다는 백제를 가리키는 것으로 판단된다. 또한 唐代의 고구려·백제 유민 묘지명에서 '遼', '遼陽' 등은 한반도 지역을 가리키는 용어로 사용되었음도 고려되어야 한다. 난원경의 조부는 아마도 백제가 멸망하였을 때 入唐하여 扶餘隆이 熊津都督으로 임명되었을 무렵에 백제고지로 돌아와 당이 백제고지를 지배하기 위해 설치한 熊津都督府의 관료로 등용되어 활동했던 것으로 추측된다.

▶ **핵심어 : 난원경묘지명, 백제유민, 당, 웅진도독부, 요, 요양, 백제고지**

* 연세대학교 사학과 박사과정

Ⅰ. 개관

「難元慶墓誌銘」은 1960년에 中國 河南省 魯山縣 張店鄉 張飛溝村에서 출토되었다.[1] 誌石은 가로 56㎝, 세로 56㎝이며, 두께는 9㎝이다. 정방형의 青石에 글자가 구양순풍의 단정한 해서로 정서되어 있으며, 모두 29행으로 1행당 30자가 새겨져 있다. 황제를 높이기 위해 띄어쓰기한 平闕을 제외하면 새겨진 총 글자수는 836자이다. 묘지명의 탁본은 『隋唐五代墓誌彙編: 河南卷 第1册』과 『新中國出土墓誌: 河南 壹, 上册』에 수록되어 있는데, 탁본의 상태가 제각기 달라 판독할 수 있는 글자가 차이가 있다.[2] 1행과 29행의 경우 글자의 일부분만이 보이며, 각 행의 첫 글자와 마지막 글자도 제대로 보이지 않고 비면이 일부 마멸되어 글자의 판독이 쉽지 않다.

「난원경묘지명」의 찬술 시기는 開元 22년(734) 11월 3일이다. 즉 개원 11년(723) 6월 28일에 난원경이 61세로 사망하였고, 11년 후인 개원 22년 5월 18일에 부인 甘氏도 죽어, 그해 11월 4일에 汝州 魯山縣 東北原에 합장하였다. 합장하기 하루 전날에 묘지명이 작성된 것이며, 묘지명의 撰者와 書者는 미상이다.

묘지명은 현재 묘지명이 출토된 노산현에 소재한 魯山縣文化館에 소장되어 있다. 2000년에 있었던 馬馳와 卞麟錫의 조사에 의하면, 노산현문화관에서는 그때까지 묘지명이 어디에 있는지 알지 못하였다가, 2000년 4월 중순에서야 그 소재를 파악하였다.[3] 卞麟錫의 현지 조사에 따르면 묘지명은 노산현문화관 안뜰에 설치되어 있는 임시 전시벽에 박혀 있으며, 훼손이 심하여 글자를 알아보기 어려운 상태였다고 한다. 묘지명의 蓋石 또한 남아 있는데, 탁본은 전해지고 있지 않다. 본래 魯山縣 小河張에 소장되어 있다가 민간에 흘러들어가 그 행방을 알 수 없었는데,[4] 마을 민가의 건축물에 사용된 것으로 파악된다.[5]

묘지명의 탁본과 판독문은 90년대에 이미 책자로 정리되어 나왔으나,[6] 학계의 조사와 연구는 이루어지지 않았다. 2000년에야 「난원경묘지명」에 대한 연구가 비로소 이루어지고, 국내에 묘지명이 본격적으로 소개되었다.[7] 묘지명에는 난원경 집안의 종족과 성씨의 유래, 조상의 관력, 난원경의 생애, 관직과 활

---

1) 묘지명에 대한 기본적인 소개는 中國文物研究所 河南省文物研究所 編, 1994, 『新中國出土墓誌: 河南 壹, 上册』, 文物出版社, p.231; 충청남도역사문화원 백제사연구소 편집, 2008, 『百濟史資料譯註集, 韓國篇 1』, 충청남도역사문화원, pp.714~715 각주 365번 참조.

2) 郝本性 主編, 1991, 『隋唐五代墓誌彙編: 河南卷 第1册』 天津: 天津古籍出版社, p.64과 中國文物研究所·河南省文物研究所 編, 1994, 위의 책, p.231.
『隋唐五代墓誌彙編: 河南卷 第1册』에 수록된 탁본은 상단 부분이 조금이나마 보이며, 『新中國出土墓誌: 河南 壹, 上册』에 수록된 탁본의 경우에는 하단부의 글자를 일부 확인할 수 있다.

3) 卞麟錫, 2008, 『唐 長安의 新羅史蹟』, 한국학술정보, pp.497~498.

4) 李文基, 2000, 「百濟 遺民 難元慶 墓誌의 紹介」, 『慶北史學』 23, p.496 각주 8번.

5) 卞麟錫, 2008, 앞의 책, pp.499~500.

6) 판독문은 中國文物研究所, 河南省文物研究所 編, 1994, 『新中國出土墓誌: 河南 壹, 下册』, 文物出版社, pp.219~220과 陝西省古籍整理辦公室 編, 1999, 『全唐文輔遺 6』, 三秦出版社, pp.420~421에 제시되어 있다.

7) 馬馳, 2000, 「《難元慶墓誌》簡介及難氏家族姓氏, 居地考」(西安 學術大會 發表文); 馬馳, 2000, 「《難元慶墓誌》簡釋」, 『(春史卞麟錫教授)停年紀念論叢』, 성진; 李文基, 2000, 앞의 글.

동, 사망시기와 葬地, 부인 등에 대해 서술되어 있다. 기왕의 연구는 「난원경묘지명」의 전반적인 내용을 소개하면서 난원경 집안의 종족 문제를 주로 분석하였다. 여기에서는 두 가지 탁본과 기존의 판독문을 활용하여 묘지명의 글자를 교감하고, 역주를 보완하였으며, 난원경의 조부와 부친의 관력과 당의 백제고지 지배와의 관련성을 검토해 보았다.

II. 판독 및 교감

출처: 郝本性 主編, 1991,『隋唐五代墓誌彙編: 河南卷 第1册』, 天津: 天津古籍出版社, p.64.

15	14	13	12	11	10	9	8	7	6	5	4	3	2	1	
人	情	馬	▨	入	方	參	朔	游	郎	武	高	政	君	大	①
所	神	十	屬	高	軍	師	府	擊	將	中	祖	爰	諱	唐	②
利	道	物	羌	會	摠	律	左	將	并	大	珇	國	元	故	③
▨	德	一	戎	星	管	文	果	軍	仁	夫	仕	臣	慶	宣	④
惠	▨	百	▨	樓	君	乃	毅	行	明	使	遼	韓	其	威	⑤
▨	▨	匹	▨		以	▨	都	檀	識	持	任	妙	先	將	⑥
▨	官	受	河		受	▨	尉	州	遠	節	達	以	卽	軍	⑦
永	賞	宣	西			▨	直	白	在	支	率	治	黃	左	⑧
▨	恒	威	胡	天		▨	中	檀	政	潯	官	民	帝	衛	⑨
積	懷	將	亡	子		▨	書	府	▨	州	亦	之	之	汾	⑩
善	耿	軍	俾	以	命	▨	省	右	聞	諸	猶	難	宗	州	⑪
▨	潔	遷	君	祿	▨	▨	內	果	德	軍	今	因	也	淸	⑫
徵	恐	汾	招	不	▨	▨	供	毅	治	事	宗	爲	扶	勝	⑬
奠	量	州	征	足	奇	軍	奉	直	詞	守	正	姓	餘	府	⑭
楹	不	淸	降	以	討	▨	屬	中	宏	支	卿	矣	之	折	⑮
遄	剋	勝	如	酬	九	弓	邊	書	邦	潯	焉	孔	尒	衝	⑯
効	位	府	雨	能	姓	旌	塵	省	家	州	祖	丘	類	都	⑰
露	能	折	集	特	於	▨	屢	雖	共	刺	汗	序	焉	尉	⑱
晞	不	衝	▨	賜	是	重	起	司	達	史	入	舜	昔	上	⑲
朝	濟	都	俘	紫	殲	要	烽	雄	君	遷	唐	典	伯	柱	⑳
薤	時	尉	操	金	夷	之	火	衛	幼	忠	爲	所	仲	國	㉑
魂	坐	勳	袂	魚	三	綏	時	恒	而	武	熊	謂	枝	難	㉒
斂	必	各	內	袋	軍	撫	驚	理	聰	將	津	歷	分	君	㉓
夜	儼	如	宴	衣	晏	倒	以	文	敏	軍	州	試	位	墓	㉔
臺	然	故	褒	一	然	載	君	軒	無	行	都	諸	居	誌	㉕
以	目	君	功	襲	無	干	宿	俄	所	右	督	難	東	銘	㉖
開	以	植	特	物	事	戈	善	轉	不	衛	府	卽	表	并	㉗
元	定	性	賜	一	凱	遂	帷	夏	精	翊	長	其	兄	序	㉘
十	體	溫	口	百	歌	授	籌	州	尋	府	史	義	弟		㉙
一	▨	恭	六	匹	旋	朔	早	寧	授	中	父	也	▨		㉚

29		28	27	26	25	24	23	22	21	20	19	18	17	16	
		陽	置	▨	▨	▨	玄	▨	十	七	桂	▨	左	年	①
		揮	黃	筵	執	衝	黃	俄	一	男	月	色	玉	六	②
		戈	川	陪	節	尉	肇	合	四	▨	▨	開	鈐	月	③
		唐	七其	嬉	掃	二其	泮	同	日	▨	▨	顏	衛	廿	④
		堯	夫	鴛	孽	氣	家	墳	合	▨	以	寫	大	八	⑤
		立	貴	沼	邊	蓋	邦	揮	葬	▨	開	文	將	日	⑥
		祀	妻	賞	亭	千	遂	日	於	極	元	章	軍	薨	⑦
		九其	尊	錫	四其	古	興	之	汝	昊	廿	於	羅	於	⑧
以		烟	鸞	雖	振	譽	四	郊	州	天	二	錦	之	汝	⑨
開		雲	潛	多	旅	重	方	乃	魯	哀	年	緖	長	州	⑩
元		共	鳳	酬	猶	三	岳	爲	山	深	五	作	女	龍	⑪
廿		暗	奔		飢	韓	立	銘	縣	觸	月	配	也	興	⑫
二		山	楹		摧	子	萬	日	東	地	十	君	婉	縣	⑬
年	한	川	間	恩	凶	孫	物		北	屠	八	子	娩	之	⑭
歲	행	俱	徹	不	如	孝	陶		原	心	日	宜	冲	私	⑮
次	띄	夕	尊	少	渴	養	蒸		禮	叩	終	其	華	弟	⑯
甲	움	輒	松	六其	以	恭	一其		也	臆	於	室	柔	春	⑰
戌		慕	下	日	寡	惟	達		嗚	若	汝	家	閑	秋	⑱
十		清	埋	月	當	色	率		呼	壞	州	禮	輔	六	⑲
一		風	魂	徒	衆	難	騰		楚	墻	魯	甚	態	十	⑳
月		敢	八其	懸	志	三其	華		劍	然	山	梁	柳	有	㉑
戊		銘	君	金	不	國	遼		雙	粵	縣	妻	花	一	㉒
午		玄	子	玉	可	籍	陽		飛	以	之	賢	浮	夫	㉓
朔		石	所	俱	奪	英	鼎		俱	大	私	踰	吹	人	㉔
三		十其	居	捐	五其	靈	貴		沒	唐	第	班	駐	丹	㉕
日			賢	痛	還	作	德		沉	開	春	女	琴	徒	㉖
庚			人	纓	宴	固	邁		碑	元	秋	庄	瑟	縣	㉗
申			之	紫		邦	將		之	廿	六	樓	而	君	㉘
書			里	綬		寧	軍		水	二	十	遽	題	甘	㉙
			魯	永		自	汾		殷	年	有	掩	篇	氏	㉚

大唐 故宣威將軍 左衛 汾州 淸勝府 折衝都尉 上柱國 難君 墓誌銘 并[8)]序[9)]

君諱元慶, 其先卽黃帝之宗也, 扶[10)]餘之尒[11)]類焉. 昔伯仲枝分, 位居東表. 兄弟▨[12)][政][13)], 爰國臣韓. 妙以治民之難, [因][14)][爲][15)]姓矣. 孔[16)]丘序舜典, 所謂歷試諸難, 卽其義也. 高[17)]祖珇, 仕遼任[18)]達率官, 亦猶今宗正卿焉. 祖汗, 入唐爲熊津州都督府長史 父[19)][武][20)]中大夫, 使持節支潯州諸軍事, 守支潯州刺史, 遷忠武將軍, 行右衛翊府中[21)]郎將. 並仁明識遠, 在政▨聞[22)], 德[23)][治][24)]詞宏, 邦家共達. 君幼而聰敏, 無所不精. 尋授[25)]游擊將軍, 行檀州白檀[26)]府右果毅, 直中書省 雖司雄衛 恒[27)]理文軒 俄轉夏州寧[28)]朔府左果毅[29)]都尉直中書省內供奉. 屬邊塵屢起, 烽火時驚. 以君宿善帷[30)]籌, 早[31)][參][32)]師律. 文乃▨▨▨▨▨▨▨▨▨軍▨弓旌▨重, 要[33)]之綏[34)]撫, 倒載干戈. 遂授朔方[35)]軍摠[36)]管, 君[37)]以[38)][受][39)]∨∨∨[40)]命[41)], ▨▨[42)]奇[討][43)]九姓,

---

8) 序(이문기, 원문), 并(墓誌, 馬馳, 양종국, 拜根兴).

馬馳의 「《難元慶墓誌》簡釋」은 『(春史卞麟錫敎授)停年紀念論叢』(2000)과 『洛陽出土墓誌硏究文集』(2002)에 수록되어 있는데, 제시된 판독문에 다소 차이가 있다. 여기에서는 2002년 글의 판독문을 정리하였다.

『全唐文補遺』은 '補遺', 『新中國出土墓誌』는 '墓誌', 『백제사자료원문집』은 '원문', 『백제사자료역주집』은 '역주'로 약표기한다.

9) 并(이문기, 원문), 序(墓誌, 馬馳, 양종국, 拜根兴), 『全唐文補遺』에는 1행 전체가 누락되어 있다.

10) 扶(墓誌, 馬馳, 이문기, 원문, 양종국, 拜根兴), ▨(補遺).

11) 爾(補遺), 尒(墓誌, 馬馳, 이문기, 원문, 양종국, 拜根兴).

12) 同(墓誌, 馬馳, 이문기, 원문, 양종국, 拜根兴), ▨(補遺).

13) 政(墓誌, 馬馳, 이문기, 원문, 양종국, 拜根兴), ▨(補遺).

14) 因(墓誌, 馬馳, 이문기, 원문, 양종국, 拜根兴), ▨(補遺).

15) 爲(墓誌, 馬馳, 이문기, 원문, 양종국, 拜根兴), ▨(補遺).

16) 孔(墓誌, 馬馳, 이문기, 원문, 양종국, 拜根兴), ▨(補遺).

17) 高(墓誌, 馬馳, 역주, 拜根兴), [高](양종국), [曾](이문기, 원문), ▨(補遺).

18) 任(補遺, 墓誌, 馬馳, 拜根兴), 爲(이문기, 원문, 양종국).

19) 父(墓誌, 馬馳, 이문기, 원문, 양종국, 拜根兴), ▨(補遺).

20) 武(墓誌, 馬馳, 이문기, 원문, 양종국, 拜根兴), ▨(補遺).

21) 中(墓誌, 馬馳, 이문기, 원문, 양종국, 拜根兴), ▨(補遺).

22) 聞(墓誌, 馬馳, 이문기, 양종국, 拜根兴), ▨(補遺) 『백제사자료원문집』의 '文'은 오기이다.

23) 德(墓誌, 馬馳, 이문기, 원문, 양종국, 拜根兴), ▨(補遺).

24) [治](이문기, 원문, 양종국), ▨(補遺, 墓誌, 馬馳, 拜根兴).

25) 授(墓誌, 馬馳, 이문기, 원문, 양종국, 拜根兴), ▨(補遺).

26) 檀(墓誌, 馬馳, 이문기, 원문, 양종국, 拜根兴), ▨(補遺).

27) 恒(補遺, 墓誌, 馬馳, 拜根兴), [恒](이문기, 원문, 양종국).

28) 寧(墓誌, 馬馳, 이문기, 원문, 양종국, 拜根兴), ▨(補遺).

29) 毅(補遺, 墓誌, 馬馳, 역주, 拜根兴), 懿(이문기, 원문, 양종국).

30) 帷(補遺, 墓誌, 馬馳, 拜根兴), 惟(이문기, 원문, 양종국).

31) 早(墓誌, 馬馳, 이문기, 원문, 양종국, 拜根兴), ▨(補遺).

32) 參(墓誌, 馬馳, 이문기, 원문, 양종국, 拜根兴), ▨(補遺).

33) 妻(補遺), 要(墓誌, 馬馳, 이문기, 원문, 양종국, 拜根兴).

34) 媛(원문), 綏(補遺, 墓誌, 馬馳, 拜根兴), 緩(이문기, 역주, 양종국).

35) 方(墓誌, 馬馳, 이문기, 원문, 양종국, 拜根兴), ▨(補遺).

於[44][是][45]殲夷, 三軍晏[46]然無事. 凱歌旋[入][47], 高[48]會[49]星[樓][50], ∨∨∨[51]天子以祿不足以酬[能][52], 特賜紫金魚袋, 衣一襲, 物一百匹[53]. ▨[54]屬[55]羌[戎][56]▨[57]▨, 河西[58]胡亡. 俾君[59]招征, 降如雨集. ▨俘操袂, 內宴褒功. 特賜[60]口[61]六[62], 馬[63]十, 物一[64]百[65]匹[66], 受[67]宣[68]威將軍, 遷汾州淸勝府折衝都尉, 勳各如故[69]. 君植性[70]溫恭[71], [情][72]神道德. ▨[73]▨官[74][賞][75] 恒[76]懷耿[潔][77]. 恐量不剋[78]位[79], 能不濟[80]時. 坐必儼然,

---

36) 總(補遺, 墓誌, 馬馳, 拜根兴), 摠(이문기, 원문, 양종국).
37) 君(墓誌, 馬馳, 이문기, 원문, 양종국, 拜根兴), ▨(補遺).
38) 以(墓誌, 馬馳, 이문기, 원문, 양종국, 拜根兴), ▨(補遺).
39) ▨(墓誌, 馬馳, 이문기, 원문, 양종국, 拜根兴).
40) ▨▨▨(補遺, 墓誌, 馬馳, 拜根兴), ∨∨∨(이문기).
41) 令(墓誌), 命(拜根兴), [命](馬馳, 이문기, 원문, 양종국), ▨(補遺).
42) 建(墓誌, 馬馳, 이문기, 원문, 양종국, 拜根兴), ▨(補遺).
43) [討](이문기, 양종국), 討(원문), ▨(補遺, 墓誌, 馬馳, 拜根兴).
44) 『백제사자료원문집』의 '族'은 오기이다.
45) 是(補遺), ▨(墓誌, 馬馳, 이문기, 원문, 양종국, 拜根兴).
46) 晏(補遺, 馬馳, 원문, 拜根兴), 宴(墓誌, 이문기, 양종국).
47) 入(墓誌, 馬馳, 이문기, 원문, 양종국, 拜根兴), ▨(補遺).
48) 高(墓誌, 馬馳, 이문기, 원문, 양종국, 拜根兴), ▨(補遺).
49) 會(墓誌, 馬馳, 이문기, 원문, 양종국, 拜根兴), ▨(補遺).
50) 於(補遺), 樓(墓誌, 馬馳, 이문기, 원문, 양종국, 拜根兴).
51) ▨▨(補遺), ∨∨∨(이문기).
52) 能(補遺, 拜根兴), [能](馬馳, 이문기, 원문, 양종국), ▨(墓誌).
53) 匹(墓誌, 馬馳, 이문기, 원문, 양종국, 拜根兴), ▨(補遺).
54) 俄(拜根兴), [俄](馬馳, 이문기), ▨(補遺, 墓誌, 원문, 양종국).
55) 屬(墓誌, 馬馳, 이문기, 원문, 양종국, 拜根兴), ▨(補遺).
56) 戎(墓誌, 拜根兴), [戎](이문기, 원문), [氏](馬馳), [戒](양종국), ▨(補遺).
57) 氏(墓誌), [氏](이문기, 원문, 양종국), ▨(補遺, 馬馳, 拜根兴).
58) 西(墓誌, 馬馳, 이문기, 원문, 양종국, 拜根兴), ▨(補遺).
59) 『백제사자료원문집』의 '軍'은 오기이다..
60) 惕(補遺), 賜(墓誌, 馬馳, 이문기, 원문, 양종국, 拜根兴).
61) 口(墓誌, 馬馳, 이문기, 원문, 양종국, 拜根兴), ▨(補遺).
62) 六(墓誌, 馬馳, 이문기, 원문, 양종국, 拜根兴), ▨(補遺).
63) 馬(墓誌, 馬馳, 이문기, 양종국, 拜根兴), ▨(補遺) 『백제사자료원문집』에 '▨馬'로 되어 있는 것은 오기이다.
64) 一(墓誌, 馬馳, 이문기, 원문, 양종국, 拜根兴), ▨(補遺).
65) 百(墓誌, 馬馳, 이문기, 원문, 양종국, 拜根兴), ▨(補遺).
66) 匹(墓誌, 馬馳, 이문기, 원문, 양종국, 拜根兴), ▨(補遺).
67) 授(補遺, 墓誌, 馬馳, 이문기, 원문, 양종국, 拜根兴).
68) 宣(墓誌, 馬馳, 이문기, 원문, 양종국, 拜根兴), ▨(補遺).
69) 양종국이 '姑'로 판독한 것은 오기이다.
70) 性(補遺, 墓誌, 이문기, 원문, 양종국), 姓(馬馳, 拜根兴).
71) 恭(墓誌, 馬馳, 이문기, 원문, 양종국, 拜根兴), ▨(補遺).
72) [精](역주), ▨(補遺, 墓誌, 馬馳, 이문기, 원문, 양종국, 拜根兴).

目以定體. ▨人[81]所利, ▨惠[82]▨▨[永][83]▨[84], 積善無[85]徵[86], 奠楹遄効[87]. 露晞[88]朝薤, 魂斂夜臺. 以開元十[一][89]年六月廿[90]八日, [薨][91]於汝[92]州龍興縣之私第, 春秋六十有一. 夫人丹徒縣君甘[氏][93], 左[94]玉鈐衛大將軍羅之長女也. 婉[95]娩冲[96]華, 柔閑輔態[97]. 柳花浮吹, 駐琴瑟而題[篇][98], ▨色[99]開[100]顏, 寫文章於[101]錦緒. 作配君子, 宜其室家. 禮甚梁妻, 賢踰班女. 荘[102]樓遽[掩][103], 桂[104]月[105]▨▨. 以開元廿二年五月十八日, 終於汝州[106]魯山縣之私第, 春秋六十有[107][七][108]. 男▨▨▨▨[109]極[110]昊天, 哀[深][111]觸地. 屠[112]心叩

---

73) 無(墓誌, 馬馳, 이문기, 원문, 양종국, 拜根兴), ▨(補遺).
74) 官(墓誌, 馬馳, 이문기, 원문, 양종국, 拜根兴), ▨(補遺).
75) 賞(拜根兴), [賞](馬馳, 이문기, 원문, 양종국), ▨(補遺, 墓誌).
76) 恒(補遺, 墓誌, 馬馳, 拜根兴), [恒](이문기, 원문, 양종국).
77) 潔(補遺, 拜根兴), [潔](馬馳, 이문기, 원문, 양종국), ▨(墓誌).
78) 充(補遺, 拜根兴), 剋(墓誌, 馬馳, 이문기, 원문, 양종국).
79) 位(補遺, 拜根兴), [位](馬馳, 이문기, 원문, 양종국), 往(墓誌).
80) 濟(墓誌, 馬馳, 이문기, 원문, 양종국, 拜根兴), ▨(補遺).
81) 人(墓誌, 馬馳, 이문기, 원문, 양종국, 拜根兴), ▨(補遺).
82) 惠(墓誌, 馬馳, 이문기, 원문, 양종국, 拜根兴), ▨(補遺).
83) 永(墓誌, 馬馳, 이문기, 원문, 양종국, 拜根兴), ▨(補遺).
84) 于(補遺), 乎(墓誌, 馬馳, 이문기, 원문, 양종국, 拜根兴).
85) 無(墓誌, 馬馳, 이문기, 원문, 양종국, 拜根兴), ▨(補遺).
86) 徵(墓誌, 馬馳, 이문기, 원문, 양종국, 拜根兴), ▨(補遺).
87) 效(補遺, 馬馳, 이문기, 원문, 양종국, 拜根兴), 兴(墓誌).
88) 晞(補遺, 墓誌, 拜根兴), 稀(馬馳, 원문), [稀](이문기, 양종국).
89) 八(補遺, 拜根兴), 一(墓誌, 馬馳, 이문기, 원문, 양종국).
90) 十(墓誌), [廿](馬馳), 廿(補遺, 이문기, 원문, 양종국, 拜根兴).
91) 終(墓誌, 馬馳, 이문기, 원문, 양종국, 拜根兴), ▨(補遺).
92) 汝(墓誌, 馬馳, 이문기, 원문, 양종국, 拜根兴), ▨(補遺).
93) 氏(補遺, 墓誌, 馬馳, 이문기, 원문, 양종국, 拜根兴).
94) 左(墓誌, 馬馳, 이문기, 원문, 양종국, 拜根兴), ▨(補遺).
95) 媛(원문), 婉(補遺, 墓誌, 馬馳, 이문기, 양종국, 拜根兴).
96) 沖(원문), 冲(補遺, 墓誌, 馬馳, 이문기, 양종국, 拜根兴).
97) 馬馳가 '熊'으로 판독한 것은 오기로 보인다.
98) 篇(墓誌, 馬馳, 이문기, 원문, 양종국, 拜根兴), ▨(補遺).
99) 色(墓誌, 馬馳, 이문기, 원문, 양종국, 拜根兴), ▨(補遺).
100) 潤(補遺), 開(墓誌, 馬馳, 이문기, 원문, 양종국, 拜根兴).
101) 於(補遺, 墓誌, 馬馳, 拜根兴), [於](이문기, 원문, 양종국).
102) 莊(補遺, 원문), 妝(墓誌, 馬馳, 拜根兴), [莊](이문기, 양종국).
103) 掩(墓誌, 馬馳, 이문기, 원문, 양종국, 拜根兴), ▨(補遺).
104) 桂(墓誌, 馬馳, 이문기, 원문, 양종국, 拜根兴), ▨(補遺).
105) 月(墓誌, 馬馳, 이문기, 원문, 양종국, 拜根兴), ▨(補遺).
106) 馬馳의 판독문에서는 '汝州'가 누락되어 있다.
107) 『全唐文補遺』에서는 해당 글자가 누락되어 있다.
108) 七(墓誌, 馬馳, 이문기, 원문, 양종국, 拜根兴), ▨(補遺).

臆, 若壞墻[113]然. 粤[114]以大唐開元廿二年十[115]一[116]四日, 合葬於汝州魯山縣東北原, 禮也, 嗚呼![117] 楚劍雙飛, 俱沒沉碑之水, [般][118]▨[俄][119]合, 同墳揮[120]日[121]之郊[122]. 乃爲銘曰:

[玄][123]黃肇泮, 家邦遂興. 四方岳立, 萬物陶蒸. 其一; 達率騰華, 遼陽鼎貴. 德邁[124]將軍, 汾[125]▨[126]衝尉. 其二; 氣蓋千古, 譽重三韓. 子孫孝養, 恭惟[127]色難. 其三; 國籍[128]英靈, 作固邦寧. 自[129]▨[130][執][131]節, 掃孽[132]邊亭. 其四; 振旅猶飢, 摧兇[133]如渴. 以寡當衆, 志不可奪. 其五; 還宴▨[134]筵, 陪嬉[135]鴛沼. 賞錫雖多, 酬∨∨恩不少. 其六; 日月徒懸, 金玉俱捐[136]. 痛纓紫綬, [永][137][置][138]黃泉. 其七; 夫貴妻尊, 鸞潛鳳奔. 楹間徹奠, 松下埋魂. 其八; 君子所居, 賢人之里. 魯[139]陽[140]揮戈, 唐堯立祀. 其九; 烟雲共暗, 山川俱夕. 輒慕淸風, 敢銘玄石. 其十

---

109) [罔](이문기, 원문, 양종국), ▨(補遺, 墓誌, 馬馳, 拜根兴).
110) 極(墓誌, 馬馳, 이문기, 원문, 양종국, 拜根兴), ▨(補遺).
111) 深(墓誌, 馬馳, 이문기, 역주, 양종국, 拜根兴), ▨(補遺) 『백제사자료원문집』의 '心'은 오기로 보인다.
112) 屠(墓誌, 馬馳, 이문기, 원문, 양종국, 拜根兴), ▨(補遺).
113) 墻(補遺, 馬馳, 拜根兴), 牆(墓誌, 이문기, 원문, 양종국).
114) 粤(補遺, 墓誌, 馬馳, 역주, 拜根兴), 奧(이문기, 원문, 양종국).
115) 十一(墓誌, 馬馳, 이문기, 원문, 拜根兴), [十][一](양종국), ▨▨(補遺).
116) 一(補遺), 月(墓誌, 馬馳, 이문기, 원문, 양종국), [月](拜根兴).
117) 效(원문), 郊(補遺, 墓誌, 馬馳, 이문기, 양종국, 拜根兴).
118) 『백제사자료원문집』에는 '嗚呼'가 누락되어 있다.
119) 般(墓誌, 馬馳, 이문기, 원문, 양종국, 拜根兴), ▨(補遺).
120) 俄(墓誌, 馬馳, 이문기, 원문, 양종국, 拜根兴), ▨(補遺).
121) 揮(墓誌, 馬馳, 이문기, 원문, 양종국, 拜根兴), ▨(補遺).
122) 日(墓誌, 馬馳, 이문기, 원문, 양종국, 拜根兴), ▨(補遺).
123) 玄(墓誌, 馬馳, 이문기, 원문, 양종국, 拜根兴), ▨(補遺).
124) 『백제사자료원문집』에서는 '萬德'이라고 표기하였는데, 오기이다.
125) 汾(墓誌, 馬馳, 이문기, 원문, 양종국, 拜根兴), ▨(補遺).
126) 州(墓誌, 馬馳, 이문기, 원문, 양종국, 拜根兴), ▨(補遺).
127) 惟(補遺, 원문), 維(墓誌, 馬馳, 이문기, 역주, 양종국, 拜根兴).
128) 藉(墓誌, 馬馳), 籍(補遺, 이문기, 원문, 양종국, 拜根兴).
129) 自(墓誌, 馬馳, 이문기, 원문, 양종국, 拜根兴), ▨(補遺).
130) 君(墓誌, 馬馳, 이문기, 원문, 양종국, 拜根兴), ▨(補遺).
131) 抗(補遺), 執(墓誌, 馬馳, 이문기, 원문, 양종국, 拜根兴).
132) 孽(원문), 蘖(墓誌), 孽(補遺, 馬馳, 이문기, 양종국, 拜根兴).
133) 凶(補遺, 墓誌, 이문기, 원문, 양종국), 兇(馬馳, 拜根兴).
134) 龍(墓誌, 馬馳, 이문기, 원문, 양종국, 拜根兴), ▨(補遺).
135) 爲(원문, 양종국), 嬉(補遺, 墓誌, 馬馳, 이문기, 역주, 拜根兴).
136) 損(원문, 양종국), 捐(補遺, 墓誌, 馬馳, 이문기, 역주, 拜根兴).
137) 永(墓誌, 馬馳, 이문기, 원문, 양종국, 拜根兴), ▨(補遺).
138) 置(墓誌, 馬馳, 이문기, 원문, 양종국, 拜根兴), ▨(補遺).
139) 魯(墓誌, 馬馳, 이문기, 원문, 양종국, 拜根兴), ▨(補遺).
140) 陽(墓誌, 馬馳, 이문기, 원문, 양종국, 拜根兴), ▨(補遺).

(한 행 띄움)
以開元廿二年歲次甲戌十[一][141]月戊[142]午朔三日庚申書[143]

1-㉗, ㉘: 并序

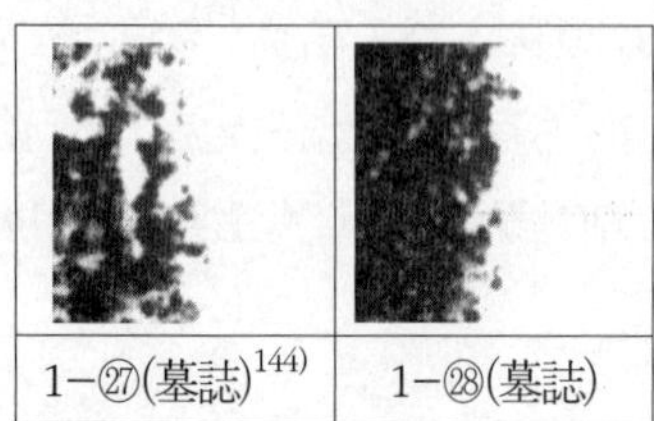

1-㉗(墓誌)[144]	1-㉘(墓誌)

∴ 반 이상이 결실되어 글자의 자획을 확인하기 어렵다. 1-㉘의 왼쪽 공간에 자획이 안 보이는 것으로 보아, 아마도 글자를 작게 오른편에 치우쳐 쓰지 않았나 생각된다. 序并으로 판독한 경우도 있으나, 대개의 묘지명에서 并序로 씀을 고려하면, 여기에서도 并序로 새겼을 것으로 추측된다.

2-⑬ : 扶

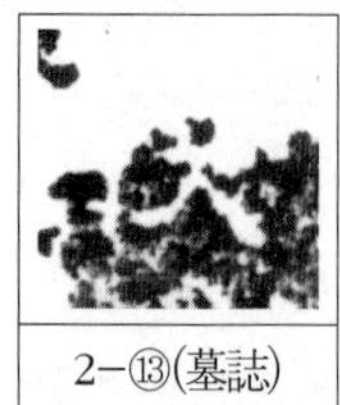

2-⑬(墓誌)

∴ 상단부가 거의 결실되어 보이지 않으나, 문맥이나 자형상 '扶'자로 볼 수 있다.

2-㉚ : ▨

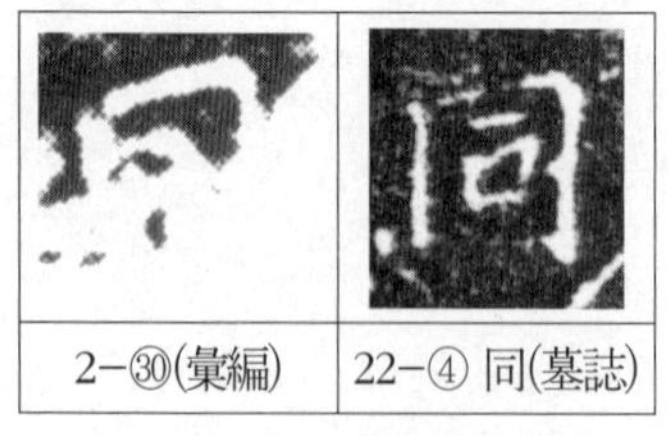

2-㉚(彙編)	22-④ 同(墓誌)

∴ 상단부 일부 획이 보이는데, 내부의 가로획이 왼편에 치우쳐 있어서 22-④의 '同'자와 비교하여

141) 『백제사자료원문집』의 '日'은 오기이다.

142) 『백제사자료원문집』의 '戌'은 오기이다.

143) 『全唐文補遺』, 拜根兴의 판독문에는 29행이 누락되어 있다.

144) 탁본은 『隋唐五代墓誌彙編: 河南卷 第1册』과 『新中國出土墓誌: 河南 壹, 上册』에 수록되어 있는 것을 사용하였고, 『隋唐五代墓誌彙編: 河南卷 第1册』의 탁본은 '彙編'으로, 『新中國出土墓誌: 河南 壹, 上册』의 탁본은 '墓誌'로 표시하였다.

'同'자인지 불확실하다. 미상자로 둔다.

3-① : [政]

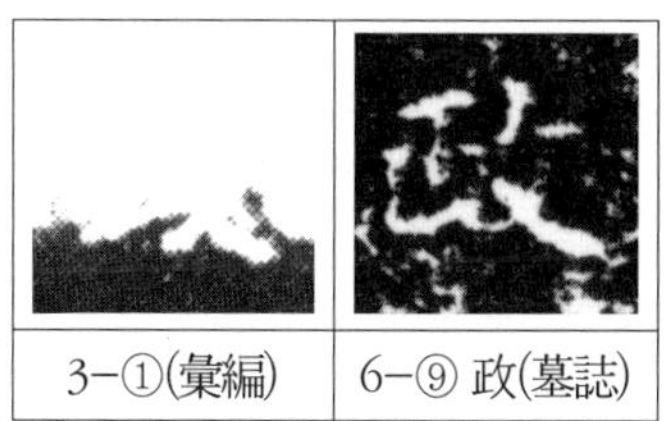

3-①(彙編) 6-⑨ 政(墓誌)

∴ 하단부의 일부 획만 확인되는데, '政'자일 가능성을 남겨둔다.

3-⑫ : [因]

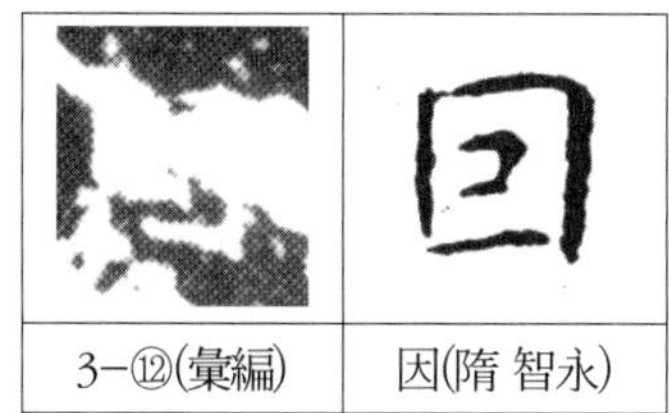

3-⑫(彙編) 因(隋 智永)

∴ 비면의 결락으로 인하여 口의 내부획이 잘 보이지 않으나, 因의 이체자일 가능성이 있다.

3-⑬ : [爲]

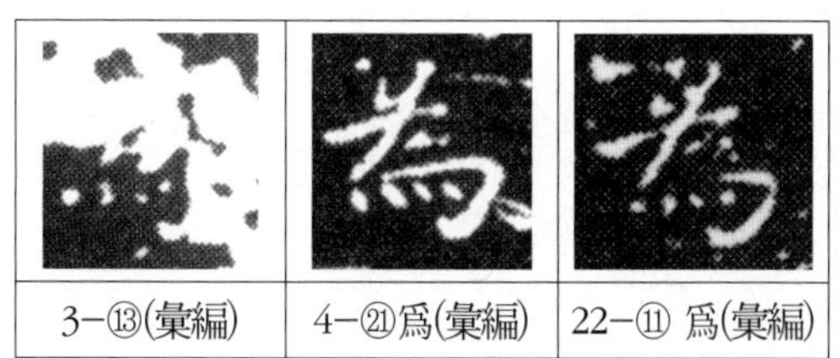

3-⑬(彙編) 4-㉑爲(彙編) 22-⑪ 爲(彙編)

∴ 하단부의 획만 확인된다. 4-㉑이나 22-⑪의 '爲'와 비교하여 하단부의 자획이 다소 달라 보이나, 문맥상 '爲'자일 가능성을 남겨놓는다.

3-⑯ : 孔

3-⑯(彙編)

∴ 왼편에 '子'자 획이 보이며, 3-⑰자가 丘이므로 孔으로 볼 수 있다.

4-① : 高

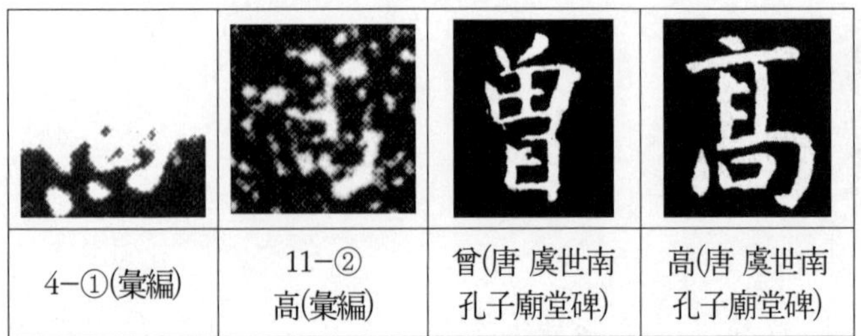

4-①(彙編)	11-② 高(彙編)	曾(唐 虞世南 孔子廟堂碑)	高(唐 虞世南 孔子廟堂碑)

∴ 하단부 획 일부만 보인다. 기존에는 묘지명에서 보통 '曾祖-祖-父'의 내력을 밝힌다고 보아 해당자를 '曾'자로 보는 견해도 있으나, 하단부의 자획은 '高'자의 하단부의 획에 가까워 보이므로 高로 판독한다.

4-⑥ : 任

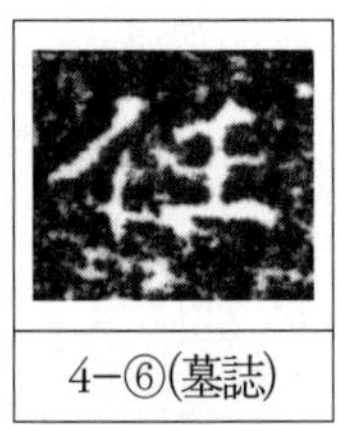

4-⑥(墓誌)

∴ 기존에 '爲'자로 보기도 하였으나, 탁본으로는 '任'자가 뚜렷하다.

4-㉚ : 父

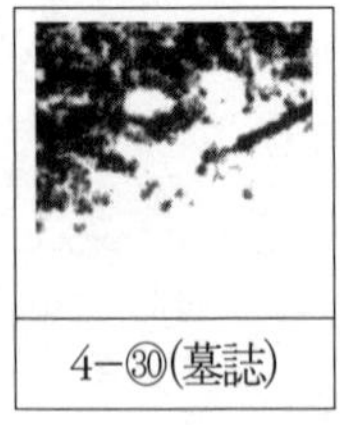

4-㉚(墓誌)

∴ 자획이 반 정도만 보이며, 그나마도 상태가 좋지 않아 자획을 확인하기 어렵다. 문맥상 '父'로 판독할 수 있을 것이다.

5-① : [武]

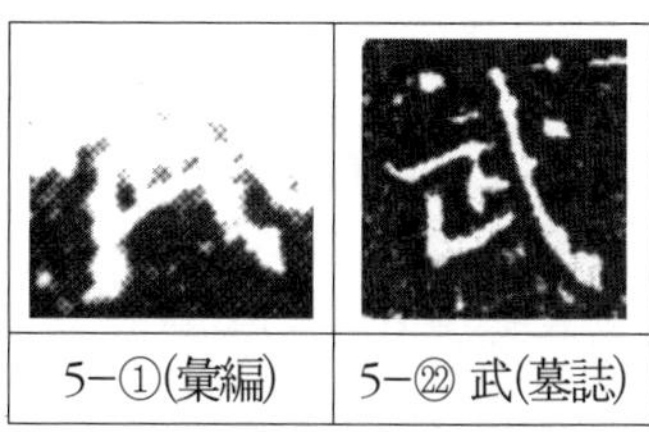

5-①(彙編)	5-㉒ 武(墓誌)

∴ 하단부 획 일부만 확인되어 글자를 판독하기 어렵다. 기존의 판독에 따라 '武'로 추정해 둔다.

5-㉚ : 中

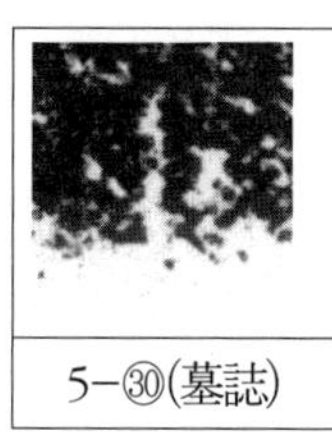

5-㉚(墓誌)

∴ 획이 뚜렷하지 않으나, '中'으로 충분히 볼 수 있다.

6-⑪ : 聞

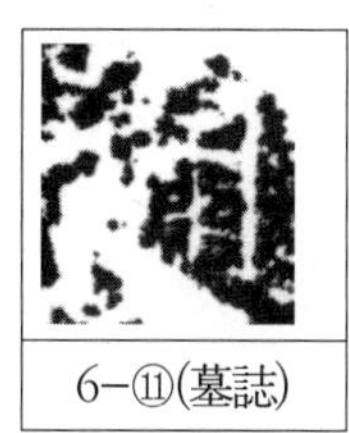

6-⑪(墓誌)

∴ 비면이 훼손되어 획이 뚜렷하지 않지만 내부에 '耳'자로 볼 수 있는 획이 보이므로, '聞'으로 볼 수 있을 듯하다.

6-⑫ : 德

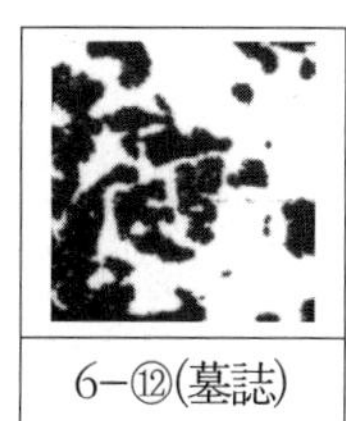

6-⑫(墓誌)

∴ 반 정도가 제대로 보이지는 않으나 나머지 획으로 '德'으로 보는 데 무리가 없다고 생각된다.

6-⑬ : [治]

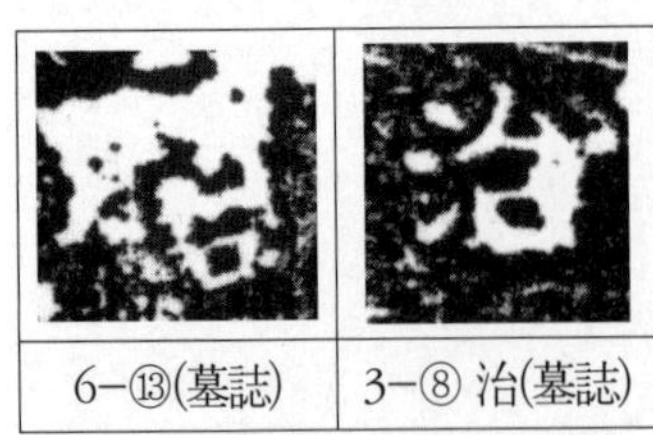

6-⑬(墓誌) | 3-⑧ 治(墓誌)

∴ 획이 다소 불분명하나 '治'자로 추정해 볼 수 있다.

7-⑨ : 檀

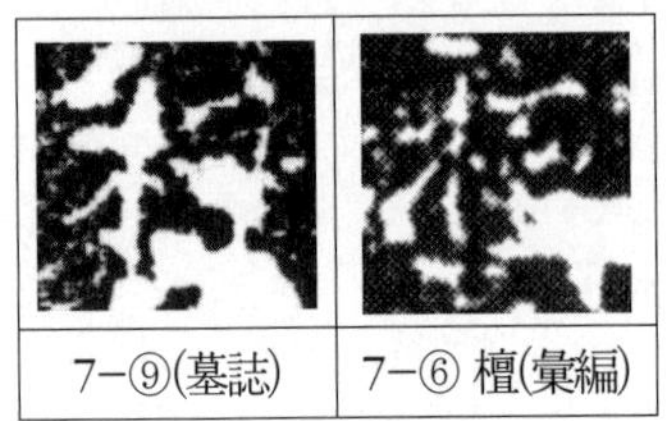

7-⑨(墓誌) | 7-⑥ 檀(彙編)

∴ 우변의 상단부 일부만 보이지만, 檀州 하의 절충부로서 白檀府를 고려하면 '檀'자로 보는 데 무리가 없다.

7-㉒ : 恒

7-㉒(墓誌)

∴ '恒'자가 뚜렷하다.

7-㉚ : 寧

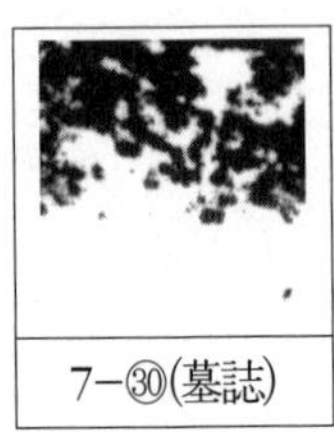

7-㉚(墓誌)

∴ 탁본으로는 자획을 확인하기 어려우나 '寧朔府'의 '寧'으로 추정할 수 있다.

8-㉘ : 帷

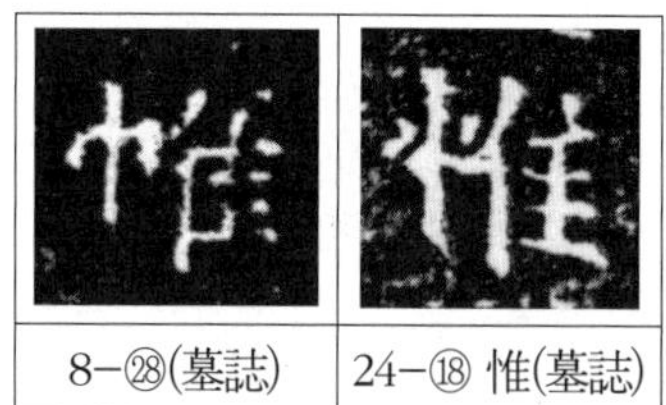

8-㉘(墓誌) | 24-⑱ 惟(墓誌)

∴ 왼쪽 자획이 '忄'보다는 '巾'자에 가까워 보인다. '帷'로 판독한다.

8-㉚ : 早

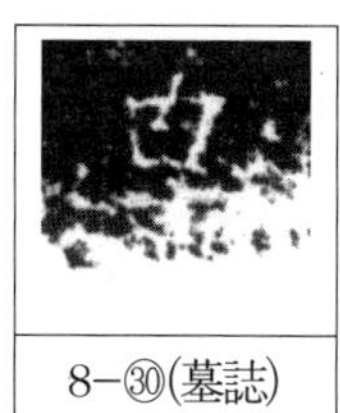

8-㉚(墓誌)

∴ 글자가 2/3 정도 보이는데, 기존 판독에 따라 '早'로 판독해 둔다.

9-① : [參]

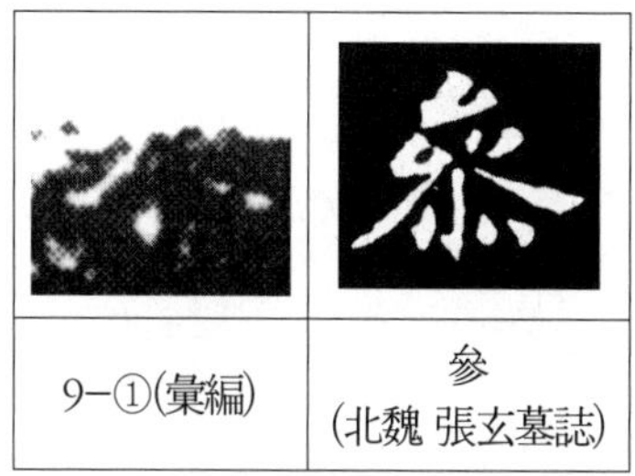

9-①(彙編) | 參 (北魏 張玄墓誌)

∴ 하단부의 일부 획만 보여 불확실하나, 기존 판독에 따라 '參'으로 추정해 둔다.

9-⑳ : 要

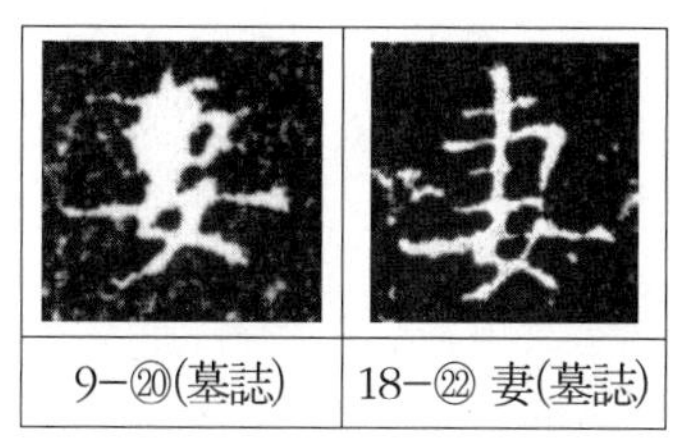

9-⑳(墓誌) | 18-㉒ 妻(墓誌)

∴ '妻'로 본 견해도 있으나, 18-㉒의 '妻'자와는 상단부의 자획이 다르다. 또한 '要'로 보는 것이 문맥상 타당하리라 생각된다.

9-㉒ : 綏

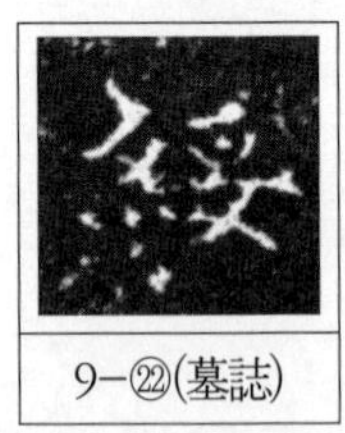
9-㉒(墓誌)

∴ '媛'이나 '緩'으로 본 견해가 있으나 좌변의 '糸'가 뚜렷하며, 우변도 '妥'가 분명하다. '綏'로 판독한다.

10-① : 方

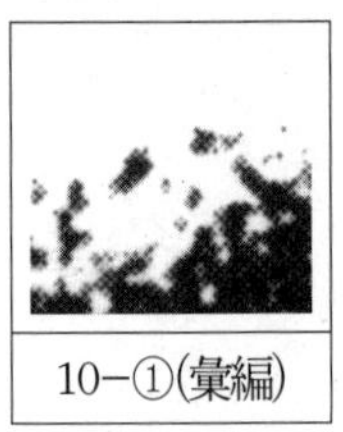
10-①(彙編)

∴ '方'의 하단부로 보이는 획이 희미하지만 보이며, 문맥상으로도 '方'자로 추정할 수 있다.

10-③ : 揔

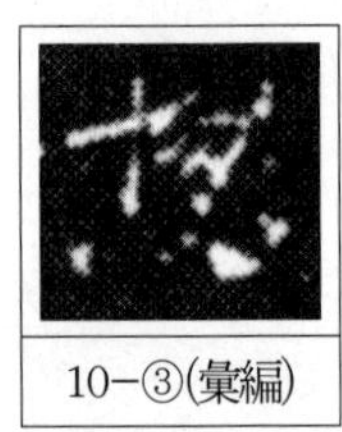
10-③(彙編)

∴ '總'으로 판독하기도 하였으나 좌변이 '扌'자로 '揔'자가 분명하다. 의미는 서로 통한다.

10-⑦ : [受]

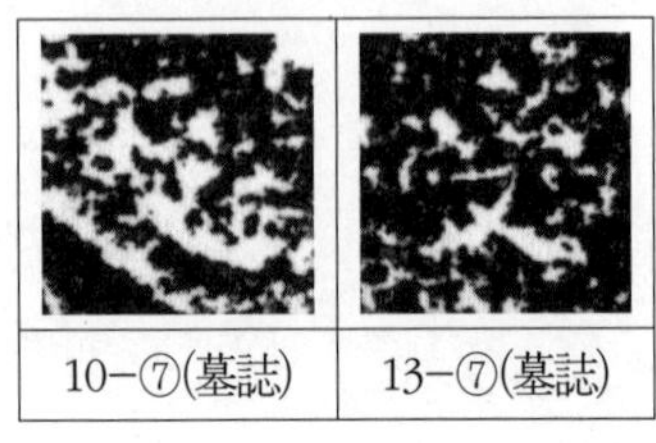

10-⑦(墓誌)	13-⑦(墓誌)

∴ 상단부에 '爫'로 볼 수 있는 획이 보이며, 하단부에는 '又'로 보이는 획이 있어 '受'자로 추정된다.

10-⑪ : 命

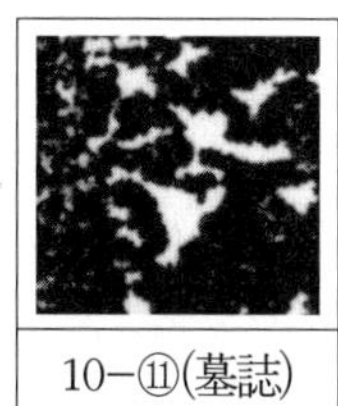

10-⑪(墓誌)

∴ '㑖'으로 본 견해도 있으나, '□□'와 같은 획이 보여 '命'자로 볼 수 있다. '受命', 즉 황제의 명을 받았다는 의미로, '受'와 '命' 사이(10-⑧~⑩)를 띄운 것으로 보인다.

10-⑬ : ▨

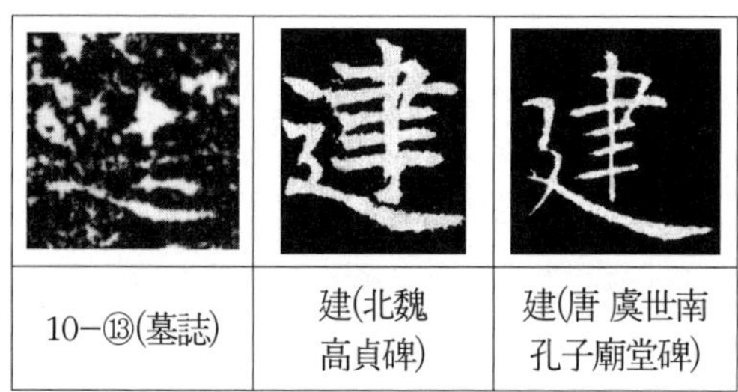

10-⑬(墓誌)	建(北魏 高貞碑)	建(唐 虞世南 孔子廟堂碑)

∴ '廴'에 해당하는 획은 보이나, '建'자인지는 분명하지 않다. 미상자로 둔다.

10-⑮ : [討]

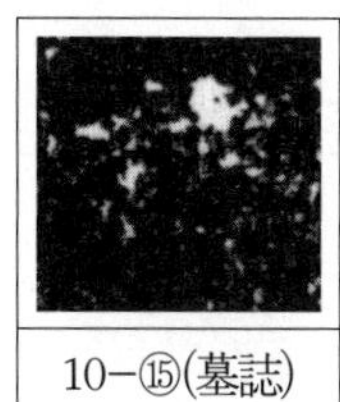

10-⑮(墓誌)

∴ 획이 희미하게 보인다. 좌변은 '言'자로 볼 수 있으나, 우변의 획은 거의 보이지 않는다. 일단 기존 판독에 따라 '討'자로 추정해 둔다.

10-⑱ : 於

10-⑱(墓誌)

∴ 우변의 획이 일부 보이지 않으나 '於'로 판독할 수 있다.

10-⑲ : [是]

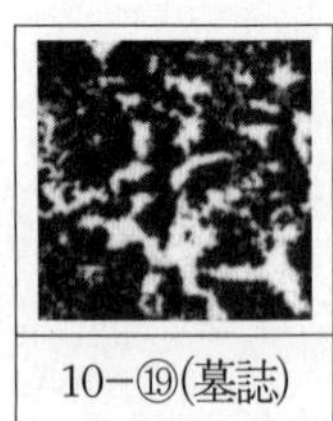

10-⑲(墓誌)

∴ 대부분 미상자로 보았는데, '是'자로 본 견해가 있다. 남아 있는 자획으로 보아 '是'자로 추정해 둔다.

10-㉔ : 晏

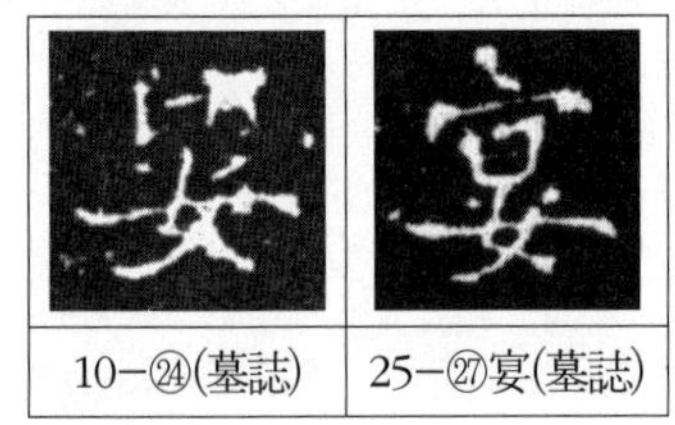

10-㉔(墓誌)	25-㉗宴(墓誌)

∴ '宴'으로 본 견해도 있으나, '女'자 상단부에는 '日'자만 보이므로 '晏'이 맞다.

11-① : [入]

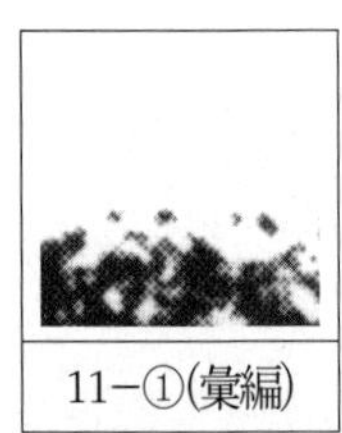

11-①(彙編)

∴ 아래 획 일부만이 보이는데, '入'일 가능성이 있다. 기존 판독에 따라 '入'으로 추정해 둔다.

11-⑤ : [樓]

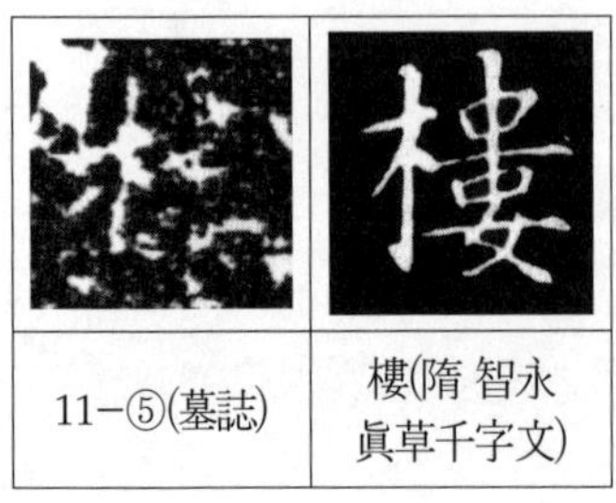

11-⑤(墓誌)	樓(隋 智永 眞草千字文)

∴ '木'자만 뚜렷하고, 그 오른쪽의 자획은 '婁'인지 '令'인지 불분명하다. '令'보다는 자획이 복잡해 보이며, 하단부에 '女'자로 볼 수 있는 획이 일부 보이므로 '樓'로 추정해둔다.

11-⑥~⑧ :『全唐文補遺』에서는 11행 5자 아래에 미상자가 두 자 있는 것으로 표시하였으나, 11-⑨, ⑩의 '天子' 위에 세 칸을 비운 것으로 보인다.

11-⑰ : [能]

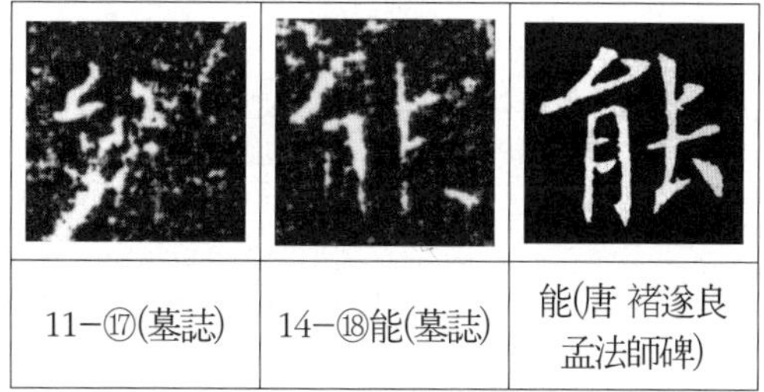

11-⑰(墓誌)	14-⑱能(墓誌)	能(唐 褚遂良 孟法師碑)

∴ 자획이 전체적으로 불분명하다. 기존 판독에 따라 '能'자로 추정해 둔다.

12-① : ▨

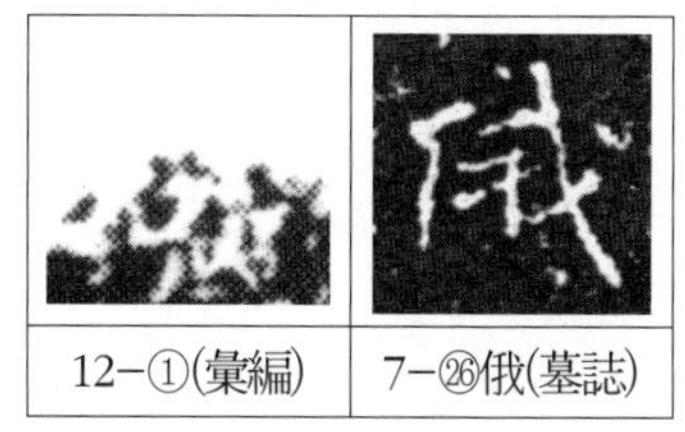

12-①(彙編)	7-㉖俄(墓誌)

∴ '俄'로 추정하기도 한다. 7-㉖의 俄와 비교해서는 하단부의 획이 차이가 있는 것으로 보인다. 미상자로 둔다.

12-④ : [戎]

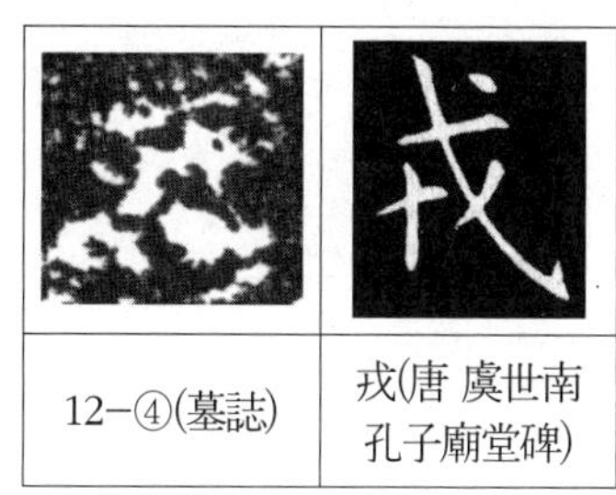

12-④(墓誌)	戎(唐 虞世南 孔子廟堂碑)

∴ '戈'보다는 '弋'획으로 보이며, 그 내부획도 다소 불분명하나, 기존 판독대로 '戎'자로 추정해 둔다.

12-⑤ : ▨

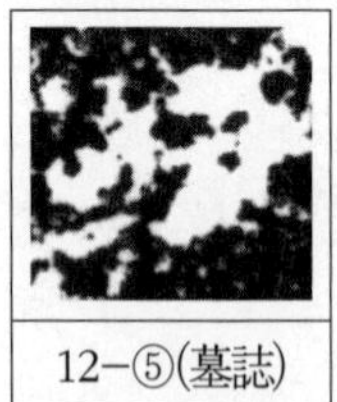
12-⑤(墓誌)

∴ 비면이 훼손되어 '氏'인지 불분명하다. 미상자로 둔다.

12-㉘ : 賜

12-㉘(墓誌)

∴ '惕'으로 판독한 경우도 있으나, 좌변의 '貝'자가 뚜렷하다.

13-① : 馬

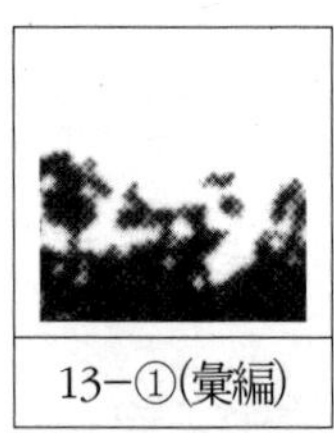
13-①(彙編)

∴ 하단부의 획만 확인되는데, 남은 자획이나 문맥을 고려하여 '馬'로 볼 수 있다.

13-⑦ : 受

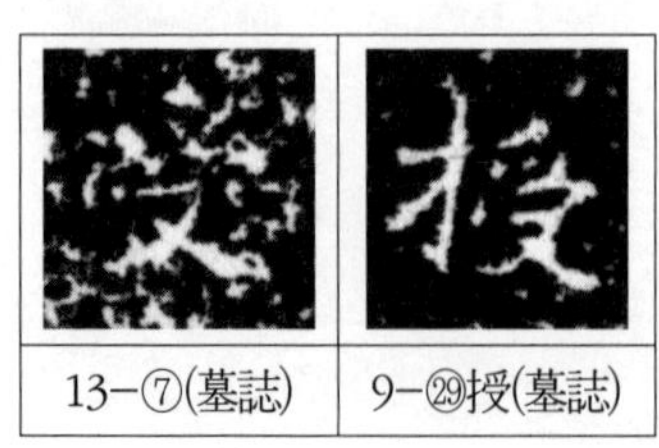
13-⑦(墓誌) 9-㉙授(墓誌)

∴ 기존에는 '授'로 판독하였는데, '扌'가 없으므로 '受'가 맞다.

13-㉘ : 性

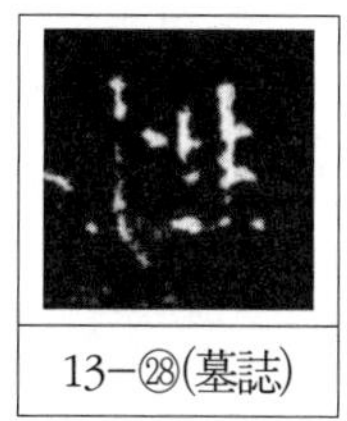
13-㉘(墓誌)

∴ '姓'으로 보기도 하였으나 좌변을 '女'자로 볼 수 없으며, 문맥상으로도 '性'이 맞다.

14-① : [情]

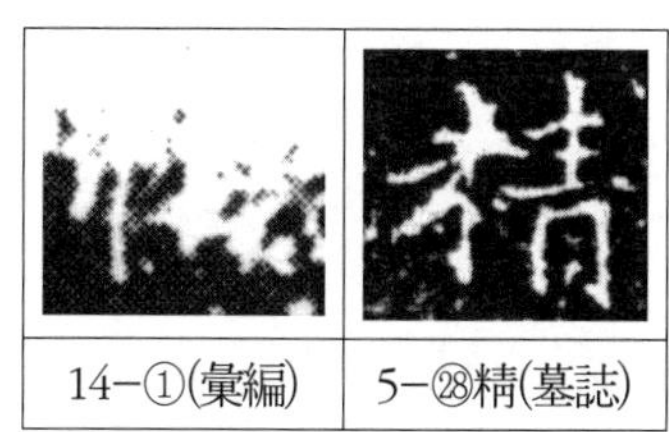
14-①(彙編) 5-㉘精(墓誌)

∴ '精'으로 추정한 견해도 있으나, 좌변은 '米'보다는 '忄'에 가까워 보인다. 뒤에 '神道德'이 나오므로 '情'자도 가능할 것이다. 情神은 의미상 精神과 통한다.

14-⑤ : ▨

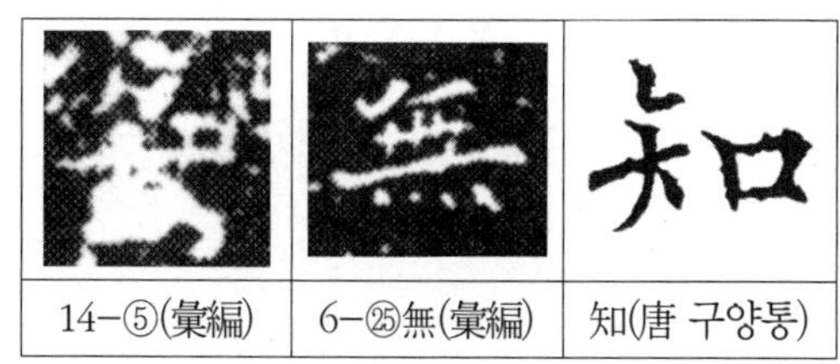
14-⑤(彙編) 6-㉕無(彙編) 知(唐 구양통)

∴ 대부분 '無'자로 본 글자이나, 6-㉕의 '無'와 비교하면 자획이 다르다. '知'자와 비슷하게 보이기도 하나, 획이 어색한 점이 있어 미상자로 둔다.

14-⑧ : [賞]

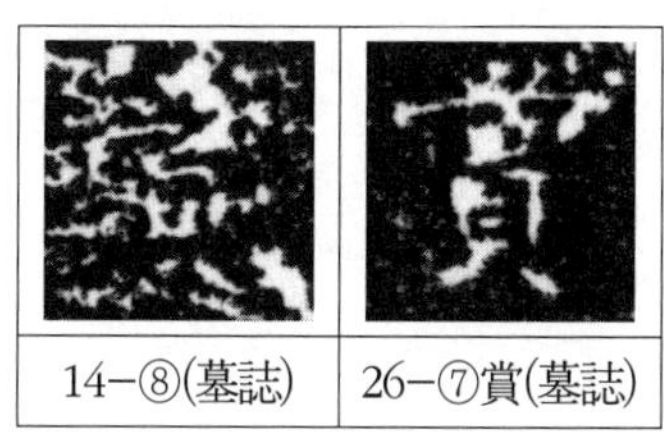
14-⑧(墓誌) 26-⑦賞(墓誌)

∴ 26-⑦의 '賞'자와 비교하여 하단부의 '貝'자가 분명하지 하지 않지만, 기존 판독대로 '賞'으로 추정

해 둔다.

14-⑨ : 恒

14-⑨(墓誌)

∴ '恒'자로 보는 데 무리가 없다.

14-⑫ : [潔]

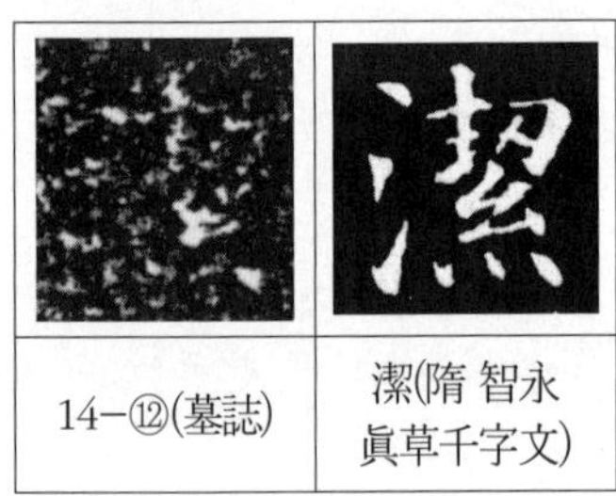

14-⑫(墓誌) | 潔(隋 智永 眞草千字文)

∴ 희미하지만 '絜'에 해당하는 획 일부가 보인다. '潔'자로 추정해 둔다.

14-⑯ : 剋

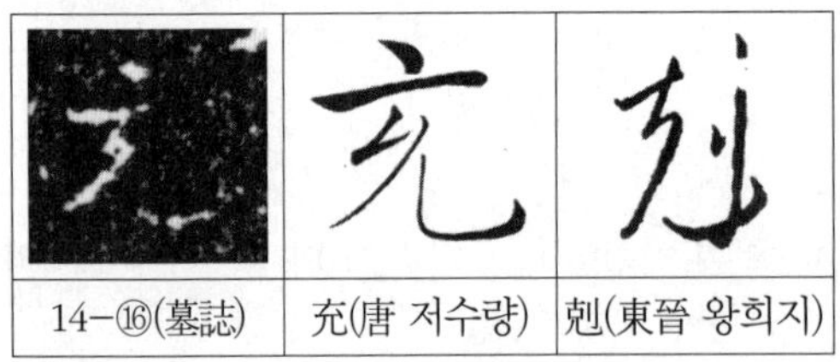

14-⑯(墓誌) | 充(唐 저수량) | 剋(東晉 왕희지)

∴ '充'으로 보는 견해도 있으나, 자획이 왼편에 치우쳐 있으므로 '剋'으로 볼 수 있다.

14-⑰ : 位

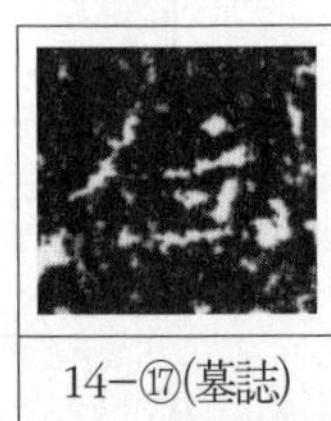

14-⑰(墓誌)

∴ 이를 '往'으로 판독한 견해도 있으나, '位'자가 비교적 뚜렷하다.

15-⑧ : [永]

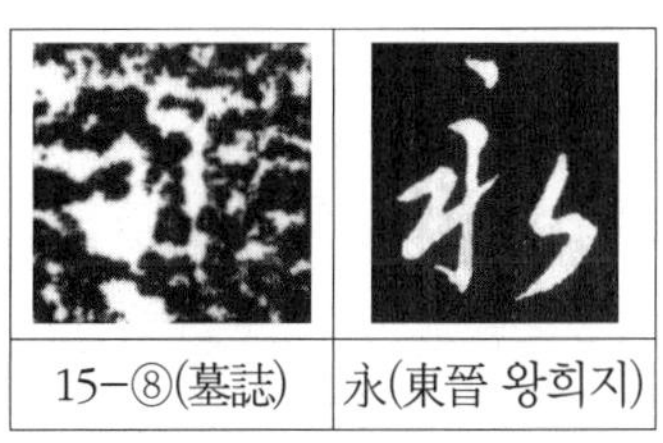

15-⑧(墓誌)	永(東晉 왕희지)

∴ 가운데 획 외에는 자획이 분명하지 않아, '永'자인지 모호하다. 기존 판독에 따라 '永'으로 추정해둔다.

15-⑨ : ▨

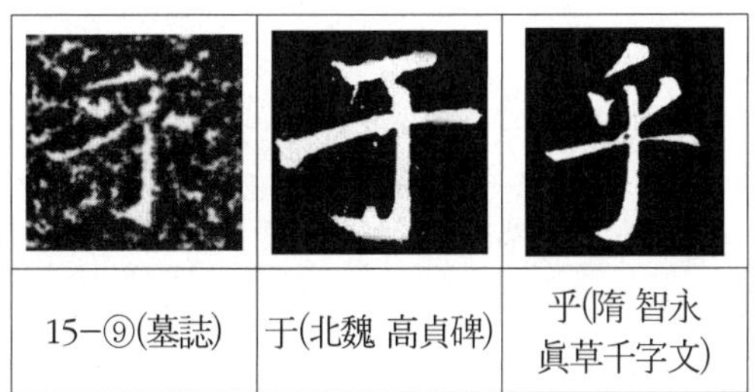

15-⑨(墓誌)	于(北魏 高貞碑)	乎(隋 智永 眞草千字文)

∴ '于'나 '乎'로 판독한 글자이다. '乎'로 보기에는 상단의 획이 삐침(丿)과는 다르게 보인다. '于'자로 볼 경우, 두 번째 가로획이 휘어 보여 '于'자와는 다르다. 미상자로 둔다.

15-⑰ : 効

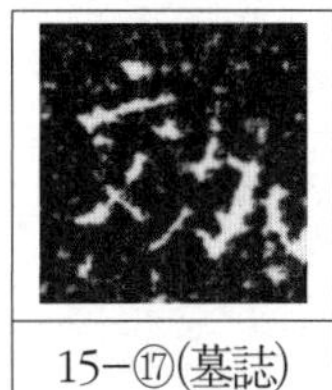

15-⑰(墓誌)

∴ '効'자로 판독되며, 이는 '效'와 통하는 글자이다.

15–⑲ : 晞

15–⑲(墓誌)

∴ '稀'로 판독하기도 하나, 좌변은 '禾'보다는 '日'로 보인다. '晞'로 판독한다.

15–㉚ : [一]

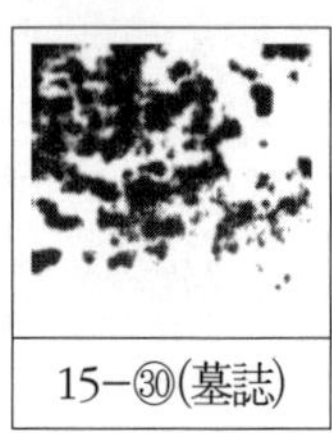

15–㉚(墓誌)

∴ '八'로 판독한 경우도 있으나, '八'에 해당하는 획을 찾기는 어렵다. 기존 판독에 따라 '一'로 추정해 둔다.

16–④ : 卄

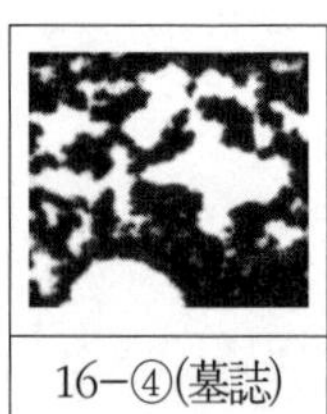

16–④(墓誌)

∴ 이를 '十'으로 판독한 경우도 있으나, 세로획이 두 개 보이므로 충분히 '卄'자로 볼 수 있다.

16–⑦ : [薨]

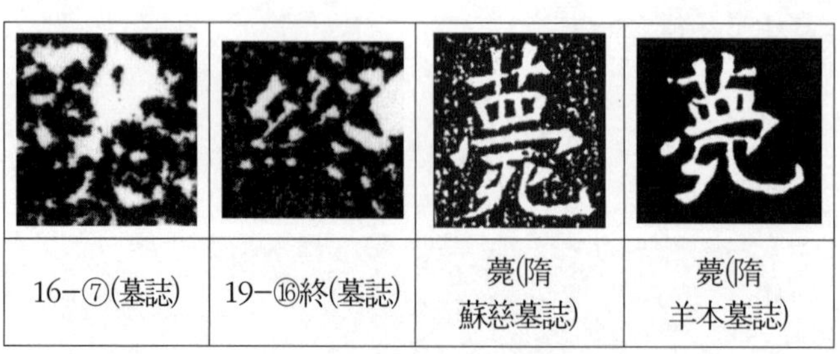

16–⑦(墓誌)	19–⑯終(墓誌)	薨(隋 蘇慈墓誌)	薨(隋 羊本墓誌)

∴ 대부분 '終'자로 판독하였으나, 19–⑯의 終과는 획이 달라 보인다. 하단부에 '死'와 비슷한 획이 보

여, '薨'자일 가능성을 제시해 본다.[145)]

16-㉚ : [氏]

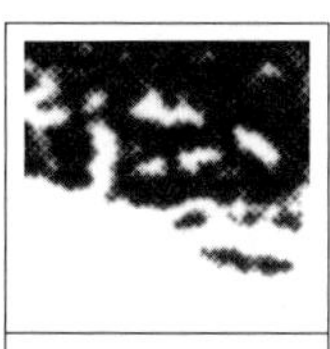

16-㉚(彙編)

∴ 탁본에 보이는 자획으로는 '氏'인지 불분명하나, 문맥상 '氏'로 추정된다.

17-⑬ : 婉

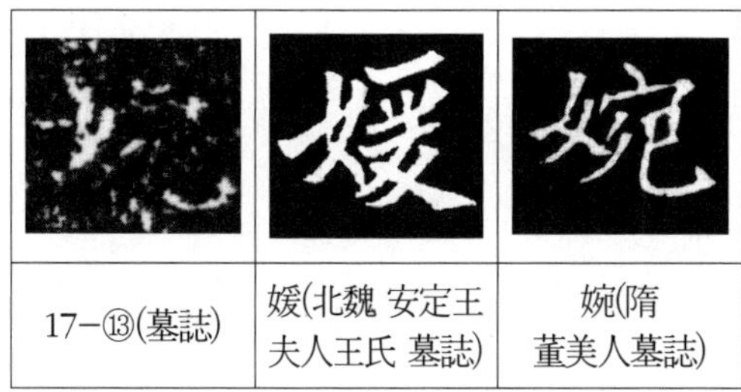

17-⑬(墓誌)	媛(北魏 安定王 夫人王氏 墓誌)	婉(隋 董美人墓誌)

∴ '媛'으로 판독한 견해도 있으나, 우변을 '爰'으로 보기는 어렵다. '婉'으로 판독한 것을 따른다.

17-⑮ : 冲

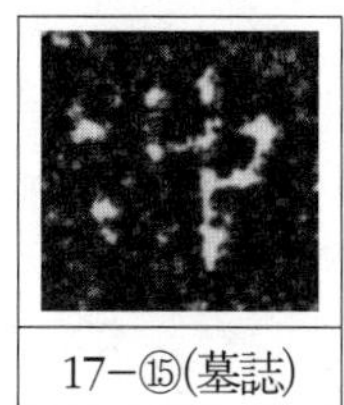

17-⑮(墓誌)

∴ 좌변이 '氵'이 아니라 '冫'이므로 '冲'으로 표기한다.

145) 北魏와 唐代에는 '薨'자를 3품 이상 高官 혹은 그 부인에게만 허용하였는데, 자격이 없는 사람들이 '薨'자를 사용하는 경우가 있었다고 한다(박한제, 2014, 「魏晋南北朝-隋唐時代 葬俗·葬具의 變化와 墓誌銘 - 그 資料的 性格」, 『韓國古代史研究』 75, pp.49~50). 난원경의 경우에도 宣威將軍, 즉 종4품상 무산관이었음에도 '薨'자를 사용한 셈이다.

17-㉚ : [篇]

17-㉚(墓誌)

∴ 해당 글자의 획이 거의 보이지 않는다. '竹'에 해당할 획 일부만이 보이는데, 기존 판독에 따라 '篇'으로 추정해 둔다.

18-③ : 開

18-③(彙編)

∴ '潤'으로 판독한 견해도 있으나, 왼편에 '氵'의 자획이 보이지 않으며, '門' 내부의 자획은 '開'로 보인다.

18-⑧ : 於

18-⑧(墓誌)

∴ '於'자가 뚜렷하다.

18-㉗ : 荘

18-㉗(墓誌)

∴ 이 글자를 '妝'으로 판독한 경우도 있으나, '荘'자임이 뚜렷하며, 이는 莊에 해당한다.

18-㉚ : [掩]

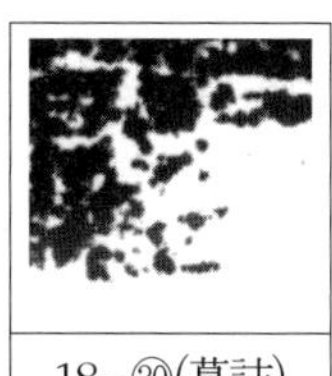
18-㉚(墓誌)

∴ 해당 자획이 거의 보이지 않으나, 기존 판독에 따라 '掩'으로 추정해 둔다.

20-① : [七]

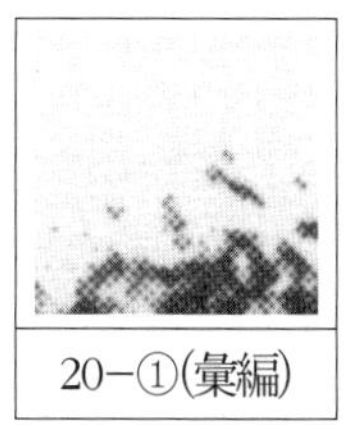
20-①(彙編)

∴ 자획을 판별하기 어렵다. 기존 판독에 따라 '七'로 추정해 둔다.

20-⑥ : ▨

20-⑥(墓誌)

∴ 비면의 결락으로 글자가 거의 보이지 않는다. 그 다음의 '極'자와 연관 지어 의미상 '罔'자로 추정된 것으로 보인다. 미상자로 둔다.

20-⑪ : [深]

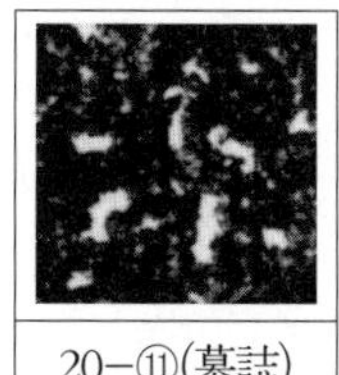
20-⑪(墓誌)

∴ 자획이 거의 보이지 않는다. 기존 판독에 따라 '深'으로 일단 추정해 둔다.

20-⑳ : 墻

20-⑳(墓誌)

∴ 좌변의 '土'자가 뚜렷하다. '墻'으로 표기해 둔다.

20-㉒ : 粵

20-㉒(墓誌)

∴ 이 글자는 '奧'로 읽거나 '粵'로 본다. 하단부의 자획으로 보아 '粵'로 판독한다.

21-① : 十

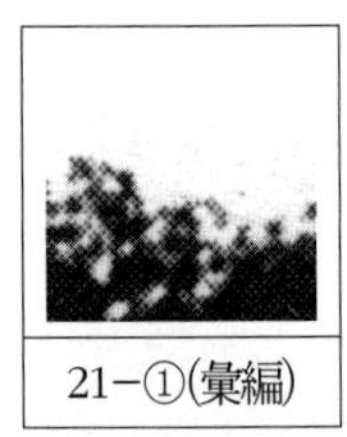

21-①(彙編)

∴ 대부분 21-①에 '十一' 두 자가 새겨져 있는 것으로 보지만, 21-②에 '一'자가 분명하므로, 21-①에는 '十'자 한 자만 있을 것이다.

21-② : 一

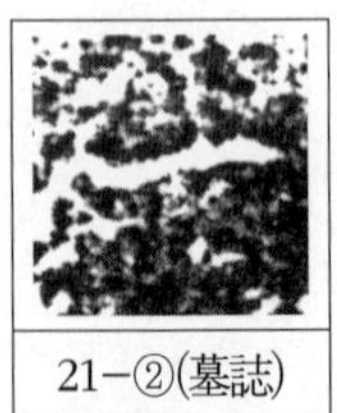

21-②(墓誌)

∴ '月'로 추정하기도 하나, '一'이 분명하다. 21-②의 '一'과 21-③의 '四' 사이에는 '月'자가 들어가야 마땅하나 누락된 것으로 보인다.

21-㉚ : [股]

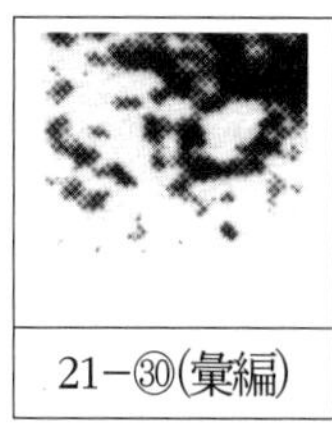

21-㉚(彙編)

∴ 대부분 '股'으로 판독하였으나, 탁본으로는 획이 분명하지 않다. 기존 견해를 따라 '股'으로 추정해 둔다.

22-② : [俄]

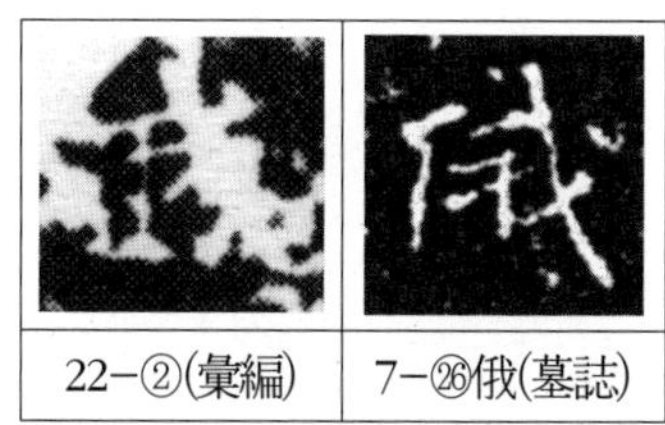

22-②(彙編)	7-㉖俄(墓誌)

∴ 7-㉖의 '俄'와 비교하여 자획이 다소 차이가 있으나, 기존 판독에 따라 '俄'자로 추정해 둔다.

22-⑨ : 郊

22-⑨(墓誌)

∴ '效'로 판독한 경우가 있으나 우변의 '阝'자가 분명하다. '郊'로 볼 수 있다.

23-① : [玄]

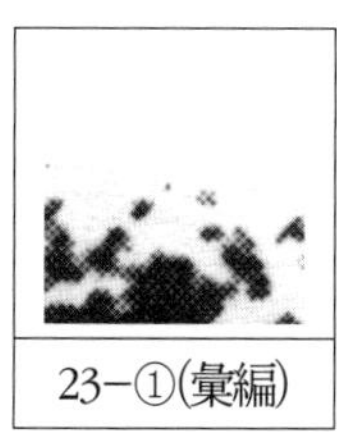

23-①(彙編)

∴ 탁본으로는 자획을 거의 확인할 수 없다. 기존 판독에 따라 '玄'으로 추정해 둔다.

24-① : ▨

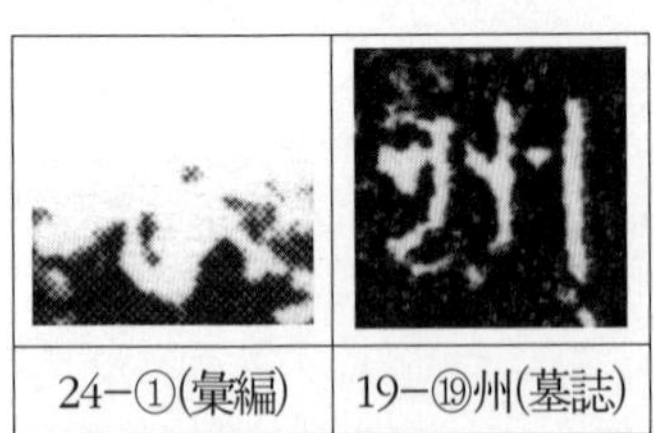

24-①(彙編)	19-⑲州(墓誌)

∴ 23-㉚의 '汾'과 연결 지어 보통 '州'로 판독한다. 그러나 탁본에서 보이는 획으로는 19-⑲의 '州'자와는 획이 달라 보인다. 미상자로 둔다.

24-⑱ : 惟

24-⑱(墓誌)

∴ '維'로 판독하는 견해가 많으나, '惟'자가 분명하다.

24-㉓ : 籍

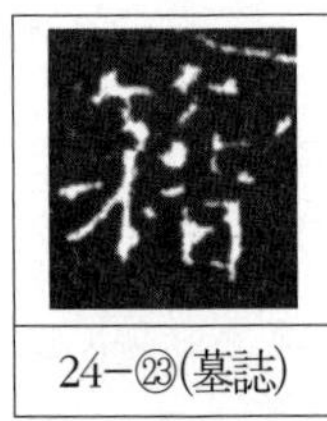

24-㉓(墓誌)

∴ '藉'로 판독한 경우가 있으나, 상단부의 '竹'자 획이 분명하다.

25-① : ▨

25-①(彙編)

∴ 대부분 '君'자로 판독하고 있으나, 자획을 확인하기는 어렵다.

25-②：[執]

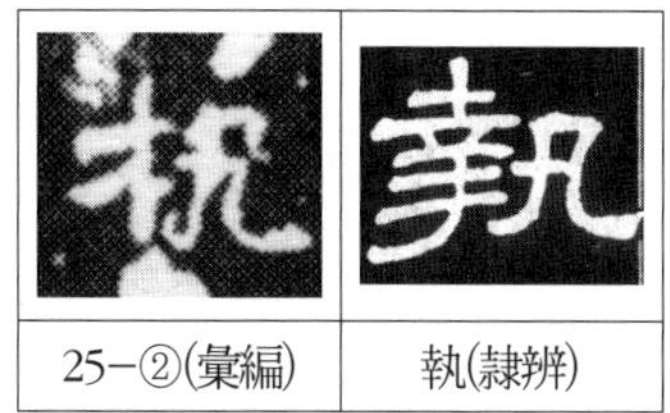

25-②(彙編)	執(隷辨)

∴ 이를 '抗'자로 판독한 경우도 있으나, 이와는 자형이 다르다. 좌변은 '扌'이나 '木'으로 보이며, 우변은 '冖'와 '九'가 결합된 듯하다. 기존 판독에 따라 '執'자로 추정해 둔다.

25-⑤：孽

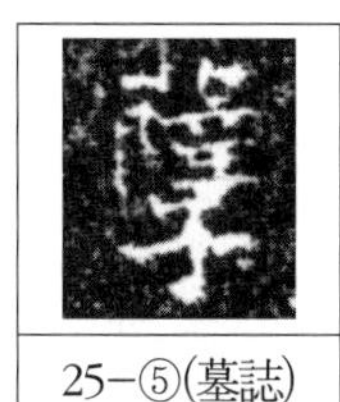

25-⑤(墓誌)

∴ 상단부에는 '艹'가, 하단부에는 '子'자가 뚜렷하다. '孽'로 판독된다.

25-⑱：寡

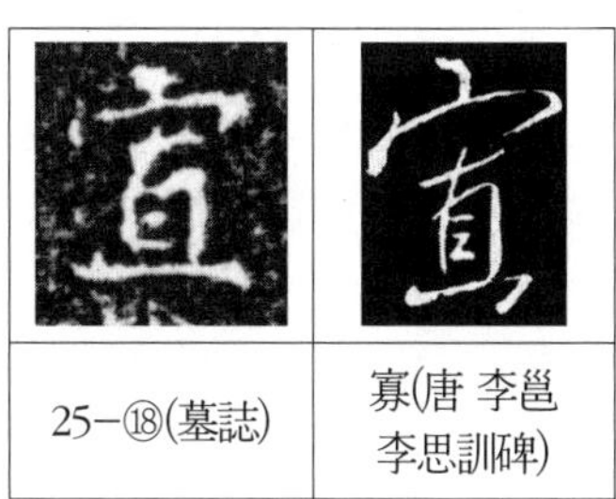

25-⑱(墓誌)	寡(唐 李邕 李思訓碑)

∴ '宀'와 '直'자가 결합한 형태로 표기되어 있다. 寡의 이체자이다.

26-①：▨

26-①(彙編)

∴ 기존에는 대부분 '龍'자로 보았으나, 탁본으로는 자획을 확인할 수 없다. 미상자로 둔다.

26-④ : 嬉

26-④(墓誌)

∴ '爲'로 판독한 경우가 있으나 '嬉'자가 뚜렷하다.

26-㉕ : 捐

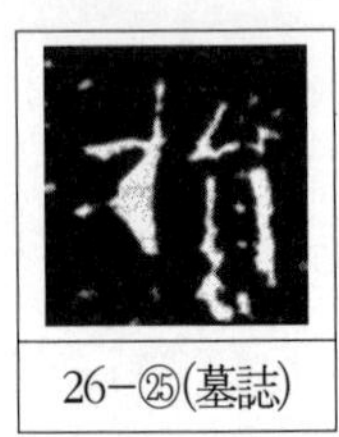
26-㉕(墓誌)

∴ '損'으로 판독하기도 한다. 우변의 하단부를 '月'로 볼지, '貝'로 볼지 다소 모호한데, '貝'로 보기에는 하단부의 점이 분명하지 않으므로 '月'로 보아 '捐'으로 판독한다.

26-㉚ : [永]

26-㉚(墓誌)

∴ 오른쪽에 획이 일부 보이나, '永'인지는 분명하지 않다. 기존 판독에 따라 '永'으로 추정해 둔다.

27-① : [置]

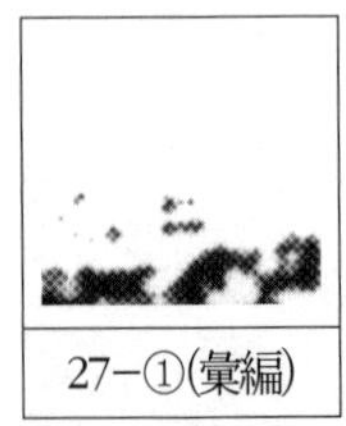
27-①(彙編)

∴ 하단부 일부만 획이 보이는데, '置'에 해당하는 획일 가능성이 있다. 기존 판독에 따라 '置'로 추정해 둔다.

28-① 陽:

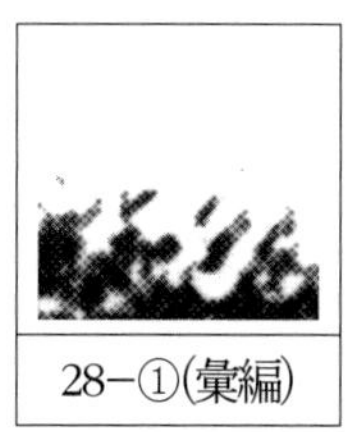
28-①(彙編)

∴ 하단부만 보이는데, '陽'으로 본 기존 판독을 따른다.

29-⑳ : [一]

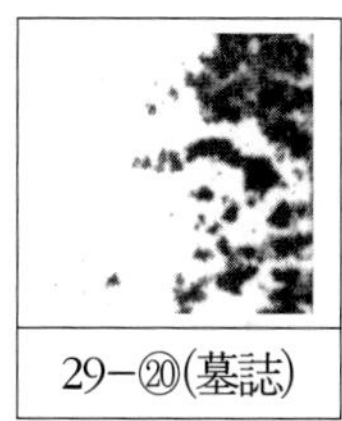
29-⑳(墓誌)

∴ 탁본의 상태가 좋지 않아 획이 분명하지 않다. 기존의 판독대로 '一'로 추정해 둔다.

III. 역주

唐나라의 故 宣威將軍[146] 左衛 汾州[147] 淸勝府 折衝都尉[148] 上主國 難君 墓誌의 銘과 아울러 쓴 序文이다.

君의 諱는 元慶이다. 그 선조는 皇帝의 종족이며,[149] 扶餘와 가까운 族類였다.[150] 옛날 형제가 갈라져,[151] 海東[東表]에 자리 잡고, 형제가 …… 정치하였다. 이에 나라를 세우고 韓을 신하로 삼았다.[152] (난

146) 宣衛將軍: 종4품상의 무산관.

147) 汾州: 汾州의 치소는 지금의 山西省 隰縣에 해당한다.

148) 折衝都尉: 절충부의 장관이며, 정원은 1인이다. 품계는 절충부의 등급에 따라 다른데, 上府는 정4품상, 中府는 종4품하, 下府는 정5품하이다.

149) 黃帝之宗: 신라 왕실이 少昊金天氏에서 나왔다고 표방한 것처럼 난씨 가문도 새롭게 중국과 관련된 출자관념을 내세운 것으로 이해된다(이문기, 2000, 앞의 글, p.524).

150) 扶餘之介類: 「黑齒常之墓誌銘」의 '其先出自扶餘氏 封於黑齒 子孫因以爲氏焉'과 같이 왕족인 부여씨와의 관련성을 서술한 것으로 보인다. 실제로 난씨가 부여씨로부터 분파된 것인지는 분명하지 않다.

151) 伯仲枝分: 뒤의 형제와 대구를 이루고 있기 때문에 伯仲은 형제로, 枝分은 혈족이 갈라진 것으로 해석된다(윤선태, 2008, 『百濟史資料譯註集, 韓國篇 1』, 충청남도역사문화원, p.715 각주 367번).

152) 爰國臣韓: 臣韓을 辰韓으로 보고 신한이라는 나라를 세운 것으로 해석하기도 하나(이문기, 2000, 앞의 글, p.523), 韓을 신하로 삼았다고 해석할 수 있으며, 백제를 건국한 이후 마한을 정복한 일을 일컫는 것으로 이해할 수 있다. '昔伯仲枝分-爰國臣韓'까지의 내용은 졸본부여에서 남하한 沸流와 溫祚 형제가 백제를 건국하고 마한을 정복하였다는 백제의 건국설화와

원경의 선조가) 백성을 다스리는 어려움을 절묘하게 처리하였으므로, 이로 인하여 (難을) 姓으로 삼았다.[153] 孔子가 「舜典」의 序를 쓰면서 이른바 '여러 어려움으로 차례로 그를 시험하였다.'[154]는 것이 바로 그 뜻이다.

高祖[155]인 珇는 백제[遼]에서[156] 벼슬하여 達率의 官에 임명되었으니, 지금의 宗正卿과 같다.[157] 祖父인 汗은 入唐하여[158] 熊津州都督府 長史[159]가 되었다. 아버지 武는 中大夫[160]로 使持節支潯州諸軍事 守支潯州刺使였다가,[161] 忠武將軍[162] 行右衛翊府[163] 中郎將[164]으로 옮겼다. (조상들은) 모두 어질고 명석하며 識

유사하고, 이러한 백제건국설화가 묘지명에 기록된 점을 보면, 『三國史記』에 채록된 백제건국신화의 생성 시점을 백제 당시로 올려 볼 수 있을 것이다(윤선태, 2008, 위의 글, p.715 각주 368번). 그리고 당으로 망명한 백제 귀족들 가운데 백제건국설화를 묘지명에 기록하며 백제인으로서의 정체성을 유지하였던 사례로 주목된다.

153) 難: 韓致奫의 『海東繹史』에서는 중국문헌에서 확인되는 우리나라의 역대 성씨들을 정리하여, 백제의 성씨로 왕족인 夫餘氏와 眞氏, 沙氏, 劦氏, 解氏, 木氏, 燕氏, 國氏, 苩氏 등의 大姓八族과 黑齒氏, 沙吒氏 등을 열거하면서 難氏도 백제의 성씨로 기록하였다. 이는 宋代 王應麟의 『急就篇姓氏注』을 인용한 것으로, 王應麟이 찬한 『姓氏急就篇』 卷上에서 관련 기사가 확인된다(이문기, 2000, 앞의 글, pp.493~494).

154) 歷試諸難: 虞舜이 庶人이었을 때, 堯는 그가 총명하다는 소문을 듣고, 장차 그로 하여금 帝位를 잇게 하고자 하여 여러 어려운 일들을 시켜 일일이 시험하였다(『尙書』 虞夏書 舜典).

155) 高祖: 唐代 묘지명에서 가문 내력을 밝힐 때 일반적으로 曾祖-祖-父의 내력을 밝히기 때문에 '曾祖'로 추정하기도 한다(이문기, 2000, 앞의 글, pp.499~500). 그러나 자획상 '曾祖'가 아니라 '高祖'로 판단된다.

156) 仕遼: 遼나 遼陽(遼陽鼎貴)을 백제의 요서 점령이나 백제와 북조의 전투기사와 연관시켜 해석하면서, 난원경의 가계를 後漢 시기에 요서지역에 이주한 烏桓 難樓部와 관련지어 해석하기도 하였다(馬馳, 2002, 앞의 글, pp.293~295). 그러나 이러한 주장에 대해서는 『姓氏急就篇』에서 난씨가 백제의 성씨임이 전해지고 있다는 점, 遼나 遼陽 등의 표현이 한반도 일원을 가리키는 용어로 사용된다는 점, 백제의 요서진출설이 불확실하다는 점, 오환 난루부가 요서지역으로 옮겨갔다는 확증이 없다는 점 등의 문제점이 지적되었다(이문기, 2000, 위의 글, pp.512~522). 고조가 달솔의 관에 임명된 遼는 백제로 해석되어야 할 것이다.

157) 宗正卿: 宗正寺의 장관직으로 종3품이며, 그 직무는 9족 6친의 屬籍을 관장하고, 昭穆의 차례를 분별하며, 친소원근의 배열을 紀律하고, 崇玄署를 통령하는 것이었다(『唐六典』 卷16, 宗正寺). 「흑치상지묘지명」에서는 달솔의 직을 兵部尙書(정3품)와 비교하며 있으며, 본국(백제)에서는 2품관에 해당한다고 서술하고 있다. 달솔로서 취임할 수 있는 관직의 종류는 여러 가지였을 것이며, 그 가운데 당의 종정경과 같은 역할을 하는 관직도 있었을 가능성을 고려해 볼 수 있겠다.

158) 入唐: 그 의미를 당에 투항하였다는 의미로 해석하기도 하지만(정병준, 2007, 「당에서 활동한 백제유민」, 『백제유민들의 활동』, 충청남도역사문화연구원, p.306), 예군의 사례와 같이 당에 들어갔다가 백제고지에 파견되는 상황도 충분히 가능할 것이다. 이 경우에 입당한 시점이 문제인데, 난원경의 할아버지인 난한이 입당한 시기는 백제가 멸망당한 직후인 660년 9월 의자왕과 여러 왕자, 大臣, 將士, 일반 백성 등 약 1만 3천 명이 당의 포로가 되어 입당했던 시점이거나, 그보다 3년 후인 663년 9월 백제부흥군의 항쟁이 실패로 끝난 후 항복한 黑齒常之, 사타상여, 부여충승 등 부흥운동에 참여했다가 당에 투항했던 존재들이 입당했던 시점으로 좁혀 볼 수 있을 것이다. 「난원경묘지명」에서 난한이 부흥운동에 참여했다는 기록이 없다는 점에서 입당시점을 660년 9월로 추론하기도 하지만(이문기, 2000, 앞의 글, p.508), 「흑치상지묘지명」에서는 흑치상지가 백제부흥운동에 참여했던 일이 의도적으로 누락되어 있기 때문에, 묘지명의 기록만으로는 입당시점을 판단하기 곤란하다(윤선태, 2008, 앞의 글, p.716 각주 373번).

159) 長史: 장사는 도독의 부관으로 도독이 부재할 시에는 장사가 도독부의 사무를 총괄하였다(馬馳, 2002, 앞의 글, p.297 참조).

160) 中大夫: 종4품의 문산관.

161) 支潯州: 당이 백제 옛 땅에 설치한 7개 주의 하나로, 州治인 支潯縣(충남 예산군 대흥면)을 포함한 9개 縣을 거느리고 있었다(『三國史記』 卷37, 地理4 참조).

見이 심원하였다. 政事에서 ……로 유명하였으며, 덕을 잘 닦고 문장은 광대하여 국가와 집안에서 모두 현달하였다.

君은 어려서[165] 총명하여 정통하지 않은 바가 없었다. 이윽고 游擊將軍[166] 行檀州 白檀府[167] 右果毅[168]와 直中書省[169]을 제수 받았다. 비록 무관직[雄衛][170]을 맡았지만, 항상 문관직[文軒][171]을 잘 다스렸다. 얼마 뒤에 夏州 寧朔府[172] 左果毅都尉와 直中書省 內供奉으로 관직을 옮겼다.[173]

마침 변방에 전쟁이 여러 번 일어나고,[174] 봉화가 올라 때때로 (백성을) 놀라게 하였다. 君은 평소에 전

---

162) 忠武將軍: 정4품상의 무산관.

163) 右衛: 당의 수도에 설치되었던 16위의 하나.

164) 中郎將: 정4품하, 중견간부급의 군장직이다. 품계보다 관직이 낮으므로 行을 표시하였다.

165) 난원경은 723년에 61세를 일기로 사망했으므로, 그가 태어난 해는 백제 멸망 후 약 3년간 지속되어 온 백제부흥운동이 종말을 고하였던 663년 무렵이다. 다만 조부가 입당한 시기가 분명하지 않아 출생지가 백제인지 당인지는 불분명하지만, 청소년기를 당에서 보낸 것은 확실해 보인다(이문기, 2000, 앞의 글, pp.505~508).

166) 游擊將軍: 유격장군은 종5품하의 무산계이므로 游擊將軍 行檀州 白檀府 右果毅가 난원경의 초사직이라고 보기는 어렵다고 보고 하급 무관직을 역임한 이후에 유격장군 행단주 백단부 우과의에 올랐을 것으로 추정하기도 한다(이문기, 2000, 위의 글, p.509). 조부나 부친의 蔭敍에 의해 이러한 무관직을 얻었을 가능성도 있으며(정병준, 2007, 앞의 글, p.307), 예식진의 아들인 禰素士가 15세에 유격장군에 제수된 사례도 참조된다.

167) 檀州 白檀府: 단주(치소는 지금의 北京市 密雲縣)에는 절충부가 2개 있었는데, 백단부는 그중 하나이며, 密雲縣 東北 지역으로 비정된다(張沛, 2003, 『唐折衝府彙考』, 三秦出版社, p.214).

168) 右果毅: 절충부의 수장인 折衝都尉의 副職인 果毅都尉이다. 절충부마다 2인이 있으며, 左果毅都尉, 右果毅都尉가 그것이다. 절충부의 등급에 따라 과의도위의 관품은 종5품하, 정6품상, 종6품하로 나뉜다(沈起炜·徐光烈 編著, 1992, 『中國歷代職官詞典』, 上海辭書出版社, p.204). 과의도위의 주요 임무는 절충도위가 부병을 훈련시키거나, 부병을 이끌고 숙위에 대비하고 전쟁에 나가는 것 등을 보좌하는 일이다(馬馳, 2002, 앞의 글, p.300).

169) 直中書省: 중서성의 直官을 말한다. '直'은 정규 관원이 아니면서 다른 관청에 차견되었을 경우에 칭해지는 직함이다. 당대 중앙관의 정원은 무관을 포함하여 모두 2,621인이지만, 그 5분의 1에 해당하는 465인이 직관이었다. 당조가 직관제도를 운영한 이유는 경력과 출신에 구애받지 않고 기술인 등 재능 있는 인재를 자유롭게 기용하기 위한 것이었다. 당시 중서성 직관의 일은 ① 明法, ② 能書, ③ 裝制勅(황제의 제칙을 표구하는 기술자), ④ 飜書譯語, ⑤ 乘驛(兵法 등 武才에 능한 무관) 등이었다(李錦繡, 1998, 「唐代直官制」, 『唐代制度史略論稿, 中』, 國政法大學出版社, pp.13~16, p.46; 정병준, 2007, 앞의 글, pp.308~309). 난원경은 이민족에 보내는 문서의 번역이나 이민족과의 통역 등의 직무나 군사 관련 직무를 담당하였을 텐데, 이 가운데 후자일 가능성이 높다고 보기도 한다(정병준, 2007, 위의 글, pp.308~309). '雖司雄衛 恒理文軒'이라는 다음 구절을 고려한다면, 무관임에도 중서성 직관으로 차출된 것은 학문적 소양을 갖추었기 때문으로 생각할 수 있다(이문기, 2000, 앞의 글, p.509).

170) 雄衛: 당나라의 16위를 가리키는 것으로, 전하여 무관직을 말한다.

171) 文軒: 화려하게 장식된 수레나 채색하고 새겨 꾸민 난간과 문·창이 있는 회랑을 의미한다. 이를 文獻과 의미가 통하는 것으로 해석하거나, '軒'을 文의 모범, 즉 문장을 잘 지었다는 뜻으로 해석하기도 하였다(윤선태, 2008, 앞의 글, p.717 각주 382번). 앞의 '雖司雄衛'와 대구를 이르는 문장으로 文軒은 문관직을 가리키는 것으로 이해할 수도 있다.

172) 夏州 寧朔府: 하주에 설치된 절충부는 영삭부, 순화부 등 2개가 있었다. 하주의 치소는 현재의 陝西省 靖邊縣 동북의 白城子이며, 영삭부는 정변현의 동쪽에 있었다.

173) 直中書省 內供奉: 供奉이란 황제 주변에 대기하며 시봉하는 것을 말하며, 중서성과 문하성의 관원과 어사대의 상급 관원은 거의 공봉관에 속하였다(『唐六典』 卷2, 吏部郎中). 난원경은 하주 영삭부 좌과의도위에 임명되면서, 동시에 파견의 형식으로 직중서성 내공봉에 임명되어 황제의 近臣으로 근무하였음을 알 수 있다(정병준, 2007, 앞의 글, p.310).

략을 세우는 데 능하여[175] 일찍 군사에 참여하였다. 文乃▨▨▨▨▨▨▨▨軍▨弓旌▨重하였다. (백성들을) 안정시키고, 위무하는 것을 중요시하였고,[176] 전쟁을 끝내 방패와 창은 거꾸로 두게 하였다.[177]

마침내 朔方軍[178]總管에 제수되었다. 君은 황명을 받들어 …… 九姓을 토벌하여[179] 이에 오랑캐를 섬멸하였으니, 三軍은 편안하고 무사히 개선하였다. 星樓에서 크게 연회를 열었고, 천자는 祿이 (난원경의) 능력에 대한 대가로 부족하다고 여겨, 특별히 紫金魚袋와 옷 한 벌 그리고 비단(物) 100필을 하사하였다.

마침 羌戎氏가 ▨하자, 河西의 오랑캐가 도망하거늘,[180] 君으로 하여금 초무하고 정벌하게 하니, 비가 쏟아지듯 무수히 많이[181] 항복하였고, 개선하여 포로를 바쳤다.[182] 內庭에서 잔치를 열어 공을 기리고 특별히 노비 6명, 말 10필, 비단 100필을 하사하였다. 또 宣威將軍을 제수 받고 汾州 淸勝府 折衝都尉로 관직을 옮겼다. 勳은 각각 전과 같게 하였다.

君은 천성이 온화하고 공손하였고, [情]神과 道德이 관작과 상을 더하여 주는 데에 (부족함이) 없었다. 항상 청렴결백한 마음을 품었고,[183] 局量이 官位에 맞지 않고, 능력이 세상을 구제할 수 없을까 염려하였다. 앉아 있을 때에는 반드시 엄숙하였고 시선대로 몸을 움직였으며,[184] 사람들이 이롭게 여기는 바이고 …… 영원하기를!

그러나 積善은 드러나지 않고, 두 기둥 사이에서 設奠하는 꿈은 죽음을 재촉하였다.[185] 염교 위의 아침

---

174) 邊塵: 변방지역에서 일어난 전쟁을 이르는 말.

175) 宿善帷籌: 宿善은 관용구로는 선행을 바로 행하지 않고 미루는 일, 또는 불교용어로 전에 행한 선행의 공덕 등을 의미하나, 문맥상 매끄럽지 않아 각각의 의미를 따로 새겼다. 그리고 籌帷가 군막에서 전략을 세운다는 뜻이 있어, 帷籌 또한 비슷한 의미로 추정하였다.

176) 綏撫: 편안하게 어루만져 달램.

177) 倒載干戈: 무기를 거꾸로 놓는다는 뜻으로, 세상이 평화로워졌음을 이르는 말(『禮記』 樂記, "倒載干戈, 包之以虎皮, 將帥之士, 使爲諸侯, 名之日建櫜, 然後天下知, 武王之不復用兵也.").

178) 朔方軍: 하주 朔方縣(夏州의 치소로, 지금의 靖邊 동북의 白城子)에 설치되었으며, 唐初에 河東道에 설치하였던 朔方經略軍 또는 후에 朔方行軍大總管을 대치한 朔方 藩鎭과는 별개이다(馬馳, 2002, 앞의 글, p.301; 정병준, 2007, 앞의 글, p.311).

179) 당에 귀화하여 河曲에 살고 있던 九姓鐵勒部落이 현종 개원 4년(716) 8월에 반란을 일으켰고, 이를 같은 해 10월 朔方軍大總管 薛訥과 幷州刺史 王晙 등이 진압하였다(馬馳, 2002, 위의 글, pp.300~301). 이때에 난원경은 삭방군총관으로 임명되어 공을 세운 것으로 볼 수 있다.

180) 개원 9년(721) 3월 蘭池州의 소그드인인 康特賓이 같은 降戶들과 함께 반란을 일으켜 부근 六胡州를 모두 휩쓸고, 이에 7월에 王毛仲, 王晙, 張說 등이 진압하였다. 이때 난원경이 최후로 정벌활동을 하였을 것으로 추정된다(馬馳, 2002, 위의 글, pp.301~302).

181) 雨集: 비가 내리듯 많이 모이는 모양.

182) 操袂: 포로를 종묘에 바칠 때 포로의 오른쪽 옷소매를 잡아 異心을 품지 못하게 하는 일을 일컫는다. 뒤에 개선하거나 포로와 전리품을 바치는 것을 이르는 말로 쓰였다(『禮記』 曲禮 上, "獻民虜者, 操右袂.").

183) 耿潔: 청렴결백함 또는 그러한 사람.

184) 目以定體: 定體는 몸을 지배한다는 의미이다(『國語』 周語 下, "夫君子目以定體 足以從之, 是以觀其容而知其心矣.").

185) 奠楹: 공자가 돌아가시기 전에 두 기둥 사이에서 設奠하는 꿈을 꾸었던 故事에서 따온 것으로, 죽음을 완곡하게 표현한 말이다(『禮記』 檀弓 上, "予疇昔之夜夢, 坐奠於兩楹之間, 而天下其孰能宗予. 予殆將死也. 蓋寢疾七日而沒").

이슬은 쉬이 사라지고,[186] 영혼은 어두운 무덤[夜臺] 속으로 거두어졌다. 開元 11년(723) 6월 28일 汝州 龍興縣[187]의 私第에서 돌아가셨으니, 춘추가 61세였다.

부인은 丹徒縣君 甘氏로 左玉鈐衛大將軍[188] 甘羅의 長女이다. 말씨와 태도가 유순하고,[189] 온화하고 아름다운 덕을 지녔으며, 부드럽고 여유로움은 아리따운 자태를 도왔다. 柳花가 물에 뜨고 하늘에 날리니, 琴瑟에 멈추어 시문을 짓고, ▨色이 얼굴에 피어나니 비단 매듭에 무늬를 수놓았다. 군자의 배필이 됨에 그 집안에 어울렸으니, 禮는 梁鴻의 아내보다 훌륭하였고,[190] 어짊은 班女를 뛰어넘었다.[191] 그러나 장중한 누각이 갑자기 가려지고 아름다운 달이 ▨▨하였다. 開元 22년(734) 5월 18일 汝州 魯山縣의 사저에서 돌아가셨으니, 춘추가 67세였다.

아들 ▨▨가 (부모의 은혜는) 망극함이 넓디넓은 하늘과 같아,[192] 애통함이 깊이 땅을 울리고, 마음을 도려내고 가슴을 두드려 담장이 무너지는 것 같구나! 大唐 開元 22년 11월 4일 汝州 魯山縣 東北 쪽의 언덕에[193] 합장하니, 예에 맞는 것이었다.

아, 날카로운 검[194]이 나란히 날아다니다 紀功碑[沈碑][195]가 가라앉은 강물에 모두 잠겼고, 殷▨가 순식간에 합쳐져, 魯 陽公이 창을 휘둘러 지는 해를 되돌렸던[196] 그 들판에 함께 묻혔다. 이에 銘을 지었다.

검은 하늘[玄]과 누런 땅[黃]이 처음으로 나누어지자 집안[家]과 나라[邦]가 드디어 흥기하였고, 사방이 우뚝 솟자 만물이 빛어지도다. 이것이 그 하나이다.

達率公이 영화로운 관직에 오르니, 遼陽의 존귀한 집안이라네.[197] 덕이 크신 장군은 汾州의 折衝都尉

---

186) 露晞朝薤: 人命이 '아침에 염교(백합과에 속하는 여러해살이 풀) 위의 이슬처럼 쉽게 사라진다.'는 의미로 흔히 輓詞나 輓歌에 주로 쓰이는 말로, '죽음'을 뜻한다.

187) 龍興縣: 지금의 하남성 寶豊, 魯山縣의 접경 지방.

188) 左玉鈐衛大將軍: 좌옥검위는 당의 16위의 하나이다. 본래 左領軍衛였는데, 684년에 이 명칭으로 바뀌었다가 705년에 다시 원래 이름으로 돌아갔다. 대장군은 1인으로 정3품이다(『唐六典』 卷24, 諸衛府 左右領軍衛).

189) 婉娩: 말이나 태도가 온순함. 婉은 말이 부드럽고 온순한 것을, 娩은 용모가 貞靜한 것을 뜻한다(『禮記』 內則, "女子十年, 不出, 姆敎婉娩聽從. 〈鄭玄註〉 婉謂言語也, 娩之言媚也. 媚謂容貌也").

190) 梁妻: 梁鴻의 아내 孟光를 말한다. 『後漢書』 逸民傳 梁鴻 열전에서 그녀의 예절과 현명함을 전한다.

191) 班女: 班固의 여동생 班昭를 가리킨다. 반고가 『漢書』를 완성하지 못하고 죽자, 뛰어난 재주로 학문의 세계도 넓었던 그녀가 이를 이어 완성하였다. 후에 입궁하여 황후가 되었으며, 『女誡』 등을 저술하였다.

192) ▨極昊天: 昊天罔極과 의미가 같은 말로 추측된다. 昊天罔極은 하늘이 광대하여 끝이 없다는 뜻으로 부모가 자식을 생육한 은혜가 크고 끝이 없음을 이르는 말이다(『詩經』 小雅 蓼莪, "父兮生我, 母兮鞠我 …… 欲報之德, 昊天罔極.").

193) 魯山縣東北原: 묘지명이 출토된 魯山縣 張店鄕 張飛溝村 일대이다.

194) 楚劍: 고대 초나라의 철검, 날카로운 검의 범칭이다.

195) 沉碑: 晉 杜預의 고사에서 유래하여, 紀功碑를 가리키는 말이다(『晉書』 杜預傳, "預好爲後世名, 常言, 爲谷深, 谷爲陵. 刻石爲二碑, 紀其勳績, 一沈萬山之下, 一立峴山之上, 日焉知此後不爲陵谷乎.").

196) 揮日: 揮戈回日의 준말로, 魯 陽公이 韓과의 전투에서 창을 휘둘러서 지는 해를 되돌려 놓았다는 고사에서 유래한 말이다(『淮南子』 覽冥訓, "魯陽公, 與韓搆難, 戰酣, 日暮, 援戈而撝之, 日爲之反三舍"). 위태로운 판세를 힘써 만회한다는 뜻이기도 하나, 여기에서는 난원경이 묻힌 魯山縣과 관련된 고사 그 자체를 말하는 것으로 이해된다.

197) '達率騰華'는 난원경의 고조부에 관한 서술로, '遼陽鼎貴'는 난원경의 조부가 당에 망명하여 웅진도독부가 교치된 建安故城의 鼎貴가 되었던 사실을 기록했을 가능성이 제기되기도 하였다(윤선태, 2008, 앞의 글, p.721 407번). 난원경의 조부가 입

가 되셨네. 이것이 그 둘이다.

氣像이 千古를 덮을 만하고, 명예는 三韓에서 중하였으며, 자손은 효를 행하고 절의를 지키며, 삼가 생각하고,[198] 얼굴빛을 좋게 하였네.[199] 이것이 그 셋이다.

나라의 바탕(國籍)이 뛰어나고 신령스러워 나라가 굳건하고 편안하게 되었으며, 스스로 …… 절개를 지켜 변방의 사악한 무리를 깨끗이 제거하였네. 이것이 그 넷이다.

군세를 떨치고 돌아오기를[200] 배고프듯이 하고, 흉적을 쳐부수기를 목마르듯이 하여, 적은 군사로 많은 적을 대적하여도 그 뜻을 빼앗을 수 없었네. 이것이 그 다섯이다.

개선하여 황제가 연회를 베풀고 황제를 수행하며 원앙이 노니는 연못에서 즐거워하였다.[201] 賞賜가 비록 많았지만 은혜에 보답함도 적지 않았네. 이것이 그 여섯이다.

해와 달이 거꾸로 걸리자 금과 옥을 모두 버리고 애통하게도 紫色 印綬를 하고서[202] 영원히 황천에 묻혔네. 이것이 그 일곱이다.

지아비가 높아지고 지어미가 귀해지자 난새가 숨고 봉황이 분주히 떠났으며, 기둥 사이에 차려 놓은 尊이 철거되자 소나무 아래에 영혼이 묻혔네. 이것이 그 여덟이다.

君子가 사는 곳이자 賢人이 사는 동리로, 魯 陽公이 창을 휘두르고[203] (劉累가) 堯 임금의 제사를 세웠다.[204] 이것이 그 아홉이다.

안개와 구름으로 모두가 어두워지고 산과 개울에 모두 석양이 지자, 문득 맑은 바람이 그리워 감히 검은 빗돌에다 명문을 남기노라. 이것이 그 열이다.

開元 22년 歲次 甲戌 11월 戊午朔 3일 庚申에 쓰다.

당한 시점과 요양이 가리키는 바가 문제가 될 텐데, 난원경의 조부와 부친 모두 백제고지의 웅진도독부에서 관직을 맡은 것으로 이해하기도 한다(馬馳, 2002, 앞의 글, pp.297~299; 이문기, 2000, 앞의 글, p.508).

198) 恭惟: 윗사람에게 쓰는 경어, 삼가 생각함을 의미함(=恭維).

199) 色難: 자식이 항상 온화한 낯빛으로 부모를 모시기 어렵다는 의미이다(『論語』 爲政). 전하여 부모님 앞에서 항상 얼굴빛을 좋게 하였다는 뜻으로 사용되었다.

200) 振旅: 대오를 정비하여 군대를 철수한다는 의미(『詩經』 小雅 采芑, "伐鼓淵淵 振旅闐闐")와 군대를 정돈하여 士兵을 조련한다는 의미가 있다.

201) 鴛沼: 鴛池, 鴛省과 통하는 글자로 생각된다. 鴛省은 中書省을 비유하여 일컫는 말인데, 위진남북조 시기에 중서성이 禁苑에 설치되었던 데에서 비롯된 것이다. 여기에서 鴛沼는 중서성을 가리킨다기보다는 황제의 禁苑을 뜻하는 것으로 이해된다.

202) 痛纓紫綬: 관직에 재직하는 도중에 죽었다는 의미를 포함한다(윤선태, 2008, 앞의 글, p.722 각주 413번).

203) 揮戈: 揮戈回日의 준말.

204) 唐堯立祀: 이 구절은 '堯 임금이 제사를 세웠다.'로 해석되나, 지금의 魯山縣에 요 임금의 후예인 御龍氏 劉累가 夏代에 은거하면서 堯山에 堯祠를 세웠다고 전해지므로(『水經注』 卷31, "堯之末孫劉累 以龍食帝孔甲 孔甲又求之 不得 累懼而遷于魯縣 立堯祠于西山 謂之堯山"), 내용상 劉累가 堯祠를 세운 일을 가리키는 것으로 추측된다.

Ⅳ. 연구쟁점

난원경의 조부인 難汗에 대해서는 '入唐爲熊津都督府長史'로 기록되어 있다. 난한이 입당한 시기가 언제인지, 그리고 어느 지역의 웅진도독부 장사가 되었는지에 대해서는 연구자마다 다소 이견이 있다. 이에 대한 해석에 따라 난원경의 조부와 부친의 官歷을 당의 백제고지 지배의 사례로서 활용할 수 있을지를 판단할 수 있을 것이다.

「난원경묘지명」에서 난원경 선조의 활동지역은 '遼'와 '遼陽'으로 나타나며, 이는 각각 '高祖珇 仕遼任達率官', '達率騰華 遼陽鼎貴'라는 구절에 보인다. '遼'와 '遼陽'을 그대로 중국의 지명, 특히 676년에 웅진도독부가 교치된 建安古城으로 이해하기도 하는데, 이 경우 몇 가지 문제가 있다. 우선, 난원경의 고조부가 달솔의 관등에 오른 곳은 당연히 건안고성이 될 수 없을 것이다. 백제가 요서지역에 진출하였을 가능성을 고려하더라도 고조부의 나이를 계산하였을 때, 그의 주된 활동시기는 6세기 후반에서 7세기 전반으로 중국 北周·隋代이다.[205] 백제가 요서지역에 진출한 사실을 인정할 경우, 그 시기는 대체로 4세기 중·후반으로 추정되며,[206] 백제가 요서지역을 장기간 차지하였을 가능성을 고려하더라도 난원경의 고조부가 활동하던 시기까지 연결되기는 어려울 것이다. 즉, '高祖珇 仕遼任達率官'에서 '遼'는 중국이 아닌 백제로 이해해야 타당할 것이다.

銘의 '達率騰華 遼陽鼎貴'라는 구절에서 앞구절은 고조부에 관한 것으로, 뒷구절은 조부와 부친에 관한 것으로 이해하기도 한다. 즉, 중국의 요양지역에서 난원경의 조부와 부친대에 존귀한 가문이 되었음을 의미하는 것으로 보는 것이다. 이는 난원경의 조부 난한이 건안고성에 교치된 웅진도독부에서 장사직에 임명된 것으로 보는 것이기도 하다. 그런데 웅진도독부가 건안고성에 교치된 676년에 난원경의 나이는 14세였다. 세대 간의 나이 차이를 대략 25~30년으로 가정할 경우, 난원경의 부친은 676년에 39~44세이고, 조부는 64~74세이다. 흑치상지가 좌령군장군 겸 웅진도독부 사마가 된 시기는 672년 이후에서 676년 사이로 짐작되는데, 그의 나이 43~47세 무렵이었다. 비슷한 나이대에 비슷한 관직에 나아갔다고 가정하는 것은 무리하겠지만, 676년에 난원경의 조부는 비교적 고령으로, 그가 웅진도독부 장사가 된 시기는 웅진도독부가 건안고성으로 교치되기 이전일 가능성이 더 크지 않을까 생각된다.

아울러 銘은 대개 誌의 내용을 바탕으로 작성되는 것으로 보인다. 誌에서 '遼'를 백제를 가리키는 것으로 사용하였다면, 銘의 '遼陽'도 동일한 의미로 사용되었을 가능성이 클 것이다. 또 唐代의 고구려·백제 유민 묘지명에서 '遼', '遼陽' 등은 대체로 고구려를 가리키며, 백제지역을 가리키기도 하는 등 한반도 지역을 가리키는 용어로 사용된 사례가 있기 때문에,[207] '遼陽鼎貴'라는 구절은 조부, 부친대에 백제고지에서 웅진도독부 장사나 使持節支潯州諸軍事 守支潯州刺史 등의 관직에 임명된 사실을 가리키는 것이라고

---

205) 馬馳, 2002, 앞의 글, pp.296~297.

206) 김성한, 2013, 「百濟 遼西 영유와 '百濟郡'」, 『歷史學硏究』 50, 호남사학회, pp.17~19 참조.

207) 권덕영, 2014, 「唐 墓誌의 고대 한반도 삼국 명칭에 대한 검토」, 『韓國古代史硏究』 75, pp.119~121.

생각된다.

다음으로 난원경의 조부인 난한이 웅진도독부 장사가 된 시기를 검토해 보겠다. 난한은 입당한 이후 웅진도독부 장사가 된 것으로 기록되어 있는데, 백제 유민들이 당으로 들어간 시기는 백제가 멸망한 이후 적어도 4차례 이상 있었던 것으로 파악된다.[208] 첫 번째 시기는 660년 9월로, 나당연합군에 의해서 백제가 멸망하고 의자왕을 비롯한 왕족과 신료, 백성 등이 전쟁포로로 당에 끌려갔다. 두 번째 시기는 백제부흥군을 완전히 진압한 664년 3월 이후로 당군이 귀환하면서 포로로 잡은 백제부흥군과 당군에 투항하여 부흥군 진압에 앞장선 黑齒常之, 沙吒相如 등을 데리고 돌아갔다. 세 번째 시기는 668년 9월 고구려 평양성이 함락된 후 그 해 10월이다. 고구려로 망명한 백제 유민들과 663년 8월 백강구 전투 패배 후 고구려로 달아난 扶餘豊 등이 고구려 보장왕과 고구려 백성들과 함께 당군의 포로가 되어 이때 끌려갔다. 네 번째 시기는 당이 백제고토에 설치한 웅진도독부가 해체된 이후였다. 신라에 의해 사비에 소부리주가 설치된 671년 무렵부터[209] 웅진도독부가 요동반도의 건안고성에 교치되는 676년 사이에 웅진도독부의 백제 유민들은 당으로 들어갔다. 이 가운데 난한이 입당한 시기로는 첫 번째 시기, 두 번째 시기를 고려해 볼 수 있을 것이다.

만일 난한이 백제부흥운동에 참여하였다면, 입당 시기는 흑치상지가 입당한 시기(664년 3월 이후)와 비슷할 것이다. 그런데 난한이 백제부흥운동에 참여했다고 볼 만한 기록이 없기 때문에 단정 짓기 어렵다. 물론 묘지명에서는 백제부흥운동에 참여한 사실을 의도적으로 누락하였을 수도 있으나,[210] 만일 그러했다면『三國史記』든 중국 쪽 문헌에 관련 기록이 남았을 법도 하다.[211] 따라서 664년 3월 이후보다는 660년 9월에 의자왕과 더불어 포로로 당에 끌려갔을 가능성이 더 크지 않을까 생각된다.

당은 백제를 평정한 뒤 5도독부 37주 250현을 설정하면서 渠長을 뽑아 都督, 刺史, 縣令으로 삼아 주민을 다스리게 하였다.[212] 그러나 곧 백제부흥운동이 일어나고 당이 실제로 장악하고 있던 지역은 사비와 웅진 부근에 한정되었기 때문에 당의 지배정책이 제대로 작동했다고 보기는 어렵다. 다만 웅진은 당군이 장악하고 있었으므로 웅진도독부가 설치, 운영되었을 가능성이 있는데, 660년에 王文度가 웅진도독으로 파견되었던 사실에서 짐작해 볼 수 있다. 당의 장수가 도독을 맡고, 그 휘하에는 일부 백제인 관료가 등용되었을 가능성이 있으나, 난한이 이 시기에 웅진도독부 장사가 되었을지는 의문이다.[213]

백제가 당에 항복하는 데 공을 세운 예군의 경우, 670년 무렵에 이르러서 웅진도독부의 司馬로 활동하

208) 金榮官, 2012,「百濟 遺民들의 唐 移住와 活動」,『韓國史硏究』158, p.233.

209) 소부리주 설치 시기는『삼국사기』신라본기에는 671년으로, 지리지에는 672년으로 기록되어 있다. 대체로 671년으로 보기도 하나, 672년으로 보는 견해도 있다(李道學, 1987,「熊津都督府의 支配 조직과 對日本政策」,『白山學報』34, pp.109~111).

210) 윤선태, 2008, 앞의 글, p.716.

211) 이문기, 2000, 앞의 글, p.508.

212)『三國史記』卷28, 百濟本紀6 義慈王 20年.

213) 馬馳, 2002, 앞의 글, p.297에서는 왕문도가 웅진도독으로 파견된 무렵에 난한이 웅진도독부 장사가 되었을 것으로 추정하였다. 그리고 난원경의 아버지 難武가 지심주자사가 된 시기는 664년 부여융이 웅진도독이 된 시기로 보았다.

였던 점이나,[214] 흑치상지가 주의 장사와 자사를 거쳐서 웅진도독부의 사마가 되었던 점을 고려하면, 전쟁과정에서 두드러지는 활동이 보이지 않고, 집안이 흑치상지의 가문과 비슷한 수준이었던 난한이 입당한 이후 바로 웅진도독부의 장사가 되기는 어렵지 않았을까? 그가 입당하였다가 백제고지로 돌아온 시기를 분명하게 알 수는 없지만, 웅진도독부 장사가 된 시기는 664년 10월 부여융이 웅진도독으로 추천되고 웅진도독부를 중심으로 백제 고지에 대한 당의 지배가 정비되는 시기가 유력하지 않을까 생각된다.

난한은 아마도 백제가 멸망하면서 의자왕과 더불어 포로로 당에 끌려갔다가 부여융이 웅진도독으로 임명된 무렵에 백제고지로 다시 돌아와 웅진도독부 장사에 임명되었고, 그의 아들 난무는 아버지의 관력을 바탕으로 당으로부터 품계를 받고 백제고지에서 관료로서 활동하다가 백제고지에서 웅진도독부가 해체된 이후 중국으로 건너가 무관으로 활동했던 것으로 생각된다. 난원경은 이렇게 조부와 부친이 웅진도독부 하의 관료로서 당이 백제고지를 지배하는 데 기여한 것을 바탕으로 당에서 활동할 수 있었을 것이다.

투고일: 2014. 9. 2.　　심사개시일: 2014. 9. 5.　　심사완료일: 2014. 10. 3.

214) 『三國史記』 卷6, 新羅本紀6 文武王 10年 7月.

참/고/문/헌

충청남도역사문화원 백제사연구소 편집, 2005, 『百濟史資料原文集(Ⅰ)韓國篇』, 충청남도역사문화원.
충청남도역사문화원 백제사연구소 편집, 2008, 『百濟史資料譯註集, 韓國篇 1』, 충청남도역사문화원.

郝本性 主編, 1991, 『隋唐五代墓誌彙編: 河南卷 第1冊』 天津: 天津古籍出版社.
沈起炜·徐光烈 編著, 1992, 『中國歷代職官詞典』, 上海辭書出版社.
中國文物研究所·河南省文物研究所 編, 1994, 『新中國出土墓誌: 河南 壹, 上冊』, 文物出版社.
中國文物研究所·河南省文物研究所 編, 1994 『新中國出土墓誌: 河南 壹, 下冊』, 文物出版社.
陝西省古籍整理辦公室 編, 1999, 『全唐文輔遺 6』, 三秦出版社.

李道學, 1987, 「熊津都督府의 支配 조직과 對日本政策」, 『白山學報』 34.
李文基, 2000, 「百濟 遺民 難元慶 墓誌의 紹介」, 『慶北史學』 23.
정병준, 2007, 「당에서 활동한 백제유민」, 『백제유민들의 활동』, 충청남도역사문화연구원.
양종국, 2008, 『의자왕과 백제부흥운동 엿보기』, 서경문화사.
金榮官, 2012, 「百濟 遺民들의 唐 移住와 活動」, 『韓國史硏究』 158.
김성한, 2013, 「百濟 遼西 영유와 '百濟郡'」, 『歷史學硏究』 50, 호남사학회.
박한제, 2014, 「魏晋南北朝-隋唐時代 葬俗·葬具의 變化와 墓誌銘 -그 資料的 性格」, 『韓國古代史硏究』 75.
권덕영, 2014, 「唐 墓誌의 고대 한반도 삼국 명칭에 대한 검토」, 『韓國古代史硏究』 75.

李錦繡, 1998, 「唐代直官制」, 『唐代制度史略論稿, 中』, 國政法大學出版社.
馬馳, 2000, 「《難元慶墓誌》簡釋」, 『(春史卞麟錫教授)停年紀念論叢』, 성진(2002 『洛陽出土墓誌研究文集』, 朝華出版社에 재수록).
張沛, 2003, 『唐折衝府彙考』, 三秦出版社.
董延壽·趙振華, 2007, 「洛陽, 魯山, 西安出土的唐代百濟人墓誌探索」, 『東北史地』 2007년 2월호.
拜根兴, 2012, 『唐代高麗百濟移民研究: 以西安洛陽出土墓志爲中心』, 中國社會科學出版社.

〈日文要約〉

難元慶墓誌銘

崔慶善

「難元慶墓誌銘」は、百濟遺民の墓誌銘で、1960年に中國河南城魯山縣張店鄕張飛溝村から出土された。墓誌銘はしばらくその所在がわからなかっだが、現在墓誌銘が出土された魯山縣にある魯山縣文化館に所藏されているものと把握されている。誌石には總836字が彫りこんでいて、難元慶の家柄の種族や姓の由來、先祖の官歷、難元慶の生涯·官職·活動、死亡時期と葬地、夫人などについてのべている。2000年になってから始めて韓國に紹介されて、墓誌銘の全体的な內容と難元慶の家柄の種族問題が主に分析されてきた。

本稿には、以前の研究と判讀にもとづいて、墓誌銘の判讀と譯注をなおして補い足しながら、 主に難元慶の祖父の難汗と父親の難武の官歷と唐の百濟故地の支配との關聯性を檢討してみた。墓誌銘には難元慶の先祖の活動地域を「遼」、「遼陽」で表記しているが、先祖の活動時期を考えれば、「遼」、「遼陽」は熊津都督府が僑置された建安古城よりは百濟をしめすものと判斷される。ともに唐代の高句麗·百濟遺民の墓誌銘に「遼」、「遼陽」などは朝鮮半島をしめす用語に使われていることも考慮されなければならない。難元慶の祖父はおそらく百濟が滅亡したときに入唐して、扶餘隆が熊津都督に任にんじられた頃に、百濟故地にさらに歸って、唐が百濟故地を支配するためにおいた熊津都督府の官僚に任じられて、活動したものと推測される。

▶ キーワード：難元慶墓誌銘, 百濟 遺民, 唐, 熊津都督府, 遼, 遼陽, 百濟故地

「陳法子 墓誌銘」 역주

정동준[*]

〈국문초록〉

陳法子 墓誌銘은 2007년 陝西省 西安市의 大唐西市博物館에 소장되었다가, 2012년에 소장처에서 도록을 발간하면서 그 존재가 알려졌다. 묘지명에 따르면 陳法子는 615년에 출생하여 690년에 76세로 洛陽縣 毓財里 자택에서 사망하여 洛陽 邙山에 매장되었다. 이 묘지명은 탁본의 상태가 매우 좋아서 판독에 이견이 있는 글자가 거의 없고, 특히 기존 사료에서 보이지 않던 백제의 관직이 다수 보여서 주목되었다.

묘지명의 내용은 크게 네 부분으로 나누어 볼 수 있다. 첫 번째 부분은 묘지명의 제목, 묘주의 출신에 대한 간략한 소개, 중국대륙에서 陳氏의 유래와 활동, 오래 전의 조상들 이래로 중국대륙에서 한반도로 옮겨와서 자리잡는 과정, 증조부~부친의 관력과 인물 등을 서술하고 있다. 두 번째 부분은 묘주가 백제에서 태어나 관직생활을 하던 시기까지의 행적, 묘주가 백제에서 唐으로 귀순하여 이주하는 과정, 唐에서 묘주의 관력, 묘주의 퇴직 등을 서술하고 있다. 세 번째 부분은 묘주의 장례, 묘주의 후손과 묘지의 작성 등을 서술하고 있다. 네 번째 부분은 명문인데, 시조부터 아버지까지의 역대 선조, 백제에서의 활약과 唐에의 귀순, 唐에서의 활약과 묘주의 사망, 묘주의 장례 등에 대하여 압축하여 표현하고 있다.

이 중 첫 번째 부분에서 舜의 후예인 嬀滿이 周 武王의 맏사위로서 陳公으로 봉해져 춘추시대 제후국인 陳의 시조가 되었고, 대표적인 선조로서 전국시대 종횡가인 陳軫이 활약하였음을 고사 등을 통해 은유적으로 표현하고 있다. 또 중국대륙에서 한반도로 옮겨와서 자리잡을 때에 중간경유지를 거쳤을 가능성도 엿볼 수 있었다.

두 번째 부분에서는 묘주가 백제에서 唐으로 귀순하여 이주하는 과정이 순탄한 것으로 되어 있어, 철

* 한성대학교

저하게 唐의 입장에서 서술되었음을 알 수 있다. 그러나 묘지명의 내용상 唐 조정이 작성에 관여한 흔적이 보이지 않고 백제에서의 행적이 적지 않은 비중을 차지하고 있어, 백제 유민에 의해 작성되었을 가능성도 상정해 볼 수 있었다.

▶ **핵심어 : 백제, 유민, 陳法子, 묘지명, 陳軫**

Ⅰ. 머리말

자료가 부족하여 많은 부분을 추정에 의존해 온 한국고대사 연구 중에서도 백제사는 특히 추정에 의존하는 정도가 더욱 높았던 분야이다. 그것이 『三國史記』 百濟本紀가 삼국 중 분량상 가장 부실하면서 내용상으로도 특정 분야에 편중되어 있다는 사료적 문제에서 기인하는 바임은 주지의 사실이다. 그렇기에 백제사 연구는 中國正史나 『日本書紀』 등의 활용도가 상대적으로 높을 수밖에 없었으나, 이 또한 여러 면에서 한계가 뚜렷함은 이미 많은 연구자들이 공감하고 있는 바이다. 게다가 금석문 자료의 경우에도 그 수량이나 분량이 상대적으로 풍부한 고구려나 신라와 달리, 백제는 수적으로도 분량상으로도 지나치게 적어서 연구에 활용되는 빈도가 낮았던 것이 사실이다.

그러나 최근 들어 국내에서는 목간 자료가 속속 출토되고 있고, 해외에서는 유민들의 묘지명이 속속 발견되고 있어서, 부족한 사료의 공백을 메우는 데에 일조하고 있다. 이러한 현상은 추정에 의존할 수밖에 없었던 백제사 연구의 실증성을 높여줄 수 있는 계기가 되는 것은 물론, 내용상으로도 백제사의 연구 분야를 보다 다양하게 하고, 연구의 깊이 또한 이전보다 깊게 할 것이라고 기대된다. 특히 최근에 사료가 거의 없어서 그야말로 추정을 중심으로 연구되어 오던 백제 관제 분야에 6~7세기 백제 관제의 실상을 보여주는 사료가 새로이 등장하여 주목받게 되었는데, 그것이 바로 백제 유민의 묘지명인 「陳法子 墓誌銘」이다.

陳法子 墓誌銘은 2012년에 소장처에서 도록을 발간하면서 그 존재가 알려져서,[1] 2013년에 논문 1편과 발표문 1편, 2014년에 논문 1편이 간행되었고, 3편의 논문에서 부분적으로 언급된 상황이다.[2] 구체적인

---

1) 胡戟·荣新江 主編, 2012, 『大唐西市博物馆藏墓志』, 北京大学出版社, pp.270~271.

2) 拜根兴, 2013, 「入唐百济移民陈法子墓志涉及地名及关联问题考释」, 『大明宫研究』 8 ; 陈玮, 「新见武周百济移民陈法子墓志研究」, 『国际武则天学术研讨会暨中国武则天研究会第十一届年会会议讨论論文集』, 2013년 9월 1일~3일(中国 四川省 广元市) ; 김영관, 2014, 「百濟 遺民 陳法子 墓誌銘 研究」, 『百濟文化』 50 ; 권덕영, 2014, 「唐 墓誌의 고대 한반도 삼국에 대한 표기 검토」 ; 이성제, 2014, 「고구려, 백제유민의 系譜認識」 ; 김영심, 2014, 「遺民墓誌로 본 고구려, 백제의 官制」, 『韓國古代史研究』 75. 이하 편의상 앞으로 이 6편을 인용할 때는 일일이 각주를 달지 않고 저자명과 인용부분의 페이지수만 본문의 ( ) 안에 제시한다. 다만 陈玮의 발표문은 아직 논문으로 공간되지 않은 상태여서 수정의 여지가 남아 있으므로, 견해의 차이가 아니라 수정 가능한 오류라고 판단되는 내용은 인용하지 않았다.

내용과 출토경위 등은 본론에서 소개할 것이므로 생략한다. 지금까지의 연구에서 다루어진 내용은 진법자의 생몰년과 출자, 陳氏 일족의 백제 이주시기, 선조들 및 진법자가 백제에서 역임한 관직 관등과 그 의미, 진법자와 아들이 唐에서 역임한 관직·품계와 그 의미 등이다. 이와 관련하여 연구자 간 의견이 일치된 부분도 있지만, 아직은 의견이 엇갈리는 부분이 많다(자세한 내용은 3장에서 소개).

II. 陳法子 墓誌銘 소개

1. 陳法子 墓誌銘 소개

陳法子 墓誌銘은 2007년 陝西省 西安市의 大唐西市博物館에 소장되었으나,[3] 묘지가 언제 어디서 출토되었는지는 알 수 없다. 진법자는 洛陽縣 毓財里 자택에서 죽어서 洛陽 邙山에 매장되었으므로, 묘지명의 출토지는 洛陽일 것이다(拜根興, p.3). 묘지명의 입수경위는 大唐西市博物館의 구입에 의한 것으로 추정되고(김영관, p.106), 정규 발굴조사를 거친 것으로 확인되지 않았으므로, 구입 이전에는 다른 백제유민 묘지명처럼 도굴당한 후 세상에 모습을 드러냈다고 생각된다(拜根興, p.4).

묘지명은 지석이 가로 45㎝, 세로 45㎝, 두께 10㎝이고 명문이 25자24행의 해서이며 4면에 12지신상을 3개씩 배치하였고, 개석이 가로44㎝, 세로 44㎝, 두께 11㎝이고 명문이 3자3행의 전서이며 4면에 사신문을 하나씩 배치하였다고 한다.[4] 그러나 실측을 해 보면 지석은 가로 44.8㎝, 두께 8.7~9.6㎝로 바닥면은 대충 다듬고 정면하지 않아 두께의 차이가 나고 요철이 심하며, 글씨 크기는 대략 1~1.5㎝ 정도이고 모두 594자라고도 한다(김영관, p.107).

특히 이 묘지명이 武周 건국(690) 이후인 天授 2년(691)에 작성되었기 때문에 則天文字가 나타나고 있는데, 이에 대해 天·地·年·正·月·日·授·載·初의 9종29자라고 한 견해가 있었고(김영관, p.107·p.112), 탁본을 검토한 결과 타당함을 확인하였다.

	照	天	地	日
측천문자	曌	𠀑	埊	𡆠
	月	星	君	臣
측천문자	𠥱	〇	𠺞	𢘑
	載	初	年	正
측천문자	𡕀	𡔈	𠡦	𠙺

	授	證	聖	國	人
측천문자	𥠢	𧗟	𨲢	圀	𤯔

출처 : 「네이버 지식백과」 측천문자 (『두산백과』)

묘지명에는 진법자가 載初元年에 76세로 사망한 것으로

3) 胡戟·荣新江 主编, 2012, 앞의 책, p.270.

4) 胡戟·荣新江 主编, 2012, 앞의 책, p.270.

〈표 1〉 載初元年 전후의 연대와 역법 정리

<table>
<tr><td>서력</td><td colspan="12">689</td><td colspan="12">690</td></tr>
<tr><td>월</td><td>1</td><td>2</td><td>3</td><td>4</td><td>5</td><td>6</td><td>7</td><td>8</td><td>9</td><td>10</td><td>11</td><td>12</td><td>1</td><td>2</td><td>3</td><td>4</td><td>5</td><td>6</td><td>7</td><td>8</td><td>9</td><td>10</td><td>11</td><td>12</td></tr>
<tr><td>연호</td><td colspan="10">永昌元</td><td colspan="10">載初元</td><td colspan="2">天授元</td><td colspan="2">天授2</td></tr>
<tr><td>역법</td><td>정</td><td>2</td><td>3</td><td>4</td><td>5</td><td>6</td><td>7</td><td>8</td><td>9</td><td>10</td><td>정</td><td>납</td><td>1</td><td>2</td><td>3</td><td>4</td><td>5</td><td>6</td><td>7</td><td>8</td><td>9</td><td>10</td><td>정</td><td>납</td></tr>
<tr><td>왕조</td><td colspan="20">唐</td><td colspan="4">周</td></tr>
</table>

되어 있는데, 이에 대해 재초원년을 689년으로 파악하여 614년에 출생하였다고 보기도 하고,[5] 690년으로 파악하여 615년에 출생하였다고 보기도 한다(拜根興, p.4 ; 김영관, pp.112~113). 이러한 혼란은 재초원년에 연호를 개정하면서 역법까지 바꾸어서 생긴 것이다.

〈표 1〉에서 보이듯이 재초원년의 시작은 689년이 맞지만, 본래 그 해의 연호가 永昌이던 것을 11월에 載初로 바꾸면서 기존의 11월을 정월, 12월을 臘月, 정월을 1월로 하는 역법의 개정을 하였다.[6] 그 결과 진법자가 사망한 2월 13일은 기존 역법대로라면 해가 바뀌어 재초 2년이 되어야 하지만 역법의 개정으로 여전히 재초원년에 속하게 되었던 것이다. 따라서 진법자의 사망시점인 2월 13일은 재초원년인 동시에 690년이 맞다. 참고로 재초원년은 690년 9월에 武周가 건국되고 연호가 천수로 바뀌면서[7] 더 이상 사용되지 않으므로, 재초 2년은 역사상 존재하지 않는다.[8] 따라서 진법자의 생몰년은 615년 출생, 690년 사망으로 보는 것이 타당하다.

지금까지는 진법자 묘지명에 보이는 기본적인 사항에 대하여 소개해 보았다. 다음으로는 구체적인 내용을 볼 차례이다. 먼저 석문을 소개하면 아래와 같다. 최초로 보고된 책의 석문을 탁본과 대조하여 검토하였으나 이상이 없어 그대로 게재한다. 옆부분의 표시와 본문의 굵은 글자는 달리 석독한 연구자들과 해당 글자를 제시한 것이다. 측천문자는 이해의 편의를 위해 전부 통용자로 고쳤다.

5) 胡戟·荣新江 主编, 2012, 앞의 책, p.270.

6) "載初元年春正月, 神皇親享明堂, 大赦天下. 依周制建子月爲正月, 改永昌元年十一月爲載初元年正月, 十二月爲臘月, 改舊正月爲一月, 大酺三日." (『舊唐書』 卷6, 本紀6 則天皇后) "天授元年正月庚辰, 大赦, 改元曰載初, 以十一月爲正月, 十二月爲臘月, 來歲正月爲一月." (『新唐書』 卷4, 本紀4 則天順聖武皇后)

7) "(載初元年)九月九日壬午, 革唐命, 改國號爲周. 改元爲天授, 大赦天下, 賜酺七日." (『舊唐書』 卷6, 本紀6 則天皇后) "(天授元年九月)壬午, 改國號周. 大赦, 改元, 賜酺七日." (『新唐書』 卷4, 本紀4 則天順聖武皇后)

8) 다만 주6·7의 사료처럼 『舊唐書』는 최초의 載初元年만 기년 모두에 명시하고 도중에 바뀐 天授元年을 기년 모두에 명시하지 않아서 천수 2년이 재초 2년인 듯한 착각을 불러일으키고 있고, 『新唐書』는 최초의 재초원년을 기년 모두에 명시하지 않아서 載初라는 연호가 없었던 듯한 인상을 주고 있다. 그 결과 臺灣中央研究院 漢籍電子文獻資料庫에서는 『舊唐書』의 경우 천수 2년·3년을 재초 2년·3년으로, 『新唐書』의 경우 재초원년을 도중에 바뀐 천수원년, 천수 3년을 도중에 바뀐 長壽元年으로 기록해 놓았다. 이것은 『舊唐書』가 그 해 최초의 연호를 모두에 명시하는 반면, 『新唐書』가 그 해의 최종 연호를 기년 모두에 명시하기 때문에 생긴 현상으로 보인다.

2. 석문[9)]

01 大周故明威將軍守右衛龍亭府折衝都尉陳府君墓誌銘并序
02 君諱法子字士平熊津西部人也昔者承天握鏡簫韶聞儀鳳之
03 功列地分珪卜兆盛鳴凰之繇其後連橫縱辯念舊本於思秦韞
04 智標奇謀新工於事楚瓌姿偉望代有其人遠祖以衰漢末年越
05 鯨津而避地胤緖以依韓導日託熊浦而爲家虹玉移居仍存於
06 重價驪珍從握不昧於殊輝曾祖春本邦太學正恩率祖德止麻
07 連大郡將達率父微之馬徒郡參司軍德率並英靈傑出雄略該
08 通麾管一方績宣於字育撫綏五部業劭於甿謠　君淸識邁於
09 觿年雅道彰於丱日析薪流譽良冶傳芳解褐除旣母郡佐官歷
10 稟達郡將俄轉司軍恩率居檢察之務潔擬壺氷當藻鑒之司明
11 逾鏡水官兵以顯慶五祀弔人遼浿　府君因機一變請吏
12 明時　恩奬稠疊仍加賞慰從其所好隸此神州今爲洛陽人也　　拜根興：迭
13 六年二月十六日　制授游擊將軍右驍衛政敎府右果毅都尉
14 乾封二年除右衛大平府右果毅都尉總章二年改授寧遠將軍
15 右衛龍亭府折衝都尉咸亨元年加階定遠將軍文明元年又加
16 明威將軍職事依舊然以大耋貽歡恒思鼓缶通人告老固請懸
17 車雲路垂津日門迴鑒特聽致仕以弘止足豈謂輔仁無驗梁木
18 云摧唐載初元年二月十三日終於洛陽縣毓財里之私第春秋
19 七十有六嗚呼哀哉大周天授二年歲次辛卯三月壬申朔廿六
20 日丁酉卜宅於邙山之原禮也嗣子神山府果毅龍英痛風枝之
21 不駐顧煙隧而長懷爰託微衷式旌幽壤其銘曰
22 嬀川命氏遼海爲鄕三韓挺懿五部馳芳其一猗歟哲士寔惟英彦
23 達變因機革心迴面其二隆班屢徙促漏方催長辭日轡永去泉臺
24 其三久客無歸異邦有寓瞻言孤隴恒悽苦霧其四

유일하게 차이가 나는 부분인 疊과 迭은 중국어상에서 dié로 발음·성조가 같아서 한자로 변환하는 과정에서 생긴 실수라고 생각된다.

참고로 발표자는 2014년 2월12일에 묘지명의 소장처인 西安市의 大唐西市博物館을 방문하여 陝西師範大學 拜根興 교수의 안내로 지하 특별전시실에 있는 실물을 직접 볼 수 있었다. 그러나 묘지명이 옅은 회색 계열의 밝은 색 석질로 되어 있어, 탁본 없이 육안만으로는 판독이 불가능하였다. 따라서 탁본을 기

9) 胡戟·榮新江 主編, 2012, 앞의 책, p.271.

초로 한 현재의 판독문을 육안 관찰에 의거해 수정할 필요는 없어 보인다.

III. 표점 원문과 해석/역주[10)]

내용 파악을 위해 표점하고 단락을 구분한 원문을 제시하고, 그에 대한 해석과 역주를 시도하면 다음과 같다.

1-1. 大周 故明威將軍·守右衛龍亭府折衝都尉 陳府君墓誌銘并序

大周[(1)] 故明威將軍[(2)]·守右衛龍亭府折衝都尉[(3)] 陳府君[(4)]墓誌銘 및 序

(1) 大周 : 則天武后가 세운 왕조의 국명. 690~705년. 앞서 설명한 대로 天授 元年(690) 9월에 則天武后가 唐에서 국명을 周로 바꾸었고, 이 묘지명은 天授 2년(691) 2월에 작성되었다. 이에 따라 唐이 아닌 周로 국명을 기록한 것이다.

(2) 明威將軍 : 唐/周의 종4품하 武散階.

(3) 守右衛龍亭府折衝都尉 : 守는 행수법에 따라 관직이 관계보다 높을 때 사용한다. 右衛는 16衛 중 하나로서 궁성 경비를 맡았고, 龍亭府는 河中府 소속이며, 折衝都尉는 折衝府의 장관이다(陳瑋, p.392). 龍亭府가 上府이므로 折衝都尉는 정4품상이 되기 때문에, 관직이 관계보다 높아서 守가 된 것이다.

(4) 府君 : ① 漢代 郡太守 國相의 경칭. ② 이미 죽은 사람에 대한 경칭. 여기서는 ②의 의미로, 주로 금석문에서 많이 쓰인다.

해설 : 묘지명의 제목에 해당하는 부분이다.

1-2. 君諱法子, 字士平, 熊津西部人也.

君의 諱는 法子이고, 字는 士平이며, 熊津 西部人이다.[(1)]

(1) 熊津 西部人 : 「黑齒常之墓誌銘」에 '百濟西部人'이 그 출신으로 나오는 것으로 보아, 이것도 熊津城의 西部가 아니라 백제 전체의 西部일 가능성이 높다. 따라서 熊津도 熊津城이 아니라 1都督府 체제로 전환된 후의 熊津都督府 관할지역 즉 백제 전체를 가리킨다고 생각된다(拜根興, pp.4~5; 陳瑋, p.387; 김영관, pp.122~124). 이와 같은 "熊津"의 용례는 「禰軍墓誌銘」의 '熊津嵎夷人'에서도 볼 수 있다.

10) 표점은 胡戟·荣新江 主编, 2012, 앞의 책, p.271에 의거하여 필자가 일부 수정하였다. 단락 구분은 김영관만 유일하게 되어 있어, 그것을 참고하여 필자가 일부 수정하였다. 또 역주에서 백제의 관직 관련 내용은 정동준, 2014, 「陳法子 墓誌銘」의 검토와 백제 관제」, 『韓國古代史研究』 74를 바탕으로 작성하였기에, 일일이 주기하지 않았다.

이러한 사례들은 突厥人「阿史那施 墓誌銘」에서 출신을 '雲中部人'이라고 하여 唐이 突厥故地에 설치한 雲中都督府와 연결시킨 것과 유사성을 찾을 수 있는데, 출신지를 귀부 이전이 아니라 唐의 都督府 설치와 함께 개편된 지방에서 구하였다는 점에서 그러하다고 한다. 그것은 출신지의 출자 기록조차 묘주나 가족들이 唐의 백성으로 자리매김하는 데에 이용되었다는 의미이다(이성제, pp.159~161).

해설 : 묘주의 출신에 대한 간략한 소개이다.

1-3. 昔者, 承天握鏡, 簫韶聞儀鳳之功; 列地分珪, 卜兆盛鳴凰之繇. 其後連橫縱辯, 念舊本於思秦; 韞智標奇, 謀新工於事楚. 瓌姿偉望, 代有其人.

옛날에 天命을 받들어 明鏡을 잡으니[承天握鏡][1], 簫韶는 봉황이 날아오는 공적을 들리게 하였고[簫韶聞儀鳳之功],[2] 토지를 분봉하여 관작을 하사하니[列地分珪],[3] 점친 점괘는 봉황 우는 노래소리가 무성하다 하였다. 그 후에 合縱連橫을 주장하여[連橫縱辯][4] 秦을 마음에 두고 옛 근본을 생각하였고[念舊本於思秦],[5] 지혜를 숨기고 기묘한 계책을 나타내어[韞智標奇][6] 楚를 섬기며 새로운 공적을 꾀하였다[謀新工於事楚].[7] 고운 용모와 매우 큰 명망[瓌姿偉望]은[8] 대대로 그에 맞는 사람이 있었다.

(1) 天命을 받들어 明鏡을 잡으니[承天握鏡] : 承天은 天命을 받든다는 뜻. 『後漢書』 郎顗傳에 "求賢者, 上以承天, 下以爲人."이라는 용례가 있다. 握鏡은 明鏡을 잡는다는 뜻으로, 제왕이 天命을 받아 明道를 품는 것을 비유한다. 『文選』 劉孝標 「廣絕交論」에 "蓋聖人握金鏡, 闡風烈. 龍驩蠖屈, 從道汙隆."라는 용례가 있고, 해당 부분의 李善注에 "春秋孔錄法曰: 「有人卯金刀, 握天鏡.」 雒書曰: 「秦失金鏡.」 鄭玄曰: 「金鏡, 喻明道也.」"라고 되어 있다.

(2) 簫韶는 봉황이 날아오는 공적을 들리게 하였고[簫韶聞儀鳳之功] : 簫韶는 舜의 음악 이름. 아름다운 仙樂을 가리키기도 한다. 儀鳳은 봉황의 별칭. 『書經』 益稷篇에 "簫韶九成, 鳳凰來儀."라고 되어 있는 것에서 따온 문장인 듯하다. 周 武王의 맏사위로서 처음으로 陳公에 봉해진 胡公 嬀滿이 舜의 후예로 알려져 있기 때문에 등장한 구절이라고 생각된다(陳瑋, p.388 참조).

(3) 토지를 분봉하여 관작을 하사하니[列地分珪] : 列地는 토지를 분봉한다는 뜻. 『管子』 小匡篇에 "列地分民者若一, 何故獨寡功? 何以不及人?"라는 용례가 있다. 分珪는 分圭라고도 한다. 제왕이 토지를 분봉받는 자에게 圭(珪)를 나누어준다는 뜻으로, 나중에는 제왕이 관작을 하사하는 것을 가리키게 되었다. 梁 江淹 「爲蕭太尉三讓揚州表」에 "古之馭教, 當有道焉, 量能而受賞, 撰智而錫位, 深乃裂組, 遠故分珪."라는 용례가 있다. 胡公 嬀滿이 周 武王에 의해 처음으로 陳公에 봉해진 것을 뜻한다고 생각된다. 참고로 陳이 멸망한(B.C.478) 후 그 왕실 후예들은 다른 분파인 田氏가 세운 齊(田齊)에 망명하여 陳氏를 칭하게 되었다고 한다.

(4) 合縱連橫을 주장하여[連橫縱辯] : 連橫은 전국시대 張儀가 秦을 제외한 6국에게 각각 秦을 받들 것을 유세한 것에서 유래한다. 일반적으로 맹약을 맺는 것을 의미한다. 『戰國策』 齊策1

에 "張儀爲秦連橫."이라는 용례가 있다. 縱辭은 같은 시기 蘇秦이 6국에게 연합하여 秦에 대항하자고 했던 合縱(合從)에서 유래하여 '合縱을 주장한다'는 뜻으로 파악된다. 秦은 서쪽에 있고 6국은 남북으로 뻗어 있기에 合從이라고 한 것이다. 『戰國策』 秦策3에 "天下之士合從, 相聚於趙, 而欲攻秦."이라는 용례가 있다.

(5) 秦을 마음에 두고 옛 근본을 생각하였고[念舊本於思秦] : 전국시대 종횡가 陳軫의 행적을 묘사한 부분이다(『史記』 卷70, 張儀列傳10 陳軫 참조). 그는 秦 惠文王(재위 B.C.338~311)을 섬기다가 連橫策으로 유명한 張儀에게 모함을 당하여 쫓겨나자, 楚로 망명하였다가 환영받지 못하고 도리어 秦에 사신으로 파견되었다. 사신으로 파견되었을 때, 陳軫은 자신이 비록 楚에 있어도 마음으로는 秦을 섬기고 있어서 여전히 秦의 언어를 쓴다고 惠文王에게 유세하였다.

(6) 지혜를 숨기고 기묘한 계책을 나타내어[韞智標奇] : 韞奇에서 유래한 말로 보인다. 韞奇는 기묘한 계책을 숨긴다는 뜻. 『周書』 皇后傳의 論贊에 "於時, 高祖雖受制於人, 未親庶政, 而謀士韞奇, 直臣鉗口."라는 용례가 있다. (5)의 내용을 참고하면, 陳軫이 楚의 사신으로서는 지혜를 숨기고 秦의 옛 신하로서는 기묘한 계책을 내었다는 의미로 파악된다.

(7) 楚를 섬기며 새로운 공적을 꾀하였다[謀新工於事楚] : 역시 陳軫의 행적을 묘사한 부분이다. 자세한 내용은 (5) 참조.

(8) 고운 용모와 매우 큰 명망[瓌姿偉望]은 : 瓌姿는 瑰姿라고도 하며, 고운 용모를 뜻한다. 戰國 楚 宋玉 「神女賦」에 "瓌姿瑋態, 不可勝贊."이라는 용례가 있다. 偉望은 매우 큰 명망이라는 뜻. 唐 黃滔 「呈西川高相啓」에 "相公嶽降宏才, 神資偉望."이라는 용례가 있다. 가문의 번성을 서술한 것으로 생각된다.

해설 : 중국대륙에서 陳氏의 유래와 활동에 대하여 서술한 부분이다. '昔者~卜兆盛鳴凰之繇'에서는 舜의 후예인 嬀滿이 周 武王의 맏사위로서 陳公으로 봉해져 춘추시대 제후국인 陳의 시조가 되기까지의 과정을 서술하였고, '其後連橫縱辭 謀新工於事楚'에서는 대표적인 선조로서 전국시대 종횡가인 陳軫의 행적을 묘사하였다. '瓌姿偉望, 代有其人'에서는 이후 가문이 번성하였음을 나타내고 있다.

1-4. 遠祖以衰漢末年, 越鯨津而避地; 胤緖以依韓導日, 託熊浦而爲家. 虹玉移居, 仍存於重價; 驪珍從握, 不昧於殊輝.

오래 전의 조상은 漢이 쇠약해진 말년[衰漢末年]에[1] 큰 바다를 뛰어넘어 거주지를 옮겨서 재앙을 피하였고[越鯨津而避地],[2] 후손[胤緖]은[3] 韓에 의지하여 이끌었던 때[依韓導日][4] 熊浦(熊津)에[5] 의탁하여 가문을 이루었다. 채색한 아름다운 옥[虹玉]이[6] 거주지를 옮기니 인하여 중요한 가치가 있었고, 진귀한 인물[驪珍]은[7] 종속되고 장악되어도 특별히 빛나서 어둡지 않았다.

(1) 漢이 쇠약해진 말년[衰漢末年]에 : 황건적이 봉기한 靈帝 中平 연간(184~189)부터 각지에서

지방세력이 할거하게 된 獻帝 建安 연간(196~220)을 가리키는 것으로 보인다. 다만 이 이상 정확한 시점은 알 수 없다.

(2) 큰 바다를 뛰어넘어 거주지를 옮겨서 재앙을 피하였고[越鯨津而避地] : 鯨津은 용례를 찾기가 어렵지만 유사한 단어로 '鯨浦'가 있다. 鯨浦는 큰 바다라는 뜻이다. 唐 王勃 「乾元殿頌」 序에 "天街五裂, 截鯨浦而飛芒. 地紐三分, 觸鼇山而按節."이라고 되어 있는데, 해당 부분에 대한 蔣淸翊의 集注에 "鯨浦, 謂海."라고 한다. 避地는 避墜라고도 하며 ①거주지를 옮겨서 재앙을 피함, ②세상을 피하여 은거함의 뜻이 있는데, 여기서는 ①의 뜻으로 파악된다. 전후 맥락상으로는 後漢 말의 혼란기에 중국대륙에서 한반도로 건너온 것을 뜻하는 것으로 보인다.

(3) 후손[胤緖]은 : 胤緖는 후대, 후손이라는 뜻. 唐 吳兢 『貞觀政要』 忠義篇에 "每覽前賢佐時, 忠臣徇國, 何嘗不想見其人, 廢書欽歎! 至於近代以來, 年歲非遠, 然其胤緖, 或當見存."라는 용례가 있다.

(4) 韓에 의지하여 이끌었던 때[依韓導日] : 衰漢末年과 대구로 구성된 문장이다. 구체적으로 어느 시기를 가리키는지는 알 수 없지만, 뒤의 熊浦(熊津)와 연결시켜 백제의 남천 즉 熊津 천도와 관련해서 파악할 수 있는 가능성도 있어 보이는데, 三韓 중 백제와 연관된 馬韓 지역으로의 이주시점을 가리키는 것은 분명해 보인다.

(5) 熊浦 : 熊浦라는 지명은 여러 지역에 있으나 고대에도 熊浦라고 불리었는지는 알 수 없어서, 고대에 존재하는 지명으로서는 熊津의 별명으로 볼 수도 있다(김영관, pp.115~116). 여기서도 따르고자 한다.

(6) 채색한 아름다운 옥[虹玉]이 : 虹玉은 채색한 아름다운 옥. 宋 劉克莊 「水龍吟·辛亥安晩生朝」의 詞에 "喜動龍顔, 瑞班虹玉, 歸功元老."라는 용례가 있다.

(7) 진귀한 인물[驪珍]은 : 驪珍은 용례를 찾기가 어렵지만 유사한 단어로 '驪珠'가 있다. 驪珠는 ① 보주. 전설에는 驪龍의 턱 아래에서 나왔다고 하여 붙은 이름, ② 진귀한 사람 또는 물건의 비유이다. 여기서는 ②의 뜻으로, 『南齊書』 倖臣傳의 論에 "長主君世, 振裘持領, 賞罰事殷, 能不踰漏, 宮省咳唾, 義必先知. 故能窺盈縮於望景, 獲驪珠於龍睡."라는 용례가 있다.

해설 : 오래 전의 조상들 이래로 중국대륙에서 한반도로 옮겨와서 자리잡는 과정을 서술한 부분이다. '遠祖以衰漢末年, 越鯨津而避地'는 중국대륙에서 한반도로 이주하는 과정을, '胤緖以依韓導日, 託熊浦而爲家'는 한반도에서 백제 지역에 정착하는 과정을 묘사하였고, '虹玉移居　不昧於殊輝'는 이주의 의미를 서술하였다. 특히 중국대륙에서 한반도로 이주하는 과정이 직접이 아니라 중간경유지를 거쳐 이루어졌음을 엿볼 수 있는 대목이다.[11]

11) 이와 관련하여 拜根兴·陈玮는 後漢 말에 중국대륙에서 한반도로 직접 건너온 것으로 추정하면서도 언제 어디서 출발했는지 어디로 도착했는지는 구체적으로 제시하지 않고, 樂浪郡·帶方郡과의 관련성도 제기한다(拜根兴, pp.5~6; 陈玮, pp.387~388). 김영관은 北京 북쪽의 嬀州에서 출발하여 熊津으로 건너온 것으로 추정하면서 도착한 시기를 2세기 말로 보

1-5. 曾祖春, 本邦太學正, 恩率. 祖德止, 麻連大郡將, 達率. 父微之, 馬徒郡參司軍, 德率. 並英靈傑出, 雄略該通. 麾管一方, 績宣於字育; 撫綏五部, 業劭於甿謠.

曾祖 春은 本邦의[(1)] 太學正[(2)]·恩率이었다. 祖 德止는 麻連大郡將[(3)]·達率이었다. 父 微之는 馬徒郡參司軍[(4)]·德率이었다. 모두 자질이 현명하고 빼어나서[英靈][(5)] 남보다 뛰어났고, 비범한 모략은 두루 통하였다[雄略該通].[(6)] 一方을[(7)] 지휘하고 관장함에 공적은 (백성들을) 정성들여 키움으로써 드러내었고, 五部를 안무함[撫綏五部]에[(8)] 업적은 백성들이 (태평성대를) 노래할 수 있도록 하는 데에 힘썼다.

(1) 本邦 : 本邦은 백제를 가리킨다. 유사한 용례로는 「黑齒常之墓誌銘」의 '本國', 「黑齒俊墓誌銘」의 '本鄕', 「禰軍墓誌銘」의 '本藩' 등이 있다.

(2) 太學正 : 이 묘지명에서 처음으로 발견된 백제의 관직인데, 현재까지는 太學이 司徒部의 屬司이고 정이 행정책임자로서 長官으로 보는 것이 일반적이다(陳瑋, p.388; 김영관, p.119; 김영심, pp.197~199). 6세기 이전 중국왕조에서 관부의 장관이 正이라는 칭호를 사용하는 경우가 드물고, 정은 『周禮』·『左傳』 등에서는 장관의 통칭으로 사용되나, 戰國時代~秦漢 이후 장관으로서 나타나지 않기 때문에 중국왕조의 관직으로 보기는 어렵다. 특히 漢代 이후에 정은 주로 廷尉의 속관으로 사용되고 있다.[12)] 역대 중국왕조의 태학 장관과 廷尉 속관으로서의 정의 품계를 비교하면 〈표 2〉와 같다.

〈표 2〉 역대 중국왕조의 太學 장관과 廷尉 속관으로서의 正

	後漢	曹魏	晉·劉宋·南齊	梁	陳	北魏	北齊 隋	唐
太學 장관	太常 博士祭酒 (六百石)	太常 國子祭酒 (第5品)	→ (第3品?)	→ (13班)	→ (第3品)	→ (從3品)	國子祭酒 →	→
廷尉 속관	廷尉正 (千石)	→ (第6品)	→	→ (6班)	→ (第7品)	→ (第6品下)	大理正 (正6品下)	→ (從5品下)

〈표 2〉에서 보이는 것처럼 後漢에서는 廷尉 속관으로서의 정 쪽이 품계가 높았으나, 曹魏 때 역전된 이후 점차 격차가 벌어지는 것을 볼 수 있다. 따라서 廷尉 속관으로서의 정에서 영향을 받아 태학정이 설치되었을 가능성이 낮다고 할 수 있다.

한편 진춘은 陳法子의 출생년도인 615년을 기준으로 60~90세 연상이라고 추정하면, 525~555년 출생이 된다. 따라서 태학정에 임명된 시기는 은솔 같은 고위 관등에 오른 40대 전후로 보아야 할 것이므로, 565~595년 즉 威德王代(554~598)를 벗어나지 않는다고 볼 수

고 있다(김영관, pp.115~116). 즉 기존의 연구에서는 陳氏 일족의 한반도 이주시기와 백제 이주시기를 동일시하는 경향이 있었으나, 묘지명의 내용으로 보아 둘을 구분해야 할 것이다.

12) 龔延明, 2006, 『中国歷代职官別名大辞典』, 上海辞书出版社, p.171

있을 것이다.

(3) 麻連大郡將 : 이것을 위치를 알 수 없는 '麻連大'의 郡將으로 파악하기도 하지만(拜根興, pp.7~8), '麻連'은 『梁職貢圖』에 '旁小國'으로 등장하고 있으므로,[13] 武寧王代에는 영역화되지 않았다가 聖王代에 영역화된 지역으로 추정되는데, '馬老縣' 즉 광양 일대가 유력하다(김영관, pp.119~121; 김영심, p.202). '麻連大郡將'은 '麻連大郡의 郡將'으로 보기도 하지만(김영관, pp.119~121), '麻連郡의 大郡將'일 가능성도 존재한다.[14] 전자의 경우 백제의 군에 등급제가 있음을 증명해야 한다. 후자의 경우 '郡將 3인'의 실체와 관련될 것으로 판단된다(김영심, p.200~204). 현재로서는 양쪽 다 논증된 단계가 아니기에 가능성을 열어두고 검토해야 할 것이다.

진덕지가 마련대군장에 임명된 시기는 555~575년 출생으로서 달솔 같은 고위 관등에 오른 40대 전후로 보아야 할 것이므로, 595~615년 즉 위덕왕대 말기~武王代(600~641) 초반이라고 볼 수 있을 것이다. 580년대에 임명된 것으로 파악한 견해도 있으나(拜根興, pp.7~8), 진씨 가문의 정치적 입지를 고려하면 임명시기가 너무 이르다고 생각된다.

(4) 馬徒郡參司軍 : '馬徒郡'은 '馬突' 즉 진안군 마령면 일대일 가능성이 높다(拜根興, pp.7~8; 陳瑋, p.390; 김영관, p.120). '參司軍'은 이 묘지명에 처음 등장하는 관직명인데 구체적인 직무 등은 알 수 없고, 중국왕조의 '參軍'·'司馬'에서 모두 영향을 받았을 것으로 추정된다(김영심, pp.208~209). 22부사에 보이는 '司軍部'가 『周禮』에 보이는 '司馬'를 백제식으로 고친 것이라는 점에서[15] '參司軍' 또한 참군으로서의 '司馬參軍事(司軍參軍事)' 또는 지방정부의 차관급인 司馬와 관련성이 있다고 볼 수 있을 것이다. '司軍'이라는 명칭이 들어 있으므로 군사 관련 직무에 종사하였음은 분명한데, 이에 대하여 郡에 파견된 군사고문 내지 감독관으로 보기도 하고(김영관, p.121), 군의 군사 관련 차관급 내지는 보좌관으로 파악하기도 한다(김영심, pp.208~209).

진미지가 마도군참사군에 임명된 시기는 585~595년 출생으로서 덕솔 같은 고위 관등에 오른 것은 40대 전후로 보아야 할 것이므로, 625~635년 즉 무왕대 후반이라고 볼 수 있을 것이다.

(5) 자질이 현명하고 빼어나서[英靈] : 英靈은 ①자질이 현명하고 빼어나다, ②뛰어난 인재, ③정령 또는 신령, ④英魂이라고도 하며, 죽은 자에 대한 미칭 등의 뜻이 있다. 여기에서는 ①의 뜻이다. 『後漢書』 王劉張李等傳의 論에 "觀其智略, 固無足以憚漢祖, 發其英靈者也."라는 용례가 있다.

---

13) "旁小國有叛波·卓·多羅·前羅·新羅·止迷·麻連·上己文·下枕羅等附之." (『梁職貢圖』 百濟國使)

14) 윤선태, 2013, 「新出資料로 본 百濟의 方과 郡」, 『韓國史研究』 163, p.59

15) 司徒部, 司空部, 司寇部 등은 모두 『周禮』의 司徒, 司空, 司寇를 모델로 한 것이기에, 司軍部 또한 『周禮』의 司馬를 모델로 한 것이라고 보아야 할 것이다. 司馬部라고 했을 경우 內官 馬部와 혼동 가능성이 있는 데다가, 직무를 좀더 분명히 하기 위해 司軍部라고 한 것으로 보인다.

(6) 비범한 모략은 두루 통하였다[雄略該通] : 雄略은 비범한 모략. 『後漢書』 荀彧傳에 "時操在東郡, 彧聞操有雄略, 而度紹不能定大業."이라는 용례가 있다. 該通은 두루 통한다는 뜻. 漢 蔡邕 「翟先生碑」에 "該通五經, 兼洞墳籍."이라는 용례가 있다.

(7) 一方 : 이 '一方'을 백제 5방제의 1개 방이라는 뜻이라고 볼 수 있다면, 이 부분은 지방관으로서의 공적을 이야기하는 것이다.

(8) 五部를 안무함[撫綏五部]에 : 撫綏는 어루만져 안심시키다, 평정하여 편안하고 무사하게 한다는 뜻. 『書經』 太甲上에 "天監厥德, 用集大命, 撫綏萬方"이라는 용례가 있고, 해당 부분의 傳에 "撫安天下"라고 되어 있다. 五部는 1-2.(1)의 '西部'의 사례로 보아, '熊津'처럼 백제 전체를 가리키는 뜻이라고 볼 수 있다. 이와 달리 이 五部를 수도의 행정구획으로 파악하기도 한다(권덕영, p.124). 어느 쪽이건 이 부분은 중앙관으로서의 업적을 이야기하는 것이다.

해설 : 증조부, 조부, 부친의 관력과 인물에 대한 서술이다.

2-1. 君淸識邁於觿年, 雅道彰於丱日. 析薪流譽, 良冶傳芳. 解褐, 除旣母郡佐官, 歷稟達郡將, 俄轉司軍, 恩率. 居檢察之務, 潔擬壺氷; 當藻鑒之司, 明逾鏡水.

君은 높고 탁월한 견식이 어려서부터 뛰어났고[淸識邁於觿年][1], 충후한 도리가 일찍부터 뚜렷하였다[雅道彰於丱日].[2] 아버지를 계승하여 좋은 평판과 훌륭한 이름을 후세에 남겼다[析薪流譽, 良冶傳芳].[3] 관직에 취임하고 나서[解褐][4] 旣母郡佐官에[5] 제수되었고, 稟達郡將을[6] 거쳐서 얼마 후에 司軍[7] 恩率로[8] 옮겼다. 감찰하는 직무[檢察之務]에[9] 있으면서는 청렴결백함이 얼음 담은 옥항아리에 비기었고[潔擬壺氷],[10] 인재를 평가하고 감별하는 관사에 취임해서는[當藻鑒之司][11] 분명함이 고요하고 깨끗한 물[鏡水]을[12] 뛰어넘었다.

(1) 높고 탁월한 견식이 어려서부터 뛰어났고[淸識邁於觿年] : 淸識은 높고 탁월한 견식. 『後漢書』 鍾皓傳에 "荀君淸識難尙, 鍾君至德可師."라는 용례가 있다. 觿年은 觽年이라고도 하며 본래는 『詩經』 衛風 「芄蘭」의 "芄蘭之支, 童子佩觿."에서 유래하였는데, 나중에 이로 인하여 "觿年"을 어린 나이라는 뜻으로 사용하게 되었다. 唐 駱賓王 「上兗州崔長史啓」에 "偉龍章之秀質, 騰孔雀於觿年."이라는 용례가 있다.

(2) 충후한 도리가 일찍부터 뚜렷하였다[雅道彰於丱日] : 雅道는 ①바른 도리, 충후한 도리, ②시서화 등을 창작·감상하는 고상하고 멋진 일, ③고상하여 속되지 않음이라는 뜻이 있는데, 여기서는 ①의 뜻이다. 『三國志』 蜀書 龐統傳에 "當今天下大亂, 雅道陵遲, 善人少而惡人多."라는 용례가 있다. 丱日은 어린 나이. 『陳書』 鄱陽王伯山傳에 "發睿德於齠年, 表岐姿於丱日."이라는 용례가 있다.

(3) 아버지를 계승하여 좋은 평판과 훌륭한 이름을 후세에 남겼다[析薪流譽, 良冶傳芳] : 析薪은 ①장작을 패다, ②중매하다, ③아버지의 업을 계승하다의 뜻이 있는데, 여기서는 ③의 뜻이다. ③은 『春秋左氏傳』 昭公 7年에 "古人有言曰 : 其父析薪, 其子弗克負荷. 施(豊施)將懼不能

任其先人之祿."에서 유래한 것이다. 『三國志』 魏書 王肅傳의 論에 "王朗文博富贍 … 王肅亮直多聞, 能析薪哉!"라는 용례가 있다. 流譽는 ①그 실제에 맞지 않는 명예, ②좋은 평판을 전함의 뜻이다. 여기서는 ②의 뜻인데, 『史記』 淮南王安傳에 "欲以行陰德拊循百姓, 流譽天下"라는 용례가 있다. 良冶는 ①훌륭한 대장장이, ②자식을 가르치는 요령이 있는 현명한 아버지의 뜻이 있는데, 여기서는 ②의 뜻이다. ②는 본래 『禮記』 學記篇의 "良冶之子, 必學爲裘."에서 유래한 것이다. 해당 부분의 孔穎達疏에는 "言積世善冶之家, 其子弟見其父兄世業鉤鑄金鐵, 使之柔合以補冶破器, 皆令全好, 故此子弟仍能學爲袍裘, 補續獸皮, 片片相合, 以至完全也."라고 되어 있다. 傳芳은 훌륭한 이름을 후세에 남긴다는 뜻. 流芳이라고도 한다. 『晉書』 元帝紀의 論에 "豈武宣餘化猶暢于琅邪, 文景垂仁傳芳於南頓."이라는 용례가 있다. 같은 의미의 중복에 가까운 대구의 문장이므로 적절히 섞어서 번역하였다.

(4) 관직에 취임하고 나서[解褐] : 解褐은 布衣를 벗고 관직을 맡는다는 뜻. 『晉書』 曹毗傳에 "安期解褐於秀林, 漁父罷鉤於長川."이라는 용례가 있다. 묘지명에 관직 취임의 지표로서 자주 사용되는 상투어이다. 이에 대하여 府官 혹은 중앙관이 될 때부터 起家 解褐이라는 단어를 사용하다가, 劉宋 이후로 州의 관료가 되는 것에도 사용하면서 郡의 관료가 되는 것도 解褐이라고 하는 경우가 생겼다고 한다.[16)]

(5) 旣母郡佐官 : 旣母郡에 대해서는 熊津都督府 魯山州 6縣 중 支牟縣(拜根興, pp.7~8), 支牟縣, 其買縣, 基郡 중 하나(김영관, pp.124~125) 등 몇가지 견해가 제시되어 있으나, 한자음의 유사성 이외에 확실하게 논증된 것은 없다. 佐官은 「佐官貸食記」 목간 이외에 유일한 용례이다. 「佐官貸食記」 목간에서는 佐官이 중앙관일 가능성이 높았다면, 여기에서는 郡에 소속된 지방관으로서 등장하고 있어서 중앙과 지방에 모두 존재하는 것으로 파악된다. 또 佐官은 복암리 4호 목간의 '郡佐'와도 연결되어,[17)] 方의 方佐와 같은 郡의 관직(陳瑋, p.390), 郡司의 주요 구성원인 僚佐로서, 지방장관이 임명하는 하급 관인인 屬吏와 달리 중앙에서 파견되는 상급 관인으로(김영심, pp.206~209) 파악하기도 한다.

그 관등에 대해서는 상위의 덕계 관등(將德·施德)으로 보기도 하고,[18)] 德率과 그다지 차이가 나지 않는 관등으로 추정하기도 한다(김영관, pp.125~126; 김영심, pp.206~207). 그러나 기모군좌관과 稟達郡將 사이에 시간 차이를 그다지 인정하지 않고 두 관직 사이의 관등 차이가 거의 없다고 하는 견해는 문제가 있다. 첫째, 묘주가 20세 전후에 관직에 진출하였다고 볼 경우 백제에서만 25년 전후 동안 겨우 3개 관직만 역임했다고 보기가 어렵기 때문에 기록되지 않은 관직이 있었을 가능성이 높다. 이 경우 稟達郡將과 司軍은 "俄轉司軍"이라고 하여

---

16) 宮崎市定/임대희 등 옮김, 2002, 『구품관인법의 연구』, 소나무, p.214.

17) 복암리 4호 목간의 郡佐에 대해서는 정동준, 2013, 『동아시아 속의 백제 정치제도』, 일지사, pp.251~254를 참조.

18) 정동준, 2013, 앞의 책, pp.249~254.

곧바로 또는 거의 비슷한 시기에 임명된 것으로 보이기 때문에, 기록되지 않은 관직은 기모군좌관과 품달군장 사이에 있었을 것이다. 둘째, 기록되지 않은 관직이 없었다 하더라도 전후 맥락으로 보아 초직인 기모군좌관의 재임기간이 10년 이상으로 매우 길었다는 의미가 되기 때문에, 그 사이에 관등의 승진이 이루어졌을 가능성이 높다. 따라서 임명 당시를 기준으로 하면 역시 기모군좌관과 품달군장 사이에는 상당한 관등 차이가 있었을 것으로 보인다. 또 군장이 은솔, 참사군이 덕솔인 7세기의 상황에서는 좌관의 관등도 6세기의 장덕·시덕보다 높은 柰率로 승격되었을 가능성이 있다.

묘주가 기모군좌관에 임명된 시기는 출생년도가 615년이고 기모군좌관이 '解褐' 후 첫 관직이라는 점에서 20세 전후에 임명된 것으로 파악되므로, 635년 전후 즉 무왕대 후반이라고 볼 수 있을 것이다.

(6) 稟達郡將 : 『三國史記』 黑齒常之傳에 등장하는 '風達郡將'과 동일한 실체로 파악하는 것이 일반적이지만, 그 위치비정에 대해서는 몇가지 견해가 제시되어 있을 뿐, 아직 확실한 것을 알 수 없는 상황이다. 또 黑齒常之는 650년대에 達率로서 風達郡將이 되었던 반면, 묘주는 아래에 서술하듯이 650년 즈음에 恩率 또는 德率로서 稟達郡將이 된 것으로 추정되어 관등의 차이에 대하여 여러 견해가 제시되어 있다. 가문의 격에 따른 차이로 보기도 하고(김영관, p.126), 1관등 복수관등제의 가능성을 제시하기도 한다(김영심, pp.204~205).

묘주가 품달군장에 임명된 시기는 35세 전후인 650년 즈음 즉 義慈王代(641~660)가 아닐까 한다.[19] 즉 백제 멸망 당시에 풍달군장이었던 黑齒常之의 전임으로 추정되는 것이다.

(7) 司軍 : 백제에서의 마지막 관직이라는 점에서 唐에 투항할 당시의 것일 가능성이 높다. 백제 22부사 중 司軍部에 소속된 차관급의 중앙관(김영관, p.127), 侍衛軍의 부대장(김영심, pp.209~211) 등으로 파악되어 왔다. 그러나 "居檢察之務, 潔擬壺氷; 當藻鑒之司, 明逾鏡水"와 연결하여 (11)을 참고할 때, 司軍部의 장관으로서 무관의 인사권을 가진 존재로 볼 수 있을 것이다.

이 경우 관등이 達率이 아닌 恩率인 것이 문제가 되는데, ①은솔과 달솔의 관등 차이가 한 등급에 불과하므로, 行守法 등의 타국 사례를 감안하면 은솔로서 달솔이 원칙인 관직에 취임하는 유사한 관행이 있었을 가능성이 충분하고, 임명시기인 의자왕대 말기에는 달솔의 '정원 30인'이 폐지되어 은솔과 달솔 사이의 '장벽'도 모호해졌을 가능성이 높은 데다가, 왕의 측근들이 신임을 바탕으로 파격적으로 출세하는 경우가 보이며, ②6좌평제의 정비로 兵官佐平에게 軍政權이 집중되면서 사군부와 그 장관의 위상이 낮아졌을 가능성이 높기 때문에 사군

19) 義慈王代에는 佐平의 정원 철폐 등으로 인해 관등 인플레 현상이 생겼는데, 이것은 達率의 정원 철폐로 인해 달솔과 은솔의 경계선이 모호해지는 등의 현상도 유발한 것으로 생각된다. 그러한 과정에서 陳氏 가문이 상위 관등으로 진출하는 시기도 40대에서 30대 중반으로 빨라진 것이 아닐까 생각된다.

부의 장관으로 파악해도 무방할 것이다.

(8) 恩率 : 은솔이 묘주가 백제에서 승진한 최고 관등이고, 맨 마지막 관직인 司軍이 은솔일 때 임명된 것임은 분명하다. 그러나 묘지명의 문장이 다소 모호하게 되어 있어, 그 전의 稟達郡將이 은솔일 때 임명된 관직인지 덕솔 또는 그 이하일 때 임명된 관직인지를 두고 논란이 있다. 이 경우 바로 앞의 "俄轉司軍"에서 '轉'이 어떤 의미인가가 문제일 것이다. 『舊唐書』 등에서 관직의 이동과 관련된 '轉'의 용례를 보면, 승진인 경우가 더 많기는 해도 같은 품계로의 수평이동이나 품계상의 하락도 적지 않으므로, 현재의 상황에서는 단정하기 어렵다.

(9) 감찰하는 직무[檢察之務] : 檢察은 ①고발·조사하다, ②고발된 범죄사실을 심사하다, ③찾다의 뜻이 있는데, 여기서는 ①의 뜻이다. ①의 뜻으로는 『後漢書』 百官志5에 "什主十家, 伍主五家, 以相檢察. 民有善事惡事, 以告監官."이라는 용례가 있다.

실제 『舊唐書』에서 특정 관직과 관련하여 등장하는 '檢察'의 용례를 찾으면 6군데에 나오는데, 그것을 맡은 관직은 監察御史가 2회(卷24 禮儀志4 汾陰后土之祀, 卷187下 忠義傳下 李憕), 勸農使가 2회(卷97 張說傳, 卷105 宇文融傳), 採訪使가 1회(卷38 地理志1), 刺史가 1회(卷105 楊愼矜傳)여서 지방에 대한 감찰이 주된 것임을 알 수 있다. 한편 『舊唐書』 卷199上 東夷傳 倭國에는 "置一大率, 檢察諸國, 皆畏附之.", 『新唐書』 卷220 東夷傳 日本에는 "置本率一人, 檢察諸部.", 『三國志』 卷30 魏書 東夷傳 倭에는 "自女王國以北, 特置一大率, 檢察諸國, 諸國畏憚之."라고 하여 역시 지방에 대한 감찰이 강조되고 있다. 이 밖에 唐代에 편찬된 『晉書』에는 3회 중 刺史 2회(卷6 元帝紀 太興元年, 卷80 王羲之傳) 司隸校尉 1회(卷90 良吏傳 王宏)이고, 唐代 이전에 편찬된 『後漢書』에는 州郡이 1회(卷7 桓帝紀 建和三年), 『三國志』에는 太守·國相이 1회(卷1 武帝紀) 등으로 전부 지방관과 관련하여 사용되고 있다.

특히 백제의 郡將은 唐의 刺史에 해당하는 것으로 인식되었는데(『舊唐書』 卷109 黑齒常之傳, 『新唐書』 卷110 諸夷蕃將傳 黑齒常之), 刺史의 직무에는 "京兆·河南·太原牧及都督·刺史掌淸肅邦畿, 考覈官吏, 宣布德化, 撫和齊人, 勸課農桑, 敦敷五敎."(『舊唐書』 卷44 職官志3 州縣官員)라고 하듯이 '考覈官吏' 즉 관리에 대한 감찰이 포함되어 있다. 따라서 이 부분은 주로 稟達郡將에 대한 서술이라고 볼 수 있다.

(10) 청렴결백함이 얼음 담은 옥항아리에 비기었고[潔擬壺氷] : 壺氷은 용례를 찾기 어려웠으나, 유사한 것으로 氷壺가 있었다. 氷壺는 ①얼음을 담은 옥항아리, 품성이 청렴결백함을 비유함, ②달 또는 달빛의 뜻이 있는데, 여기서는 ①의 뜻이다. ①은 본래 『文選』 鮑照 「白頭吟」의 "直如朱絲繩, 淸如玉壺冰."에서 유래한 것이다. 해당 부분의 李周翰注에는 "玉壺冰, 取其絜淨也."라고 되어 있다. 唐 姚崇 「冰壺誡序」 "冰壺者, 淸潔之至也. 君子對之, 示不忘淸也 … 內懷冰淸, 外涵玉潤, 此君子冰壺之德也."라는 용례가 있다.

(11) 인재를 평가하고 감별하는 관사에 취임해서는[當藻鑒之司] : 藻鑒은 藻鑑이라고도 하며, ①(인재를) 품평하고 감별하다, ②①에서 파생되어 인재를 품평하고 감별하는 직무의 뜻이 있

는데, 여기서는 ②의 뜻이다. ②의용례로는 唐 杜牧「崔璪除刑部尙書制」에 "擢任藻鑑, 旋職牢籠, 材皆適宜, 官無逋事."라는 용례가 있다.

실제『舊唐書』에서 '藻鑑'의 용례를 찾으면 3군데에 나오는데(卷77 韋挺傳 子待價, 卷82 李義府傳, 卷189上 儒學傳上 許叔牙 子子儒), '藻鑑'을 할 당시의 관직이 天官尙書·司列太常伯(둘 다 吏部尙書의 개칭)·天官侍郎(吏部侍郎의 개칭)이다. 그리고『新唐書』에서는 '藻鑑'의 용례가 없는 대신 같은 구절을 각각 '銓總'(卷98 韋挺傳 子待價)·'品鑒'(卷223上 姦臣傳上 李義府) '選事'(卷198 儒學傳上 許叔牙 子子儒)라고 하고 있어, 吏部尙書·侍郎의 직무인 "尙書·侍郎之職, 掌天下官吏選授·勳封·考課之政令."(『舊唐書』 卷43 職官志2 吏部) 중 '選授'와 일치한다. 그런데 兵部尙書·侍郎의 직무도 "尙書 侍郎之職, 掌天下武官選授及地圖與甲仗之政令."(『舊唐書』 卷43 職官志2 兵部)이라고 하여 '武官의 選授'가 포함되어 있었다. 그렇다면 묘지명의 작성자는 백제의 兵部尙書 侍郎에 해당하는 司軍部의 장관 또는 차관이 무관의 '藻鑑'에 해당하는 일을 맡았다고 인식하였을 가능성이 높고, 그에 해당하는 관직은 역시 司軍이 될 것이다.

⑿ 鏡水 : ①고요하고 깨끗한 물, ②鏡湖(지명)의 뜻이 있는데, 여기서는 ①의 뜻이다. ①의 용례로는 唐 溫庭筠「荷葉杯」의 詞에 "鏡水夜來秋月, 如雪. 采蓮時, 小娘紅粉對寒浪."이라는 용례가 있다.

해설 : 묘주가 백제에서 태어나 관직생활을 하던 시기까지의 행적을 서술하고 있다. '君淸識邁於齠年, 雅道彰於丱日'은 어려서부터 자질이 뛰어났음을, '析薪流譽, 良冶傳芳'은 집안의 좋은 분위기 속에서 성장하였음을, '解褐~恩率'은 백제에서의 관직 경력을 서술하였다. '居檢察之務 明逾鏡水'는 백제에서의 관직생활에 대하여 청렴결백하고 분명하였다고 평가하고 있다.

2-2. 官兵以顯慶五祀, 弔人遼浿. 府君因機一變, 請吏明時. 恩獎稠疊, 仍加賞慰. 從其所好, 隸此神州, 今爲洛陽人也.

官兵이[1] 顯慶 5년(660)에 동방 지역에서 죄 있는 자를 토벌하자[弔人遼浿],[2] 府君은 기회를 타고 확 바뀌어, 정치가 깨끗하고 투명한 시대에 신하가 되기를 청하였다[請吏明時][3]. 은혜를 더하여 권장하고 격려함이 중첩되어[恩獎稠疊],[4] 인하여 칭찬하고 위로함[賞慰]이[5] 더해졌다. 좋아하는 바를 따라서 이곳 中原 지역[神州]에[6] 도착하였고, 지금은 洛陽 사람이 되었다.

⑴ 官兵 : 唐軍을 의미한다.

⑵ 동방 지역에서 죄 있는 자를 토벌하자[弔人遼浿] : 弔人은 弔民의 避諱인 것으로 보이고, 弔民은 弔民伐罪의 약칭이라고 생각되는데, 吊民伐罪라고도 한다. 피해를 입은 백성을 위문하여 죄 있는 자를 토벌한다는 뜻이다.『宋書』 索虜傳에 "興雲散雨, 慰大旱之思 ; 弔民伐罪, 積後己之情."이라는 용례가 있다. 遼浿는 遼 지역과 浿 지역의 병칭이고, 지금의 중국 遼東과 한반도 서북부 청천강 일대이다. 唐 無名氏「故銀靑光祿大夫贈潤州刺史馬公墓志銘序」에 "貞

觀中, 以有事遼浿, 策名勳府."라는 용례가 있다. 遼浿는 주로 고구려를 가리키지만, 백제와 관련되는 용례로 이 묘지명을 들 수 있다(권덕영, pp.119~121). 여기서는 명문의 '遼海'와 마찬가지로 동방 지역에 대한 범칭으로 쓰인 것으로 파악된다.

(3) 정치가 깨끗하고 투명한 서대에 신하가 되기를 청하였다[請吏明時] : 請吏는 신하가 되기를 청한다는 뜻이고, 신하로서 복종하기를 바란다는 것을 말한다. 『文選』 沈約 「齊故安陸昭王碑文」에 "迴首請吏, 曾何足云."이라는 용례가 있고, 해당 부분의 李周翰注에 "迴首請吏, 謂願歸帝命以爲臣也."라고 되어 있다. 明時는 ①천명의 변화를 밝히다 ②정치가 깨끗하고 투명한 시대를 가리킴. 옛날에는 항상 현재의 왕조를 칭송하는 말로 사용함의 뜻이 있다. 여기서는 ②의 뜻인데, 曹魏 曹植 「求自試表」에 "志欲自效於明時, 立功於聖世."라는 용례가 있다.

(4) 은혜를 더하여 권장하고 격려함이 중첩되어[恩獎稠疊] : 恩獎은 ①은혜를 더하여 권장하고 격려함, ②은정을 가지고 도움의 뜻. 여기서는 ①의 뜻인데, 梁 江淹 「爲蕭驃騎讓太尉增封第三表」에 "不能曲流慈炤, 遂乃徒洽恩獎."이라는 용례가 있다. 稠疊은 자주 겹침, 중첩의 뜻. 東晉 謝靈運 「過始寧墅詩」에 "巖峭嶺稠疊, 洲縈渚連綿"이라는 용례가 있다.

(5) 칭찬하고 위로함[賞慰]이 : 賞慰는 칭찬하고 위로함, 褒慰의 뜻. 唐 盧照鄰 「酬張少甫柬之詩」에 "十年暌賞慰, 萬里隔招尋."이라는 용례가 있다.

(6) 中原 지역[神州]에 : ①中原 지역을 가리킴, ②수도, ③중국의 별칭, ④고대 신화전설 속 신선의 활동처를 가리킴, 神洲라고도 함의 뜻. 여기서는 ①의 뜻인데, 劉宋 劉義慶 『世說新語』 言語篇에 "王丞相愀然變色曰: 「當共戮力王室, 克復神州, 何至作楚囚相對!」"라는 용례가 있다.

해설 : 묘주가 백제에서 唐으로 귀순하여 이주하는 과정을 서술하고 있다. 철저하게 唐의 입장에서 서술하고 있고 洛陽에 정착하기까지의 과정이 순탄한 것으로 되어 있다.

2-3. 六年二月十六日, 制授游擊將軍·右驍衛政教府右果毅都尉. 乾封二年, 除右衛大平府右果毅都尉. 總章二年, 改授寧遠將軍·右衛龍亭府折衝都尉. 咸亨元年, 加階定遠將軍. 文明元年, 又加明威將軍, 職事依舊.

顯慶6년(661) 2월16일에 游擊將軍[(1)]·右驍衛政教府右果毅都尉에[(2)] 제수되었다. 乾封 2년(667)에 右衛大平府[(3)]右果毅都尉에 제수되었다. 總章 2년(669)에 다시 寧遠將軍[(4)]·右衛龍亭府折衝都尉에 제수되었다. 咸亨 元年(670)에 품계를 定遠將軍으로[(5)] 올렸다. 文明元年(684)에 또 明威將軍으로 승진하였고, 職事는 예전과 같았다.

(1) 游擊將軍 : 唐/周의 종5품하 武散階.

(2) 右驍衛政教府右果毅都尉 : 右驍衛는 16衛 중 하나로서 궁성 경비를 맡았고, 政教府는 河南府 소속이며, 右果毅都尉는 折衝府의 차관이다(陳瑋, p.392). 政教府가 上府이므로 右果毅都尉는 종5품하가 되기 때문에, 官職이 官階와 일치한다.

(3) 大平府 : 大平府는 絳州 소속 上府이다(陳瑋, p.392).

(4) 寧遠將軍 : 唐/周의 정5품하 武散階.

(5) 定遠將軍 : 唐/周의 정5품상 武散階.

해설 : 唐에서 묘주의 관력을 서술하고 있다.

2-4. 然以大耋貽歡, 恒思鼓缶; 通人告老, 固請懸車. 雲路垂津, 日門迴鑒. 特聽致仕, 以弘止足.

그러나 노년이 되어 (자손에게) 기쁨을 남기면서도[大耋貽歡][1] 항상 鼓缶를[2] 생각하였고, 사람을 통하여 퇴직하겠다고[告老][3] 懸車를[4] 간청하였다. 높은 산 위의 통로가 (산 아래의) 나루터에 드리우니[雲路垂津],[5] 노을 지는 시간이 되었다[日門迴鑒].[6] 특별히 致仕를[7] 허락하여 그치고 만족할 줄 아는 것[止足]을[8] 크게 하였다.

(1) 노년이 되어 (자손에게) 기쁨을 남기면서도[大耋貽歡] : 大耋은 옛날에 80세 또는 70세를 耋이라고 하였으므로, 노년 또는 고령을 가리킨다. 唐 孟郊 「晩雪吟」에 "小兒擊玉指, 大耋歌聖朝."라는 용례가 있다. 貽歡은 용례를 찾을 수 없으나, 유사한 것으로 貽福이 있다. 貽福은 쌓은 복덕을 자손에게 남긴다는 뜻이다. 明 李東陽 「陸孝子詩序」에 "鳳之祖庭玉君履善貽福, 而仁甫續學弗試, 猶有待於後."라는 용례가 있다.

(2) 鼓缶 : ①일종의 와질악기를 두들기며 연주하다, ②아내를 잃다의 뜻. 여기서는 ①의 뜻이다. ①의 뜻으로는 『易經』 離에 "日昃之離, 不鼓缶而歌, 則大耋之嗟, 凶."이라는 용례가 있다. 앞 구절의 '大耋'까지도 들어 있어 이 부분에서 전후의 구절을 따온 것으로 보인다.

(3) 퇴직하겠다고[告老] : 관리가 연로하여 퇴직한다는 뜻. 『春秋左氏傳』 襄公 7년에 "韓獻子告老."라는 용례가 있다.

(4) 懸車 : ①험준하고 다니기 어려움을 묘사함, ②황혼 전의 시간을 가리키는 말, ③관직에서 물러나다, ④70세, ⑤은거하여 벼슬하지 않음의 뜻. 여기서는 ③의 뜻으로, 옛날에는 일반적으로 70세에 관직을 떠나 집에 머무르게 되어서 수레를 사용하지 않음에서 유래하였다. ③의 뜻으로는 漢 班固 『白虎通』 致仕篇에 "臣年七十懸車致仕者, 臣以執事趨走爲職, 七十陽道極, 耳目不聰明, 跂踦之屬, 是以退老去避賢者 … 懸車, 示不用也."라는 용례가 있다.

(5) 높은 산 위의 통로가 (산 아래의) 나루터에 드리우니[雲路垂津] : 雲路는 ①구름 사이, 하늘 위, ②하늘에 오르는 길, 신선이 되는 길, ③높은 산 위의 통로, ④먼 여정, ⑤벼슬길에 비유하여 고위직의 뜻. 여기서는 ③의 뜻인데, 唐 儲光義의 詩「遊茅山」2에 "巾車入雲路, 理棹瑤溪行."이라는 용례가 있다. 日門迴鑒과 대구로서 높은 지위에서 내려올 때가 되었다는 비유가 아닐까 생각된다.

(6) 노을 지는 시간이 되었다[日門迴鑒] : 日門은 태양을 말한다. 梁 元帝 「揚州梁安寺碑」에 "日門見羲和之色, 月殿望奔娥之象."이라는 용례가 있다. 迴鑒은 용례를 찾을 수 없으나 鑑에는 '照'의 뜻이 있어, 『文選』 阮籍 「詠懷詩十七首」1에 "薄帷鑑明月, 淸風吹我衿."이라는 용례가 있고, 해당 부분의 張銑注에 "鑑, 照也."라고 되어 있다. 특히 이 묘지명은 則天武后가 황제

에 즉위한 후에 작성된 것이어서, 則天武后의 본명인 '照'자의 사용이 금지되어 있었다. 따라서 迴鑒을 迴照라고 볼 수 있다면, 迴照는 '廻照'라고도 하는데, ①저녁 햇빛을 가리킴, ②저녁놀을 가리킴의 뜻이 있다. 여기서는 ②의 뜻인데, 唐 李商隱의 詩「燈」에 "固應留半焰, 迴照下幃羞."라는 용례가 있다. 雲路垂津과 대구로서 시간이 흘러 은퇴할 시기가 되었음을 의미하는 것으로 생각된다.

(7) 致仕 : ①관직을 그만두다, ②致仕官의 약칭의 뜻. 여기서는 ①의 뜻. ①의 뜻으로는『春秋公羊傳』宣公 원년에 "退而致仕."라는 용례가 있고, 해당 부분의 何休注에 "致仕, 還祿位於君."이라고 되어 있다.

(8) 그치고 만족할 줄 아는 것[止足] : 止足은 평범한 일에 그치고 만족할 줄 알아서, 탐욕이 끝없을 필요가 없다는 뜻.『老子』의 "知足不辱, 知止不殆, 可以長久"에서 유래한 말이다.『漢書』雋疏於薛等傳의 贊에 "疏廣行止足之計, 免辱殆之絫."라는 용례가 있다.

해설 : 묘주의 퇴직에 대하여 서술한 부분이다.

3-1. 豈謂輔仁無驗, 梁木云摧. 唐載初元年二月十三日, 終於洛陽縣毓財里之私第, 春秋七十有六. 嗚呼哀哉! 大周天授二年歲次辛卯三月壬申朔廿六日丁酉, 卜宅於邙山之原, 禮也.

어찌 인덕을 기른 것[輔仁]도[(1)] 효험이 없이 대들보가 꺾였다고 하겠는가[梁木云摧]?[(2)] 唐 載初 元年(690) 2월13일에 洛陽縣 毓財里의[(3)] 私第에서 생을 마치니, 春秋는 76세이다. 아! 슬프도다. 大周 天授 2년(691) 辛卯年, 壬申이 초하루인 3월의 26일 丁酉日에 邙山[(4)] 벌판에 묘지를 점쳐서 선택[卜宅]하니[(5)], 禮에 합치된다[禮也].[(6)]

(1) 인덕을 기른 것[輔仁] : 輔仁은 인덕을 기른다는 뜻.『論語』顔淵篇에 "曾子曰:「君子以文會友, 以友輔仁.」"이라는 용례가 있고, 何晏集解에서 孔安國을 인용하여 "友相切磋之道, 所以輔成己之仁."이라고 되어 있다.

(2) 대들보가 꺾였다고 하겠는가[梁木云摧] : 梁木은 대들보. 또한 중임을 맡을 수 있는 인재를 비유한다. 晉 潘嶽「楊仲武誄」에 "魂兮往矣, 梁木實摧."라는 용례가 있다.

(3) 洛陽縣 毓財里 : 洛陽縣은 河南府의 속현 중 하나. 光宅 원년(684)~神龍 원년(705)에는 神都라고 하여 唐 및 周의 수도였다. 毓財里는 洛陽城의 毓財坊에 해당되는데, 동문 안에 있고 남쪽으로 洛水에 임해 있으며, 黑齒俊이 거주하였던 從善里(坊)과는 洛水를 사이에 두고 마주 보고 있다고 한다(陳瑋, pp.392~393). 구체적인 위치에 대해서는 이미 지도로 예시한 논문이 있다(김영관, p.128).

(4) 邙山 : 洛陽 북쪽의 공동묘지가 있는 곳. 邙山에 장례를 지낸 경우는 묘주 이외에도 義慈王 扶餘隆 黑齒俊 등이 있다.

(5) 묘지를 점쳐서 선택[卜宅]하니 : 卜宅은 ①도읍을 세울 지역을 점쳐서 결정하다, ②거주지를 선택하다, ③묘지를 점쳐서 선택하다의 뜻. 여기서는 ③의 뜻. ③의 뜻으로는『禮記』雜記上

에 "大夫卜宅與葬日, 有司麻衣 … 占者皮弁."이라는 용례가 있고, 해당 부분의 孔穎達疏에 "宅謂葬地."라고 되어 있다.

(6) 禮에 합치된다[禮也] : 예에 규정된 대로 장례를 치루었다는 뜻이다. 이 묘지명에서는 장례품이나 장례를 담당하는 관리의 파견 등이 기록되어 있지 않아서 구체적으로 예에 합치되는 장례였는지는 확인할 수 없다.

해설 : 묘주의 장례에 대하여 서술한 부분이다.

3-2. 嗣子神山府果毅龍英, 痛風枝之不駐, 顧煙隧而長懷. 爰託微衷, 式旌幽壤. 其銘曰:

嗣子[1] 神山府果毅[2] 龍英은 부모가 사망하여 봉양할 수 없음[風枝之不駐]을[3] 아파하고, 안개 낀 무덤을 마음에 두고 오래 생각하였다[顧煙隧而長懷].[4] 이에 자그마한 성의[微衷]를[5] 부쳐서, 무덤[幽壤]에[6] 표시한다. 그 銘에는,

(1) 嗣子 : ①제왕 또는 제후의 지위를 계승할 아들(대체로 적장자), ②적장자, ③ 아들이 없는 경우 후사로 삼은 가까운 형제 또는 다른 사람의 아들의 뜻인데, 여기서는 ②의 뜻으로 보인다. 唐 韓愈 「唐故檢校尚書左僕射右龍武軍統軍劉公墓志銘」에 "子四人 : 嗣子光祿主簿縱, 學於樊宗師, 士大夫多稱之 ; 長子元一 … 次子景陽·景長, 皆舉進士."라는 용례가 있다.

(2) 神山府果毅 : 神山縣이 晋州 소속의 中縣이므로 神山府는 中府에 해당되고, 따라서 果毅都尉의 품계는 정6품상이다(陳瑋, p.393).

(3) 부모가 사망하여 봉양할 수 없음[風枝之不駐] : 風枝는 ①부모가 사망하여 봉양할 수 없음을 비유함, ②바람이 스쳐지나가는 나뭇가지의 뜻. 여기서는 ①의 뜻. 유사한 단어로 風樹가 있는데, 둘 다 『韓詩外傳』 卷9의 "皐魚曰: 「 … 樹欲靜而風不止, 子欲養而親不待也.」"에서 유래한 것이다. 北周 庾信의 「周大將軍司馬裔神道碑」에 "慟甚風枝, 悲深霜露."라는 용례가 있다.

(4) 안개 낀 무덤을 마음에 두고 오래 생각하였다[顧煙隧而長懷] : 煙은 연기 모양의 물질, 안개 등을 가리킴이라는 뜻이 있어, 曹魏 曹操 「氣出唱」2에 "從西北來時, 仙道多駕煙."이라는 용례가 있다. 隧는 墓道라는 뜻이 있다. 『周禮』 春官 塚人에 "及窆, 以度爲丘隧, 共喪之窆器."라는 용례가 있고, 해당 부분의 鄭玄注에 "隧, 羨道也."라고 되어 있다. 長懷는 ①끝없이 상상하다, 오래 생각하다, ②영원히 돌아가다, 한번 떠나고 돌아오지 않다의 뜻. 여기서는 ①의 뜻인데, 梁 江淹 「恨賦」에 "齎志沒地, 長懷無已."라는 용례가 있다. 4-4의 '恒悽苦霧'와 연결되는 내용이다.

(5) 자그마한 성의[微衷]를 : ①자그마한 성의라는 뜻으로 겸사로 쓰임, ②드러나지 않은 속마음의 뜻. 여기서는 ①의 뜻인데, 唐 俞簡의 詩 「行不由徑」에 "一示遵途意, 微衷益自精."라는 용례가 있다.

(6) 무덤[幽壤]에 : 지하, 저승의 뜻. 『晉書』 禮志上에 "若埋之幽壤, 於情理未必咸盡."이라는 용례가 있다. 여기서는 묘지명의 작성과 관련하여 무덤을 가리키는 것으로 보인다.

해설 : 묘주의 후손과 묘지의 작성에 대하여 서술한 부분이다.

4-1. 嬀川命氏, 遼海爲鄕. 三韓挻懿, 五部馳芳. 其一

嬀川을[(1)] 성으로 하고[命氏][(2)], 遼海를[(3)] 고향으로 삼았다. 三韓에서 남달리 뛰어나고[挻懿][(4)], 五部에 훌륭한 이름을 알렸다[馳芳][(5)]. 그 첫 번째이다.

(1) 嬀川 : 嬀水를 가리키는 것으로 보인다. 嬀水는 山西省 永濟縣 남쪽에 있는데, 曆山에서 시작되어 서쪽으로 黃河에 들어간다. 참고로 嬀는 舜의 姓으로, 舜이 嬀汭 즉 嬀水가 굽이치는 곳에 거주하여 그 후에 嬀를 성으로 삼았다고 하고, 春秋時代에는 陳國이 嬀氏였다(『史記』 陳杞世家 참조).

(2) 성으로 하고[命氏] : 命氏는 성을 하사받는다는 뜻. 『文選』 陸倕 「新刻漏銘」에 "挈壺命氏, 遠哉義用."이라는 용례가 있고, 해당 부분의 李善注에 『周禮』를 인용하여 "挈壺氏下士六人."이라고 되어 있다.

(3) 遼海 : ①遼東, 대체로 遼河 이동의 연해지구를 가리킴, ②渤海 遼東灣을 가리킴의 뜻. 여기서는 ①의 뜻인데, 『魏書』 庫莫奚傳에 "及開遼海, 置戍和龍, 諸夷震懼, 各獻方物."이라는 용례가 있다. 「扶餘隆墓誌銘」에도 '遼海之濱'이라는 구절이 등장하는데, 이것은 ②의 뜻으로 보인다. 遼海는 주로 고구려를 가리키지만, 백제와 관련되는 용례로 이 묘지명을 들 수 있다(권덕영, pp.119~121). 그런 점에서 여기서는 遼東 자체보다는 동방 지역을 가리키는 것으로 보인다.

(4) 남달리 뛰어나고[挻懿] : 挻懿는 용례를 찾기 어려우나, 유사한 것으로 挺秀가 있다. 挺秀는 남달리 뛰어나다, 굳세고 수려하다의 뜻. 晉 潘尼 「釋奠頌」에 "篤生上嗣, 繼期挺秀."라는 용례가 있다.

(5) 훌륭한 이름을 알렸다[馳芳] : 馳芳은 향기를 퍼뜨린다는 뜻. 唐 駱賓王 「上郭贊府啓」에 "松秋表勁, 翊積霞而捕極 ; 菊晩馳芳, 涵淸露而泫沼."라는 용례가 있다. 여기서는 단순한 향기가 아니라 芳名 즉 훌륭한 이름을 알렸다는 뜻으로 생각된다. 2-1.의 '良冶傳芳'을 압축한 것으로 보인다.

해설 : 시조부터 아버지까지의 역대 선조에 대하여 압축하여 표현한 부분이다.

4-2. 猗歟哲士, 寔惟英彦. 達變因機, 革心迴面. 其二

아름답구나, 현명한 사람[哲士]이여[(1)]! 참으로 재능이 출중한 사람[英彦]이다[(2)]. 변화에 통달하고 적응하여[達變][(3)] 기회를 타고, 생각을 고쳐서 귀순하였다[革心迴面][(4)]. 그 두 번째이다.

(1) 현명한 사람[哲士]이여 : 哲士는 喆士라고도 한다. ①哲人, 현명한 사람, ②지혜와 계략이 있는 사람의 뜻. 여기서는 ①의 뜻인데, 『東觀漢記』 田邑傳에 "愚聞丈夫不釋故而改圖, 哲士不徼幸而出危."라는 용례가 있다.

(2) 재능이 출중한 사람[英彦]이다 : 英彦은 재능이 출중한 사람, 재능과 지혜가 탁월한 사람의 뜻. 晉 袁宏 『後漢紀』 光武帝紀2에 "願陛下更選英彦, 以充廊廟."라는 용례가 있다.

(3) 변화에 통달하고 적응하여[達變] : 達變은 사물의 변화에 통달하고 그것에 적응할 수 있다는 뜻. 晉 陸機「文賦」에 "苟達變而識次, 猶開流以納泉."이라는 용례가 있다.

(4) 생각을 고쳐서 귀순하였다[革心迴面] : 革心은 잘못된 생각을 고친다는 뜻. 晉 袁宏『後漢紀』 安帝紀上에 "朞不殺無辜, 以譴訶爲非, 無赫赫大惡, 可裁削奪, 損其租賦, 令得改過自新, 革心向道."라는 용례가 있다. 迴面은 ①얼굴을 돌리다, ②방향을 바꾸다, 귀순을 비유함의 뜻. 여기서는 ②의 뜻인데,『三國志』吳書 孫權傳의 "權終不聽" 부분에 있는 裴松之注에서 晉 虞溥의「江表傳」을 인용하여 "君宣導休風, 懷保邊遠, 遠人迴面, 莫不影附, 是用錫君朱戶以居."라고 한 용례가 있다. 마찬가지 뜻으로 回面이 있는데,『文選』揚雄「劇秦美新」에 "海外遐方, 信延頸企踵, 回面內嚮, 喁喁如也."이라는 용례가 있고, 해당 부분의 李周翰注에 "回面內向, 謂順服於君."이라고 되어 있다.

해설 : 백제에서의 활약과 唐에의 귀순에 대하여 압축하여 표현한 부분이다.

4-3. 隆班屢徙, 促漏方催. 長辭日轡, 永去泉臺. 其三

품계를 높이고 (관직을) 여러 차례 옮겼으나, 급박한 물시계 소리[促漏]는[(1)] 바야흐로 재촉한다. 日御와 영원히 이별하니[長辭日轡],[(2)] 영영 저승[泉臺]으로[(3)] 가버렸다. 그 세 번째이다.

(1) 급박한 물시계 소리[促漏]는 : 促漏는 급박한 물시계 소리. 唐 李商隱의 詩「促漏」에 "促漏遙鐘動靜聞, 報章重疊杳難分."이라는 용례가 있다.

(2) 日御와 영원히 이별하니[長辭日轡] : 長辭는 ①영원히 이별하다, ②사망의 완곡한 말의 뜻. 여기서는 의미상으로는 ②에 해당하나, 대구의 구조상으로는 ①의 뜻에 가깝다. 漢 王褒「洞簫賦」에 "頹唐遂往, 長辭遠逝, 漂不還兮."라는 용례가 있다. 日轡는 日御와 같고, 또한 제왕의 수레를 가리킨다. 北周 庾信「周譙國公夫人步陸孤氏墓志銘」에 "星機北轉, 日轡西迴."라는 용례가 있고, 해당 부분의 倪璠注에 "日轡, 日御也."라고 되어 있다. 참고로 日御는 ①고대 천문과 역법을 맡은 관직, ②고대 신화 속에서 태양을 수레처럼 모는 신으로 이름은 羲和, ③태양을 가리킴, ④제왕의 수레를 가리킴의 뜻. 여기서는 ②의 뜻으로 생각되는데, 劉宋 顔延之「赤槿頌」에 "日御北至, 夏德南宣."이라는 용례가 있다. 태양을 모는 신과 영원히 이별한다는 의미는 결국 시간과 작별한다는 죽음의 완곡한 표현으로 생각된다.

(3) 저승[泉臺]으로 : ①臺의 이름으로 春秋時代 魯 莊公이 축조하였고 泉宮에 있었음, ②무덤 구덩이, 저승을 가리키기도 함의 뜻. 여기서는 ②의 뜻. 唐 駱賓王「樂大夫挽辭」五에 "忽見泉臺路, 猶疑水鏡懸."이라는 용례가 있다.

해설 : 唐에서의 활약과 묘주의 사망에 대하여 압축하여 표현한 부분이다.

4-4. 久客無歸, 異邦有寓. 瞻言孤隴, 恒悽苦霧. 其四

타향에 오래 거주한 사람[久客]이[(1)] (고향으로) 돌아가지 않고, 외국[異邦]에[(2)] 거처가 있었다. 외로운 무덤을 바라보니[瞻言孤隴],(3) 항상 짙은 안개가 슬프게 낀다[恒悽苦霧].(4) 그 네 번째이다.

(1) 타향에 오래 거주한 사람[久客]이 : ①오랫동안 밖에 거주함, ②타향에 오래 거주한 사람, ③臘梅, 음력12월 전후에 피는 매화의 뜻. 여기서는 ②의 뜻인데, 宋 陸遊의 詩「宴西樓」에 "萬里因循成久客, 一年容易又秋風."이라는 용례가 있다.

(2) 외국[異邦]에 : 異邦은 외국. 『論語』 季氏篇에 "邦人稱之曰君夫人 … 異邦人稱之亦曰君夫人." 이라는 용례가 있다.

(3) 외로운 무덤을 바라보니[瞻言孤隴] : 言은 허사로 파악되고, 隴은 '壟'과 통하여 무덤의 뜻이다. 『淮南子』 說林訓에 "或謂塚, 或謂隴. 名異實同也."라고 하였고, 唐 駱賓王 「爲李總管祭趙郎將文」에 "因原爲隴, 卽壤成棺."이라는 용례가 있다.

(4) 항상 짙은 안개가 슬프게 낀다[恒悽苦霧] : 苦霧는 짙은 안개. 劉宋 鮑照 「舞鶴賦」에 "涼沙振野, 箕風動天, 嚴嚴苦霧, 皎皎悲泉."이라는 용례가 있다. 3-2의 '顧煙隧而長懷'와 연결되는 부분이다.

해설 : 묘주의 장례에 대하여 압축하여 표현한 부분이다.

추기 : 탁본사진과 『大明宮研究』 8을 제공해 주신 李成市 선생님과 제자 우에다 기혜이나리치카[植田喜兵成智] 씨(이상 早稻田大學), 陳瑋 씨의 발표문을 제공해 주신 가네코 슈이치[金子修一] 선생님(國學院大學)께 감사드린다.

투고일: 2014. 9. 4. 심사개시일: 2014. 9. 8. 심사완료일: 2014. 11. 28.

참/고/문/헌

정동준, 2013, 『동아시아 속의 백제 정치제도』, 일지사.

宮崎市定/임대희 등 옮김, 2002, 『구품관인법의 연구』, 소나무.

龔延明, 2006, 『中國歷代職官別名大辭典』, 上海辭書出版社.

胡戟·榮新江 主編, 2012, 『大唐西市博物館藏墓誌』, 北京大學出版社.

拜根興, 2013, 「入唐百濟移民陳法子墓誌涉及地名及關聯問題考釋」, 『大明宮研究』 8.

윤선태, 2013, 「新出資料로 본 百濟의 方과 郡」, 『韓國史研究』 163.

김영관, 2014, 「百濟 遺民 陳法子 墓誌銘 研究」, 『百濟文化』 50.

陳瑋, 「新見武周百濟移民陳法子墓誌研究」, 『國際武則天學術研討會暨中國武則天研究會第十一屆年會會議討論論文集』, 2013년 9월 1일~3일(中國 四川省 廣元市).

권덕영, 2014, 「唐 墓誌의 고대 한반도 삼국에 대한 표기 검토」, 『韓國古代史研究』 75.

이성제, 2014, 「고구려, 백제유민의 系譜認識」, 『韓國古代史研究』 75.

김영심, 2014, 「遺民墓誌로 본 고구려, 백제의 官制」, 『韓國古代史研究』 75.

〈日文要約〉

「陳法子墓誌銘」訳注

鄭東俊

陳法子墓誌銘は、2007年から陝西省西安市の大唐西市博物館に所蔵されたが、2012年に所蔵機関が図録を発刊して以来その存在が知られるようになった。墓誌銘によると、陳法子は615年に生まれて690年に76歳で洛陽縣毓財里の自宅で死亡し洛陽の邙山に葬られた。本墓誌銘は、拓本の状態がすごく綺麗であるため、釈読に異見のある文字がほとんど見付からず、とりわけ既存の史料に見えなかった百済の官職が多数記されたことから注目されてきた。

墓誌銘の内容はおおむね四つの部分に分けることができる。一つ目の部分は、墓誌銘の題目、墓主の出自、中国大陸における陳氏の由来と活動、昔の祖先以来中国大陸から朝鮮半島に移住して定着する過程、曽祖父～父親の官歴と人柄などについてちゅういる。二つ目の部分は、墓主が百済で生まれて以来の官歴と人柄、墓主が百済から唐に帰順して移住する過程、唐における墓主の官歴、墓主の退職などについて述べている。三つ目の部分は、墓主の葬儀、墓主の後裔と墓誌の作成などについて述べている。四つ目の部分は銘文であるが、始祖から父親までの歴代祖先、百済における活躍と唐への帰順、唐における活躍と墓主の死亡、墓主の葬儀などについて押し詰めて表現している。

このうち一つ目の部分では、帝舜の後裔である嬀満が周の武王の婿として陳公に封じられて春秋時代の諸侯国の陳の始祖となり、代表的な祖先として戦国時代の縦横家である陳軫が活躍したことを、故事などを通じて隠喩的に表現している。また、中国大陸から朝鮮半島に移住して定着する際に中間経由地を経た可能性も伺えた。

二つ目の部分では、墓主が百済から唐に帰順して移住する過程が順調であったように記されており、徹底的に唐の立場から叙述されたことが分かる。しかし、墓誌銘の内容に唐の朝廷が関与した痕跡が見付からず、百済における行跡が少なくない比重を占めているため、百済の遺民によって作成された可能性も想定することができる。

▶ キーワード：百済、遺民、陳法子、墓誌銘、陳軫

〈그림 3〉 진법자 묘지명 개석 탁본
(2013년 10월 3일자 연합뉴스 사진)

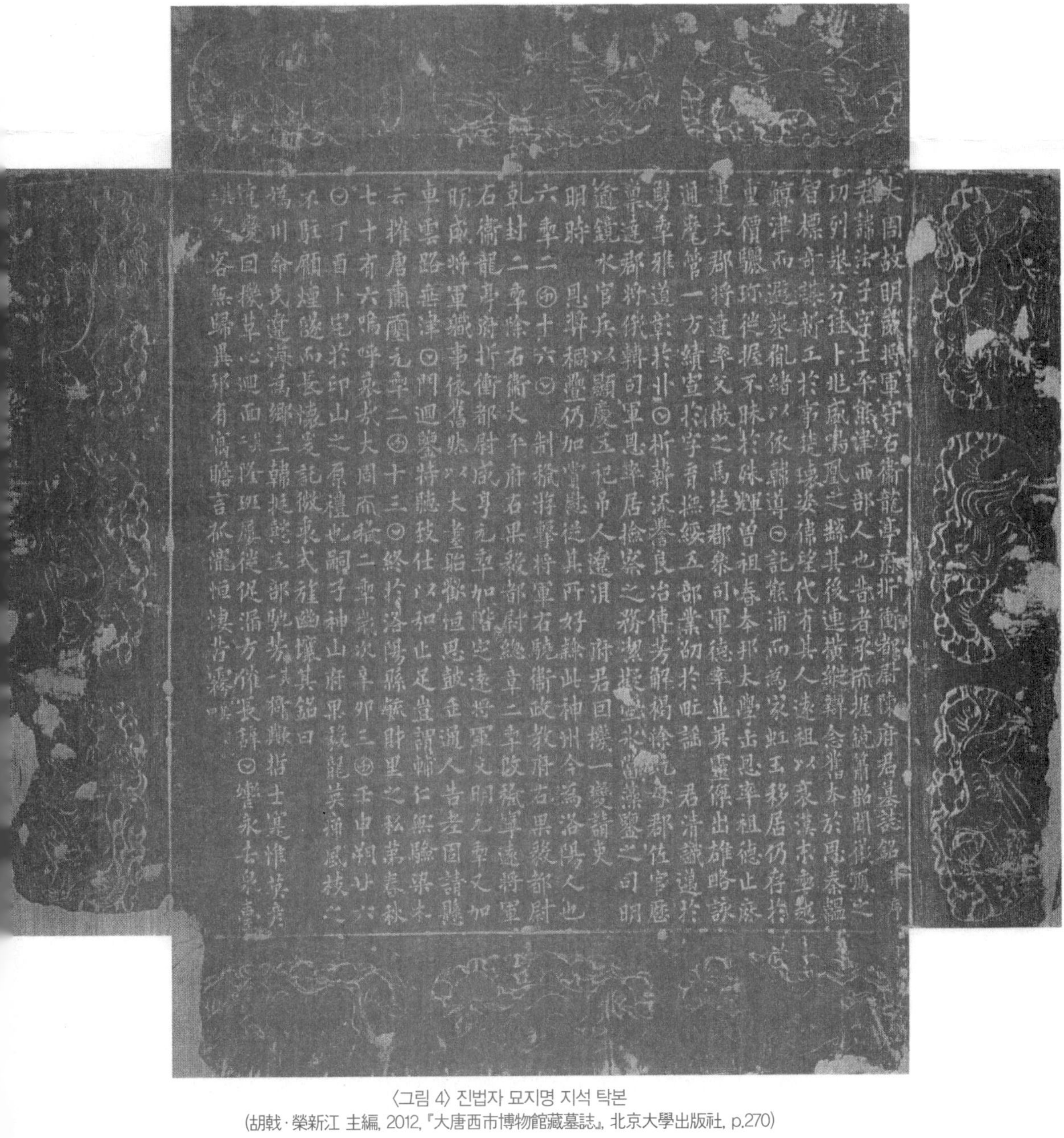

〈그림 4〉 진법자 묘지명 지석 탁본
(胡戟·榮新江 主編, 2012, 『大唐西市博物館藏墓誌』, 北京大學出版社, p.270)

답/사/기

3,000㎞의 고구려 답사 대장정

3,000km의 고구려 답사 대장정

오택현*

1. 머리말

지난 2014년 8월 24일부터 30일까지 동국대학교 고구려사 세미나팀은 6박 7일간의 중국동북지역[瀋陽-桓因-集安-白頭山-哈爾濱]을 답사했다. 이번 답사는 오택현에 의해 총괄적으로 진행되고 코스 및 일정은 세미나팀 구성원의 의견을 반영하여 답사지역을 선정하였다.[1] 답사지역이 정해지고 나서는 윤선태 선생님(동국대학교 사범대학 역사교육과)이 답사지역에 대한 최종 감수를 해주셨다.

답사는 갑작스럽게 결정되었다. 고구려사 세미나를 진행하는 과정에서 문헌자료만을 통해서 고구려는 이해하는데 한계가 있다는 것을 느꼈고, 누가 뭐라 할 것도 없이 '白文이 不如一見'이라는 말이 있듯이 유물과 유적은 직접 실견해야 한다는 의견이 대두되었다. 그 결과 늦었지만 6월 말부터 고구려의 유물과 유적이 많이 남아있는 중국 동북지역을 답사하는 준비를 시작했다.

뒤늦게 답사준비를 시작했기 때문에 많은 어려움에 봉착했다. 우선 처음 계획했던 비행기표를 구할 수 없는 사태가 발생했고, 중국의 지리적인 관념이 머릿속에 들어있지 않아서 유적의 위치를 제대로 확인할 수 없었으며, 이동시간에 대해서도 제대로 된 개념이 없어 일정을 확정하는데 많은 어려움이 있었다. 게다가 답사를 가는 8월 말은 백두산 관광의 성수기여서 교통편을 예약하기도 쉽지 않았다. 다행히도 여행사에게 근무하고 있던 후배의 도움으로 가까스로 비행기표를 구했고, 통역을 담당한 송진영 선생의 도움으로 5일간 택시 예약이 완료되고 나서야 비로서 답사를 떠날 수 있게 되었다. 그럼 지금부터는 하루하루 관련 사진과 답사 일정에 대해 소개하며 기행문을 시작해보고자 한다. 나타나는 시간은 현지의 시간을 기준으로 작성하였다.

---

* 중원대학교 교양학부 강사

1) 이번 답사는 동국대학교 사범대학 역사교육과 윤선태 선생님을 비롯해 김근식·오택현·이승호·이규호·심정현(이상 동국대학교 사학과), 김민수(동국대학교 역사교육과), 송진영(하얼빈사범대학교 역사문헌학과) 등 8명이 참가하였다. 이들의 의견이 적극 반영되어 답사 코스가 완성되었다.

2. 2014년 8월 24일(일)

08:10 새벽 5시 20분 서울역. 중국 답사를 가기 위해 서울역에 모였다. 시간이 너무 일러 공항버스가 운행하지 않아 공항철도를 타고 인천공항으로 이동하기 위함이었다. 공항철도는 50여분을 달려 인천국제공항에 도착했고, 직접 인천공항으로 이동한 인원들과 3층 출국게이트에서 만났다. 이제야 답사 참가자 8명이 한 자리에 집결된 것이다. 우리 답사팀은 08:10에 대한항공 KE831편을 탑승해 2시간 정도의 비행을 하였고, 현지시간 08:55 중국 심양(瀋陽) 공항에 착륙하였다. 중국과 한국은 1시간의 시차가 발생해서 2시간이 소요되는 비행이지만 현지 도착시간은 9시였다. 그러다 보니 체감 상 1시간을 절약할 수 있어 답사에 더 많은 일정을 소화할 수 있었다.

출발 당시 스마트폰을 통해 중국 심양의 날씨를 확인하니 천둥·번개가 예고되어 험난한 답사가 예상되기도 했다. 그러나 한국에서 오는 우리 답사팀을 반기듯 화창한 날씨로 인해 제시간에 이착륙이 되어 계획한 시간에 답사를 시작할 수 있음은 행운이었다고 생각된다.

09:15 공항의 입국 수속을 마치고 드디어 본격적인 중국 답사가 시작되었다. 그러나 답사팀은 동북지역으로 처음 답사를 왔고, 가이드가 있는 것이 아니여서 어떻게 해야 할 지 몰랐다. 마치 길 잃은 어린 새 마냥 두리번거리고 있을 뿐이었다. 그때 우리를 기다리는 택시기사 아저씨를 만나게 되었다. 우리의 일정 중 4박 5일은 택시를 통해 이동을 해야 했다. 기동성을 위해 선택했지만 누구도 시도하지 않았기에 위험성도 동반하고 있었다. 하지만 더 많은 것을 보겠다는 일념 하에 과감히 택시 이동을 결정했다. 어찌보면 택시 이동이라는 선택이 이번 답사의 성패를 좌우할 수도 있었다고도 여겨진다. 여튼 우리 답사팀은 총 3대의 택시를 대절했다. 다행히 기사분 중 2분이 조선족이였기 때문에 의사소통의 어려움은 크게 겪지 않았다. 기사분들을 만난 뒤 짧은 인사를 하고 주차장으로 이동, 첫 번째 답사지역인 二道河子舊老城로 이동했다.

10:45 二道河子舊老城은 심양공항에서 나와 고속도로를 통해 이동했다. 고속도로라고 해도 우리나라와는 사뭇 다른 느낌이 들었다. 우리나라 고속도로는 산을 깎고 터널을 뚫어 인위적으로 최단거리인 직선을 만드는 경향이 많지만, 심양에서 환인으로 들어가는 고속도로는 터널을 뚫기보다는 평지로 길을 만들었다. 그래서 마치 옛 길을 이동하는 느낌을 가질 수 있었고, 일부는 잠을 자지 않고 옛 길을 음미하기도 했다.

〈사진1〉 二道河子舊老城 내의 舊老城

1시간 30분 정도 이동을

해서 二道河子舊老城에 도착했다. 이 곳은 清의 太祖인 努爾哈赤이 1587년 축조하여 1603년에 완성한 老城으로 赫圖阿拉城으로 천도하기 전 16년간 도성으로 삼았던 곳이다. 그런데 이곳은 고구려의 성의 흔적이 발견되어 舊老城으로도 불리는 곳이다. 내부의 일정 부분에서 고구려식 산성과 고구려식 유물이 발견되었기 때문이다. 우리는 구노성이 어디에 위치했는지 무작정 찾아보기로 했다. 날씨도 좋았고, 가장 처음으로 이동하는 코스였기 때문에 의욕이 넘쳤다. 일부에 한해서만 존재하는 유적이었지만 고구려의 유적이 남아있는 곳, 게다가 이 곳을 확장해서 도성으로 삼았다는 점은 二道河子舊老城의 지리적 위치의 중요성을 이야기하는 것이라고 생각된다.

13:00 舊老城의 서북 4㎞ 거리에는 漢代 제2玄菟郡의 郡治였던 永陵鎭古城을 갔다. 이 곳은 위치를 찾기 매우 어려웠다. 남아있는 유적은 없고, 표지석 하나만이 덩그러니 놓여 있었기 때문이다. 성 내부라고 생각되는 지역에서는 넓은 들판에 벼가 익어 가고 있어 정확한 구조를 파악하기는 어렵지만 멀리 보이는 산맥을 전부 둘러싸고 있던 성이였다면 그 규모는 엄청났을 것으로 예상되었다.

〈사진2〉 永陵鎭古城

15:00 우리의 다음 코스는 高儉地山城 혹은 黑溝山城이었다. 高儉地山城은 고구려 산성의 모습을 볼 수 있는 지역이었고, 黑溝山城은 渾江 지류인 富爾江을 볼 수 있기에 답사 일정에 넣었다. 그러나 정확한 위치를 아는 사람이 없었다. 또 고검지산성은 험난하고 고도가 있어 시간 상 부족했으며, 흑구산성은 부이강 지류에 위치한 댐으로 인해 비가 많은 날에는 흑구산성의 위치를 제대로 찾기 어렵다고 한다. 게다가 점심을 먹은 후의 시간이 15시였으므로 이동하는데 1~2시간 소요하고, 찾는데 1시간 소요한다면 날이 저물어 山城에 올라가는 것은 불가능했다. 이에 아침에 일찍 일어났고, 시차 적응이라는 것을 핑계 삼아 숙박 예약을 한 桓因으로 이동했고, 이동 중에 웅장한 五女山城을 감상할 수 있었다.

17:30 桓因에 도착한 뒤 해가 남아있어 上古城子墓群으로 향했다. 이 곳은 여러 基의 돌무지 무덤이 밀집된 지역으로 알려져 있다. 그러나 위치를 알려주는 이정표는 찾을 수가 없었다. 심지어 주변 사람들에게 물어봐도 정확한 위치를 알지 못했다. 그래서 동북아역사재단에서 나온 책을 토대로 주변 경관을 추적해 마침내 上古城子墓群에 도착할 수 있었다. 허나 현재의 上古城子墓群은 여름이여서 그런지는 몰라도 수많은 잡풀들이 우거져 있었고, 누구 하나 관리하지 않는 폐허와 다름없어 보였다. 심지어 上古城子墓群 주변에서는 농사를 짓고 있었는데, 농사를 짓는 사람들 조차 上古城子墓群에 대해 별 신경을 쓰지 않고 있었다. 혹 농사를 방해하는 지형지물로만 여기는 것 같다는 느낌을 받아 아쉬움이 맴돌았다.

3. 2014년 8월 25일(월)

07:00 중국에서 처음으로 맞이하는 아침은 부슬부슬 내리는 비가 함께 했다. 우리 일행은 중국식 만두로 간단한 아침을 해결하고 환인에 위치한 米倉溝 將軍墓로 출발했다. 미창구 장군묘는 피장자가 누구인지는 모르지만 내부에 벽화가 그려져 있으며, '王'이라는 문자가 기록되어 있다. 현재는 내부를 볼 수 없지만 무덤에 올라가 주변 풍광은 살펴볼 수 있다. 미창구 장군묘에 올라 주변을 살펴보니 앞에는 강이 흐르고, 주변에는 드넓은 평야가 펼쳐져 있었다. 아마도 이 桓因을 다스리고 있던 지역의 유력자가 아닐까 하는 막연한 생각을 갖게 만드는 웅장함이었다.

〈사진3〉 米倉溝 將軍墓 전경

09:30 桓因이라는 지명을 들으면 막연하게 떠오르는 이미지가 고구려 수도의 존재와 五女山城이다. 환인의 상징이라고 할 수 있는 오녀산성에 드디어 답사팀이 도착했다.

처음 오녀산성에 도착해서는 오녀산성을 기념하는 박물관으로 갔다. 오녀산성 박물관은 오녀산성의 전경을 필두로 출토된 유물을 전시해 놓았다. 그리고 미창구 장군묘의 내부 모습을 재현하는 등 환인 주변에서 출토되었던 여러 유물과 유적을 전반적으로 소개하고 있었다. 다만 아쉬운 점은 사진을 찍지 못하게 박물관 직원들이 따라 붙어 한국인을 경계를 하는 것이 아닌가 하는 의구심이 들게 만들었다는 점이 아쉽다면 아쉬운 점으로 자리잡았다.

11:00 五女山城 박물관을 관람한 후에는 지정된 버스를 타고 오녀산성 입구로 이동하였다. 멀리서 보면 험하지 않을 것 같은 산길은 의외로 구불구불해 멀미를 유발할 정도로 험난했다. 하지만 오녀산성을 볼 수 있다는 기대감으로 버틴 결과 모두 무사히 오녀산성의 입구에 도착할 수 있었다. 오전에 비가 와서 안개가 산을 감싸고 있었지만 오녀산성을 직접 오를 수 있다는 기대감으로 산 정상을 향해 한발 한발을 내딛었다 . 돌 계단이 끝이 안보일 정도로 늘어져 있었지만 오녀산성을 직접 답사한다는 벅참을 누르지 못한 우리 답사팀은 포기하지 않고 끝까지 산 정상을 향했다. 그렇지만 정상에 도착한 순간 비가 내리기 시작했고, 빗방울은 점점 강해졌다. 비가 계속 내리고 있는 상황 속에서 암벽을 타고 반대편으로 하산하는 것은 안전상 포기할 수 밖에 없었다. 망연자실한 우리 답사팀은 산 정상에 마련된 정자에 앉아 안개로 가득해 보이지 않는 앞을 하염없이 바라봤다. 오녀산성의 비경을 보지 못한다는 아쉬움에 좌절하면서 보이지 않는 안개 속의 반대편을 상상하고 있을 때 기적과도 같은 일이 일어났다.

『帝王韻紀』의 동명왕편에 기록된 분위기와 같이 안개가 바람에 의해 걷히기 시작하면서 강과 도로, 산과 산맥이 옅은 안개 속에서 얼굴을 빼꼼히 내밀었던 것이다. 마치 주몽이 이러한 이유 때문에 여기를 도읍으로 정한 것이라는 것을 보여주려고 하는 것 같았다. 그 모습이 神異해서 비가 와도 비를 맞으며 망부석이 된 양 하염없이 바라보고 있었다. 만약 내가 주몽이었다고 해도 이 곳을 수도로 삼을 수 밖에 없었을 것 같다는 착각이 들 기분이었다고 해도 과언이 아니었을 정도로 신기한 경험이었다.

〈그림4〉 구름 걷힌 오녀산성에서 바라본 모습

14:00 五女山城에서의 벅찬 감동을 간직한 채 우리는 集安으로 이동했다. 집안으로 이동하는 동안 하늘은 우리에게 잠시 동안이라도 오녀산성을 보여주기 위해 참아왔던 비를 쏟아내듯이 집안까지의 4시간여 동안 끊임없이 비를 내렸다. 우리는 고구려의 조상님들께 때 아닌 감사를 드리며 집안으로 무사히 도착을 했다.

18:30 集安에 도착해서 바로 숙소에 들어가는 것이 아쉬웠던 우리 답사팀. 그래서 마선구 2100호분을 하나 더 보고 숙소로 들어가기로 했다. 어둡고 비가 내리긴 했지만 집안의 고분을 본다는 설렘과 열정은 그 무엇도 막을 수 없었다. 비가 내리고 있고, 시간이 늦어 금방 어두워졌기 때문에 자세히 보지는 못했지만 내일부터 시작될 집안의 고분을 볼 생각을 하며 숙소로 이동했다.

4. 2014년 8월 26일(화)

06:30 하루의 한 시간도 헛되게 보낼 수 없다. 그래서 아침 일찍 일어나 국내성과 압록강변을 걸어보기로 했다. 아침 식사 시간이 8시였기 때문에 먼저 集安의 아침을 보고 밥을 먹기로 했다.

아침의 압록강을 보기 위해서 남쪽으로 이동했다. 그러다가 국내성 남쪽 성벽 아래에는 아침 시장이 열리는 것을 보았다. 대형마트가 아닌 재래시장과 같은 분위기는 집안에 사는 사람들이 어떻게 살고 있는지 그대로 보여주고 있었다. 색다른 경험에 아침부터 신기해 했던 기억이 난다. 시장은 앞서 언급한 것처럼 국내성 남쪽 성벽 아래에서 열리고 있어, 시장을 보면서 자연스럽게 국내성 성벽을 확인할 수 있었다. 국내성 성벽은 중국이 세계문화유산으로 등재하기 위해서인지는 몰라도 질서정연하게 정리되어 있었다. 국내성의 전체 성곽을 이은 것이 아니라 듬성듬성이긴 해도 남쪽뿐만 아니라 서쪽과 동쪽, 북쪽까지 사방의 성벽을 그대로 유지하고 있다는 사실에 중국인도 유적을 보호하기 위해 많은 노력을 기울이고 있다는 것을 알게 되었다. 그리고 국내성 성벽의 중앙에는 국내성 유적 공원이 위치하고 있었다. 국내성의 일부 터라고 보여지는 유적이 일부 남아있어 국내성의 면모를 엿볼 수 있다는 것에서 앞으로 있을 집안 답사의 기대감은 더욱 높아졌다.

09:00 본격적인 고구려 고군분을 답사했다. 가장 처음으로 간 지역은 마선구 고분군이었다. 이 곳에서는 서대묘와 천추총, 집안고구려비가 발견된 지역을 답사했다. 가장 처음으로 간 곳은 서대묘이다. 서대묘는 왕묘로 비정되고 있어서 그런지 규모가 엄청 컸다. 포도밭 옆에 위치한 서대묘는 시간이 일러서 그런지 지키는 사람이 없었다. 그 덕분에 우리는 서대묘를 상하좌우에서 면밀히 관찰할 수 있었고, 일부에서는 혹시 모를 기와를 찾기도 했다. 서대묘는 봉분이 2개인 듯 보이지만 중앙이 파여 있어 이와 관련된 여러가지 추론을 가능하게 한다.

〈사진5〉 천추총을 바치고 있던 호석

10:00 서대묘 이후에는 천추총을 답사했다. 천추총은 서대묘와 다르게 높은 담장으로 둘러싸여 관리자에게 직접 전화를 해 문을 열어달라고 했다. 관리자는 입장료를 받고 문을 열어주었고, 우리는 문이 열린 이후 천추총을 관람하기 시작했다. 천추총은 관람을 할 수 있는 도로가 마련되어 있었고 주변은 깔끔하게 정리되어 있었다. 규모는 서대묘와 비슷하거나 약간 적은 것 같은 느낌이었지만 주변 정리되어 있어서 서대묘보다는 세련되었다는 느낌을 받았다. 천추총 옆면에는 호석이 놓여 있어 적석총 기단이 무너지지 않고 유지될 수 있도록 고안한 고구려 무덤 축조 양식을 확인할 수 있었다.

11:00 천추총을 답사하고 나서 우리는 관리자에게 혹시 집안고구려비의 출토지점을 아냐고 물어보았다. 천추총 관리자는 자신을 따라오라고 했다. 우리는 자전거를 탄 관리자를 따라 마을로 이

동했고, 어느 지점에서 이르러서는 관리자가 다리 아래에서 집안고구려비가 발견되었다고 이야기했다. 집안고구려비가 발견된 지역은 압록강으로 흐르는 지류 옆에서 발견되었다. 강물이 흐르는 방향을 기준으로 한다면 오른쪽에 흙으로 된 방벽이 있는데 관리자의 말에 의하면 방벽 위에서 집안고구려비가 굴러 떨어져 강변에서 집안고구려비가 발견된 것이라고 한다. 아직까지 집안고구려비에 대한 논의가 종결되지 않은 상황 속에서 발견지점을 눈으로 확인다는 점, 어떤 지형 속에서 발견되었는지를 알 수 있었다는 점은 답사를 통해서만 얻을 수 있는 성과라고 할 수 있다.

〈사진6〉 집안고구려비의 발견지점

12:00 集安博物館을 가기 전에 칠정산 211호분을 관람했다. 칠정산 211호분은 찾으려고 찾은게 아니라 집안 시내로 들어가는 길목에 큰 고분이 있어 무작정 찾아간 곳이었다. 이 곳도 왕릉으로 추정되고 있으며, 문이 잠겨 있어 관리인을 찾아 관람을 부탁했다. 관리인이 다리가 좋지 않아 다른 마을 주민이 문을 열어주었고, 비로소 우리는 칠정산 211호 고분을 관람할 수 있었다. 칠정산 211호분에는 祭臺가 있어 제사를 지낸 곳이 존재했고 있다는 특징이 있다. 이는 서대묘에도 일부 남아있었지만 칠정산 211호분에는 명확한 제대의 흔적이 남아있어 묘 옆에서 제사를 지냈음을 알 수 있었다.

이렇게 칠정산 211호분을 관람을 다하고 나오니 갑자기 마을 사람들이 쑥덕(?)거리기 시작했다. 이유인즉 집안에는 수 많은 고분이 존재하고 거리가 떨어져 있어 각 고분마다 관리하는 사람을 나라에서 지정한다고 한다. 우리 답사팀은 천추총에서 했던 것과 마찬가지고 관리인이 관람료를 요구하면 관람료를 제공하면 고분을 볼 수 있다고 생각했던 것이다. 하지만 실상은 달랐다. 모든 집안의 고분군을 보기 위해서는 집안박물관에 가서 고분 관람료를 지불하고, 집안박물관에서 관리인에게 연락을 하면 문을 열어주게 되어 있었다. 그리고 이러한 절차를 지키지 않았을 시 공무를 제대로 집행하지 않았다는 명목으로 벌금을 관리인에게 징수한다는 것이다. 우리는 이 같은 사정을 몰라 죄송하다는 말만 하염없이 했다. 이는 정확한 정보를 몰랐기 때문에 일어난 일로 앞으로는 절대 이러한 일이 없도록 주의해야 할 것이다. 이러한 상황 때문인지 아직도 우리 답사팀이 가장 많이 죄송하다는 "뚜에부치"를 외친 곳이 이 칠정산 211 호분이었고 기억된다.

13:30 集安 유물의 寶庫라고 할 수 있는 集安博物館을 갔다. 집안박물관은 집안에서 발견 혹은 발굴된 유물 중에서 중심이 되는 유물들을 모아 놓은 곳이다. 그래서 그런지 몰라도 박물관 내의 사진촬영은 금지되어 있었고, 가방 검사는 기본으로 받아야 했으며, 영상장비가 있다면 매표소에 보관을 요청해야 박물관에 출입할 수 있었다. 중국의 여타 박물관을 입장할 때 이처럼 입장이 까다로운 곳은 없었던 것 같다. 까다로운 입장절차를 마친 뒤 들어간 집안박물관은 원형으로 구성되어 있으며, 가운데 집안고구려비가 유리통 안에 위치, 전시되고 있었다. 먼저 우측의 전시실로 들어가니 각종 고분군에서 발견된 뛰어난 유물들이 위치하고 있었다. 그중 가장 눈길을 끄는 것이 왕릉인 태왕릉에서 출토된 유물과 장천에서 발견된 장천 1호분의 아름다운 유물이었다. 태왕릉이 더욱 뛰어난 세공기술이 자랑하고 있었지만 장천 1호분도 만만치 않게 높은 수준의 세공기술을 가지고 있었기 때문이다. 이러저러한 고구려 고분에서 출토된 유물을 관람하고 이야기를 하다 보니 집안박물관의 백미인 집안고구려비에 다다랐다. 집안박물관의 중앙에 위치한 집안고구려비는 근처에 접근할 수 없게 바리게이트가 설치되어 있었다. 그러나 우리는 집안고구려비에 새겨진 문자를 보고 싶었고, 이를 위해집안고구려비에 새겨진 문자를 볼 수 있는 방법으로 선택한 것이 쌍안경이었다. 이에 2개의 쌍안경을 가지고 글자를 하나하나 살펴보기 시작했다. 논란이 되는 글자도 살펴보고, 이미 판독이 되었지만 과연 제대로 판독한 것 인지 살펴보고, 전반적인 비석의 모양도 보는 등 뜻 깊은 시간을 집안박물관에서 보낼 수 있었다.

15:30 다음은 광개토왕릉비와 태왕릉을 보러 이동했다. 광개토왕릉비는 책과 연구서를 통해 여러 차례 접했다. 크기는 크다는 것은 이미 알고 있었지만 어느 정도 큰지에 대해서는 막연하게 크다고만 생각했다. 그러나 직접 가서 광개토왕릉비를 보니 그 크기는 상상을 초월했다. 하나의 돌이 이 정도로 크다는 것에 놀라움과 감탄의 연속이었다. 그리고 글자도 큼직큼직한게 비를 만드는 사람들의 노고가 눈으로 느껴지는 듯했다.

광개토왕릉비는 중요한 유물이며, 신묘년과 관련된 조작설 등 다양한 문제를 제기하고 있는 비이다. 그러다 보니 비의 중요성을 인식한 중국에서는 광개토왕릉비를 감시하는 사람을 배치하여 비의 훼손을 막고 있었다. 우리는 감시하는 사람이 있어 사진을 찍는 것을 막을 것으로 예상해 쉽사리 사진을 찍지는 못했지만 비가 워낙 커서 감시자의 반대편은 사각지대가 만들어졌고, 그 사각지대를 이용해 碑를 눈으로도 담고 사진으로도 담기도 했다. 그리고 이 곳에 한국 사람들이 많이 온다는 것도 확인할 수 있었다. 碑 앞에서 돈을 바치고 소원을 비는 사람들이 많이 있었는데 소원을 빌기 위해 바치는 돈의 절반이 한국 돈이었기 때문이다. 이는 한국 사람들이 많이 온다는 증거가 아닐까.

다음으로 이동한 곳은 광개토왕릉비에서 얼마 떨어지지 않은 곳에 위치한 태왕릉이었다. 태왕릉에도 제사를 지내는 제대가 있었다. 태왕을 위한 능이었기 때문에 제사를 지내는 것은 어찌보면 당연한 일이었을 것이다. 태왕릉에 올라가면 태왕릉의 내부를 관람할 수 있도록 만들어 놓았다. 물론 태왕릉의 내부는 유리로 막고 있었지만 관대가 공개되어 당시 관대를 어떠한 형식으로 만들었는지를 확인할 수 있었다는 점에서 의미 있었다. 이곳을 회상해 보니 재미있는 기억이 떠오르는데 태왕릉의 관대를 보러가는 입구에 앉아 계시던 윤선태 선생님의 모습이다. 윤선태 선생님이 입구에 앉아계시는 모습이 흡사 입구에서 요금을 징수하는 분 같아 답사팀이 한바탕 웃었던 기억이 난다.

〈사진7〉 태왕릉에 오르는 답사팀

16:15 광개토왕릉비와 태왕릉을 보고나니 갑자기 비가 오기 시작했다. 그리고는 하늘이 노했는지 하늘에 구멍이 뚫린 듯 엄청난 비가 쏟아졌다. 2명당 1개의 우산을 구매하고 임강총에 올랐지만 워낙 많은 비가 쏟아져 마치 우산을 쓰지 않은 듯 옷을 흠뻑 적셨다. 나와 같이 우산을 쓴 김근식 선생님은 둘 중 한명이 우산을 혼자 쓰고 가방과 전자기기를 보호자하고 했다. 그러나

이내 후회하긴 했지만 비를 맞아도 같이 우산을 쓰고 임강총에 올랐다. 임강총에 오르니 압록강 줄기가 한 눈에 보였다. 탁트인 시야, 내리는 비가 몸과 마음을 시원하게 만들어줬다는 표현이 가장 와닿는 말일 것 같다. 이처럼 몸과 마음이 시원해지긴 정말 오랜만이었고, 비에 홀딱 젖었지만 임강총은 강한 기억으로 뇌리에 남겨졌다.

〈사진 8〉 임강총에서 바라본 압록강

17:00 비에 젖은 우리는 다음 날의 일정 수행을 위해 호텔로 돌아갔다. 돌아가서 따뜻한 물에 샤워를 하고 쉬기도 하며 그 동안의 피로를 풀었다.

19:30 잠깐 동안의 휴식이 몸을 가볍게 만들었다. 그리고 이내 허기를 느끼게 하였다. 우리는 압록강변에 있는 음식점을 찾았다. 이 음식점은 전날 저녁에도 갔던 음식점으로 꼬치 및 화로구이 전문점이었다. 여기서 우리는 엄청난 꼬치와 바지락 볶음, 삼겹살과 오징어 등 다양한 음식과 술 등으로 여행의 여독을 풀었다. 참고로 총무를 맡은 저로서는 어마어마한 금액에 여기가 중국이라는 것을 잠시 잊을 정도였으니 그 양은 상상에 맡기고자 한다.

5. 2014년 8월 27일(수)

08:00 아침 일찍 일어나서 환도산성으로 이동했다. 고구려는 평지성과 산성이 하나의 세트가 되어 수도를 구성한다고 한다. 이러한 방식은 고스란히 集安에서도 적용되었다. 평지성인 국내성과 산성인 환도산성이 그것이다. 그래서 오늘은 아침부터 환도산성을 답사한 것이다. 환도산성은 보수공사가 되어서 깔끔하게 정리되어 있었다. 그래서 예전의 방식은 쉽게 찾아볼 수 없지만

평지성과 산성의 구조를 직접적으로 살펴볼 수 있다는 것에 의미를 두었다. 그리고 환도산성 아래에는 산성하고분군이 있다. 이 곳에는 수 십기의 고분군이 있으며, 크기는 왕릉처럼 크지는 않지만 산성 아래에 위치하고 있다는 점에서 귀족들의 무덤이 아닐까 생각된다. 드넓은 평야에 수 십기의 고분군은 우리를 압도할 만한 광경이었다. 그리고 뒤에는 환도산성이 지켜주고 있으니 이 무덤군의 성격을 단순하게 생각할 수도 없었다.

〈사진9〉 환도산성과 산성하고분군

10:30 集安 시내로 이동하는 길에 우산하 고분군을 찾아보기로 했다. 그러다 우산으로 올라가다 우연히 우산하 3319호을 만나게 되었다. 무덤의 규모는 크기 않지만 사람을 그려놓은 선각 바위가 있어 눈길을 끈다. 시기가 고구려인지 어떤지는 모르지만 무덤 옆에 사람 모습의 선으로 된 그림이 있다는 것은 다른 고분에서는 보이지 않아 특이한 사례이다.

11:30 우산하 귀족 고분군은 여러 무덤이 몰려있는 곳을 지칭한다. 이곳에서 가장 주목되는 무덤이 오회분 5호묘이다. 예전에는 오회분 4호묘도 개방을 했다고 하지만 유적 보호를 위해 닫아놓았다. 그래서 현재는 오회분 5호묘만이 개방되었을 뿐이다. 이 무덤이 주목되는 이유는 안에 벽화가 그려져 있기 때문이다. 벽화가 그려진 무덤 중에서는 유일하게 개방이 되어 그림 및 사진자료로만 보던 벽화가 실제로 어떻게 위치하고 그려졌는지 알 수 있는 가장 좋은 자료였다. 실제로 말로만 보던 고분벽화를 보았다는 벅찬 감동때문에 한동안 말을 잇지 못했다.

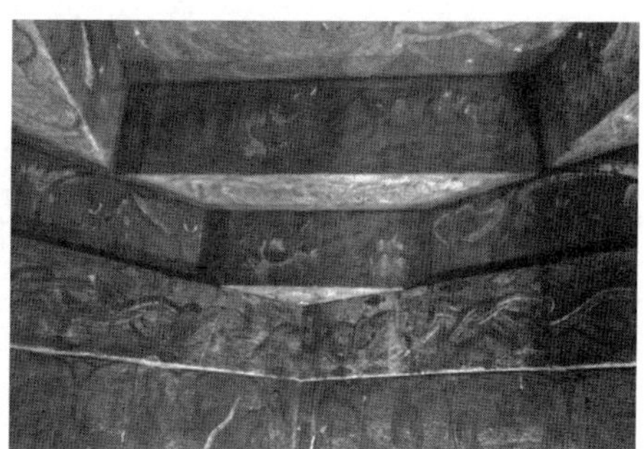

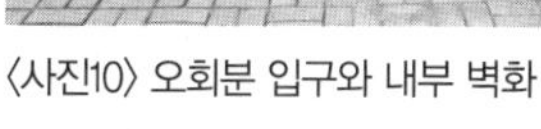
〈사진10〉 오회분 입구와 내부 벽화

13:45 장군총이라는 고구려의 피라미드는 크다는 의미가 강했다. 더 나아가면 특이하다는 의미가 추가될 뿐이었다. 그러나 직접 본 장군총은 상상을 초월했다. 압도적인 스케일에 놀란 것은 기본이고, '어떻게 만들었을까' 라는 의구심은 옵션이 되었다. 맑은 하늘 아래 찬란함을 뽐내는 장군총은 이제껏 보았던 유물 중에서 내 마음을 빼앗는 제1의 유물이 되기에 손색이 없었다. 아쉬운 점은 예전에는 관대가 있던 내부를 볼 수 있었지만 지금은 훼손의 위험이 있어 제한되었다는 점과 내부로 이동하기 위해 호석을 제거한 결과 점차적으로 무게를 견디지 못해 붕괴되고 있다는 이야기를 듣게 되어 많은 아쉬움을 남겼다. 그러나 위용과 자부심만은 그대로 간직하고 있어 왠지모를 뿌듯함이 느껴졌다.

"사진보다 실물이 낫네요"라는 이야기를 들어본 적이 있을 것이다. 장군총은 사진으로 담기에는 모자른, 감동을 그대로 전해줄 수 없는 그런 유적이며, 실물로 봤을 때의 그 감동은 느껴보지 않으면 모를 것이라고 감히, 단언컨대 이야기할 수 있다.

〈사진11〉 장군총의 전면

15:00 集安의 아쉬움을 뒤로하고 白山으로 이동을 했다. 그러나 우리는 일반적으로 고속도로를 통해 백산으로 이동하지 않고 험난한 국도일지는 몰라도 장백산맥을 돌파하기는 길로 백산으로 출발했다. 장백산맥을 돌파하기 위해서는 모두루총과 장천고분을 지나가게 된다. 우리는 모두루총과 장천고분도 보고, 장백산맥이 얼마나 험한 산맥인지 파악하는 1석 2조의 모험을 감행하였다.

모두루총은 염모묘로 중국에는 알려져 있다. 그리고 이 묘는 옥수수밭 사이에 덩그러이 놓여 있어 관리자가 상주하고 있지는 않다. 모두루묘에는 안에 묵서명이 기록되어 있어 주목되었지만 현재는 묘 안으로 들어갈 수 없다. 묘 옆에는 작은 봉분이 있는데 정확한 용도가 무엇인지는 확인할 수 없어 모두루묘의 배총이었을 것이라 추정된다.

15:00 장천고분군은 集安에서 거의 1시간 가까이 떨어져 있어 많이 찾지는 않는다. 그러나 우리는 가는 길목이었기 때문에 장천고분군을 확인하기로 했다. 창천에는 100여기의 고분이 있다. 그 중에서도 가장 큰 고분이 장천 1호분이다. 이 1호분에서는 벽화가 발견되었고, 수준 높은 세공

기술이 투영된 유물도 다수 출토되었다. 그러나 우리는 장천 1호분을 발견하지 못했다. 그래서 아쉬운대로 장천 3호분과 4호분을 확인했다. 장천 3호분과 4호분은 상당히 가까이 놓여있었다. 흡사 배총이라고 해도 믿을 수 있을 정도의 거리에 놓여있었다. 이러한 논쟁은 확인할 수 없기에 차치하고, 장천 3호분과 4호분의 위치가 의외로 주목된다. 장천 3호분과 4호분은 매우 전망이 좋은 곳에 위치하고 있었다. 앞은 탁 트여 있었으며, 그 앞으로는 압록강이 흐르고 있어 빼어난 경관구조를 가지고 있었다. 아마도 묘자리를 선택하는 사람들이 최고 명당이라 생각하며 묘자리를 잡은 것은 아닌가 생각하게 만들었고, 그게 아니더라도 장천이라는 지역이 갖는 의미가 중요했을 수도 있다는 생각을 하게 만들어 준 귀중한 시간이었다.

〈사진12〉 장천 3·4호분에서 바라본 압록강

16:00 장백산맥은 정말 첩첩산중이었다. 그리고 산세가 험한 것도 있지만 길이 하나밖에 없어서 매복 및 게릴라전을 진행하는데 매우 좋은 지형이다. 그러다 보니 우리 답사팀에서 장백산맥에서 생활하던 예맥족은 엘프라는 이야기도 나왔다.

6. 2014년 8월 28일(목)

04:30 아침부터 일어나 백두산으로 이동했다. 백두산까지의 시간은 5시간 남짓 걸리기 때문에 아침 일찍 일어나서 이동했다. 백두산에서는 점심을 먹을 수 없기 때문에 과일과 과자, 물을 사서 백두산으로 이동하였다.

10:30 백두산에 도착했을 때는 별 감흥이 없었다. 그냥 여타 산과 다를 바 없어 보였고, 정리가 잘 되어있는 국립공원과 같았다. 백두산으로 들어가는 입구는 장백산이라는 현판과 함께 유원지와 같이 되어 있어 티켓을 판매하고 있었다. 이 티켓은 백두산에 들어가는 입장료로 백두산 내

에서 이동하는 버스를 탈 수 있는 티켓이라고 한다. 우리는 티켓을 끊고 백두산으로 들어갔다. 버스가 15분 정도 달리더니 멈춰섰다. 그리고 모든 사람들이 내려 우리 일행도 따라 내렸다.

내린 곳은 중간 기착점으로 천지에 가지 위해서는 다시 천지로 가는 티켓을 끊어했다. 우리는 천지를 봐야한다는 일념 하에 천지행 티켓을 끊고 천지로 가는 봉고차를 기다렸다. 천지행 봉고차는 상상을 뛰어넘었다. 천지로 올라가는 길은 산 주변을 돌려 깎아 길을 만들었다. 그러다보니 옆은 낭떠러지였고, 추락을 방지하기 위해 가드레일 하나만이 설치되어 있었다. 이렇게 위험천만한 상황에서 봉고차는 엄청난 굉음을 내달리기 시작했다. 맨 앞에 앉아서 올라가는 길을 동영상으로 촬영하는데 슬쩍 계기판을 보니 차는 RPM5000을 넘나들며 곡예를 펼치고 있었다. 그렇게 15분을 겁에 질려 올라가니 천지 바로 아래 도착하게 되었다.

천지에 도착해서는 올라가는 길의 안전사고를 위해 인원을 조정해가며 입장을 시켰다. 그 순간 갑자기 구름이 몰려오고 우리는 천지를 보지 못하는 것이 아닌가 초조한 걱정을 했다. 천지를 볼 수 있는 날이 1년에 며칠 몇 일 되지 않는다는 이야기를 들었기 때문에 초조함은 더욱 증폭되었다. 이윽코 우리 일행이 천지로 가는 길에 입장했고, 천지를 볼 수 있길 기도하며 천지에 올랐다. 천지에 도착한 순간 천지는 우리 일행을 반겨주었다. 많던 구름은 어느새 저 멀리 사라지고 반갑다며 햇빛 반사된 찬란하며 영롱한 모습을 내밀어 주었다. 천지를 처음 본 순간 마음 속의 응어리가 다 풀리는 듯했다. 보고 싶어도 볼 수 없는 천지를 봤다는 기쁨이 온몸을 감싸며 회오리쳤던 것이다. 이 순간이 너무 소중해 사진을 찍기 싫어하는 필자도 자진해서

〈사진13〉 천지와 천지에서의 소중한 시간

사진을 찍고, 태어나서 10번도 안 찍은 셀카를 찍는 등 천지를 본 이 순간의 감동을 남기고 싶었다. 이는 모든 사람의 마음 속에서는 비슷한 생각을 했을 것으로 생각된다.

12:00 천지에서 내려가는 봉고차는 그저 심장이 철렁했다. 잘못하면 낭떠러지 추락인데 운전기사님은 우리의 불안한 마음을 모르는듯 스릴을 즐겼다. 덕분에 우리도 아슬아슬한 곡예 운전을 경험했고, 무사히 내려와 다행이었지만 타고 있는 동안은 손잡이를 땀이 나도록 꼭 쥐고 있어야 했다. 천지를 내려온 이후 우리가 이동한 곳은 장백폭포였다. 장백폭포로 이동하기 위해 버스에 탑승한 뒤 장백폭포 정류장으로 갔다. 정류장에 내렸을 때는 장백폭포가 보이지 않았다. 400m 앞에 있다는 표지판만이 반길 뿐 장백폭포는 눈에 들어오지 않았다. 그렇게 계속 가다보니 온천물에 익힌 달걀과 소세지, 옥수수를 파는 곳이 보였고, 온천물에 손을 씻는 곳도 볼 수 있었다. 이 모든 것은 장백폭포를 다녀오면 하는 것으로 하고 열심히 장백폭포를 보러 올라갔다. 계단을 오르고 나니 눈앞에 서서히 장백폭포가 보이기 시작했다. 황량한 돌 사이에서 한줄기 떨어지는 폭포는 마치 한줄기 희망처럼 보였다. 주변에는 돌들이 가득한데 그 사이에서 폭포가 떨어지고, 콸콸 시원하게 떨어지는 모습을 보면 모든 일이 뻥 뚫리는 것 같았다. 이렇게 장백폭포를 보고 나서는 점심 대용으로 온천물에 삶은 계란과 소세지, 옥수수를 먹고 소천지로 이동했다.

〈사진14〉 장백폭포

13:30 장백폭포를 나와 소천지를 갔고, 이후 다음을 기약하며 백두산에서 하산하였다.

15:00 백두산에서 하산한 뒤 연길로 이동하였다. 연길에서 하얼빈으로 이동하는 기차를 탑승해야 했기 때문에 시간적 제약으로 더 이상 백두산에서 지체할 시간이 없었다. 그리고 하산 즉시 곧장 택시로 연길로 이동했다.

우리 답사팀이 택시로 다닌 것은 앞서 언급한 바 있다. 그러다 보니 목적지는 같아도 운전기사의 따라 이동경로가 다를 수 있다. 이러한 현상은 차량이 많은 도로에서 앞차를 따라가지 못했을 때 발생할 수 있다. 그런데 우려하던 일이 결국 일어났다. 필자가 탄 택시가 가장 뒤에 뒤쳐져 있었는데, 앞에 차들이 많아 일행이 탄 2대의 택시를 따라가지 못한 것이다. 처음에는 당황했지만 목적지가 같으니 만날 수 있을거라는 생각에 대수롭지 않게 생각하고 열심히 목적지로 이동했다. 하지만 2대의 차량이 선택한 길은 장마로 인해 길이 끊겨 제 시간에 도착하기 어려운 상황에 놓였다. 이미 필자가 탄 택시는 연길에 도착했지만 나머지 2대의 차량은 기차출발 전에 연길에 도착하면 다행인 상황에까지 놓였던 것이다. 초조함에 먼저 도착한 우리 일행은 하얼빈으로 이동하는 길에 저녁을 대체할 수 있는 식사대용 라면과 간식을 사서 대기했다. 이제와서 고백하는 것이지만 먼저 도착한 우리 차량은 역 근처에서 고기국수로 저녁을 해결했다. 이 자리를 빌어 그 때 당시 숨겼던 것을 사죄하고자 한다. 여튼 다행히 하얼빈 열차 출발시간 전에 도착하게 되어 무사히 열차에 탑승했다는 것이 중요했고, 여권을 가지고 있던 사람이 필자였고, 기차 예약번호를 알고 있었기에 기차를 탈 수 있었다는 것에 놀란 가슴을 쓸어내린다.

20:30 하얼빈으로 이동하는 열차는 침대칸으로 야간열차였다. 이번 여행에서는 비행기와 택시, 기차까지 다양한 교통수단을 다 이용하는 듯하다. 하얼빈에서는 버스와 고속열차까지 기다리고 있으니 이런저런 이동방법 이야기와 추억들로 불이 꺼질 때까지 계속 이야기를 나눴다.

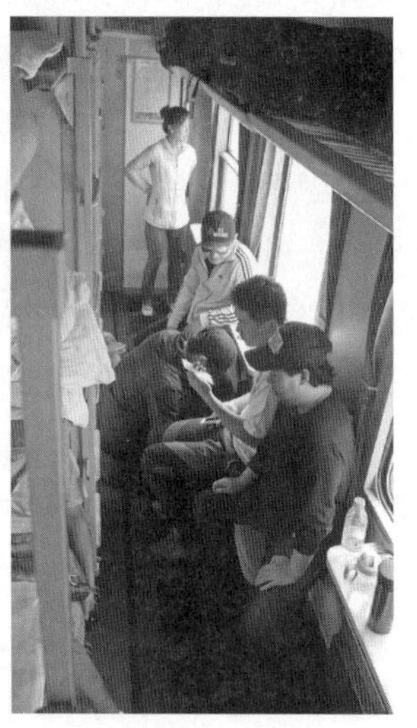

〈사진15〉 연길에서 하얼빈으로 이동하는 기차

7. 2014년 8월 29일(금)

09:00 하얼빈에 도착해서는 역의 옆에 위치한 안중근 기념관에 다녀왔다. 안중근 기념관은 크지는 않지만 안중근의사가 이토히로부미를 저격한 곳으로 이를 기념했다는 점에서 큰 의의를 찾을 수 있을 것이다. 역사적인 일이 발생한 곳에 기념관이 생겼다는 점, 그리고 한국이 아닌 중국에 생겼다는 점은 그 가치를 더욱 생각할 수 있게 만들었다.

11:00 흑룡강성 박물관은 동북삼성의 대표하는 박물관이다. 여기에는 북방유목 민족의 유물들을 전시해 놓았다. 그중에서 눈길을 끌었던 것은 발해와 관련된 내용이었다. 그중에서는 그동안 보지 못했던 처음 보는 자료도 있어 흥미를 끌었다.

15:00 일본의 만행이 담겨 있는 곳. 여러 곳이 있겠지만 하얼빈에는 생체실험을 했던 731부대가 있

다. 하얼빈에서 1시간 남짓 이동하면 731부대에 도착할 수 있다. 731부대는 겉에서 보면 그냥 벽돌도 된 2층 건물이지만 이상하게 스산한 기운이 느껴졌다. 그리고 731부대에 들어선 순간 한기도 느껴졌다. 순간 이게 원혼들이 있어서인가라고 착각할 정도로 기분 나쁜 느낌이 들었다.

〈사진16〉 안중근 기념관

내부는 일본의 잔혹한 만행이 적혀 있었다. 그리고 그걸 세부적으로 설명하는 하나하나의 관으로 나뉘어졌다. 시기적으로 일본이 행한 행위를 소개하고 있어 시간이 지날수록 잔혹해져가는 일본의 모습에 화가 날 정도였다. 그리고 마지막에는 731일 부대장의 집무실을 볼 수 있었는데, 집무실 한쪽 벽에 걸린 커다란 지도에는 침탈을 위한 교통로들이 빼곡하게 정리되어 있음을 볼 수 있었다. 일본의 치밀함 속에서 진행된 잔혹함이 고스란히 남아있어 기분이 썩 좋지는 않았다.

〈사진17〉 731부대 전경

18:30 저녁을 먹기 위해 하얼빈 시내로 나왔다. 저녁은 양다리를 숯불에 바비큐식으로 구워먹는 것이었다. 압도적인 비주얼에 놀랐다. 양다리를 직접 쇠꼬챙이에 꽂아 이렇게 먹을 수 있다는 것에 놀랐다. 양다리를 그대로 가져왔기 때문에 뼈가 그대로 남겨질 수밖에 없었다. 필자는 여기

서 갑자기 양다리의 넓적다리 뼈에 눈길이 갔다. 그리고 그 즉시 넓적다리로 갑골문자를 만들기 시작했다. 어찌보면 저녁을 먹다가 갑자기 갑골문 만들기 체험학습이 된 것이다. 이렇게 갑골문을 만든 뒤 숯불에 뼈를 던져 넣어 갈라짐을 확인하고, 윤선태 선생님이 점을 봐주시면서 저녁자리가 마무리 되었다.

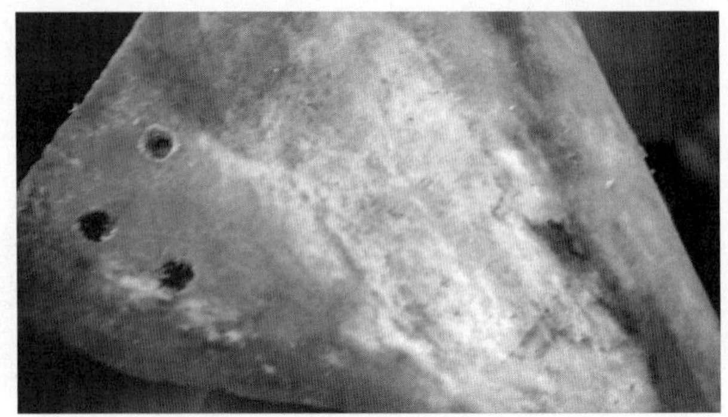

〈사진18〉 양 넓적다리로 만든 갑골문

21:30 저녁 식사 후 소피아 성당으로 이동했다. 소피아 성당은 러시아식으로 만들어진 성당으로 하얼빈에서 유명한 명소이다. 우리는 저녁에 이동해서 내부를 보지 못했지만 멀리서 불빛에 은은히 보이는 소피아 성당도 상당히 매력적이었다. 이렇게 소피아 성당에 도착하니 근처에 위치한 흑룡강을 안 보면 서운할 것 같았다. 그래서 걸어서 15분 정도 걸리는 흑룡강가로 이동을 했다. 그런데 갑자기 비가 쏟아져 우리는 급한대로 우산을 사고 흑룡강가로 이동했다. 흑룡강은 어두워서 보이지는 않았지만 넓은 강폭을 가지고 있어 자연방어막으로는 최고였을 것이라 생각된다.

〈사진19〉 하얼빈성당

23:15 중국에서의 마지막 밤. 이대로 보내기는 너무 아쉬웠다. 그래서 우리 일행은 하얼빈 클럽을 찾아갔다. 첫 시작은 답사를 기획하는 과정 속에서 송진영 선생님이 이야기한 클럽이야기가

발단이 되었다. 이게 일파만파 커져서 하얼빈에 가면 클럽을 꼭 가야 한다는 분위기가 형성되었고, 그 결과물로 하얼빈의 마지막을 클럽으로 마무리 하게 되었던 것이다. 갑작스러운 비가 내려 클럽의 위치를 찾지 못했지만 우여곡절 끝에 클럽에 입성한 우리 일행은 특이한 구조에 놀랐다. 클럽의 입구는 하나지만 째즈바와 같은 룸과 일반 클럽과 같은 룸으로 나뉘어져 있던 것이다. 째즈바에서는 밥말리의 노래가 나오고 있었고, 클럽에서는 사이키에 빠른 템보의 음악이 흘러나왔다. 여행의 마지막은 각자가 즐기고 싶은 클럽에 가서 마지막 시간을 보내는 것으로 마무리했다.

8. 2014년 8월 30일(토)

08:50 하얼빈역에서 심양으로 이동하는 날이다. 여행의 마지막이 다가온 것이다. 하지만 이번 여행은 우리를 쉽게 보내주지 않았다. 교통체증과 택시기사의 합승하려는 의도가 결국 우리를 제시간에 열차를 타지 못하게 만들었다. 여행을 기획한 필자로서는 상당히 난감했다. 그래서 이리저리 뛰어다니며 열차를 알아봤고 다행히도 11시 열차가 남아있어 집에는 갈 수 있게 되었다. 식은땀이 흐르고 다리가 풀리는 아찔한 경험을 여행 마지막날에 경험하게 될 줄은 꿈에도 생각 못했다. 같이 간 이승호 선생이 이런 얘기를 했다. "형, 난 오늘 못 가는거 생각하고 잔액조회와 서울에 내일 도착한다고 연락하려 했어요". 무사히 끝났으니 웃으며 이야기 하지만 당시의 기분은 생각하기도 싫다.

11:10 중국에 고속철이 놓였다는 이야기는 들었지만 하얼빈에서 심양까지 고속철이 있을 것이라 생각도 못했다. 그리고 이 열차는 하얼빈에서 산동반도까지 연결되는 엄청난 길이의 고속철도였던 것이다. 고속철도의 속도는 우리나라의 KTX와 비슷하거나 조금 더 빨랐다. 안정성 면에서는 일본의 신칸센의 기술이 도입된 것이라고 하니 문제가 없어 보였다. 이 열차 덕분에 우리는 하얼빈에서 심양까지 2시간 만에 도착할 수 있었다.

13:00 심양역에 도착해서는 바로 공항으로 이동했다. 만감이 교차했다. 이번 여행이 정말로 끝난다는 생각에 여러 가지 생각이 들었다.

16:35 공항에 도착한 후 발권 및 짐을 붙이는 일까지 문제없이 진행되었다. 비행기를 타기 앞서 식사를 하고 게이트 앞에서 1주일간의 여행을 곱씹어봤다. 3,000㎞의 고구려 답사 대장정. 그리고 우리가 얻은 것들과 소중한 추억들. 이 모든걸 뒤로하고, 아쉬움은 다음 답사로 남겨두고 한국으로 향했다.

9. 답사 후기

이번 답사는 동국대학교 고구려사 세미나팀에 의해 기획되었던 답사로 많은 사람들의 의견이 모여 만들어졌다. 그래서 더욱 의미있던 답사였다. 또 중국어를 전혀 할 줄 모르는 우리를 위해 고생해준 송진영 선생의 도움이 있었기 때문에 무사히 답사를 마칠 수 있었다.

먹는 것만큼은 아낌없이 먹었기 때문에 3,000㎞라는 대장정의 힘든 일정을 버텼던 것 같다. 처음 답사를 시작할 때 대부분의 사람은 "가능해?", "미친 것 같아"와 같이 불가능한 의미가 내포된 말만 했다. 그런데 우리는 무조건 된다고 생각했다. 그리고 그게 완성되었을 때 모든 답사일원은 뿌듯함을 느꼈다. 심지어 이번 일정을 코스화해서 여행상품으로 팔아보자는 이야기가 나올 정도니 이번 답사는 생각 이상으로 즐겁고 보람찬 일정이었던 것이다.

게다가 일반적으로 답사를 가면 학술적으로 많이 가게 된다. 그리고 유물과 유적을 보는데 집중하게 된다. 만약 이번 답사에서 유물과 유적을 보는데 집중했다면 지금과 같은 일정을 나올 수 없었을 것이다. 하지만 고구려사를 공부하는 입장에서 환인과 집안이라는 지역은 수 십번은 와야 하는 지역이다. "첫 술에 배부르랴"는 말과 같이 처음 환인과 집안에 오는 입장에서는 분위기를 느끼는 것이 더 중요하다는 생각을 했다. 그리고 이번 답사는 학술적으로도 의미있는 것도 중요하지만 즐겁게도 보내자는 답사팀의 암묵적인 협의가 있었기 때문에 답사의 초반은 학술적으로, 후반은 관광이 가미된 일정이 탄생된 것이다.

이번 답사는 우리에게 두 가지 숙제를 남겨주었다. 첫 번째는 고구려사에 대한 전반적인 공부를 더 해야겠다는 숙제를 남겨주었다. 아직 모르고 있던 고구려사, 사진으로만 보던 고구려의 유물과 유적을 실제로 보았을 때 느끼는 감동은 말로 형용할 수 없었기 때문이다. 그래서 동국대학교 고구려사 세미나팀은 답사를 통해 얻은 지식을 통해 앞으로의 학문적 성과를 도출하도록 노력할 것이다. 두 번째는 이처럼 즐거운 답사를 또 해야 한다는 점이다. 이를 위해서 후속 답사를 준비하고 있으며, 답사를 다녀온 후 다시금 답사기행문을 소개하겠다.

휘/보

학회소식, 정기발표회, 자료교환

휘 보

학회소식, 정기발표회, 자료교환

1. 학회소식

1) 하계워크샵

* 일시 : 2014년 8월 21일(목)~23일(토)
* 장소 : 오대산 월정사
* 주최 : 한국목간학회 · 월정사

《첫째날(8월 21일)》

■ 오대산 월정사 근처 개별 답사

《둘째날(8월 22일)》

■ 연구발표 / 사회 : 김재홍(국민대학교)

윤선태(동국대) · 최연식(동국대) · 김용태(동국대) · 강호선(동국대), 『五臺山事蹟』 및 『御牒』의 解題와 譯註

박준형(연세대 동은의학박물관) · 서영교(중원대), 『仁和寺御室御物實錄』의 서지와 내용

《셋째날(8월 23일)》

■ 오대산 월정사 근처 전체 답사

2) 한국고대문자자료 연구모임

(1) 2014년 하계워크숍

* 일시 : 2014년 8월 2일(토) 09:00~18:00
* 장소 : 성균관대 600주년 기념관 동아시아학술원 408호

* 주최 : 한국목간학회 · 동아시아학술원 인문한국(HK)연구소
* 주제 : 백제문자자료의 정리와 과제

《오전 발표(09:30~12:30)》/ 사회: 강진원(서울대)
- 이재환(서울대), 무령왕릉 및 능산리사지 출토 문자자료 정리 보고
- 박지현(서울대), 공주 출토 문자자료 및 유인원기공비와 당평제비 정리 보고
- 오택현(동국대), 흑치상지 일가 묘지명과 칠지도 및 동남리 · 구아리 · 낙양 용문석굴 출토 문자자료 정리 보고
- 정동준(한성대), 진법자 묘지명 및 쌍북리 출토 문자자료 정리 보고
- 이재철(동국대), 복암리 · 정암리 · 백령산성 출토 문자자료 정리 보고

《오후 발표(14:00~18:00)》/ 사회: 권인한(성균관대)
- 최상기(서울대), 예씨 일가 묘지명 정리 보고
- 안정준(연세대), 부여씨 일가 묘지명 및 풍납토성 출토 문자자료 정리 보고
- 최경선(연세대), 난원경 묘지명 및 명문와 정리 보고
- 이은솔(원광대), 사택지적비 및 창왕명 석조사리감 · 왕흥사지 출토 사리함과 명문와 정리 보고
- 기경량(서울대), 관북리 · 궁남지 · 북나성 출토 문자자료와 부소산성 광배 및 동경 정리 보고
- 강진원(서울대), 연기 지역 출토 불상명문과 고창 출토 청동인장 정리 보고
- 임혜경(서울대), 미륵사지 출토 문자자료와 계미명 · 갑인명 · 갑신명 · 정지원명 불상 명문 정리 보고

(2) 월례발표회
* 주제 : 한국고대문자자료 역주
* 일시 : 매월 마지막주 토요일
* 장소 : 성균관대 600주년 기념관 동아시아학술원 408호
* 주최 : 한국목간학회 · 동아시아학술원 인문한국(HK)연구소

■ 제14회 월례발표회(2014년 10월 25일)
발표자 : 권순홍(성균관대)
주　제 : 고구려 관련 인장의 검토
발표자 : 이승호(동국대)
주　제 : 영강 7년명 금동광배의 검토-신포시 절골터 출토 금동명문판에 대한 검토를 겸하여-

■ 第15회 월례발표회(2014년 11월 29일)
발표자 : 이규호(동국대)
주　제 : 중원고구려비에 대한 종합적 검토(상)

■ 第16회 월례발표회(2014년 12월 27일)
발표자 : 이규호(동국대)
주　제 : 중원고구려비에 대한 종합적 검토(하)

2. 정기발표회

1) 제20회 정기발표회

- 일시 : 2014년 11월 21일(금) 오후 1:30~6:00
- 장소 : 국민대학교 본부관 401호 회의실
- 주최 : 한국목간학회, 국민대학교 한국학연구소, 북악사학회
- 연구발표 / 사회 : 한준수(국민대학교)

  권경준(성균관대학교), 러시아 자작나무 편지 연구의 동향과 전망

  윤용구(인천도시공사), 平壤 貞柏洞364호 나무곽무덤 출토 簡牘의 연구동향

  이용현(대구박물관), 낙랑칠기명문의 書式과 工人

3. 자료교환

日本木簡學會와의 資料交換

* 韓國木簡學會『木簡과 文字』 12호 일본 발송(2013년 10월 7일)

부/록

학회 회칙, 간행예규, 연구윤리규정

학회 회칙

제 1 장 총칙

제 1 조 (명칭) 본회는 한국목간학회(韓國木簡學會, The Korean Society for the Study of Wooden Documents)라 한다.

제 2 조 (목적) 본회는 목간을 비롯한 금석문, 고문서 등 문자자료와 기타 문자유물을 중심으로 한 연구 및 학술조사를 통하여 한국의 목간학 발전에 이바지함을 목적으로 한다.

제 3 조 (사업) 본회는 목적에 부합하는 다음의 사업을 한다.

1. 연구발표회
2. 학보 및 기타 간행물 발간
3. 유적·유물의 답사 및 조사 연구
4. 국내외 여러 학회들과의 공동 학술연구 및 교류
5. 기타 위의 각 사항의 사업을 수행하기 위해 필요한 사업

제 4 조 (회원의 구분과 자격)

① 본회의 회원은 본회의 목적에 동의하여 회비를 납부하는 개인 또는 기관으로서 연구회원, 일반회원 및 학생회원으로 구분하며, 따로 명예회원, 특별회원을 둘 수 있다.

② 연구회원은 평의원 2인 이상의 추천을 받아 평의원회에서 심의, 인준한다.

③ 일반회원은 연구회원과 학생회원이 아닌 사람과 기관 및 단체로 한다.

④ 학생회원은 대학생과 대학원생으로 한다.

⑤ 명예회원은 본회의 발전에 크게 기여한 회원 또는 개인 중에서 운영위원회에서 추천하여 평의원회에서 인준을 받은 사람으로 한다.

⑥ 특별회원은 본회의 활동과 운영에 크게 기여한 개인 또는 기관 중에서 운영위원회에서 추천하여 평의원회에서 인준을 받은 사람으로 한다.

제 5 조 (회원징계) 회원으로서 본회의 명예를 손상시키거나 회칙을 준수하지 않았을 경우 평의원회의 심의와 총회의 의결에 따라 자격정지, 제명 등의 징계를 할 수 있다.

제 2 장 조직 및 기능

제 6 조 (조직) 본회는 총회·평의원회·운영위원회·편집위원회를 두며, 필요한 경우 별도의 위원회를 구성할 수 있다.

제 7 조 (총회)

① 총회는 정기총회와 임시총회로 나누며, 정기총회는 2년에 1회 정기적으로 개최하고 임시총회는 필요한 때에 소집할 수 있다.

② 총회는 회장이나 평의원회의 의결로 소집한다.

③ 총회는 평의원회에서 심의한 학회의 회칙, 운영예규의 개정 및 사업과 재정 등에 관한 보고를 받고 이를 의결한다.

④ 총회는 평의원회에서 추천한 회장, 평의원, 감사를 인준한다. 단 회장의 인준이 거부되었을 때는 평의원회에서 재추천하도록 결정하거나 총회에서 직접 선출한다.

제 8 조 (평의원회)

① 평의원은 연구회원 중 평의원회의 추천을 받아 총회에서 인준한 자로 한다.

② 평의원회는 회장을 포함한 평의원으로 구성한다.

③ 평의원회는 회장 또는 평의원 4분의 1 이상의 요구로써 소집한다.

④ 평의원회는 아래의 사항을 추천, 심의, 의결한다.

1. 회장, 평의원, 감사, 편집위원의 추천
2. 회칙개정안, 운영예규의 심의
3. 학회의 재정과 사업수행의 심의
4. 연구회원, 명예회원, 특별회원의 인준
5. 회원의 자격정지, 제명 등의 징계를 심의

제 9 조 (운영위원회)

① 운영위원회는 회장과 회장이 지명하는 부회장, 총무·연구·편집·섭외이사 등 15명 내외로 구성하고, 실무를 담당할 간사를 둔다.

② 운영위원회는 평의원회에서 심의·의결한 사항을 집행하며, 학회의 제반 운영업무를 담당한다.

③ 부회장은 회장을 도와 학회의 업무를 총괄 지원하며, 회장 유고시에는 회장의 권한을 대행한다.

④ 총무이사는 학회의 통상 업무를 담당, 집행한다.

⑤ 연구이사는 연구발표회 및 각종 학술대회의 기획을 전담한다.

⑥ 편집이사는 편집위원을 겸하며, 학보 및 기타 간행물의 출간을 전담한다.

⑦ 섭외이사는 학술조사를 위해 자료소장기관과의 섭외업무를 전담한다.

제 10 조 (편집위원회) 편집위원회는 학보 발간 및 기타 간행물의 출간에 관한 제반사항을 담당하며, 그 구성은 따로 본회의 운영예규에 정한다.

제 11 조 (기타 위원회) 기타 위원회의 구성과 활동은 회장이 결정하며, 그 내용을 평의원회에 보고한다.

제 12 조 (임원)

① 회장은 본회를 대표하고 총회와 각급회의를 주재하며, 임기는 2년으로 한다.

② 평의원은 제 8 조의 사항을 담임하며, 임기는 종신으로 한다.

③ 감사는 평의원회에 출석하고, 본회의 업무 및 재정을 감사하여 총회에 보고하며, 그 임기는 2년으로 한다.

④ 임원의 임기는 1월 1일부터 시작한다.

⑤ 임원이 유고로 업무를 수행할 수 없게 된 때에는 평의원회에서 보궐 임원을 선출하고 다음 총회에서 인준을 받으며, 그 임기는 전임자의 잔여임기가 1년 미만인 경우는 잔여임기에 규정임기 2년을 더한 기간으로 하고, 잔여임기가 1년 이상인 경우는 잔여기간으로 한다.

제 13 조 (의결)

① 총회에서의 인준과 의결은 출석 회원의 과반수로 한다.

② 평의원회는 평의원 4분의 1 이상의 출석으로 성립하며, 의결은 출석한 평의원 과반수의 찬성으로 한다.

제 3 장 출판물의 발간

제 14 조 (출판물)

① 본회는 매년 6월 30일과 12월 31일에 학보를 발간하고, 그 명칭은 "목간과 문자"(한문 "木簡과 文字", 영문 "Wooden documents and Inscriptions Studies")로 한다.

② 본회는 학보 이외에 본회의 목적에 부합하는 출판물을 발간할 수 있다.

③ 본회가 발간하는 학보를 포함한 모든 출판물의 저작권은 본 학회에 속한다.

제 15 조 (학보 게재 논문 등의 선정과 심사)

① 학보에는 회원의 논문 및 본회의 목적에 부합하는 주제의 글을 게재함을 원칙으로 한다.

② 논문 등 학보 게재물은 편집위원회에서 선정한다.

③ 논문 등 학보 게재물의 선정 기준과 절차는 따로 본회의 운영예규에 정한다.

제 4 장 재정

제 16 조 (재원) 본회의 재원은 회비 및 기타 수입으로 한다.

제 17 조 (회계연도) 본회의 회계연도 기준일은 1월 1일로 한다.

제 5 장 기타

제 18 조 (운영예규) 본 회칙에 명시하지 않은 운영에 필요한 사항은 따로 운영예규에 정한다.

제 19 조 (기타사항) 본 회칙에 규정되지 않은 사항은 일반관례에 따른다

부칙

1. 본 회칙은 2007년 1월 9일부터 시행한다.
2. 본 회칙은 2009년 1월 9일부터 시행한다.
3. 본 회칙은 2012년 1월 18일부터 시행한다.

편집위원회에 관한 규정

제 1 장 총칙

제 1 조 (명칭) 본 규정은 '편집위원회에 관한 규정'이라 한다.

제 2 조 (목적) 본 규정은 한국목간학회 편집위원회의 조직 및 편집 활동 전반에 관한 세부 사항을 규정하는 것을 목적으로 한다.

제 2 장 조직 및 권한

제 3 조 (구성) 편집위원회는 회칙에 따라 구성한다.

제 4 조 (편집위원의 임명) 편집위원은 세부 전공 분야 및 연구 업적을 감안하여 평의원회에서 추천하며, 회장이 임명한다.

제 5 조 (편집위원장의 선출) 편집위원장은 편집위원 전원의 무기명 비밀투표 방식으로 편집위원 중에서 선출한다.

제 6 조 (편집위원장의 권한) 편집위원장은 편집회의의 의장이 되며, 학회지의 편집 및 출판 활동 전반에 대하여 권한을 갖는다.

제 7 조 (편집위원의 자격) 편집위원은 다음과 같은 조건을 갖춘자로 한다.

1. 박사학위를 소지한 자.
2. 대학의 전임교수로서 5년 이상의 경력을 갖추었거나, 이와 동등한 연구 경력을 갖춘자.
3. 역사학·고고학·보존과학·국어학 또는 이와 관련된 분야에서 연구 업적이 뛰어나고 학계의 명망과 인격을 두루 갖춘자.

4. 다른 학회의 임원이나 편집위원으로 과다하게 중복되지 않은 자.

제 8 조 (편집위원의 임기) 편집위원의 임기는 2년으로 하되, 연임할 수 있다.

제 9 조 (편집자문위원) 학회지 및 기타 간행물의 편집 및 출판 활동과 관련하여 필요시 국내외의 편집자문위원을 둘 수 있다.

제 10 조 (편집간사) 학회지를 비롯한 제반 출판 활동 업무를 원활히 하기 위하여 편집간사 약간 명을 둘 수 있다.

제 3 장 임무와 활동

제 11 조 (편집위원회의 임무와 활동) 편집위원회의 임무와 활동 내용은 다음과 같다.

1. 학회지의 간행과 관련된 제반 업무.
2. 학술 단행본의 발행과 관련된 제반 업무.
3. 기타 편집 및 발행과 관련된 제반 활동.

제 12 조 (편집간사의 임무) 편집간사는 편집위원회의 업무와 활동을 보조하며, 편집과 관련된 회계의 실무를 담당한다.

제 13 조 (학회지의 발간일) 학회지는 1년에 2회 발행하며, 그 발행일자는 6월 30일과 12월 31일로 한다.

제 4 장 편집회의

제 14 조 (편집회의의 소집) 편집회의는 편집위원장이 수시로 소집하되, 필요한 경우에는 3인 이상의 편집위원이 발의하여 회장의 동의를 얻어 편집회의를 소집할 수 있다. 또한 심사위원의 추천 및 선정 등에 필요한 경우에는 전자우편을 통한 의견 수렴으로 편집회의를 대신할 수 있다.

제 15 조 (편집회의의 성립) 편집회의는 편집위원장을 포함한 편집위원 과반수의 출석으로 성립된다.

제 16 조 (편집회의의 의결) 편집회의의 제반 안건은 출석 위원 과반수의 찬성으로 의결하되, 찬반 동수인 경우에는 편집위원장이 결정한다.

제 17 조 (편집회의의 의장) 편집위원장은 편집회의의 의장이 된다. 편집위원장이 참석하지 아니한 경우에는 편집위원 중의 연장자가 의장이 된다.

제 18 조 (편집회의의 활동) 편집회의는 학회지의 발행, 논문의 심사 및 편집, 기타 제반 출판과 관련된 사항에 대하여 논의하고 결정한다.

부칙

제1조 이 규정은 운영위원회의 의결을 거쳐 2007년 11월 24일부터 시행한다.

제2조 이 규정은 운영위원회의 의결을 거쳐 2009년 1월 9일부터 시행한다.

제3조 이 규정은 운영위원회의 의결을 거쳐 2012년 1월 18일부터 시행한다.

학회지 논문의 투고와 심사에 관한 규정

제 1 장 총칙

제 1 조 (명칭) 본 규정은 '학회지 논문의 투고와 심사에 관한 규정'이라 한다.

제 2 조 (목적) 본 규정은 한국목간학회의 학회지인 『목간과 문자』에 수록할 논문의 투고와 심사에 관한 절차를 정하고 관련 업무를 명시함에 목적을 둔다.

제 2 장 원고의 투고

제 3 조 (투고 자격) 논문의 투고 자격은 회칙에 따르되, 당해 연도 회비를 납부한 자에 한한다.

제 4 조 (투고의 조건) 본 학회에서 발표한 논문에 한하여 투고하는 것을 원칙으로 한다.

제 5 조 (원고의 분량) 원고의 분량은 학회지에 인쇄된 것을 기준으로 각종의 자료를 포함하여 30면 내외로 하되, 자료의 영인을 붙이는 경우에는 면수 계산에서 제외한다.

제 6 조 (원고의 작성 방식) 원고의 작성 방식과 요령 등에 관하여는 별도의 내규를 정하여 시행한다.

제 7 조(원고의 언어) 원고는 한국어로 작성함을 원칙으로 하되, 외국어로 작성된 원고의 게재 여부는 편집회의에서 정한다.

제 8 조 (제목과 필자명) 논문 제목과 필자명은 영문으로 附記하여야 한다.

제 9 조 (국문초록과 핵심어) 논문을 투고할 때에는 국문과 외국어로 된 초록과 핵심어를 덧붙여야 한다. 요약문과 핵심어의 작성 요령은 다음과 같다.

1. 국문초록은 논문의 내용과 논지를 잘 간추려 작성하되, 외국어 요약문은 영어, 중국어, 일어 중의 하나로 작성한다.
2. 국문초록의 분량은 200자 원고지 5매 내외로 한다.
3. 핵심어는 논문의 주제 및 내용을 대표할 만한 단어를 뽑아서 요약문 뒤에 행을 바꾸어 제시한다.

제 10 조 (논문의 주제 및 내용 조건)　논문의 주제 및 내용은 다음에 부합하여야 한다.

1. 국내외의 출토 문자 자료에 대한 연구 논문
2. 국내외의 출토 문자 자료에 대한 소개 또는 보고 논문
3. 국내외의 출토 문자 자료에 대한 역주 또는 서평 논문

제 11 조 (논문의 제출처)　심사용 논문은 편집이사에게 제출한다.

제 3 장 원고의 심사

제 1 절 : 심사자

제 12 조 (심사자의 자격)　심사자는 논문의 주제 및 내용과 관련된 분야에서 박사학위를 소지한 자를 원칙으로 하되, 본 학회의 회원 가입 여부에 구애받지 아니한다.

제 13 조 (심사자의 수)　심사자는 논문 한 편당 3인 이상 5인 이내로 한다.

제 14 조 (심사 의뢰)　편집위원장은 편집회의에서 추천·의결한 바에 따라 심사자를 선정하여 심사를 의뢰하도록 한다. 편집회의에서의 심사자 추천은 2배수로 하고, 편집회의의 의결을 거쳐 선정한다.

제 15 조 (심사자에 대한 이의)　편집위원장은 심사자 위촉 사항에 대하여 대외비로 회장에게 보고하며, 회장은 편집위원장에게 이의를 제기할 수 있다. 심사자 위촉에 대한 이의에 대하여는 편집회의를 거쳐 편집위원장이 심사자를 변경할 수 있다. 다만, 편집회의 결과 원래의 위촉자가 재선정되었을 경우 편집위원장은 회장에게 그 사실을 구두로 통지하며, 통지된 사항에 대하여 회장은 이의를 제기할 수 없다.

제 2 절 : 익명성과 비밀 유지

제 16 조 (익명성과 비밀 유지 조건)　심사용 원고는 반드시 익명으로 하며, 심사에 관한 제반 사항은 편집위원장 책임하에 반드시 대외비로 하여야 한다.

제 17 조 (익명성과 비밀 유지 조건의 위배에 대한 조치) 위 제16조의 조건을 위배함으로 인해 심사자에게 중대한 피해를 입혔을 경우에는 편집위원 3인 이상의 발의로써 편집위원장의 동의 없이도 편집회의를 소집할 수 있으며, 다음 각 호에 따라 위배한 자에 따라 사안별로 조치한다. 또한 해당 심사자에게는 편집위원장 명의로 지체없이 사과문을 심사자에게 등기 우송하여야 한다. 편집위원장 명의를 사용하지 못할 경우에는 편집위원 전원이 연명하여 사과문을 등기 우송하여야 한다. 익명성과 비밀 유지 조건에 대한 위배 사실이 학회의 명예를 손상한 경우에는 편집위원 3인의 발의만으로써도 해당 편집위원장 및 편집위원에 대한 징계를 회장에게 요청할 수 있으며, 이 경우 그 처리 결과를 학회지에 공지하여야 한다.

1. 편집위원장이 위배한 경우에는 편집위원장을 교체한다.
2. 편집위원이 위배한 경우에는 편집위원직을 박탈한다.
3. 임원을 겸한 편집위원의 경우에는 회장에게 교체하도록 요청한다.
4. 편집간사 또는 편집보조가 위배한 경우에는 편집위원장이 당사자를 해임한다.

제 18 조 (편집위원의 논문에 대한 심사) 편집위원이 투고한 논문을 심사할 때에는 해당 편집위원을 궐석시킨 후에 심사자를 선정하여야 하며, 회장에게도 심사자의 신원을 밝히지 않는 것을 원칙으로 한다.

제 3 절 : 심사 절차

제 19 조 (논문심사서의 구성 요건) 논문심사서에는 '심사 소견', 그리고 '수정 및 지적사항'을 적는 난이 포함되어야 한다.

제 20 조 (심사 소견과 영역별 평가) 심사자는 심사 논문에 대하여 영역별 평가를 감안하여 종합판정을 한다. 심사 소견에는 영역별 평가와 종합판정에 대한 근거 및 의견을 총괄적으로 기술함을 원칙으로 한다.

제 21 조 (수정 및 지적사항) '수정 및 지적사항'란에는 심사용 논문의 면수 및 수정 내용 등을 구체적으로 지시하여야 한다.

제 22 조 (심사 결과의 전달) 편집간사는 편집위원장의 지시를 받아 투고자에게 심사자의 논문심사서와 심사용 논문을 전자우편 또는 일반우편으로 전달하되, 심사자의 신원이 드러나지 않도록 각별히 유의하여야 한다. 논문 심사서 중 심사자의 인적 사항은 편집회의에서도 공개하지 않는다.

제 23 조 (수정된 원고의 접수) 투고자는 논문심사서를 수령한 후 소정 기일 내에 원고를 수정하여 편집위원장에게 송부하여야 한다. 기한을 넘겨 접수된 수정 원고는 학회지의 다음 호에 접수된 투고 논

문과 동일한 심사 절차를 밟되, 논문심사료는 부과하지 않는다.

제 4 절 : 심사의 기준과 게재 여부 결정

제 24 조 (심사 결과의 종류)　심사 결과는 '종합판정'과 '영역별 평가'로 나누어 시행한다.

제 25 조 (종합판정과 등급)　종합판정은 ①게재 가, ②수정후 재심사, ③게재 불가 중의 하나로 한다.

제 26 조 (영역별 평가)　영역별 평가 기준은 다음과 같다.

1. 학계에의 기여도
2. 연구 내용 및 방법론의 참신성
3. 논지 전개의 타당성
4. 논문 구성의 완결성
5. 문장 표현의 정확성

제 27 조 (게재 여부의 결정 기준)　심사용 논문의 학회지 게재 여부는 심사자의 종합판정에 의거하여 이들을 합산하여 시행한다. 게재 여부의 결정은 최종 수정된 원고를 대상으로 한다.

제 28 조 (게재 여부 결정의 조건)　게재 여부 결정의 조건은 다음과 같다.

1. 심사자의 2분의 1 이상이 위 제25조의 '①게재 가'로 판정한 경우에는 게재한다.
2. 심사자의 2분의 1 이상이 위 제25조의 '③게재 불가'로 판정한 경우에는 게재를 불허한다.

제 29 조 (게재 여부에 대한 논의)　위 제28조의 경우가 아닌 논문에 대하여는 편집회의의 토의를 거친 후에 게재 여부를 확정하되, 이 때에는 영역별 평가를 참조한다.

제 30 조 (논문 게재 여부의 통보)　편집위원장은 논문 게재 여부에 대한 최종 확정 결과를 투고자에게 통보하여야 한다.

제 5 절 : 이의 신청

제 31 조 (이의 신청)　투고자는 심사와 논문 게재 여부에 대하여 이의를 신청할 수 있다. 이 때에는 200자 원고지 5매 내외의 이의신청서를 작성하여 심사 결과 통보일 15일 이내에 편집위원장에게 송부하여야 하며, 편집위원장은 이의 신청 접수일로부터 15일 이내에 이에 대한 처리 절차를 완료하여야 한다.

제 32 조 (이의 신청의 처리)　이의 신청을 한 투고자의 논문에 대해서는 편집회의에서 토의를 거쳐 이의 신청의 수락 여부를 의결한다. 수락한 이의 신청에 대한 조치 방법은 편집회의에서 결정한다.

제 4 장 게재 논문의 사후 심사 및 조치

제 1 절 : 게재 논문의 사후 심사

제 33 조 (사후 심사)　학회지에 게재된 논문에 대하여는 사후 심사를 할 수 있다.

제 34 조 (사후 심사 요건)　사후 심사는 편집위원회의 자체 판단 또는 접수된 사후심사요청서의 검토 결과, 대상 논문이 그 논문이 수록된 본 학회지 발행일자 이전의 간행물 또는 타인의 저작권에 귀속시킬 만한 연구 내용을 현저한 정도로 표절 또는 중복 게재한 것으로 의심되는 경우에 한한다.

제 35 조 (사후심사요청서의 접수)　게재 논문의 표절 또는 중복 게재와 관련하여 사후 심사를 요청하는 사후심사요청서를 편집위원장 또는 편집위원회에 접수할 수 있다. 이 경우 사후심사요청서는 밀봉하고 겉봉에 '사후심사요청'임을 명기하되, 발신자의 신원을 겉봉에 노출시키지 않음을 원칙으로 한다.

제 36 조 (사후심사요청서의 개봉)　사후심사요청서는 편집위원장 또는 편집위원장이 위촉한 편집위원이 개봉한다.

제 37 조 (사후심사요청서의 요건)　사후심사요청서는 표절 또는 중복 게재로 의심되는 내용을 구체적으로 밝혀야 한다.

제 2 절 : 사후 심사의 절차와 방법

제 38 조 (사후 심사를 위한 편집위원회 소집)　게재 논문의 표절 또는 중복 게재에 관한 사실 여부를 심의하고 사후 심사자의 선정을 비롯한 제반 사항을 의결하기 위해 편집위원장은 편집위원회를 소집할 수 있다.

제 39 조 (질의서의 우송)　편집위원회의 심의 결과 표절이나 중복 게재의 개연성이 있다고 판단된 논문에 대해서는 그 진위 여부에 대해 편집위원장 명의로 해당 논문의 필자에게 질의서를 우송한다.

제 40 조 (답변서의 제출)　위 제39조의 질의서에 대해 해당 논문 필자는 질의서 수령 후 30일 이내

편집위원장 또는 편집위원회에 답변서를 제출하여야 한다. 이 기한 내에 답변서가 없을 경우엔 질의서의 내용을 인정한 것으로 판단한다.

제 3 절 : 사후 심사 결과의 조치

제 41 조 (사후 심사 확정을 위한 편집위원회 소집) 편집위원장은 답변서를 접수한 날 또는 마감 기한으로부터 15일 이내에 사후 심사 결과를 확정하기 위한 편집위원회를 소집한다.

제 42 조 (심사 결과의 통보) 편집위원장은 편집위원회에서 확정한 사후 심사 결과를 7일 이내에 사후 심사를 요청한 이 및 관련 당사자에게 통보하여야 한다.

제 43 조 (표절 및 중복 게재에 대한 조치) 편집위원회에서 표절 또는 중복 게재로 확정된 경우에는 회장에게 지체 없이 보고하고, 회장은 운영위원회를 소집하여 다음 각 호와 같은 조치를 집행할 수 있다.

1. 차호 학회지에 그 사실 관계 및 조치 사항들을 기록한다.
2. 학회지 전자판에서 해당 논문을 삭제하고, 학회논문임을 취소한다.
3. 해당 논문 필자에 대하여 제명 조치하고, 향후 5년간 재입회할 수 없도록 한다.
4. 관련 사실을 한국연구재단에 보고한다.

제 4 절 : 제보자의 보호

제 44 조 (제보자의 보호) 표절 및 중복 게재에 관한 이의 및 논의를 제기하거나 사후 심사를 요청한 사람에 대해서는 신원을 절대적으로 밝히지 않고 익명성을 보장하여야 한다.

제 45 조 (제보자 보호 규정의 위배에 대한 조치) 위 제44조의 규정을 위배한 이에 대한 조치는 위 제17조에 준하여 시행한다.

부칙

제1조(시행일자) 본 규정은 2007년 11월 24일부터 시행한다.

제2조(시행일자) 본 규정은 2009년 1월 9일부터 시행한다.

학회지 논문의 투고와 원고 작성 요령에 관한 내규

제 1 조 (목적) 이 내규는 본 한국목간학회의 회칙 및 관련 규정에 따라 학회지에 게재하는 논문의 투고와 원고 작성 요령에 대하여 명시하는 것을 목적으로 한다.

제 2 조 (논문의 종류) 학회지에 게재되는 논문은 심사 논문과 기획 논문으로 나뉜다. 심사 논문은 본 학회의 학회지 논문의 투고와 심사에 관한 규정에 따른 심사 절차를 거쳐 게재된 논문을 가리키며, 기획 논문은 편집위원회에서 기획하여 특정의 연구자에게 집필을 위촉한 논문을 가리킨다.

제 3 조 (기획 논문의 집필자) 기획 논문의 집필자는 본 학회의 회원 여부에 구애받지 아니한다.

제 4 조 (기획 논문의 심사) 기획 논문에 대하여도 심사 논문과 동일한 절차의 심사를 시행하는 것을 원칙으로 하되, 편집위원회의 의결을 거쳐 심사를 면제할 수 있다.

제 5 조 (투고 기한) 논문의 투고 기한은 매년 9월 말로 한다.

제 6 조 (수록호) 9월 말까지 투고된 논문은 심사 과정을 거쳐 같은 해의 11월 30일에 발행하는 학회지에 수록하는 것을 원칙으로 한다.

제 7 조 (수록 예정일자의 변경 통보) 위 제6조의 예정 기일을 넘겨 논문의 심사 및 게재가 이루어질 경우 편집위원장은 투고자에게 그 사실을 통보해 주어야 한다.

제 8 조 (게재료) 논문 게재의 확정시에는 일반 논문 5만원, 연구비 수혜 논문 30만원의 게재료를 납부하여야 한다.

제 9 조 (초과 게재료) 학회지에 게재하는 논문의 분량이 인쇄본을 기준으로 30면을 넘을 경우에는 1면 당 1만원의 초과 게재료를 부과할 수 있다.

제 10 조 (원고료)　학회지에 게재되는 논문에 대하여는 소정의 원고료를 필자에게 지불할 수 있다. 원고료에 관한 사항은 운영위원회에서 결정한다.

제 11 조 (익명성 유지 조건)　심사용 논문에서는 졸고 및 졸저 등 투고자의 신원을 드러내는 표현을 쓸 수 없다.

제 12 조 (컴퓨터 작성)　논문의 원고는 컴퓨터로 작성함을 원칙으로 하며, 문장편집기 프로그램은 「훈글」을 사용할 것을 권장한다.

제 13 조 (제출물)　원고 제출시에는 입력한 PC용 파일과 출력지 1부를 함께 송부하여야 한다.

제 14 조 (투고자의 성명 삭제)　편집간사는 심사자에게 심사용 논문을 송부할 때 반드시 투고자의 성명과 기타 투고자의 신원을 알 수 있는 표현 등을 삭제하여야 한다.

제 15 조 (출토 문자 자료의 표기 범례 등 기타)　출토 문자 자료의 표기 범례를 비롯하여 위에서 정하지 않은 학회지 논문의 투고와 원고 작성 요령 및 용어 사용 등에 관한 사항들은 일반적인 관행에 따르거나 편집위원회에서 결정한다.

부칙

제1조(시행일자) 이 내규는 2007년 11월 24일부터 시행한다.

제2조(시행일자) 이 내규는 2009년 1월 9일부터 시행한다.

제3조(시행일자) 이 내규는 2012년 1월 18일부터 시행한다.

韓國木簡學會 研究倫理 規定

제 1 장 총칙

제 1 조 (명칭) 이 규정은 '한국목간학회 연구윤리 규정'이라 한다.

제 2 조 (목적) 이 규정은 한국목간학회 회칙 및 편집위원회 규정에 따른 연구윤리 등에 관한 세부사항을 규정하는 것을 목적으로 한다.

제 2 장 저자가 지켜야 할 연구윤리

제 3 조 (표절 금지) 저자는 자신이 행하지 않은 연구나 주장의 일부분을 자신의 연구 결과이거나 주장인 것처럼 논문이나 저술에 제시하지 않는다.

제 4 조 (업적 인정)

1. 저자는 자신이 실제로 행하거나 공헌한 연구에 대해서만 저자로서의 책임을 지며, 또한 업적으로 인정받는다.
2. 논문이나 기타 출판 업적의 저자나 역자가 여러 명일 때 그 순서는 상대적 지위에 관계없이 연구에 기여한 정도에 따라 정확하게 반영하여야 한다. 단순히 어떤 직책에 있다고 해서 저자가 되거나 제1저자로서의 업적을 인정받는 것은 정당화될 수 없다. 반면, 연구나 저술(번역)에 기여했음에도 공동저자(역자)나 공동연구자로 기록되지 않는 것 또한 정당화될 수 없다. 연구나 저술(번역)에 대한 작은 기여는 각주, 서문, 사의 등에서 적절하게 고마움을 표시한다.

제 5 조 (중복 게재 금지) 저자는 이전에 출판된 자신의 연구물(게재 예정이거나 심사 중인 연구물 포함)을 새로운 연구물인 것처럼 투고하지 말아야 한다.

제 6 조 (인용 및 참고 표시)

1. 공개된 학술 자료를 인용할 경우에는 정확하게 기술하도록 노력해야 하고, 상식에 속하는 자료

가 아닌 한 반드시 그 출처를 명확히 밝혀야 한다. 논문이나 연구계획서의 평가 시 또는 개인적인 접촉을 통해서 얻은 자료의 경우에는 그 정보를 제공한 연구자의 동의를 받은 후에만 인용할 수 있다.

2. 다른 사람의 글을 인용하거나 아이디어를 차용(참고)할 경우에는 반드시 註[각주(후주)]를 통해 인용 여부 및 참고 여부를 밝혀야 하며, 이러한 표기를 통해 어떤 부분이 선행연구의 결과이고 어떤 부분이 본인의 독창적인 생각·주장·해석인지를 독자가 알 수 있도록 해야 한다.

제 7 조 (논문의 수정) 저자는 논문의 평가 과정에서 제시된 편집위원과 심사위원의 의견을 가능한 한 수용하여 논문에 반영되도록 노력하여야 하고, 이들의 의견에 동의하지 않을 경우에는 그 근거와 이유를 상세하게 적어서 편집위원(회)에게 알려야 한다.

제 3 장 편집위원이 지켜야 할 연구윤리

제 8 조 (책임 범위) 편집위원은 투고된 논문의 게재 여부를 결정하는 모든 책임을 진다.

제 9 조 (논문에 대한 태도) 편집위원은 학술지 게재를 위해 투고된 논문을 저자의 성별, 나이, 소속 기관은 물론이고 어떤 선입견이나 사적인 친분과도 무관하게 오로지 논문의 질적 수준과 투고 규정에 근거하여 공평하게 취급하여야 한다.

제 10 조 (심사 의뢰) 편집위원은 투고된 논문의 평가를 해당 분야의 전문적 지식과 공정한 판단 능력을 지닌 심사위원에게 의뢰해야 한다. 심사 의뢰 시에는 저자와 지나치게 친분이 있거나 지나치게 적대적인 심사위원을 피함으로써 가능한 한 객관적인 평가가 이루어질 수 있도록 노력한다. 단, 같은 논문에 대한 평가가 심사위원 간에 현저하게 차이가 날 경우에는 해당 분야 제3의 전문가에게 자문을 받을 수 있다.

제 11 조 (비밀 유지) 편집위원은 투고된 논문의 게재가 결정될 때까지는 심사자 이외의 사람에게 저자에 대한 사항이나 논문의 내용을 공개하면 안 된다.

제 4 장 심사위원이 지켜야 할 연구윤리

제 12조 (성실 심사) 심사위원은 학술지의 편집위원(회)이 의뢰하는 논문을 심사규정이 정한 기간 내에 성실하게 평가하고 평가 결과를 편집위원(회)에게 통보해 주어야 한다. 만약 자신이 논문의 내용을 평가하기에 적임자가 아니라고 판단될 경우에는 편집위원(회)에게 지체 없이 그 사실을 통보한다.

제 13 조 (공정 심사)　심사위원은 논문을 개인적인 학술적 신념이나 저자와의 사적인 친분 관계를 떠나 객관적 기준에 의해 공정하게 평가하여야 한다. 충분한 근거를 명시하지 않은 채 논문을 탈락시키거나, 심사자 본인의 관점이나 해석과 상충된다는 이유로 논문을 탈락시켜서는 안 되며, 심사 대상 논문을 제대로 읽지 않은 채 평가해서도 안 된다.

제 14 조 (평가근거의 명시)　심사위원은 전문 지식인으로서의 저자의 인격과 독립성을 존중하여야 한다. 평가 의견서에는 논문에 대한 자신의 판단을 밝히되, 보완이 필요하다고 생각되는 부분에 대해서는 그 이유도 함께 상세하게 설명해야 한다.

제 15 조 (비밀 유지)　심사위원은 심사 대상 논문에 대한 비밀을 지켜야 한다. 논문 평가를 위해 특별히 조언을 구하는 경우가 아니라면 논문을 다른 사람에게 보여주거나 논문 내용을 놓고 다른 사람과 논의하는 것도 바람직하지 않다. 또한 논문이 게재된 학술지가 출판되기 전에 저자의 동의 없이 논문의 내용을 인용해서는 안 된다.

제 5 장　윤리규정 시행 지침

제 16 조 (윤리규정 서약)　한국목간학회의 신규 회원은 본 윤리규정을 준수하기로 서약해야 한다. 기존 회원은 윤리규정의 발효 시 윤리규정을 준수하기로 서약한 것으로 간주한다.

제 17 조 (윤리규정 위반 보고)　회원은 다른 회원이 윤리규정을 위반한 것을 인지할 경우 그 회원으로 하여금 윤리규정을 환기시킴으로써 문제를 바로잡도록 노력해야 한다. 그러나 문제가 바로잡히지 않거나 명백한 윤리규정 위반 사례가 드러날 경우에는 학회 윤리위원회에 보고할 수 있다. 윤리위원회는 윤리규정 위반 문제를 학회에 보고한 회원의 신원을 외부에 공개해서는 안 된다.

제 18 조 (윤리위원회 구성)　윤리위원회는 회원 5인 이상으로 구성되며, 위원은 평의원회의 추천을 받아 회장이 임명한다.

제 19 조 (윤리위원회의 권한)　윤리위원회는 윤리규정 위반으로 보고된 사안에 대하여 제보자, 피조사자, 증인, 참고인 및 증거자료 등을 통하여 폭넓게 조사를 실시한 후, 윤리규정 위반이 사실로 판정된 경우에는 회장에게 적절한 제재조치를 건의할 수 있다.

단, 사안이 학회지 게재 논문의 표절 또는 중복 게재와 관련된 경우에는 '학회지 논문의 투고와 심사에 관한 규정'에 따라 편집위원회에 조사를 의뢰하고 사후 조치를 취한다.

제 20 조 (윤리위원회의 조사 및 심의) 윤리규정 위반으로 보고된 회원은 윤리위원회에서 행하는 조사에 협조해야 한다. 이 조사에 협조하지 않는 것은 그 자체로 윤리규정 위반이 된다.

제 21 조 (소명 기회의 보장) 윤리규정 위반으로 보고된 회원에게는 충분한 소명 기회를 주어야 한다.

제 22 조 (조사 대상자에 대한 비밀 보호) 윤리규정 위반에 대해 학회의 최종적인 징계 결정이 내려질 때까지 윤리위원은 해당 회원의 신원을 외부에 공개해서는 안 된다.

제 23 조 (징계의 절차 및 내용) 윤리위원회의 징계 건의가 있을 경우, 회장은 이사회를 소집하여 징계 여부 및 징계 내용을 최종적으로 결정한다. 윤리규정을 위반했다고 판정된 회원에 대해서는 경고, 회원자격정지 내지 박탈 등의 징계를 할 수 있으며, 이 조처를 다른 기관이나 개인에게 알릴 수 있다.

제 6 장 보칙

제 24 조 (규정의 개정)

1. 편집위원장 또는 편집위원 3인 이상이 규정의 개정을 發議할 수 있다.
2. 재적 편집위원 3분의 2 이상의 찬성으로 개정하며, 총회의 인준을 얻어야 효력이 발생한다.

제 25 조 (보칙) 이 규정에 정해지지 않은 사항은 학회의 관례에 따른다.

부칙

제1조(시행일자) 이 규정은 2007년 11월 24일부터 시행한다.

Wooden Documents and Inscriptions Studies No. 13. December. 2014

[Contents]

The Korean Society for the Study of Wooden Documents

발 행 인　주보돈
편 집 인　김영욱
편집간사　오택현

木簡과 文字 연구 12

엮은이 | 한국목간학회
펴낸이 | 최병식
펴낸날 | 2015년 3월 6일
펴낸곳 | 주류성출판사
서울시 서초구 강남대로 435
전화 | 02-3481-1024 / 전송 | 02-3482-0656
www.juluesung.co.kr
e-mail | juluesung@daum.net

책 값 | 20,000원
ISBN 978-89-6246-231-9 94910
세트 978-89-6246-006-3 94910